JN270910

心理学
Introduction to Psychology
【第2版】

浦上昌則・神谷俊次・中村和彦＊編著
URAKAMI Masanori, KAMIYA Shunji & NAKAMURA Kazuhiko

Ψ

ナカニシヤ出版

第 2 版　上梓にあたって

　2005 年春に上梓した『心理学　Introduction to Psychology』初版は，幸いなことに好意的に受け入れていただいた。しかし，編著者たちがこれまで利用してみて，また学習者の声や各方面からのアドバイスを得て，いくつか修正した方がよい点が見つかってきた。それらを反映させたものが，この第 2 版である。

　初版の「はじめに」にも記したように，本書は当初から成長させていくものとして位置づけている。今回の改訂によって，成長の一歩を記せたのではないかと考えている。

　第 2 版では，いくつかの章は大きく書き換えられており，またいくつかの章は小修正にとどめられている。いずれもよりよい教科書を作成するという目標に向かっての試みである。この試みが，どの程度適切であったかということについては，本書を利用していただいた指導者から，また学習者からの反応を待たざるをえない。この第 2 版に対しても，各所からの忌憚のない批評をぜひお願いしたい。

　本書上梓については，初版に引き続きナカニシヤ出版の宍倉由高氏，山本あかね氏にご尽力いただいた。記して感謝申し上げます。

2008 年 3 月

編著者一同

Web サイト　『心理学＋α』のご案内

　本書初版出版後，書籍，授業，インターネットのコラボレーションにより，学びをさらに深められるようにという願いを込め，編著者とナカニシヤ出版で，『心理学＋α』という情報サイトを立ち上げています。URL は以下の通りですので，ぜひご活用ください。
　http://www.nakanishiya.co.jp/book/b134550.htm/
　なお，以下のナカニシヤ出版の Web からもリンクされています。
　http://www.nakanishiya.co.jp/

初版 はじめに

　心理学はおもしろい。
　これを伝えるために，我々はここに新しい心理学の教科書を作成した。といっても，もちろんギャグやジョークのたぐいではない。心理学的知識を身につけ，それを用いて人や社会を理解していくなかでみえてくる「おもしろさ」，人や社会を観察するなかで心理学的気づきを得る「おもしろさ」を味わってほしいと願っている。
　しかし，これが簡単なようで難しいことはわかっている。そのようなおもしろさを感じるには，ある程度の知識を体系的に身につけなくてはならない。特定の領域や，ある1つの研究結果にも心理学のおもしろさはある。ところが，それでは我々が意図している心理学的視点から人や社会を理解していくおもしろさを理解するにはいたらない。知識体系が質，量ともに豊富になれば，そのおもしろさはますます増大するに違いない。この書が，その一助になればと願っている。
　ところで，すでに書店の専門書のコーナーには，多くの教科書が並んでいる。また一般書のコーナーには「心」「こころ」「ココロ」などのタイトルがついたおもしろい書籍が多く並んでいる。そのような状況のなかで，本書はどのような位置にあるべきものなのかということを決定することが重要であった。そこで，これまでに出版されている心理学の教科書に目をとおし，それらを批判的に検討するなかから，以下のようないくつかの指針を得た。これが本書の特徴といってよいであろう。

バランスのとれた内容構成
　従来の教科書には，心理学の基礎を学んでほしいという執筆者の意図からであろうが，生理，認知，学習，パーソナリティといった，いわゆる基礎系の領域に大きく偏る傾向がうかがわれる。たしかにこれらは，心理学を学んでいくうえで重要な領域であるが，教育や臨床といった応用分野の隆盛という現状を踏まえると問題がないとはいいがたい。そこで本書では，多様な分野に広がり

をみせている現代の心理学において，認知，教育（教授学習），発達，社会，パーソナリティ，臨床といった主要な領域を選出し，それぞれの領域における基礎的事項を中心に内容を構成している。

簡単すぎず，難しすぎず

　難しすぎる教科書が理解しがたいというのは当然であるが，簡単すぎる教科書も理解しにくい。近年の主流は簡単なものへと向っているようであるが，どうしても説明不足になりがちであり，また紹介できる内容も少なくなりがちである。そこで本書は基本的な内容の紹介に徹するという方針を採用した。基本的な事項をしっかりと説明し，この先の学習における土台を固めるための書という位置づけである。心理学を専攻する場合は，専門科目に進んだときに困らない程度の内容を盛り込んである。また他の学問を専攻する場合にも，心理学的な人間や社会の見方の基本を学ぶことは，視野を広げることに役立つであろう。また社会人入試などで大学院をめざそうとする人が，基本的な知識を整理する場合にも役立つと考える。

読みやすいものを

　最近の教科書は，多色刷りやイラストが豊富なものなど，目を楽しませる工夫がなされている。またコラムなどが多く挿入されているものもある。これらはよりよい教科書をつくる工夫の1つだとは考えられるが，本書では違った方向性を選択した。それは章全体をとおしての流れであり，読むという行為を中断させない構成である。見た目に楽しいイラストも，有用な情報を付加してくれるコラムも，読むという行為を中断させる要因になりうる。概念間の関係を整理するためにも，章や節単位で一気に読めるような構成をめざした。トピックを1つずつ拾い出しながら学ぶのではなく，章や節単位で通読し，そのあとで再度各トピックを見直してみるというような利用方法をお勧めしたい。

学びへの導入

　心理学を学ぶということは，心理学の知識を覚えることで完結するものではないし，ましてや単位を取ることや，よい成績を取ることでもない。心理学を

学ぶ意味は，もちろん個々人で異なるであろうが，それを使って自分自身や他者，社会を観察することで，新しい発見ができたり，視野の広がりが実感できたり，問題解決への糸口がつかめたりしたとき，表しようのない快い気分とともにみえてくるものであろう。そのため，本書や授業で学習したことを，日々の生活のなかに見つけ出してやろうという意思を常にもっておいてほしい。

多くの教科書には，学び方についてふれているような部分はない。そこで本書では，学びの態度について，著者たちの大学生，大学院生の頃を例としてこのあとに記しておいた。心理学を学ぶことへの導入における，我々の1つの試みである。一度目をとおして，自分がなぜ心理学を学ぼうとしているのかを少し考えておいてほしい。

本書で，我々が考えていたことが実現できたとは考えていない。まだその途についたばかりといったほうが正しいであろう。何十年にもわたって改訂が繰り返されている「Hilgard's Introduction to Psychology（邦訳タイトル：ヒルガードの心理学）」のように，今後着実に成長させていきたいと考えている。そのためにも，各所からの忌憚のない批評をぜひお願いしたい。

最後になってしまったが，本書がここに上梓できたことは，ナカニシヤ出版の宍倉由高，山本あかね両氏の力によるところが大きい。ここに記して感謝申し上げる。

2005 年 3 月
編著者一同

心理学の学び方―ケーススタディ―

　従来の心理学の教科書で，心理学の学び方について解説してあるようなものはほとんどない。もちろん心理学的に効率のよい学び方は考えられるが，短時間で，確実に知識を増やすことだけが心理学を学ぶ意義ではないし，我々のめざすところでもない。我々のめざすところは，心理学を学ぶことのおもしろさや，学んだ知識をもって人や社会をみることのおもしろさを伝えることなのである。

　そこで，我々自身をサンプルにして心理学の学び方をケーススタディ的に紹介してみたい。心理学を学ぶことに対する姿勢はさまざまである。そこには王道のようなものはない。しかし，自分の学ぶ姿勢を確立することは，学びを促進してくれるし，より楽しく学ぶことにもつながっていく。自分オリジナルの学ぶ姿勢を確立する1つの参考にしていただければと思う。

おもしろいことからはじめる

　思い返してみれば，私は大学受験に向かう電車のなかで，精神分析学について書かれた新書を読んでいた。当時の私は，心理学と教育学が学べる大学を受験しようと考えていた。それは中学時代に体験した管理教育への疑問や憤りと，高校時代に読んだ本のなかで精神分析学に対する興味が湧いてきたからだった。

　希望どおり心理学と教育学を学べる学部に入学したのだが，講義で学ぶ心理学にはどうしても興味をもつことができなかった。そのような私が最初に心理学を「おもしろい」と感じたのは，調査法の実習だった。その実習ではグループでテーマを設定し，実際に調査をしてデータを分析し，レポートにまとめるという作業を行った。そして自分たちで考えたテーマがデータに反映されるプロセスが，そしてデータを分析して考察するという作業が「おもしろい」と思えたのだった。それを感じてからは，教育学よりも心理学，そして精神分析学的なアプローチよりも実際にデータをあつかうなかで自分の疑問に答えを見いだしていくアプローチの方に魅力を感じるようになった。

　そのときに感じたおもしろさというものは，いまだに自分のなかにあるよう

に思う。だから研究者となった今でも,「こうしたらおもしろいデータが取れるんじゃないか」「このデータはこう分析すればおもしろいんじゃないか」と考えることが多い。そこから必ずしも直接的に問題解決へとつながるわけではないかもしれない。しかし今は,自分がおもしろいと思えることが第1で,そこから何かしら現実の問題解決が見いだされていけばいいと考えている。

　個々の心理学的な知識も興味深いものだが,心理学を学ぶメリットの1つは,心理学的な考え方や方法論にあるのではないかと思う。そしてそれらを学ぶことは,仕事や社会生活を営むうえで必ず役に立つものだと私は考えている。

　どんなことでも,心理学で何か「おもしろい」と思うことができれば,そこから枝葉が広がるようにいろいろな知識を身につけていくことができるだろう。「何かおもしろいことはないか」という気楽な態度で心理学と向き合うのもいいのではないだろうか。

(小塩真司)

自己理解のために心理学を学ぶ

　高校時代に,他者とうまくかかわれないことでいろいろと悩んでいた時期があった。自分がよくわからず,自分に自信がもてない…,そんなときに,心理学を学べば,自分のことがもっとよく理解でき,人とのかかわりにも自信がもてるのでは,と素朴に思い,大学では心理学を学びたいと思った。また,高校時代にたまたま読んだ本のなかに,「自己実現」という言葉があった。この「自己実現」という言葉が非常に魅力的に響き,また,その言葉が心理学であつかわれていることを知り,より心理学を学びたくなった。また,自分のように悩んでいる人たちを助けることができる仕事(カウンセラー)に就ければ,とぼんやりと考えていた。

　大学に入り,心理学の授業はどれもおもしろく感じた。高校時代に授業にはまったく関心がなかった自分がうそのように,心理学の時間だけは一生懸命ノートをとり,いろいろな理論を学ぼうとした。しかし,学んでいくなかで,何か矛盾のようなものも感じはじめた。学習心理学などの基礎的な心理学は,非常に基礎的で論理的であり,表層的な感じがした。かといって,フロイトなどの精神分析の理論(とくにリビドー論や発達論)は主観的に思え,どうしてそ

んなことが言いきれるのか，と少し信用できない感じがした。

　つまり，最初は心理学を自己理解の道具にしようとしていたが，心理学のすべての理論が自分に当てはまるわけではないことを徐々に感じていった。心理学は「学」であるので，さまざまな人々に普遍的に共通する法則を見いだそうとする。1つひとつの理論については，自己理解の手助けになることもあるが，自己理解には直結しないことも多い。自己理解を促進するための1つの枠組みとして理論を参考にする，というくらいの付き合い方が，一番よいような気がした。

　心理学は，自己理解のためのものというよりは，他者理解や人間関係の理解といった「人間理解」のためのものであろう。心理学では，ときに理論と理論との間に論争があることがあり，それが「人間理解」の見方の違いとして非常におもしろいことがある。たとえば，人間を理性的・論理的とみるか，感情的とみるか（認知と感情の問題），社会心理学における対人魅力の分野での強化論と認知論の違い，などである。このような，理論のベースになっている人間観を知ると，人間を洞察する視点や見方がより深まるのである。

　自己理解の方法については，カウンセリングを受けて自己洞察すること，または体験から学ぶことが一番ではないかと思う。自分自身を学ぶためには，「学」から間接的に学ぶだけではなく，自分自身に光を直接当てて学ぶことも有効である。つまり，「いまここ」での自分自身の体験から学ぶことが自己理解に直結するのである。心理学という「学」は，そのときどきでばらばらに体験している自己を整理して理解するために役立つものなのだろう。

（中村和彦）

目にみえないものをつかまえるおもしろさ

　心理学にとりつかれたきっかけ…何だったのだろうか。大学入学当初を思い返してみても必ずしも心理学を学びたいわけではなかった。記憶をたどると，そのきっかけはパーソナリティ検査に関する講義を受けたときだったように思う。いくつかの質問に答えるだけで，なぜその人のパーソナリティがわかるのかが不思議で，それをおもしろいと感じた。そして，若干怪しいとも思った。このときは漠然とした感覚だったが，心理学に接していくなかでこの疑問はま

すます膨らんでいった。

　心理学ではパーソナリティ検査に限らず，目にみえないものを測定することが多い。これを測定することは本当に難しい。それは人のこころを何らかの方法で測ったとしても，その測定が正しかったか，適切であったかさえ明確に示すことができないからである。私が心理学にひかれた理由はこの難しさと奥深さだったと思う。「人のこころ」という曖昧なものを，「客観的」に測定するという醍醐味にとりつかれているのかもしれない。

　私の専門は，心理計量学（心理測定）である。第9章に目をとおしてもらうとわかるが，数学が嫌いな人はみるのもいやな記号や数式が目に入る。しかし，断じて数学・数式＝心理測定ではない。心理学を勉強するなら数学が必須だといわれることがあるのだが，これは間違っていると思う。たしかに，数学の知識を使うことがあるのも事実である。ただ，数学が苦手だからという理由だけで心理学はちょっと…と敬遠するのであれば，少し思いとどまってほしい。高校までの数学とはまったく違うし，付き合ってみればそれなりにおもしろいものである。

　現在，心理学の一番人気はカウンセリングに代表される臨床心理学だろう。これに対して，心理計量学は臨床心理学の対極にあるといわれることもある。つまり，心理計量学はあまり人気がない分野である（かもしれない）。しかし，人のこころを知る，こころをあつかうという意味では，臨床心理学も心理計量学も同じで，その方法が若干異なるだけである。少しでも人のこころを測定することに興味があるのであれば，一度心理測定をかじってみるといいと思う。目にみえないものを，どうやってつかまえるかというおもしろさがみえてくるだろう。

（脇田貴文）

手段として心理学を学ぶ

　私の心理学を学ぶスタートは，つまずきの連続であった。大学受験に失敗し浪人をしていたとき，現代文の試験問題にユング心理学についての一節が引用されていた。それがとてもおもしろかったので本を買った。これが初めて買った心理学の本である。もちろん当時の知識では理解できるはずもなく，10ペ

ージほどしか読み続けられなかった。

　次の心理学との出会いは大学1年生のときの授業であった。しかし学ぼうという気持ちがどうしても高まらず，2回ほどしか出席しなかったと記憶している。当時の担当教員の方には申し訳ないが，おもしろいとは思えなかったのである。

　こんなスタートを切った私が，いつから心理学にはまってしまったのかと振り返れば，その1つのきっかけは問題解決に心理学が役立つのではないかと感じたときであるように思う。学部生だった当時，高校生の進路選択に興味をもっており，なぜそのような選択をするのかという理由を心理学の観点から明らかにできるのではないかと，直感的に感じたのである。そして，偏差値に振り回されない選択を行えるように心理学的にアドバイスができるのではないかと，浅はかにも思ってしまったのである。

　その後，問題解決はそんなにたやすいことではないとわかったのであるが，このようなインスピレーションを感じたことが，心理学を学ぶことをおもしろくした。心理学を知りたくて心理学を学んでいるのではなく，問題解決の手段を探すために心理学を学んでいたという感じである。私にとっては，このような心理学とのつきあいがベストだったのかもしれない。現在でもそのスタンスは変わらず，やはり私にとっての心理学は，問題を理解したり解決したりするための手段なのである。

　人に関する問題意識をもっている人は，その問題解決の糸口を探して心理学というフィールドを学んでみるのもよいだろう。こころを理解することで，問題点がより明確になったり，解決に向けての示唆が得られたりするかもしれない。

（浦上昌則）

こころの不思議に向き合う

　私は高校3年生のとき，大学受験のため，小論文の指導を現代国語の先生にお願いに行った。第1回の指導が終わったときには，次から夢分析も並行して行われることになっていた。夢をノートに書き記し，先生に報告した。そのようにして，自分のこころのなかにある異世界の不思議に出会った。大学1年生

の時，風変わりなエンカウンター・グループに参加した。そこには，人と人との間に，あたたかさと自由さがあった。そのなかで心理療法家の師に出会うことができ，こころの不思議にもっと魅かれていった。

その後，私は大学院に入り，心理療法家の道を歩みはじめた。クライエントたちの話は，自分が経験したことのないこころの不思議に満ちていた。専門家のたまごとして，何とかクライエントたちの役に立ちたいと，必死に，真摯に，夢中にこころの不思議に向き合った。不思議な研究室だった。どちらかといえば，研究より心理療法家としての実践力向上を重視した毎日であった。もちろん理論軽視ということではない。たとえば，臨床心理学に関する書籍を1週間に1冊読むことと，そのレポートを課されていた。理論以上に重視されたのが，相互啓発的なラーニング・グループ（お互いの知識や気づきを活かし，学びあうグループ）であり，体験から学ぶということであった。たとえば，スーパーヴィジョン（自分の心理療法に関する指導）は基本的にはグループで行われていた。スーパーヴィジョンの主役は事例提供者である院生と指導教員であるが，他の院生もそれを聴くことができた。聴くだけでなく，コメントを求められるため，いつもある種の緊張感をもち，自分ならどのようにそのクライエントにかかわるのか，応答するのかを考え，伝え合った。指導教員がいないときも院生が研究室にたむろしていた。自由連想法（精神分析の技法）用の特注の寝椅子に，ときには座りときには横になり，お互いに，心理療法のことやそれぞれのパーソナリティや行動特性などについて感じたり気づいたことを伝え合っていた。院生が毎日，エンカウンター・グループを行っているような場であり，絶えず自己を見直すことを迫られる環境であった。それは厳しく，心地よい時空間であった。自己や他者のこころを理解し，限界や可能性を知り，そのこころにふれていく心理療法家として学ばなければならないことがいかに多いか，臨床心理学という枠のなかに積み上げられてきた人の智を，自分のなかに蓄える道のりがいかに遠いかを学ぶ場であった。

こころに直にふれ，こころを知ろうとし，人の智でできることは精一杯行い，できないことに謙虚になる。そして，逆境においても，光を求めるこころを保ち続けようとする。心理療法を学び，行うことは，とてもおもしろく，とても難しいこころとの，自己をかけたかかわりの一形態である。　　　（楠本和彦）

目　　次

第 2 版　上梓にあたって　　*i*
心理学の学び方―ケーススタディ―　　*v*

第 1 章　心理学とは　…………………………………………………… *1*

第 1 節　心理学は何を研究するのか　*2*
第 2 節　心理学の考え方　*5*

第 2 章　情報とこころ　………………………………………………… *13*

第 1 節　人間の情報処理　*14*
第 2 節　感　　覚　*22*
第 3 節　知　　覚　*28*
第 4 節　記　　憶　*37*
コラム　自伝的記憶研究のひろがり　*48*

第 3 章　学ぶこころ　…………………………………………………… *53*

第 1 節　学　　習　*54*
第 2 節　言　　語　*63*
第 3 節　思　　考　*72*
第 4 節　動機づけ　*79*
コラム　動機づけと学習指導　*90*

第4章　成長するこころ ……………………………………………… 95

　第1節　発達とは何か　*96*
　第2節　発達に対する視点　*101*
　第3節　発達に影響するもの　*107*
　第4節　代表的な発達理論　*110*
　第5節　特定のトピックにおける発達　*118*
　コラム　発達をみるパラダイム　*128*

第5章　こころの個人差 ……………………………………………… 133

　第1節　パーソナリティをとらえる　*134*
　第2節　パーソナリティの理論　*142*
　第3節　知的な構造　*147*
　第4節　自　己　*154*
　コラム　自己愛パーソナリティ研究の現在
　　　　　―自己愛の構造と青年期発達―　*162*

第6章　社会とこころ ………………………………………………… 167

　第1節　対人認知のメカニズム　*168*
　第2節　対人的相互作用過程　*175*
　第3節　社会的態度と変容　*180*
　第4節　集団のダイナミックス　*187*
　第5節　人間関係と生産性　*194*
　コラム　人々の生活に生かす社会心理学　*202*

第7章　こころの健康 ………………………… 209

第1節　正常と異常　210
第2節　「診断」と「見立て」　218
第3節　心理検査　222
第4節　心理療法論　229
第5節　ストレスとメンタルヘルス　243
コラム　臨床に携わる心理士は，いま臨床の現場で，こんな仕事を　253

第8章　心理学の歴史 ………………………… 259

第1節　哲学から科学へ　260
第2節　近代心理学の誕生とその展開　266
第3節　20世紀，精神分析学と行動主義心理学　272
第4節　行動主義を超えて　280
第5節　心理学における課題　287

第9章　心理学の研究法 ………………………… 293

第1節　研究法を学ぶ意義　294
第2節　研　究　法　299
第3節　数値データと分析　307

事項索引　325
人名索引　335

第 1 章

心理学とは

　本章では，これから心理学を学ぼうとするときに知っておいてほしいこと，もしくは確認しておいてほしいことを中心に述べていく。いわば，心理学を学んでいくためのオリエンテーション的な内容である。これから心理学を学びはじめようとする人には，しっかりと理解しておいてほしいポイントである。また，すでに心理学をある程度学び，この本を使って基礎を確認したいという人も，一読して再確認をしてほしい内容である。

第1節　心理学は何を研究するのか

1．こころと心理学

　心理学は，まさにその文字が表しているように「こころ／心」について研究する分野の1つである。現在「心理学」は，英語のpsychologyにあたる言葉として用いられているが，日本で最初の英和辞典である『英和対訳袖珍辞書』（1862）では，psychologyに「精心ヲ論ズル学」という訳が与えられており，「心理学」という訳はみられない。また日本には，江戸期以前から**心学**という学問があったが，これは現在の心理学とは異なったものである。幕末から明治初期にかけて諸外国の学問を取り入れたとき，西（1875）がmental philosophyの訳として「心理学」という語を用いたのが，その始まりとされている。そしてその後，1880年代後半から，psychologyの訳語として「心理学」という語が定着している（佐藤，2002参照）。

　このようにpsychologyをルーツとする心理学は，たしかにこころを研究する学問である。しかし，こころというものをあつかおうとしているために，大きな課題を背負ってしまう。授業などで「あなたのこころはどこにあるか，指さしてください」というような問いをなげかけると，頭部を指さす者，胸（心臓）を指さす者，体全体を指さす者，首をかしげてわからないという姿勢をみせる者などが現れる。こころをみたことがある者はいない。こころは，直接さわったり，みたり，測ったりできないものである。それどころか，こころというものが本当に存在するかどうかも証明が難しい。このようなこころというものを，どうやって研究するかという課題が生じるのである。

　こころに関する研究の長い歴史は第8章に詳しいが，心理学（科学的アプローチをとる心理学）では大前提としてこころというものがあると仮定する。直接こころをみることはできないが，こころというものが存在し，人間のさまざまな行動に影響していると考えるのである。そして，こころ自体は直接観察することができないので，そのはたらきが反映される行動に着目し，行動を観察したり測定したりして把握することから，それを引き起こしているこころを明らかにしようと試みるのである。

　このようなアプローチを採用しているため，心理学は構成概念を多用する。

構成概念とは，客観的に観察したり操作できるものをもとにして，そこから推測的に構成されたものであり，対象となっている事柄を論理的に説明するために利用される概念のことである。

たとえば，パーソナリティは代表的な心理学の概念である。パーソナリティというものは，直接観察できるものでなく，その人が発する言葉や行動から推測されるものということは理解できるだろう。そしてパーソナリティというものを仮定することによって，ある人の言動を論理的に説明することができていることも，日々の生活をとおして明らかであろう。つまり，パーソナリティは構成概念なのである。

そして，このような構成概念を用いて，行動の把握からこころのメカニズムを推測し，次にそこで仮定されたメカニズムを検証するという，仮説の生成と検証を繰り返すことが心理学の研究なのである。

なお心理学は行動を重要な指標とすることから，「**行動の学／行動の科学**」とよばれることもある。ここで注意しておきたいのが，心理学がよぶところの行動は，一般的に使われている行動という語の意味内容とは少し異なっていることである。一般的には，行動はある人が示した具体的な身体の動き，しぐさを意味している。これに対して心理学では，それらを含むより広汎なものを行動とよぶ。姿勢や動作，言語や表情などによる表現はもちろん，脈拍や血圧，発汗量や瞳孔の変化などの生理的なもの，さまざまな調査や検査に映し出された意思や思考といったものも行動に含めているのである。

2．ひろがりをみせる心理学

行動を指標としてこころの解明を進めることが心理学の目的の１つであるが，目的はそれだけにとどまるものではない。他の科学がそうであるように，事実の解明が進めば，その新しい知見を利用して人々の生活に広く寄与していくことが求められる。このような目的による区別は，**基礎研究，応用研究**という分類に通じる。心理学にも基礎研究分野と応用研究分野があり，前者ではその有用性はさておき，こころの解明をめざすものであり，後者は基礎研究で得られた知識をもとに，人が関係するさまざまな分野で具体的な問題の解決や生活改善をめざすものである。

しかし，ここで1つ留意すべきことがある。基礎研究，応用研究という区別はたしかにあるが，その境界は極めて曖昧であり，基礎研究がそのまま応用できる場合や，応用領域で明らかにされたことが基礎研究に大きく影響を与えたりする場合もある。また基礎的な研究領域が，心理学を学ぶうえでの基礎となるとは必ずしもいえない。基礎と応用は相互に補完しあう関係なのである。

　さらに心理学の分野は，近年ますますひろがりをみせている。そこには，心理学の領域拡大という側面と，他領域との連携という側面の2つがある。心理学の領域拡大は，これまで心理学的に検討されてこなかった領域が新たにアプローチされるようになるという意味であり，他領域との連携とは，心理学者と他の領域の専門家が協力して研究を行うという意味である。近年では，後者のような**学際的研究**が増加している。

　たとえば，こころはどこにあるかと問われたとき，頭部を指さす者も少なくないことが示しているように，脳のメカニズムや機能は心理学と深い関係をもっている。また脳をはじめ人間の身体は無数の細胞によって構成されているが，その発生のもとをたどれば，1つの受精卵であり，精子と卵子にある遺伝子の結合からスタートする。すなわち，心理学は遺伝学や発生学とも関係する。さらに生命のスタートに関連しては，体外受精や代理出産などが社会的話題となっているが，生命をテーマに議論するのは人間であり，倫理や法律といったもので行動を規制するのもまた人間である。そのため生命論，倫理学，社会学，法学といった領域とも関連がある。

　ある問題を，特定のアプローチ（たとえば心理学だけ）で解決できるということは少ない。問題が複雑なものであればあるほど，それは困難になるであろう。現代社会の複雑な問題については，関連する領域の専門家が協同して解決に当たることが不可欠といえる。

　このように，現在では心理学がかかわる領域は多岐にわたっており，その拡大は今も続いているといえる。そのため，心理学の各分野や関連分野の範囲を詳細に描くことは難しい。その概略をつかむために参考になるであろう図を示しておく（図1-1，図1-2）。

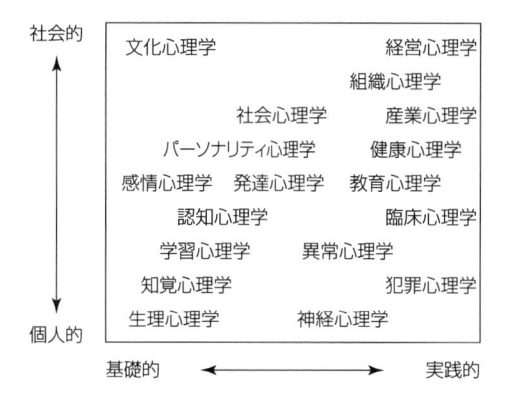

図1-1 心理学の主な分野（市川，2002を一部改変）

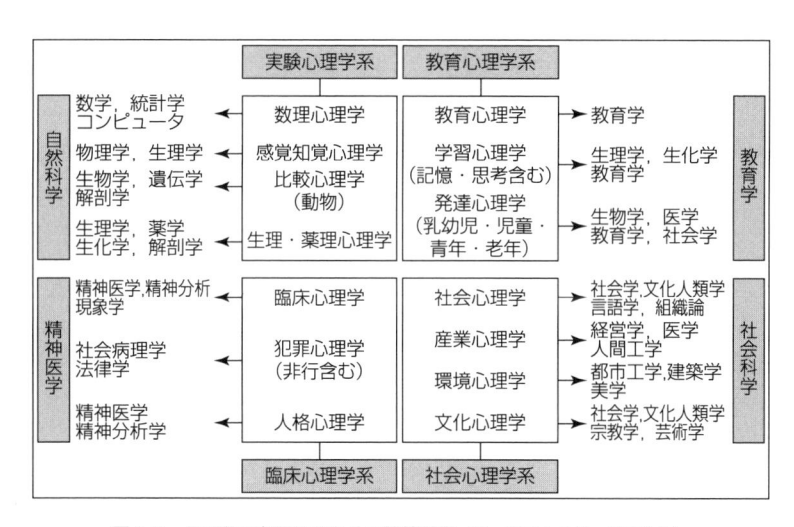

図1-2 心理学の専門分野とその隣接科学（堀，1985；古城，2002より）

第2節　心理学の考え方

1．科学的手法を採用した心理学

　こころは，19世紀までは哲学的に研究されてきた対象であったが，19世紀後半からは科学的に研究されはじめた。そして現在では，心理学は科学の一員であることを標榜している。そのため，科学とはどのような手法を用いた学問

なのかを把握することは，心理学的な問題の立て方や研究方法，残されている課題などを理解するために不可欠な知識といってよいであろう。

　学問は，大きく哲学と科学に分けることができる。**哲学**は前提や限定を設けないで，知識の基本から検討しようとするものであるが，**科学**は，ある特定の領域の現象を，客観的に集められた事実に基づいて理解しようとする。すでに，心理学が採用している前提やアプローチについては述べているので，それを思い出して，哲学，科学の考え方と照らし合わせてほしい。

　人文科学とか社会科学という言い方もあるが，これらは自然科学と同じような手法を用いて研究できるという考えのもとに生まれたものである。自然科学の手法とは，その現象を成立させている要素を実験や観察，調査によって収集し，それらを整理，体系化するやり方である。そして，体系化されたものによって，もとの現象を説明，再現することをめざすのである。現象を行動と読み替え，現象を成立させている体系化された要素をこころと読み替えてほしい。行動の把握からこころを推測し，そのこころのメカニズムを仮定することで論理的に行動を説明するという心理学のアプローチが，自然科学の手法を利用したものであることが理解できるだろう。

　科学的な思考は，2つの思考過程に分類できる。その1つは，多くの例から1つの結論を導こうとする**帰納的思考**であり，他の1つは，前提となる1つの仮説を多くの実例に当てはめ，仮説の確かさを確認しようとする**演繹的思考**である（図1-3参照）。すなわち，行動の把握からこころを推測し，仮説をたてるという，仮説の生成にかかわる研究プロセスには帰納的な思考や方法を用いる。一方，仮定されたものがいかに論理的に行動を説明できているかという，仮説の検証にかかわるプロセスには演繹的な思考，方法を用いているのである。

　帰納と演繹は，それらが1つのサイクルのように循環することで，研究が進展していく。これまでの知識をもとに提出された仮説や，それらの批判から生まれた仮説は，演繹的な手法によって，その正しさが確認される。全面的に正しさが確認されることもあるが，結果によってはまったく正しさが立証されない場合もあるし，対象の属性などの条件つき（たとえば，女性だけに認められる，など）で正しいことが立証される場合もある。もし全面的に正しければ，それは次の仮説の前提となるし，全面的に否定されれば，次に仮説をたてる場

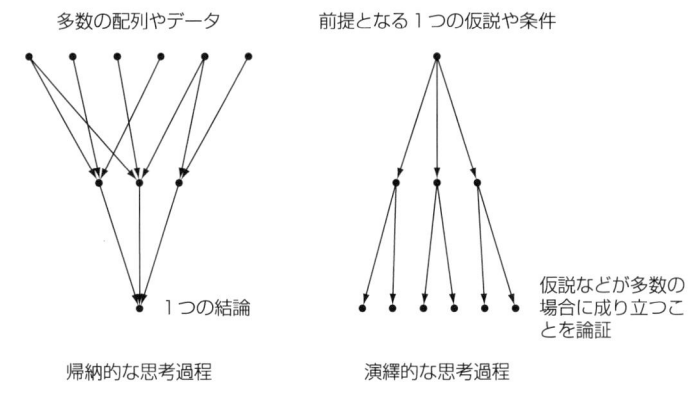

多数の配列やデータ　　前提となる1つの仮説や条件

　　　　　　　　　　　　　　　　　　　　　　仮説などが多数の
　　　　　　　　　　　　　　　　　　　　　　場合に成り立つこ
　　　　1つの結論　　　　　　　　　　　　　とを論証

　　帰納的な思考過程　　　　演繹的な思考過程
図 1-3　帰納的思考と演繹的思考 (桜井，1995)

合に避けるべき考え方となる（ただし，立証されたものだけが研究論文として蓄えられ，立証されなかったものは記録としてさえ残らないという傾向がある）。また部分的に立証された場合には，残された部分を別の考え方で説明するという課題を与えることとなる。そしてこれらが情報となり，あらたな仮説の前提となる知識になっていくのである。

　また科学という考え方は，いくつかの特徴をもっている。すなわち，そのような特徴をもつものが科学とよばれるのであるが，自然科学の方法論を採用した心理学の特徴について，梅本（1981）は次の3つを指摘している。その1つは，**公共性**とよばれるものである。これは，ある現象が特定の1人のみに認められるのではなく，その人以外にも認められる必要があることをさす。次に，同じ条件がそろえば何度でもその現象が認められることが必要とされる**反復性**である。そして最後に，**体系性**とよばれる，明確な理論的整合性が求められることである。この場合には，できれば数学のように曖昧な部分を残さないようなものが求められるが，心理学の分野では誤差や曖昧さというものを完全に排除することが難しく，これらの条件を完全にクリアすることはかなり困難であるといわざるを得ない。

　第8章に詳しいが，心理学はある時期から哲学からわかれ，自然科学的な手法を採用して科学としての一分野を確立してきたという歴史をもっている。そのため，現在の心理学の研究は，その多くが科学的な方法論を利用している。

もちろん，科学が心理学における唯一絶対の考え方ではないが，心理学を理解するうえで哲学，科学という考え方を理解しておくことは重要である。なお，心理学が用いる具体的な方法については第9章を参照してほしい。

2．常識としての知識と心理学の知識

心理学を学んでいると，それまでは知らなかった知識の説明が出てくる。しかし，そのような新奇性のある知識ばかりではない。「それは，あたり前のことではないか」「みんなが知っている常識を，たんに難しい言葉で言いかえただけではないか」と感じることもあるだろう。広く人々が知っているような常識的な知識であっても，それが心理学的知識として説明されるのはなぜだろうか。

麦島（1981）は，心理学のような科学的な知識は，特定の意識された方法で作られたものであり，常識は特定の方法によらないで作られたものであると指摘する。すなわち，知識の内容としては同じであっても，どのようにして導かれたのかという点が大きな相違として指摘されるのである。そのため，常識的な知識であっても，心理学的知識として説明されるのである。

では，導かれ方の違いはそれほどに重要な問題なのであろうか。常識的な知識にくらべ，心理学的な知識が優れている点はどのような部分にあるのだろうか。

心理学が採用している研究方法については既述のとおりであり，基本的には仮説の生成と検証という，特定の意識された方法で知識が生み出され蓄えられている。つまり，科学的な方法などを使って導かれたものが心理学的知識である。他方，人が普段の生活の中で獲得していく常識的知識の獲得は，それに類似した過程をたどったものもあるが，厳密に方法が意識されているわけではない。「大抵はそうだから」「私がそう思うから」といった，みずからの経験や判断を基準とし，その知識を導く方法をとくに意識することなく獲得しているといってよいであろう。

人が日常のさまざまな活動，観察をとおして，自然に獲得する知識体系は**素朴理論**とよばれる。もちろん科学的に正しい素朴理論もあり，日常的な有用性も大きいが，間違った理論を形成する場合も少なくない。それは，自分自身の

経験や知覚に頼りすぎるからである。衛星写真や地球儀を見ることなく，自分の経験や知覚から，地球は丸いという知識に到達することができるかどうかを考えてみれば，その限界を理解しやすいだろう。

　このような知識へ到達する方法の違いは，知識を説明する場合や検証をする場合，また反論，反証をする場合などに影響を与える。方法が決まっていることから，説明や議論がしやすくなるのである。「私がそう思うから，それは正しい」という主張をする人と，それが本当に正しいかどうかの議論ができるとは感じないだろうし，もっときちんとした説明が必要だと感じるだろう。これは，その人が結論を導いた方法の部分が理解できないためといえる。

　現在のすべての心理学的知識が正しいわけではない。心理学的な知識も，後に否定されたり，修正される可能性があり，またそうした繰り返しをとおして発展してきた経緯もある。心理学を学ぶことは，新たな知識を取り入れるだけでなく，すでにもっている知識を確認したり，知識をより正確なものにしていく方法を学ぶことにもつながるのである。

3．心理学と動物実験

　この本のなかにも，動物を利用した実験結果がいくつか示されている。そのような実験で利用される動物はチンパンジーをはじめ，イヌやラット，ハトなどの鳥類，サカナやハチなどである。しかしこのような動物実験の結果を目にしたとき，「この結果を人間に当てはめてよいのだろうか」という疑問が浮かぶことだろう。はたして，ヒトではない動物を用いた実験結果が，ヒトのこころの解明にどのように役立つのであろうか。

　八木（1975）は，心理学において動物を研究対象として用いる理由として，少なくとも次の3つを指摘できるとしている。第1に，ある種の動物のこころや行動を明らかにし，それと他種の動物のこころや行動と比較するためである。第2に，道徳上または法律上，ヒトを研究対象として用いることができないような実験を行うために利用される。そして最後に，ヒトを含む有機体のこころ，または行動を解明し，心理学の一般的法則の確立をめざすためである。

　本書で紹介しているような動物実験は，第2，第3の理由によるものが多い。たとえば，イヌを使った実験結果を，ヒトにおいても同様であろうと当てはめ

ることは，第3の理由を認めているためである。そして，そこからこころの一般的な法則を見いだそうとしているのである。さらに第2の理由も重要な位置を占めている。法律にはふれなくても，人道上望ましくないような結果をもたらす実験をヒトに対して行うことは問題である。しかし，それを明らかにすることが研究者の好奇心を越えて，人間の抱える問題の解決や生活改善に有益であることも多い。このような場合に，動物を使った実験が貴重なものとなる。これは，医学などでラットなどの動物を用いた実験が行われる理由と同様である。もちろん，動物を使った実験であれば何でもできるというわけではなく，厳しい**倫理規定**が制定されている（第9章第1節参照）。

また動物実験のみならず人間を対象とする実験においても，さまざまな条件が厳しく統制されるが，人間を対象とした場合は，それまでの生育歴や経験までも統制することは不可能に近い。その点，動物は成長が早く，飼育条件を一定にすれば，実験開始時までの経験を統制した実験が比較的容易にできるのである。これらのように，動物を用いた研究から得られた知識は，人間の心理の解明において重要な示唆を与えてくれるのである。

なお，とくに動物を使った心理学の分野は，動物心理学とか比較心理学とよばれる。ただし，**動物心理学**はヒト以外の動物を対象とした研究をよぶ場合に多く用いられ，ヒトと動物の比較を目的とする研究をよぶ場合に**比較心理学**という呼称が使われることが多い。

引用文献

堀　洋道　1985　心理学―学問への道―　進研スコープ，**91**, 46-47.
市川伸一　2002　心理学って何だろう　北大路書房
古城和子　2002　心理学の輪郭　古城和子（編）　生活にいかす心理学ver.2　ナカニシヤ出版
麦島文夫　1981　心理学の役割　講座　現代の心理学1　心とは何か　小学館　Pp. 295-367.
西　周　1875　心理学　一　文部省
桜井邦朋　1995　現代科学論　15講・科学はいずこに行くのか　東京教学社
佐藤達哉　2002　日本における心理学の受容と展開　北大路書房
梅本堯夫　1981　心の科学―心理学―　講座　現代の心理学1　心とは何か　小学館　Pp. 215-294.
八木　冕　1975　心理学における動物実験の意義　八木　冕（編）　心理学研究法5

動物実験I　東京大学出版会　Pp. 1-8.

関連書籍の紹介
中丸　茂　1999　心理学者のための科学入門　北大路書房

第2章

情報とこころ

　魅力的な人を見てこころがときめいたり，ドスの利いた声を聞いて後ろを振り返ったりした経験はないだろうか。このような例からもわかるように，我々のこころや行動の始まりには，「見る」，「聞く」といった外界の情報を認識するプロセスがある。

　人間をコンピュータと同じように一種の情報処理システムとみなし，人間の内側で起こっている情報処理過程を解明しようとする心理学は，認知心理学とよばれている。情報を処理するというと，知的なこころのはたらきだけを考えがちであるが，知・情・意といったこころのあらゆるはたらきは，先の例にも示されているように，外界を知ることを基礎としている。したがって，人間のこころについて考えるためには，まず，人間の情報処理過程に関する理解が不可欠となる。

第1節　人間の情報処理

　人間の高次の精神過程を示す概念として認知という用語が用いられている。**認知**とは知ることである。この認知に深く関連する過程としては，感覚，知覚，記憶，学習，思考などがあげられる。しかし，人間の情報処理過程に明確な区切りがあるわけではない。たとえば，「バラの花」を見て，それがバラだと認識する過程を考えてみると，まず外界にある花の刺激を感覚器官で受容し（感覚過程），その対象を見て解釈することが必要であり（知覚過程），さらに，見た対象がバラであると判断するためには，過去に学習したバラの特徴（学習過程）を記憶から取り出し（記憶過程），その対象がバラであると判断する（思考過程）ことが必要になる。

　「新聞を読む」「自動車の運転をする」「友達と会話をする」といった日常生活のほとんどすべての活動は，情報処理過程であるといえる。これらの過程では，時々刻々と変化する情報が一瞬で処理されている。したがって，各段階の処理過程を区別することは極めて困難である。しかし，それぞれの過程がどのような特徴をもっているのかを解明するために，認知心理学の研究では，さまざまな工夫がなされ，それぞれの過程に関する特徴の解明が進められている。

1．注　　意

　人が何らかの情報処理課題に取り組む際，まず注意がかかわっている。
　1）**注意の諸相**　　注意には2つの重要な側面がある。1つは**選択的注意**である。これは，外界に存在する多数の情報のなかからどの情報を処理の対象とするかを選ぶはたらきである。我々は，電車のなかや大学食堂のように多くの人たちが同時に会話している騒然とした状況においても，特定の人の話声に選択的に注意を向けることによってその人との会話が可能となる。この現象は，**カクテルパーティ現象**とよばれており，聴覚における選択的注意の例といえる。選択的注意のはたらきによって，周囲にあるたくさんの情報のなかから我々が必要とする情報だけを取り上げ，それ以外の情報をふるい落としている。この機能が効率のよい情報処理を可能にしている。

　注意のもう1つの主要な側面は，**処理容量（処理資源）**としての注意である。

人が何らかの課題を遂行するためには，その課題の処理に必要な処理容量を配分しなければならない。人間の処理容量には限界があるため，もし同時に遂行しなければならない複数の課題があるときには，それらの課題が必要とする処理容量を的確に評価し，各課題にうまく処理容量を配分することが不可欠となる。たとえば，自動車の運転について考えてみると，外界の視覚的情報や聴覚的情報を受け取って処理しながら，手でハンドルを操作し，足でアクセルやブレーキペダルを操作することが求められる。さらに，同乗者と会話をしたり，音楽を聴いたりすることもある。これらのさまざまな課題に必要な処理容量が適切に配分されていれば，スムーズな運転が可能である。しかし，運転技能の習得の初期段階や，多くの処理容量を必要とするような複数の操作や処理を同時に行わなければならない場合においては，それぞれの課題に処理容量を適切に配分することができずに運転操作を誤ることになる。

2）**処理容量の限界**　処理容量に一定の限界があることから人間の情報処理にもおのずと限界が生じる。「12×8＝」のような掛け算を暗算ですることはそれほど難しくない。しかし，「712×38＝」のような掛け算は，計算が得意でなければかなり困難である。これは，必要な情報を頭のなかに保持することと，掛け算を実行するという情報処理操作，つまり，712×8＝5696という結果を保持しながら，712×3という処理を行うことが，限られた処理容量を奪い合うからである。

なお，処理資源を単一のもの（単一資源理論）と考えるのではなく，視覚的情報の処理，聴覚的情報の処理といったように，処理すべき情報の種類に応じた複数の処理資源が存在する（多重資源理論）と仮定することもできる。たとえば，グラビア雑誌を見ながら人と会話をすることは，視覚的情報処理と聴覚的情報処理の組み合わせであるため比較的容易であるが，ラジオでニュースを聴きながら人と話をすることは，どちらも聴覚的情報処理であるため困難になる。このように，使用する処理資源が異なっていれば，同時に2つの課題を処理しても競合は起こりにくい。

3）**制御的処理と自動的処理**　上述した自動車の運転について考えてみると，初心者のうちはそれぞれの情報処理に多くの注意を必要とする。つまり，運転操作を意識的にしなければならないため，運転以外の別の課題を同時に遂

行することは非常に困難である。しかし，練習を重ねて自動車の運転に慣れて
くると，運転操作に振り向けなければならない処理容量が少なくてすむように
なり，運転をしながら，会話をしたり，音楽を聴いたりすることも容易になっ
てくる。

　一般に，技能習得の初期の段階では，情報処理に多くの処理容量を配分しな
がら意識的に対処する**制御的処理**（統制的処理）が中心になる。しかし，その
技能に熟練してくると，処理容量をほとんど必要とせず，無意識的に対処でき
る**自動的処理**に変わっていく。

　情報処理の自動化は，自動車の運転やキーボードのタイピングといった運動
技能において顕著にみられるが，言語行動においても処理の自動化の影響がみ
られる。たとえば，文字を読むことは長年の経験によって自動的に行われる。
このため，カラーインクで書かれた「赤，青，緑，……」といった文字が何色
で書かれているかを素早く読み上げる課題で，たとえば「赤」が青色で書かれ
ているといったように文字とインクの色が異なる場合は，「赤」が赤色で書か
れている場合に比べて，課題の遂行速度が低下する（**ストループ効果**）。文字
情報を無視してインクの色のみを判断すればよいわけであるが，文字を読む
ことが自動化されているために，言葉の意味処理を意識的に抑制することがで
きず，インクの色の命名が妨害されると考えられる。

　4）注意のモデル　　「注意していなかったから柱にぶつかった」「注意して
いなかったから聞き漏らした」といった経験があるだろう。刺激を的確に処理
するためには，刺激に注意を向けることが不可欠である。では，注意が向けら
れなかった刺激は，まったく処理されることがないのだろうか。このことを確
かめるために**両耳分離聴**とよばれる手続きが考案されている。この実験では，
実験参加者は，ステレオヘッドフォンを装着し，左右の耳にそれぞれ異なるメ
ッセージを同時に提示され，指定された片方のメッセージを追唱することが求
められる。刺激の提示終了後に，実験参加者は，追唱しなかったメッセージ，
すなわち注意を向けていなかった刺激について質問される。この種の実験から，
追唱されなかったメッセージの内容は，ほとんど認知されないことが明らかに
された（Moray, N., 1959）。この結果は，注意がさまざまな情報の中から処理
すべき情報を選択する一種のフィルターの役割を果たすという注意の**フィルタ**

一説を導いた（Broadbent, D. E., 1958）。しかしながら，その後，注意を向けられていなかった情報でも認知されることが示されている。先に述べたカクテルパーティ現象が起こっている状況では，話をしている相手以外のほかの人の声は雑音として意味的な処理は行われていないと考えられていた。しかし，ほかの人の会話のなかに自分の名前が出てくると，はっとしてとっさにその会話に注意が向いてしまうことがある。つまり，注意を向けられていなかったにもかかわらず，自分の名前などのように熟知した重要な情報は認知されることが明らかにされた。もしも，会話の相手以外の情報がフィルターでふるい落とされてまったく処理されていないとすれば，ほかの人の会話に自分の名前が出てきたことに気づくことはできないはずである。このような現象が起こることから，注意を向けられていない情報も何らかの処理を受けていると仮定することが必要となった。そこで，トリーズマン（Treisman, A. M., 1969）は，メッセージが注意によって完全にふるい落とされるのではなく，減衰されて認知されにくくなるという注意の**減衰モデル**を提唱した。このモデルでは，注意が向けられず意識的に処理されない情報も，最終的に認知されるかどうかは別として，一定の意味的処理を受けていると考えられている。また，J. A. ドイチュとD. ドイチュ（Deutsch, J. A., & Deutsch, D., 1963）は，すべての情報が意味的処理まで受けているが，反応の段階で情報の重要度にしたがって選択フィルターが機能するという**選択的反応説**を提唱している。

　注意がどの段階で作用して認識される情報が決まるかについては，さまざまな考え方があるが，人間の情報処理過程では，処理すべき情報の選択において注意が重要な役割を果たしているといえる。

2．パターン認知

　パターン認知とは，外界にある刺激が何であるかを認識する過程である。外界の刺激は，後述するように一時的に感覚記憶として保持される。しかし，感覚貯蔵庫内の情報には意味が付与されていないため，それが何であるかはわからない。「岱（漢字のタイ）」や「Ж（ロシア語のジェー）」といった刺激は，読めないとしてもある形として見ることはできるであろう。感覚貯蔵庫内の情報は，すべてこのような状態にあると考えることができる。感覚貯蔵庫内にあ

る情報（たとえば「あ」という形態的情報）と長期記憶内の「あ」に関する意味的情報とが照合されて，初めてある形態的情報が意味のある文字として認知される。

　手書きされた文字は書き手によってその特徴がかなり異なる。しかし，我々はその文字をたいてい読む（認知する）ことができる。同様に，リンゴ，犬，椅子といったさまざまな事物についても，その対象の個々の細部の特徴は異なっていても，それが何であるかを認知することが可能である。

　このようなパターン認知がどのように行われるかを説明する1つの考え方は，**鋳型照合モデル**である。このモデルでは，長期記憶内に刺激のパターンに関する鋳型が存在すると仮定している。鋳型とは，鋳物を作るための型枠のことである。我々は学習した文字や事物に関する型枠のようなものをもっており，入力刺激と鋳型との照合を行い，もっとも当てはまりのよい鋳型に対応する情報として刺激が認識されると説明される。しかしながら，認知すべき刺激の数や個々の刺激の多様性を考えると，あらゆる刺激に対応する鋳型を我々がもっていると仮定することは現実的ではない。たとえば，犬を考えてみると，犬種によって大きさや毛の色，形が違っている。また，同じ犬種でも1匹ごとにわずかながらも違いがある。1匹ごとに対応する鋳型があるとは考えにくい。

　パターン認知のもっとも有力な理論は，**特徴分析モデル**（特徴抽出モデル）である。再び犬の例で考えてみると，犬ごとに差異があるにもかかわらず，犬を見てそれと認識できるのは，「全身が毛で覆われている」「4本足である」「尻尾がある」「人懐っこい」などといった犬に特有の特徴をとらえて判断していると考えられる。またアルファベット文字の場合には，垂直線分，水平線分，右斜め線分，左斜め線分，直角，鋭角，不連続曲線，連続曲線などの単純な要素に分解することができる。ある刺激を見たとき，右斜め線分，左斜め線分，水平線分の組合せから成っていると分析されれば，そのような特徴にもっとも当てはまる「A」という文字として認識されることになる。特徴分析モデルでは，認知すべき対象の特徴が分析され，抽出された特徴と既有の知識表象との照合が行われることにより対象が認識されると考えられている。長期記憶に貯蔵されている情報は，個々の刺激が有する一連の特徴と考えるのである。また，特徴分析は，段階的に行われ，十分に分析されることなく処理が途中で終了す

ることもあると考えられている。

　ナイサー（Neisser, U., 1963）は，図2-1に示したような文字列のなかから特定の文字を探し出すのに要する時間を測定する視覚的探索課題を実施した。「ORUGQC」のように文字の形態的特徴が曲線的な文字列や「WXVMEI」のように直線的な文字列が用意され，参加者は，特定の文字（Z）をできるだけ速く見つけだすことを求められた。この視覚的探索課題を遂行する際に，人々がもし1文字ごとにその文字を完全に認識していくとすれば，文字列の形態的特徴の違いが探索時間に影響をおよぼすことはないと予想される。しかし，実験の結果は，見いだすべき文字の形態的特徴と文字列の形態的特徴が類似している方が非類似の場合に比べ，文字を探し出すのに必要な時間が長くなるというものであった。この結果は，人々が1つひとつの文字を完全に認識するほどの処理まで実行せずに，文字の主要な特徴が一致しなければ，処理を途中で打ち切っていることを示唆する。したがって，ナイサーの実験結果は，鋳型照合モデルよりも特徴分析モデルによって容易に説明することができる。

　また，神経生理学的研究から，水平線分や垂直線分といった刺激の特定の形態だけに選択的に反応する神経細胞の存在が確認されている（Hubel, D. H., & Wiesel, T. N., 1962）。

　これらのことから，刺激の特徴が分析され段階的に処理が進行することを仮定する，特徴分析モデルがパターン認知の有力なモデルと考えられている。たくさんの人のなかから知人を探すとか，書棚のなかからお目当ての一冊の本を探すといった日常的な場面を思い浮かべてみると，我々のパターン認知が特徴

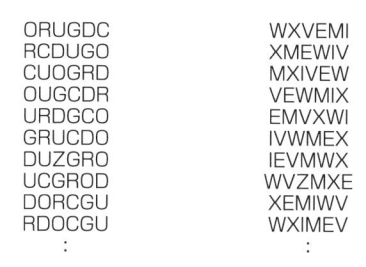

```
ORUGDC        WXVEMI
RCDUGO        XMEWIV
CUOGRD        MXIVEW
OUGCDR        VEWMIX
URDGCO        EMVXWI
GRUCDO        IVWMEX
DUZGRO        IEVMWX
UCGROD        WVZMXE
DORCGU        XEMIWV
RDOCGU        WXIMEV
   :             :
```

図2-1　視覚的探索課題の例
(Neisser, U., 1963)

分析モデルに近いことに気づく。探すべき対象がもっている特徴に合致しない刺激（この場合，人物や本）に対しては，その対象を完全に認識するほどの詳細な分析をしていないと感じるであろう。

3．処理方略

1）**文脈効果**　　上述したように，外界の情報は特徴分析に基づいて認知されるが，特定の刺激の認知のされ方がその前後の情報によって変化することがある。たとえば，「**A, B, C**」を見れば，「A，B，C」と認知するであろう。しかし，「**12, 13, 14**」を見ると，「12，13，14」と認知するであろう。このように同じ「**13**」という刺激が，その刺激以外の情報によって異なった認識のされ方をすることがある。これは**文脈効果**とよばれている。

文字だけでなく，単語や文においても，その前後の文脈により異なった認知がされる。「Aさんは軽い」という文は，体型の話をしているのか内緒話をしているのかという文脈の違いによって異なった意味に理解される。

文脈効果は，また，日常生活における人物の知覚においても認められる。いつも同じ場所で挨拶を交わす程度の人物にいつもと違う場所で出会うと，その人物が誰であるかを認識することが困難になることがある。

2）**ボトムアップ処理とトップダウン処理**　　文脈効果の存在は，刺激の認知がたんにその刺激のみに基づいて行われるのではないことを示している。情報処理は，ボトムアップ処理とトップダウン処理という2つの方向から行われる。**ボトムアップ処理**は，**データ駆動型処理**ともよばれ，与えられた刺激情報のみに基づいて低次なレベルから高次なレベルへと情報が積み上げられるように進行する処理をさしている。一方，**トップダウン処理**は，文脈や経験，知識，期待に基づいて高次なレベルの制御のもとで進行する処理を指し，**概念駆動型処理**ともよばれている。上述した対象の認知における文脈効果は，トップダウン処理に起因するものである。また，第3章第2節で説明されているように，文章を読んだり，相手と会話したりする状況において，読み手や聞き手は，受け取った情報を理解するためにその人なりの認識の枠組み（スキーマ）を用いている。外界を理解するためのスキーマの活用もトップダウン処理に相当するものである。

4. 情報処理と脳

　第1章第1節で論じられたように，心理学では目にみえないこころの代わりに行動について調べることに主眼をおいている。しかし，知・情・意というこころのはたらきが脳で行われていることを考えると，心理学の生物学的基礎として脳について理解していくことが重要となる。

　目や耳で受け取った刺激は，受容器によって電気インパルスに変換され，脳に伝達される。脳は膨大な数の**ニューロン**（神経細胞）からなっている。図2-2に示されているように，1つのニューロンは，核をもつ細胞体，そこから伸びた長い1本の軸索，短く複雑に分枝した樹状突起から構成されている。ニューロン同士は物理的に結びついておらず，わずかな隙間をもってシナプス結合している。細胞体で発生したインパルスは軸索を通って，その端末であるシナプス終末から神経伝達物質を放出して次のニューロンに情報を伝達している。このようにして形成された神経回路がはたらくことにより，見たり，聞いたりすることができると考えられている。

　以前には，脳に電気的な刺激を与えてその活動をとらえようとする試みもされていた（Penfield, W., 1975）。しかし，近年では，脳に外科的処置を施さずに脳の活動を画像でとらえられるようになってきた。このような研究法は，**脳画像法**（ブレイン・イメージング）とよばれ，最近の心理学における重要な研

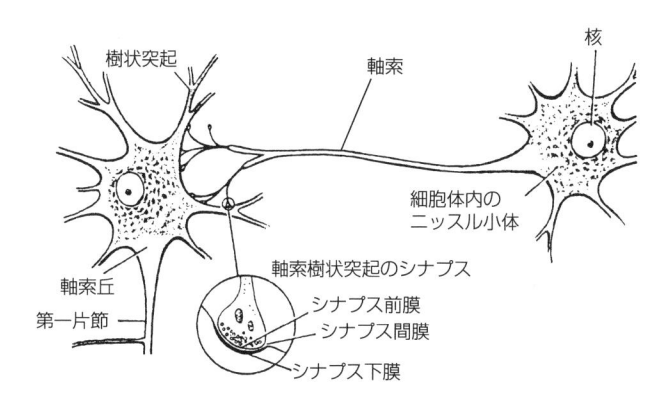

図2-2　ニューロンの基本形（Andreassi, J. L., 1980を一部改変）

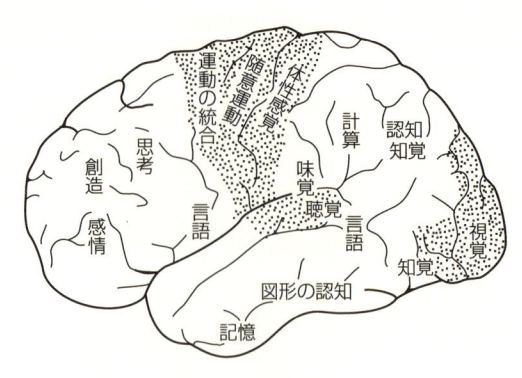

図 2-3 大脳左半球の機能地図 (黒田, 1992)

究方法となりつつある。

　X線の透過量から脳の断面図を描出するコンピュータ断層撮影法（CT）や強力な磁場を生じる装置内で高周波の波動を利用する磁気共鳴画像法（MRI），脳内の血流の増加部位を測定する陽電子放射断層撮影法（PET）といった技法によって，脳の活動の様子を画像でとらえることが可能になってきた。このような技術を利用することで，知覚，言語，思考などの精神活動に従事しているとき，脳のどの領域が使われているかを調べることができる。右脳と左脳はそれぞれ担っている機能が異なること（**大脳半球の非対称性**）や，大脳皮質はそれぞれの部位で異なる機能を果たしていること（**機能局在**）なども生理学的レベルで解明されつつある（図 2-3 参照）。

第2節　感　　覚

　人は，感覚や知覚のはたらきによって外界を認識している。現在では，感覚と知覚には本質的な違いはないとみなされているが，一般に，感覚は，明るさや色などを認識するといった単純で基本的な過程をさすのに対して，知覚は，事物や言葉などを認識するといったようにより複雑で意味の解釈を含む高次の過程をさすことが多い。

1. 感覚の種類

人間は，目，耳，鼻，舌などの感覚器官をもっており，これらの感覚器官を通じて外界の情報を受け取りながら環境を認識している。人間の感覚の種類としては，視覚，聴覚，嗅覚，味覚，皮膚感覚，運動感覚，平衡感覚，内臓感覚がある。なお，皮膚感覚は，触覚・圧覚，温覚，冷覚，痛覚に分けられる。

たとえば，視覚に対する光刺激，聴覚に対する音刺激といったように，それぞれの感覚を生じさせる最適な刺激がある。そのような刺激は，**適刺激**とよばれ，感覚受容器は適刺激に対して敏感に反応する。なお，眼球への圧迫が，触覚体験だけでなく，「光が見える」といった視覚体験を生じさせることがある。このような適刺激以外の刺激は，**不適刺激**とよばれる。

「黄色い声」「重い雲」といった表現がされることがある。「黄色」は視覚的刺激なので視覚によってとらえられるものであり，一方，「声」は音韻的刺激なので聴覚によってとらえられるものである。したがって，「黄色い声」という言い方は，本来的にはおかしな表現といえる。しかし，これらの表現にみられるように，ある種の感覚的特性が感覚の種類を越えて共通して認められることがある（**通様相性現象**）。このような現象の1つに**共感覚**がある。音を聞くと色が見えるといったように，ある感覚刺激を受容したとき，別の種類の感覚が影響を受けて，その感覚に対応する刺激も与えられているように感じる能力の存在が知られている。

2. 感覚過程

感覚が生じる過程は，基本的にどの種類の感覚でもほぼ同様である。外界の刺激を受容する器官（たとえば，視覚における網膜，聴覚における蝸牛（かぎゅう），味覚における味蕾（みらい）など）で感知された情報は電気的な信号に変換され，インパルスとして大脳皮質のそれぞれ対応する感覚野（図2-3参照）まで伝達されて感覚が生じる。感覚のなかでもっとも研究が進んでいる視覚系の構造について以下に簡単に述べておく。

人間の眼はカメラにたとえられるが，カメラのレンズに相当するものが水晶体である。知覚対象に焦点を合わせるために，この水晶体の厚さが毛様体筋によって調節される。虹彩は，カメラの絞りにあたり，眼球内に入ってくる光の

量を調節する。光刺激を受け取るカメラのフィルムの役割を果たしているのが網膜である。網膜には，錐体と桿体とよばれる2種類の光受容細胞がある。**錐体**は，網膜の中心部（中心窩）に集中的に存在し，明るい場所での色の感覚を担っている。一方，**桿体**は，網膜の周辺部に分布し，暗い場所での明るさの感覚に役立っている。夜空の暗い星を正視するとよく見えないのに，その星から少し視線をそらすと見えやすくなる。このように周辺視するほうが暗い星を検出しやすくなるのは，網膜の周辺部にある桿体がはたらくためである。

　網膜で受容された光刺激は，電気信号に変換され，視神経を通じて脳の後頭部にある視覚野に投射されて視知覚が成立する。そのため，脳の後部にある視覚野に損傷を受けると，損傷を受けた部位に対応した視野を失うことになる。結局，モノを見るのは，目ではなく，脳のはたらきによるといえる。

3．感覚の特徴

　我々は，外界の刺激を感覚器官でどんなときでも同じように受け取っているわけではない。映画館のような暗い場所に入ったとき，初めは何も見えなくても次第に周囲の様子が見えるようになってくる。これは，暗い状態に慣れ，光に対する感度が上がる**暗順応**とよばれる現象である。この逆に，暗い場所から明るい場所に出たときに明るさに慣れてくる現象が**明順応**である。映画館から出た直後はまぶしいと感じるが，すぐにその明るさに慣れてしまうことからもわかるように両者の順応時間には著しい差がある。暗順応が数十分かかるのに対して，明順応は，1分足らずである。このような明暗に対する順応では，網膜の受容細胞の感光度の変化とともに瞳孔の大きさの変化がかかわっている。なお，「匂いに慣れる」「お風呂の熱さに慣れる」といったように，他の感覚においても順応が認められる。**順応**は，感覚的機能が低下することを意味することが多いが，環境に対する適応的な変化という積極的な側面をもっている。

　我々は，普段，さまざまな刺激を受け取って生活している。外部からの刺激がなければ，静かで快適な状態になるかというと，そうでもないようである。正常な心理状態を保つには，適度な刺激が不可欠であることを示した感覚遮断の研究がある。**感覚遮断**とは，身体の内外から与えられる刺激を遮断することであり，さまざまな感覚遮断の方法が考案されている。ヘロン（Heron, W.,

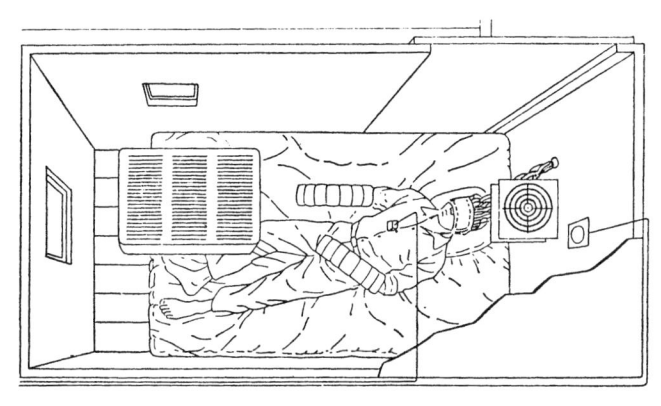

図2-4 感覚遮断実験の様子 (Heron, W., 1957)

1957)は，図2-4に示されているような空調の効いた防音室で，目隠しをしてベッドに1日中横たわっていることを実験参加者に求めた。実験参加者は，食事と用便以外の活動が一切禁止された。このような状況に置かれると，数時間で実験参加者の思考が混乱して精神状態が不安定になる。そのため，多くの参加者は，高額の謝礼金が支払われるにもかかわらず，2～3日で耐えられなくなり，実験が中断された。この実験から，適度な刺激を受け取ることが精神の安定のためにいかに大切であるかがわかる。

4．心理物理学

我々の感覚には限界があり，環境内のすべての刺激を感知できるわけではない。たとえば，聴覚に関しては，音の高さを表す周波数として20ヘルツから2万ヘルツまでが検出可能である。また，この範囲内で2倍の周波数の違いがあったとしても，感じる音の高さが2倍になるわけではない。明るさの感知についても同様であり，30ワットの電灯がついた部屋と60ワットの電灯がついた部屋の明るさを比べたとき，明るさに2倍の違いがあると感じることはない。

感覚心理学者たちは，刺激の物理的特性とその刺激によって生じる人間の感覚の大きさとの間にどのような関係があるかについて詳細に調べてきた。このような分野は，**心理物理学（精神物理学）**とよばれている。

たとえば，弱い光が提示されたとき，光が物理的に存在していても見えない

こともある。人間が刺激を検出できるのは一定の範囲内の刺激強度であり，感覚が生じる最小の刺激強度は**刺激閾**（絶対閾）とよばれている。一方，刺激強度が強すぎても正常な感覚は得られない。刺激が，それに対応する正常な感覚を生じさせる上限の刺激強度は**刺激頂**とよばれる。これらは，感覚の感度や精度を表す。また，2つの明るさの違いに気づくといったように，刺激の差異を感知できる最小の刺激差は**弁別閾**，あるいは**丁度可知差異**とよばれる。ばら売りのりんごを買うときに，手にとって大きさや重さを比べて選ぶ状況では，大きさや重さの弁別閾が活用されているといえよう。弁別閾は一定ではなく，一般に，比較のために決められた任意の水準である標準刺激 S に対する弁別閾を ΔS とすると，S と ΔS の比はほぼ一定の値（$\Delta S/S = K$）になることが知られており，**ウェーバーの法則**とよばれる。たとえば，100gの重さの標準刺激に対して102gで重さの違いにようやく気づいたとすると，500gの標準刺激に対しては502gでは弁別できず，510gになって弁別が可能となる（$2/100 = 10/500 = K$）。この K の値は感覚の種類や個人によっても変化する。一般に，味やにおいの変化よりも，光や音，重さの変化に対して敏感であることが明らかになっている。

　ウェーバーの法則からもわかるように，同じ量の刺激強度の変化に対して感覚の大きさの増加は，刺激強度の増加とともに次第に少なくなる。つまり，標準刺激の刺激強度が大きくなるほど，強度の変化に対する感覚が敏感でなくなる。刺激強度（S）と感覚の大きさ（R）との関係は，図2-5に示したような対数関係（$R = K \log S$）が認められ，**フェヒナーの法則**とよばれている。

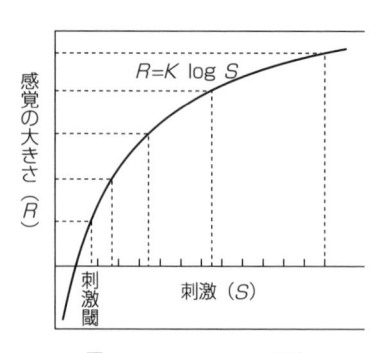

図2-5　フェヒナーの法則

フェヒナーの法則は，刺激強度が極めて小さい場合や極端に大きい場合に問題があるとされている。そこで，スティーブンス（Stevens, S. S., 1957）は，感覚の大きさを参加者に数値で直接答えさせる**マグニチュード推定法**を考案した。この方法では，基準となる標準刺激を提示して，その感覚量をたとえば10としたときに，次に提示される刺激強度（S）から感じられる感覚の大きさ（R）が2倍に感じられたならば，20と数値で参加者に答えさせる。この方法によってさまざまな種類の感覚が測定された結果，感覚の大きさは，刺激強度の n 乗に等しい（$R=KS^n$）という**スティーブンスの法則**が見いだされた。ここで，K, n の値は感覚の種類によって変化する定数である。

5．信号検出理論

信号検出理論は，ノイズのなかからシグナルを検出するために考案された理論であるが，心理学では感覚や記憶の強度を測定する手段として用いられている。光の刺激閾を調べることを考えてみよう。さまざまな強さの光を実験参加者に提示して，光を検出できるかどうかを求めることになる。実験参加者の「見えた」「見えない」という反応は，刺激の強度だけでなく反応のバイアスによっても決まる。反応バイアスは，特定の反応をするために実験参加者が設定する基準であり，実験参加者が任意に基準を設定することになる。このため，確実に光が見えたという確証がなければ「見えた」と反応しないこともできるし，あまり確証がなくても「見えた」と反応することもできる。後者の場合，シグナルが提示されたとき，確実にそれを検出するが，シグナル提示されないときにも「見えた」と判断しがちになる。このような問題は，医者がレントゲン写真を見て腫瘍を見つけだす状況や，塗装に色むらのある不良製品を目視によって検査するような状況で重要なものとなる。問題点を的確に指摘できるか否かは，刺激の強さだけでなく判断者の反応バイアスに依存している。

このような状況では，シグナルの有無と2種類の判断の組み合わせによって以下の4つの事態が考えられる。

①ヒット：シグナルがあるときにシグナルがあったと正しく判断する。

②ミス：シグナルがあるときにシグナルがなかったと誤って判断する。

③フォールス・アラーム：シグナルがないときにシグナルがあったと誤って

判断する。

④コレクト・リジェクション：シグナルがないときにシグナルがなかったと正しく判断する。

　シグナルがある状況における判断はヒットかミスのいずれかである。したがって，ヒット率とミス率を合計すると100％になる。同様に，シグナルがない状況における判断ではフォールス・アラームとコレクト・リジェクションがあり，フォールス・アラーム率とコレクト・リジェクション率を合計すると100％になる。そのため，ヒット率とフォールス・アラーム率を求めることで感覚の敏感さの程度を知ることができる。慎重な判断者は，フォールス・アラーム率が低いがヒット率も低くなる。一方，わずかな証拠でシグナルがあると判断する慎重でない判断者では，フォールス・アラーム率が高くなるがヒット率も高くなる。ヒット率がフォールス・アラーム率を大きく超えるほど，感覚は鋭敏であると推測できる。逆に，ヒット率とフォールス・アラーム率が等しければ感覚の感受性はないと推測することができる。

第3節　知　覚

1．形の知覚

1）図と地の分化　　外界にある対象を知覚するためには，その対象が背景のなかから分離される必要がある。真っ白な大きな壁の前に立ったり，快晴の青空を眺めたりしたときには，何の形も見いだすことはできない。視野のなかに異質な部分があって初めて形を知覚することができる。1つのまとまりのある形として浮き出て見える部分は**図**とよばれ，その図の周囲にある背景は**地**とよばれる。図と地の分化によって形を知覚することができる。黒板にチョークで書かれた文字や線が知覚できるのは，何も書かれていない黒板の黒い部分が地となり，チョークで書かれた線分が図となって前面に浮き出て見えるからである。

　日常生活のなかでは，図となる部分と地になる部分は明らかな場合が多いが，図と地の分化が曖昧になると，形を知覚することが難しくなる。また，図と地が入れ替わり，2種類の見え方が存在する刺激もある。図2-6は，その一例で

図2-6　図地反転図形
(Rubin, E., 1921：大山, 2000より)

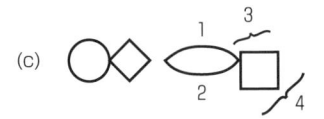

図2-7　図のまとまり方の要因
(Wertheimer, M., 1923)

あり，図地反転図形とよばれている。図2-6において，黒い部分に注目すると，2人の人物が向き合っている横顔が見え，白い部分に着目すると杯（壷）が見える。たとえ，2種類の見え方があることを知っていても，両方を同時に見ることはできない。つまり，一方の形に注意を向けて，それが図になっているとき，他方は地になっている。図地反転図形は，図が1つのまとまりとなって浮かび上がることで刺激が知覚されることを示す好例である。

　2）対象のまとまり方　　我々の視界には多数の図が存在している。単純な図形であっても，個々の図形を単独で見るのではなく，多くの対象をできるだけ簡潔でまとまりのある形として見ようとする。複数の刺激があるまとまりをもって知覚されることは**群化**とよばれている。このような群化に関する主要な法則として，以下のような要因が指摘されている（Wertheimer, M., 1923；第8章第2節参照）。

①**近接の要因**：物理的に近いもの同士がまとまる。図2-7のaでは，「1，2」「3，4」「5，6」がそれぞれまとまって見える。

②**類同の要因**：似たもの同士がまとまる。図2-7のbでは，白丸と黒丸がそれぞれまとまって見える。

③**閉合の要因**：空間が囲まれ，閉じた領域がまとまる。図2-7のcでは，「1，3」「2，4」がまとまることはなく，「1，2」「3，4」がまとまって見える。

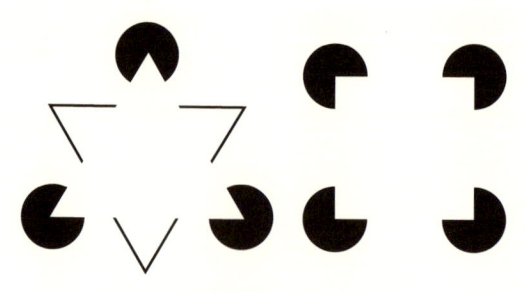

図 2-8　主観的輪郭 (Kanizsa, G., 1979)

　④よい連続の要因：よい連続をもつものがまとまる。図 2-7 の d では，近接の要因によって「1，2」「3，4」としてまとまるよりも，「1，4」「2，3」という連続する線分としてまとまって見える。
　3）主観的輪郭　　図 2-8 を見ると，黒い円の上に白い三角形や四角形が配置されているように感じるであろう。しかも，白い三角形や四角形の辺の部分には輪郭が存在するように見える。このように物理的には明るさの違いや段差が存在しないにもかかわらず，明瞭に知覚される輪郭は**主観的輪郭**とよばれている (Kanizsa, G., 1979)。客観的には，輪郭線が引かれているわけではないが，輪郭があるとみなすことで滑らかでまとまりのある安定した知覚が成立するために生じる現象と考えられている。
　4）アフォーダンス　　知覚は，外界の刺激を感覚器官で受け取り，その刺激に意味や価値を付与するこころのはたらきである。つまり，外界の刺激を意味づけるのは，人間の内的過程によると考えることができる。これに対して，J. J. ギブソン (Gibson, J. J., 1979) が提唱した**アフォーダンス**の考え方では，環境の側に意味や価値が存在しているとみなす。アフォーダンスという用語は，「提供する」という意味のアフォード (afford) を元にしたJ. J. ギブソンの造語で，環境世界が知覚者に与えるものという意味をもっている。環境世界は，物質的な存在ではなく，意味や価値を知覚者に提供するものというのである。
　たとえば，ドアの取っ手には，いろいろな種類があるが，そのタイプによってドアを開けるときに我々が試みる動作が異なってくる。円筒形のノブ式であれば，それを回そうとするであろうし，レバー式であれば，押し下げようとするであろう。つまり，取っ手の形状が，その知覚者に特定の行動をとるように

うながしているといえる。J. J. ギブソンの知覚理論では，外界の情報は知覚者の身体的行為の可能性と対応している。知覚者は行為をすることによって環境世界についての情報を得ると同時に，情報を得ることが再び行為をうながすというように，知覚と行為は相補的，循環的な関係にあると考えられている（佐々木，1994）。

2．錯　視

　これまでみてきた図地反転図形や主観的輪郭は，刺激の知覚という一見，受動的，自動的と思われるプロセスが実際には知覚者の能動的な解釈を含んでいることを示している。さらに，知覚が外界の正確なコピーではないことを示す現象として錯視現象をあげることができる。
　地平線近くの月は，天頂の月に比べると2〜3割ほど大きく見える。月そのものの大きさは変わらないので，網膜に投影される大きさに違いはないはずであるが，それぞれの月が同じ大きさに知覚されることはない。この**月の錯視**に関しては，さまざまな説が提唱されているが，月の周囲にある背景情報の影響があると考えられる。同様に，幾何学的図形においても，刺激の大きさや長さや方向などの物理的特徴が，付随する情報によって実際とは著しく異なって知覚されることがある。このような**幾何学的錯視**の代表的な図形を図2-9に示した。
　図2-9 aのミュラー・リヤーの図形では，長さの等しい線分に外向きの斜線が付加されると，内向きの斜線が付加された場合に比べて直線部分が長く見える。図2-9 bのジャストローの図形では，同じ2つの図形が並んでいるにもかかわらず，上に配置されたものが大きく見える。図2-9 cのエビングハウスの図形やdのポンゾの図形では，同じ大きさの円が，周辺に配置された図形の違いによって異なった大きさに見える。図2-9 eのツェルナーの図形では，垂直線はすべて平行に描かれているにもかかわらず，垂直線と交差する斜線の傾きと逆方向に傾いて見える。図2-9 fのヘリングの図形では，2本の平行線が放射線状の直線の付加によって，中央が膨らんだ曲線に見える。このような錯視は，誰にでも生じることから，知覚の誤りということではなく，人間の知覚メカニズムの特徴を表す現象と考えられており，錯視現象を解明するさまざまな

(a) ミュラー・リヤーの図形

(b) ジャストローの図形

(c) エビングハウスの図形

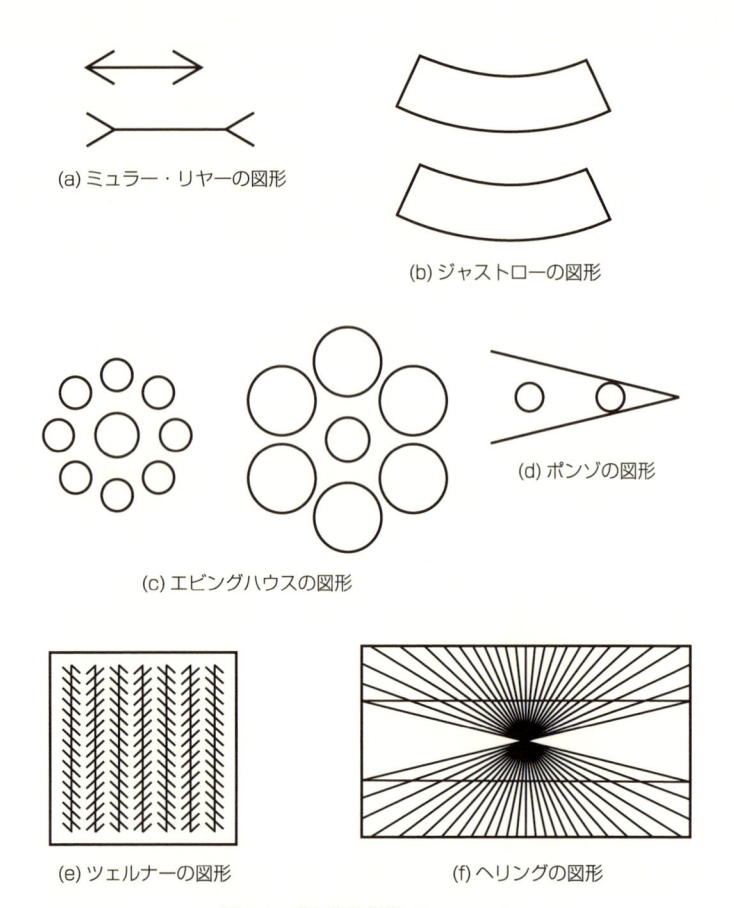

(d) ポンゾの図形

(e) ツェルナーの図形

(f) ヘリングの図形

図 2-9　幾何学的錯視 (和田，1967)

研究が進められている（後藤・田中，2005）。

3．恒常性

5m 先にいる人と 1m 先にいる人では，知覚者の網膜上での像の大きさに 5 倍の違いがある。対象までの距離が長くなると，その対象に関する網膜像は観察距離に反比例して小さくなる。しかし，我々が知覚するそれらの人物の主観的な大きさは，それほど大きく変化せず，ほぼ同じ大きさを保って見ている。この現象は大きさの恒常性とよばれている。同様に，対象の形や色，明るさな

どにおいても恒常性が認められる。たとえば，丸い皿を斜めから見ると網膜上には楕円形の皿として投影されている。また，少し開いた状態の扉は網膜上には台形として投影されている。しかし，我々はそれらを丸い皿や長方形の扉であると理解する。

　一般に，感覚器官で受け取る刺激が変化しても，対象のもつ物理的特徴が比較的安定して恒常的に知覚される現象を知覚の**恒常性**とよぶ。これは，感覚受容器で受け取った対象像に関する情報だけで知覚が成立するのではなく，他のさまざまな情報が考慮されるため（斟酌説）と考えられている。たとえば，大きさの恒常性については，網膜像上の対象の大きさに加えて，知覚対象までの距離が考慮されて大きさの判断がされるために恒常性が認められると考えられる。

4．空間認知

　我々の住んでいる世界は3次元の広がりをもっている。しかし，網膜は2次元的広がりしかないため，視覚を通じて外界の情報が網膜に投影された段階で3次元の情報は失われることになる。それでも，我々は網膜に投影された2次元の情報をもとにして3次元の世界を知覚している。2次元の情報から3次元の世界がどのようにして再構成されるのかは知覚研究の重要なテーマとなっている。

　1）**奥行き知覚の手がかり**　　針穴を通して暗い部屋のなかの光点までの距離を片目で見て判断しようとしても距離感がほとんどつかめない。このことからも，日常生活のなかでは奥行きを知覚するためのさまざまな手がかりを利用していることが予想される。

　風景画や風景写真を見て奥行きが感じられるのは，そこに奥行きを知覚するための手がかりが示されているからである。したがって，遠近法を用いずに描かれた絵画では奥行き感は感じられない。絵画的手がかりは，経験によって獲得されることから，経験的手がかりともよばれている。なお，経験的手がかりの多くは，単眼でも機能することから単眼手がかりといわれることもある。

　①**大きさ**：ある対象の通常の大きさを知っている場合，見えの大きさによって対象までの距離を推測する。小さく見える対象は，遠くにあると判断す

る。
- ②**重なり**：複数の対象が重なっている場合，覆っている側の対象が手前にあり，覆われている側の対象が奥にあると推測する。
- ③**陰影**：下側に陰があるとふくらみを感じ，上側に陰があるとへこみを感じる。
- ④**きめの勾配**：ほぼ同じ大きさの対象や模様の場合，遠くのものほどきめが細かく見える。
- ⑤**線遠近法**：線路のように遠ざかっていく平行線は遠方で1点に集まる。
- ⑥**大気遠近法**：遠くにある対象ほど明瞭でなくなり，かすんで見える。
- ⑦**運動視差**：電車の窓から外の対象を注視していると，注視点より手前にあるものは進行方向とは逆の方向に，しかも，より手前にあるものほど急速に過ぎ去っていく。また，注視点よりも遠くにあるものは進行方向と同じ方向に動いているように見える。このように知覚者や知覚対象の移動にともなう速度差が奥行き知覚の手がかりとなる。

　顔の近くで指を立て，片目で交互にその指を見るとずれて見える。人間の場合，両目が同じ方向を向いていて，しかも6.5cmほど離れているため同じ対象をやや異なる角度から見ることになる。このような眼に関連する奥行き知覚の手がかりは，生理的手がかりともいわれ，次のようなものがある。
- ①**調節**：対象の距離に応じて眼のレンズである水晶体の厚みを調節する。この調整を司る毛様体筋の伸縮が奥行きの手がかりとなる。
- ②**輻輳**(ふくそう)：両眼である対象を注視する場合に2つの視線と対象とのなす角は輻輳角とよばれている。この輻輳角は対象までの距離によって変化するが，輻輳角による動眼筋の緊張の程度が奥行きの手がかりとなる。
- ③**両眼視差**：人間の眼が左右で離れているために生じる両眼に映る像のズレ（両眼視差）が手がかりとなる。ある対象を見る場合，2つの像が二重にだぶって知覚されることはなく，左右の像が融合して奥行き感のある知覚が生じる。たとえば，図2-10に示されているように，ズレのある平面図形が左右の眼に独立して提示されると，1つの立体図形が知覚される。立体写真や立体映画はこのような原理を利用している。

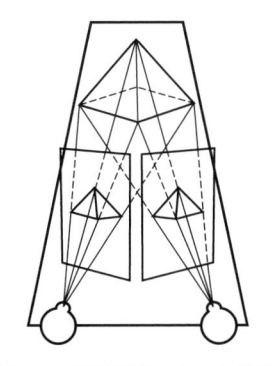

図 2-10　両眼視差による立体視
(Gibson, E. J., 1950)

2）奥行き感の獲得　奥行き知覚の手がかりが経験によって習得されるとすれば，いつ頃から奥行き知覚が可能になるのだろうか。E. J. ギブソンとウォークは，**視覚的断崖**とよばれる装置を考案し，乳児の奥行き知覚を調べた(Gibson, E. J., & Walk, R. D., 1960)。この装置は，高さ 1 m くらいの机のような形をしており，天板が厚い透明のガラスになっている。天板ガラスの半分には，すぐ下にチェック模様が貼られ，残り半分では，同じチェック模様が床面に敷かれた。もし，奥行き知覚が成立していなければ，ガラスのすぐ下に模様がある側（浅い側）と床面に模様がある側（深い側）の見た目は同じということになる。この装置の上に乳児を置いてどのような反応をするかを調べた結果，ハイハイができる 6 ヶ月児は，深い側を恐れて入ろうとしなかった。このことから，生後 6 ヶ月には，奥行き感を獲得していることが示された。その後，乳児が視覚的断崖装置に乗っているときの心拍数の変化を調べた研究から，1 ヶ月児では奥行きの弁別はできないが，2 ヶ月児では奥行きを弁別していることが明らかにされている。

5．運動知覚

人は静止している対象を知覚するだけでなく，対象の運動を知覚することもできる。人込みのなかを歩いたり，道路を横切ったりする際に，他者や自動車の動きを適切に知覚することは，危険を回避するための大切な能力といえる。

1）**実際運動**　時間の経過とともに対象が移動する運動の知覚は，対象が一定の範囲内の速さで物理的に動く場合に生じる。目の前を通り過ぎる自動車は，視覚像の動きとして網膜上に投影される。しかし，時計の短針や朝顔の開花などは，対象の変化速度が遅すぎるために運動を知覚することができない。単純に考えると，網膜上の視覚像の移動を認識することが運動の知覚を生むといえる。ただし，以下に述べるように，網膜上で対象が動かないときでも運動を知覚することがある。

2）**誘導運動**　薄い雲間の月を見ると，雲が動いているのではなく，月自体が動いているように知覚されることがある。実際には静止している対象が運動しているように知覚される現象は**誘導運動**とよばれ，本来移動している雲が枠組み（地）となり，図である月が運動しているように知覚される。止まっている電車や自動車に乗っているときに，周りの電車や自動車が静かに動きはじめた瞬間，自分が動きはじめたように感じるのも誘導運動の例である。この誘導運動を利用した遊具がビックリハウスである。自分自身はわずかに揺れ動いているに過ぎないが，部屋の風景の回転運動に誘導されて，自分自身が宙返りをしているように感じてしまう。

3）**自動運動**　真っ暗な部屋のなかで静止している小さな光点をしばらく見つめていると，光点が不規則にいろいろな方向に動いているように見えることがある。光点に物理的運動がないにもかかわらず，光点そのものが動いて見えることから，**自動運動**とよばれている。この現象には，知覚の枠組みや眼球運動がかかわっていると考えられている。

4）**仮現運動**　街頭のネオンサインにみられる広告やニュースでは，文字が動いているように知覚される。物理的には運動が存在しないにもかかわらず，知覚される見かけの運動は，**仮現運動**とよばれている。実験的に2つの光点が点滅する時間間隔を変化させていくと，2つの光点が同時に点滅している状態から2つの光点が継時的に点滅する状態までの中間に滑らかな運動が知覚される時間間隔（約60ミリ秒）がある。この最適な時間間隔では，1つの光点が2点間を移動するように感じられる。映画は，わずかずつ異なる一連の静止したコマを連続して表示することによって動きを表現している。このような画像技術に仮現運動が利用されている。

第4節 記　憶

1．記憶過程

　学習（第3章第1節）と記憶は，密接な関係にある。学習が成立するということは，生体がある経験を記憶しているということである。経験によって行動が変化する過程は学習であるが，その変化を保持するという側面からみると記憶ということになる。

　ある経験をして，その経験が保持され，後に取り出されて利用されることから，記憶過程は，時間的な流れとして，符号化，貯蔵，検索の3つの段階に区分される。**符号化**（記銘）は，経験した事柄が取り込まれる段階であり，外界の情報を見聞することを通じてその情報が記録される。符号化された情報が一定期間保持される段階が，**貯蔵**（保持）である。貯蔵されていた情報が必要に応じて取り出されるのが，**検索**（想起）である。これらのすべての段階がうまくはたらいて初めて記憶が意味をもつことになる。3つのどこかの段階がうまくはたらかなければ記憶に失敗する。つまり「覚えられない」「覚えていない」「思い出せない」という事態が生じる。

2．記憶の測定

　記憶が成立しているかどうかは，経験した事柄を想起できるかどうかによって調べられる。記憶を測定する代表的な方法として**再生**がある。これは，保持されている事柄を言葉や動作などによって再現することである。たとえば，「中華人民共和国の首都はどこか」という問いに対して「北京」と答えるものである。もう1つの記憶の測定方法に**再認**がある。これは，「中華人民共和国の首都は，上海，南京，北京のいずれか」に対して「北京」を選択するものである。

　一般に，再生よりも再認の方が容易である。この説明として，検索過程を生成段階と再認段階の2つに分ける**生成＝再認説**（二段階説）がある。再生では，質問という形で与えられた情報に基づいて，有力な候補を記憶表象のなかから探索する生成段階と，この候補が求めている適切な標的情報であるかどうかを照合する再認段階が必要となる。しかし，再認では，探し求めるべき標的情報

が示されているので,生成段階が不要となり,再認段階のみが実行される。生成と再認の2つの段階を必要とする再生は,それだけ検索に失敗する可能性が高くなるため,再認よりも成績が劣ることが多くなる。

　再生や再認は,ある経験を思い出そうとする意識的な想起をともなっていることから**顕在記憶**とよばれている。これに対して,意識的想起をともなわない記憶を**潜在記憶**とよんでいる。「買い物をする」「着る服を選ぶ」「食堂で料理を注文する」といった日常生活のあらゆる場面の判断において,過去経験が影響をおよぼしていると考えられる。しかしながら,潜在記憶は,過去経験を思い出しているという意識をともなわないので,過去の経験に影響されていると自覚することはない。このような潜在記憶を調べる代表的な測定法に**単語完成課題**がある。これは,「さ□し□け□」「き□く□ん□」のような虫食いの単語に対して,最初に思いついた単語を回答するものである。この課題を遂行する前に,該当する単語(「さくしずけい」)を見ていると,その単語を見た経験が意識的に思い出されない場合でも,該当する単語を見ていない場合と比較して単語の完成率が高くなる。未学習語(「きおくはんい」)に比べ学習語の成績が向上することを**プライミング**という。プライミング現象は,学習経験が潜在的に記憶されていることを示すものである。

3. 記憶の区分

　日常生活で記憶をどのように利用しているかについて振り返ってみると,暗算をするために数字を記憶しておくような一時的な使い方と,大切な事柄を記憶しておくような長期的な使い方があることに気づく。記憶を情報が保持される時間の観点から整理すると,図2-11に示したように感覚記憶,短期記憶,長期記憶の3種類があり,それぞれの記憶に対応する情報の貯蔵庫があると考えるのが一般的である。

　1)**感覚記憶**　　記憶の二重貯蔵モデルという場合の2つの記憶の貯蔵庫は短期貯蔵庫と長期貯蔵庫をさしている。しかし,外界の刺激は,まず,感覚器官を通じて受け取られ,それぞれの感覚の種類に対応した感覚貯蔵庫に極めて短時間(約1秒以内)留まる。たとえば,10文字程度の刺激を瞬間的に見せられると,それがどんな文字であるかを認識することができ,すべての文字を

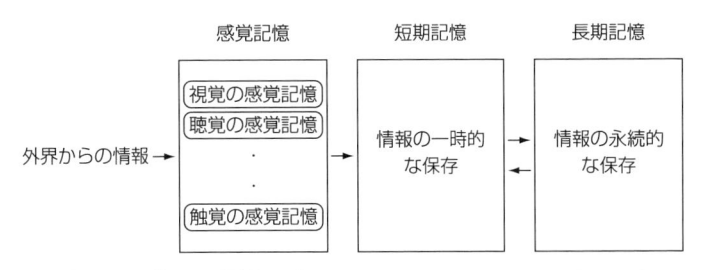

図 2-11 記憶の二重貯蔵モデル (Atkinson, R. C., & Shiffrin, R. M., 1968)

報告できる感じがする。しかし,実際に報告しようとすると数文字しか報告することができない。たとえば,テレビでプレゼントの申し込み先が映っている間はそれを覚えられると思っていても,それが消えた瞬間に覚えていなかったと自覚したような経験があるだろう。これは,多くの情報を一時的に感覚記憶に保持することができるが,刺激がなくなると急速に失われるためである。

2)短期記憶 感覚貯蔵庫内の情報のうち,注意が向けられパターン認知された情報は,短期記憶となり,一定時間保持される。電話帳で近くの寿司屋の電話番号を探してダイヤルする場合を考えてみよう。電話帳に載っているたくさんの寿司屋の電話番号を見たとしても,すべての電話番号を実際に意識するわけではない。一軒の寿司屋に注意が向けられた結果として,その電話番号が短期記憶となる。短期記憶内の情報は,注意が向けられている限り維持されるが,注意が向けられなくなると20～30秒で消失していく。したがって,お目当ての寿司屋の電話番号をダイヤルし終えると,その電話番号を忘れてしまうことが多い。

「話を聞く」「あることについて考える」「あるものを見る」といった我々自身が認識するこころのはたらきは,**意識**とよべるものである。短期記憶は,ほぼ意識に対応するものと考えてもよい。意識が一時的なこころのはたらきであり,かつたくさんのことを同時に意識できないことからもわかるように,短期記憶は,情報の保持時間が短いだけでなく,保持できる情報量に限界がある。短期記憶の容量は,ランダムな数字列や文字列をいちどきに保持できる最大量である**直接記憶範囲**として示すことができる。口頭で言われた「8,2,9,3,6,4,1」といったランダムな数字列を正しい順序でどの程度まで再生

できるかを調べると，健常なおとなで5～9桁くらいになる。この数は，**不思議な数（マジカル・ナンバー）**7±2とよばれ（Miller, G. A., 1956），短期記憶の容量限界を表す。ただし，短期記憶の容量は7個前後の数字や文字ということではない。たとえば，「さ，と，ね，い，う，く，り」と「さる，とり，ねこ，いぬ，うし，くま，りす」では，後者の文字数は前者の2倍になるが，短期記憶に保持する困難度はさほど変わらないであろう。これは，意味のあるひとまとまりを単位として情報が保持されるからである。このような情報のまとまりのことを**チャンク**とよんでいる。短期記憶の容量そのものを大きくすることはできないが，チャンクのサイズを大きくすることで短期記憶に保持される情報量を増やすことができる。記憶力のすぐれた人には，チャンクの仕方がうまい人が多い。

短期記憶のはたらきとしては，単に情報を一時的に保持しておくだけではない。たとえば，「427×5＝」を暗算で計算しようとすると，数字を保持しながら，九九を実行したり，途中のプロセスを保持したりする必要がある。短期記憶という場合，情報を一時的に保持しておくという印象が強いので，情報を積極的に処理するはたらきを強調する場合には，短期記憶ではなく，**作動記憶（作業記憶）**とよばれることもある（Baddeley, A. D., & Hitch, G. J., 1974）。

3）**長期記憶** 短期記憶の情報は，何もしなければ数十秒で失われてしまうので，永続的に利用する情報は長期記憶として貯蔵しておく必要がある。なお，短期記憶には容量の限界があるが，長期記憶の容量はほとんど無限と考えられている。日常的に「頭の中がいっぱい」と表現されることはあるが，情報が多過ぎて長期記憶がオーバー・フローするといったことはない。

短期貯蔵庫の情報を長期記憶にするためには，記銘すべき情報を既有知識に関連づけるような符号化方略を用いることが必要になる。新しい事柄を覚えようとするときに，その事柄をリハーサル（復唱）することがあるが，このリハーサルには2つタイプがある。先の寿司屋の電話番号の例のように，たんにその番号を繰り返すだけの符号化方略は，**維持リハーサル**とよばれ，短期貯蔵庫に情報を保持するだけの効果しかない。効率的な記憶方略を理解していない子どもは，何かを覚える際にしばしばこの維持リハーサルを用いる。

「1492年 コロンブス アメリカ大陸発見」を「意欲に燃えるコロンブス（1492）」と

覚えている人も多いだろう。さらに，コロンブスが帆船の舳先に立って遠くを眺めているイメージを結び付けている人もいるかもしれない。このように記銘すべき情報に，関連する既有知識を結びつけるような符号化方略は，**精緻化リハーサル**あるいは**精緻化**とよばれ，短期貯蔵庫内の情報を効果的に長期記憶へと導くはたらきをする。

4）**短期記憶と長期記憶の区分の根拠**　数十秒持続する短期記憶と，それよりも長い時間にわたる長期記憶を区別する必要があるのだろうか。ここでは，健常者を対象とする記憶実験の結果と健忘症患者の記憶障害をその根拠として示しておく。

実験参加者に15項目程度の相互に無関連な単語を1項目ずつ提示して，すぐに覚えている単語を自由に再生させると（直後再生），図2-12に示したようなU字型の**系列位置曲線**が得られる。系列の中ほどの項目に比べ，リストの初頭部の再生率がよくなる**初頭効果**がみられるとともに，リストの終末部の再生率が高くなる**新近性効果**がみられる。ところが，項目の提示後に数十秒間の簡単な計算作業を挿入して再生を求めると（遅延再生），系列の初頭部と中央部の成績に大きな変化はみられないが，終末部の成績が低下して新近性効果が消失する。この結果は，新近性効果は数十秒で失われる短期記憶を反映し，それ以外の部位は長期記憶を反映しているためと解釈することができ，2つの記憶

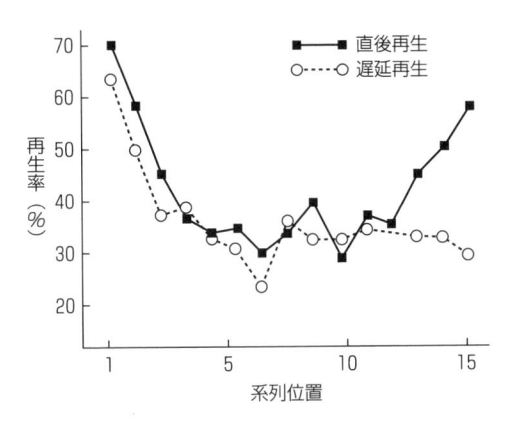

図2-12　**自由再生における系列位置曲線**（Glanzer, M., & Cunitz, A. R., 1966）

が独立していることを示す証拠と考えられている。

健忘症とは，事故や病気で脳に損傷を受けることにともなう記憶障害である。以下は健忘症患者 H. M. の症例である（二木，1989）。

> H. M. は，27歳のときに，てんかんの治療目的で，側頭葉の内側部を切除する手術を受けた。てんかんは手術によって治ったものの，重篤な記憶障害が生じた。H. M. の術後の知能は平均以上であり，短期記憶には障害がなく，数字の順唱は7桁まで可能であった。しかし，新しく体験したことを覚えることができないために，毎日接している医師や看護婦の顔や名前を覚えることができなかった。自分がすぐ前に話したことも読んだ本の内容も覚えることができなかった。

健忘症患者が示す記憶障害は多様であるが，さまざまな症例から短期記憶と長期記憶のいずれか一方に障害が認められるといった現象が起こることから，両記憶が機能的に独立していることが示唆されている。

以上のような複数の記憶現象を踏まえると，短期記憶と長期記憶を区分することが妥当といえる。

4．長期記憶の特徴

1）長期記憶の種類　　上述した H. M. は，経験したことを一切覚えられないというわけではない。先に述べた単語完成課題のような潜在記憶では，H. M. においてもプライミング効果が確認されている。また，鏡に映った逆さまな図形をたどる鏡映描写課題においては，その課題を行ったこと自体は覚えていないにもかかわらず，試行を繰り返すうちに上達を示す。これらの例からもわかるように，長期記憶には2種類の性質の異なる記憶がある（図2-13参照）。1つは**宣言的記憶**とよばれ，事物や事象に関する記憶である。他の1つは**手続き的記憶**とよばれ，ものごとのやり方に関する記憶である。先のH. M. の場合，宣言的記憶に障害があるものの，手続き的記憶は障害を受けていないことになる。

宣言的記憶は，その内容に時間的・空間的情報がともなっているか否かによ

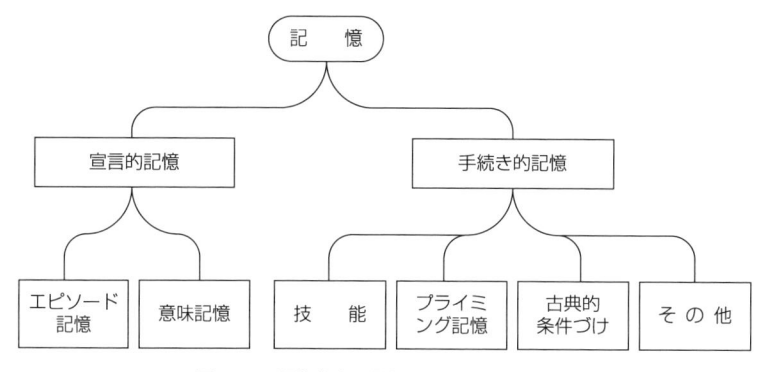

図 2-13 記憶内容の分類 (Squire, L. R., 1987)

ってエピソード記憶と意味記憶にさらに区分することができる。**エピソード記憶**は、「中学 1 年生のときに、数学の難問を解いて数学の教師にほめられた」といった出来事のように、場所や時に関する情報をともなっている。このようにエピソード記憶は、各個人に固有の意味のある出来事が多い。一方、**意味記憶**は、数学の公式などのような世界に関するさまざまな知識であり、万人に共有されている。意味記憶には、いつどこでそれを学習したかといった時空間的情報がともなっていない。

手続き的記憶には、記憶の測定の項で述べたプライミングや古典的条件づけ（第 3 章第 1 節参照）などがある。手続き的記憶は、宣言的記憶のように記憶内容を言葉で説明することは難しい。たとえば、自転車で悪路を走っているときには、バランスをとるために手続き的記憶がはたらいていると考えられるが、倒れないようにするために自転車をどのように操作しているか、その技能を説明することは困難であろう。

2）**長期記憶の構造**　　長期記憶のさまざまな情報がどのようなまとまり方をしているのかについては、意味記憶を中心に調べられてきた。意味記憶の構造的性質を調べる方法に文の**真偽判断課題**がある。この課題では、「カナリアは鳥である（真の文）」や「カナリアは魚である（偽の文）」といった文に関する真偽判断が求められる。この判断に要する時間をもとにして、長期記憶内の概念がどのように表現できるかに関するさまざまなモデルが提唱されている。そのなかの 1 つに**意味ネットワークモデル**がある。このモデルでは、図 2-14

に示されているように，いろいろな概念がカテゴリの包含関係によって階層的に結びついたネットワーク構造を形成していると考えられている。また，各概念には，その概念と関連する属性が結びついているが，一群の概念に共通する属性は，それらの概念よりも上位の概念に結びついていると仮定されている。たとえば，「カナリア」も「ダチョウ」も「翼をもっている」が，この属性は「鳥」に共通した属性であるため，「カナリア」や「ダチョウ」には「翼をもっている」という属性は付与されていない。

ここで，「カナリアは黄色い」という文の真偽判断をすることを考えてみよう。「カナリア」という概念には「黄色い」という属性が直接結びついているのですぐに判断することができる。しかし，「カナリアは飛ぶ」や「カナリアは皮膚をもっている」という文の真偽判断をする場合には，「カナリア」という概念に「飛ぶ」とか「皮膚をもっている」という属性が直接結びついていない。このため，該当する属性が付与されている上位概念まで意味ネットワーク内を移動しなければならないので判断時間が長くなることが予想される。実際，コリンズとキリアン（Collins, A. M., & Quillian, M. R., 1969）の実験では，主語と述語の関係が多くの階層にまたがる文ほど真偽判断にかかる時間が長くなり，意味記憶が階層的なネットワーク構造をしているという考え方が支持さ

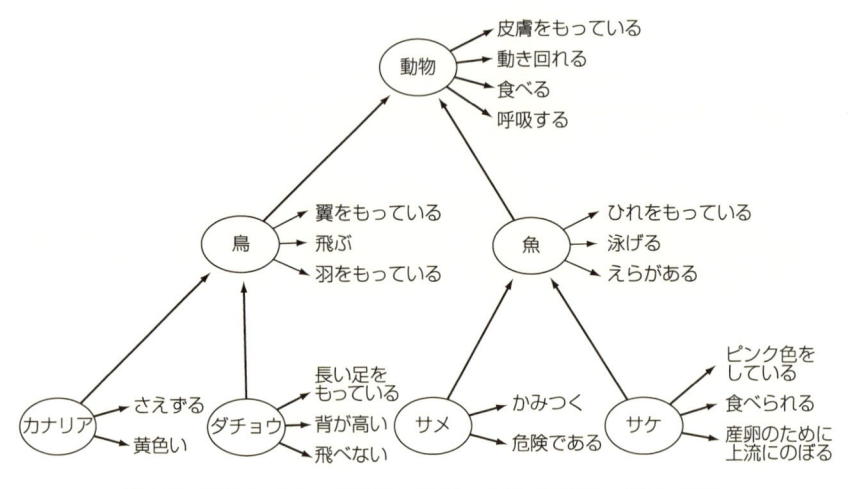

図2-14 意味ネットワークモデル (Collins, A. M., & Quillian, M. R., 1969)

れた。

　手続き的記憶は，意味記憶のように言葉によって内容を説明できないことから，ネットワーク構造のようなモデルを想定することは困難である。そのため，**プロダクション・システム**とよばれる表現形式が考えられている。プロダクション・システムは，「もしAならば，Bせよ」という形式のプロダクション・ルールの集合であり，前半の条件部Aが満たされたとき，後半の行為部Bが実行される。「もし雨がふっているならば，傘をさせ」という知識は1つのプロダクション・ルールといえる。実際に傘をさすという行為部が実行されるためにはもっと多くのプロダクション・ルールが必要である。つまり，雨が降っていても部屋のなかにいるならば傘をささないし，傘を持っていなければさすことはない。したがって，「もし外を歩いていて，かつ，雨が降っていて，かつ，傘を持っているならば，傘をさせ」といったように，複数のプロダクション・ルールの条件部が吟味され，すべての条件に合致した場合にプロダクション・ルールの行為部が実行されることになる（三輪，1995）。

　3）忘　　却　すでに述べたように短期記憶内の情報は，何もしなければ数十秒で消失する。では，いったん長期記憶に貯蔵された情報も失われるのであろうか。以前に覚えたことを忘れてしまうことは日常的によく経験することであり，長期記憶も時間とともに消失すると考えることもできる。このような考え方は，**減衰説**とよばれている。紙に書かれた文字が時間経過とともに薄くなっていくのと同じように，記憶内に蓄えられていた情報の痕跡（**記憶痕跡**）が失われると仮定する。

　しかし，強い感情をともなう個人にとって重要な出来事は，時間が経過しても鮮明に記憶されているという**フラッシュバルブ記憶**の存在が指摘されている(Brown, R., & Kulik, J., 1977)。この現象は，記憶痕跡が時間経過とともに消失するという考え方に反するものである。そのため，現在では，減衰説に対して干渉説が有力視されている。**干渉説**では，忘却現象の本質は，時間経過にともなう情報の消失ではなく，他の情報による妨害であるとする。干渉には，先に記憶した事柄が，その後に経験した事柄によって干渉を受ける**逆向抑制**と，以前に経験した事柄が新たな事柄の記憶に干渉する**順向抑制**がある。干渉による記憶への影響は，干渉をおよぼす事柄と干渉を受ける事柄が類似しているほ

ど強くなる。似たような出来事を繰り返し経験すると、しだいに個々の出来事の区別がつかなくなるのは干渉によるものといえる。

減衰説や干渉説では、記憶が失われると考えるが、長期記憶内の情報は失われるわけではなく、取り出すことが困難になると考えるのが**検索失敗説**である。テストのときに思い出せなかった事柄が、あとで思い出せることがある。また、手がかりを与えられると、思い出せるということも日常的にしばしば経験する。このように、忘却は必要な情報を取り出すための適切な検索手がかりがないために生じる現象と考えることもできる。脳の側頭葉に弱い電気刺激を加えると、すっかり忘れていた過去の出来事が想起されるという報告（Penfield, W., 1975）は、長期記憶が永続的に記憶痕跡を残していることを示唆するものである。

また、精神分析の立場からは、自我を脅かすような不快な出来事は無意識的に抑圧されて忘却されるという**抑圧説**が主張されている（第7章第4節参照）。

5．日常生活における記憶

近年、心理学的研究において**生態学的妥当性**が重視されるようになっている。その流れのなかで、厳密に統制された実験室のなかで研究を遂行するのではなく、日常生活のなかで記憶がどのようなはたらきをしているのかについて検討されるようになってきた。ここでは、展望的記憶、目撃証言、自伝的記憶に触れておく。

1）**展望的記憶**　記憶というと、過去のことを思い出すという側面が強いけれども、日常生活においては、未来を展望し、この先に実行すべき事柄の記憶も重要である。たとえば、1週間先の仕事やデートの約束を覚えておくことがこれに当たる。このような記憶は、**展望的記憶**とよばれ、「何を」「いつ」実行するのかという2つのことを記憶しておくとともに、実行すべき時期にそのことを思い出さなければならないという特徴をもっている。小谷津・鈴木・大村（1992）は、やるべき行為を適切な時期に思い出せずにやり忘れてしまう現象がなぜ生じるのかについて調べている。毎日やることといった習慣化された行為や特別な行為をし忘れることは少ないが、習慣化されておらず、しかも特別でないような行為においてし忘れ現象が生じやすいことが明らかにされてい

る。このようなし忘れを防ぐには，自分の内部的記憶だけにたよるのではなく，スケジュール帳を利用するといったような外部的記憶の活用が大切になる。

2）**目撃証言**　交通事故や犯罪が起こったときには，その現場に遭遇し事件を目撃した人の証言が重要になるが，そのような証言は記憶に基づいたものとなる。ロフタス（Loftus, E. F., 1979）は，一連の研究によって目撃者の記憶が，その後の誤誘導情報によって変容することを明らかにしている。ある実験で，参加者は自動車事故の映像場面を見た後にいくつかの質問を受けた。一群の参加者は，「車がぶつかったとき，どれくらいのスピードで走っていたか」と質問され，別の群の参加者は，「車が激突したとき，どれくらいのスピードで走っていたか」と質問された。質問のされ方によって車の推定速度が異なり，後者の方が速度を速く見積もった。さらに，実際の映像場面では，車の窓ガラスは割れていなかったが，1週間後に「割れた窓ガラスを見ましたか」という質問をされたとき，「激突」群では，それを肯定する者の割合が高くなった。この結果は，出来事の目撃後に付加された別の情報源からの情報，つまり質問紙内に含まれていた「ぶつかった」「激突した」という言葉によって観察した出来事が歪むことを示している。

3）**自伝的記憶**　人々の自分自身に関連する出来事の記憶は，**自伝的記憶**とよばれる。自伝的記憶は，エピソード記憶の一種であり，近年，記憶研究の重要な素材となっている。自伝的記憶に関する記憶研究にとどまらず，自己やアイデンティティとも密接に関係していることから，動機づけやパーソナリティなどの記憶以外の他の領域との関連でも自伝的記憶に関する研究が進められている。具体的には，いつ頃の自伝的記憶が記憶に残りやすいのか，自伝的記憶はどのように記憶に蓄えられているのかといった問題とともに，自伝的記憶とパーソナリティの関連性や自伝的記憶の機能の解明といったような問題が探求されている（第2章コラム参照）。

> コラム

自伝的記憶研究のひろがり

　自分の人生を振り返って想起する個人的経験に関する記憶は自伝的記憶とよばれている。記憶を意味記憶とエピソード記憶に区分するならば，自伝的記憶はエピソード記憶に分類される性質をもっている。自伝的記憶には，場所や時間に関する情報とともに個人的な意味や感情をともなっている。

　日常生活のなかではたらいている記憶を研究しようとする流れのなかで，1980年代に入って自伝的記憶の研究が盛んに行われるようになってきた。自伝的記憶の研究は，手がかり語法や日誌法によって行われている。手がかり語法では，ある手がかり語が与えられ，その手がかり語から想起される出来事を実験参加者に報告させる。また，日誌法では，その日に起きた出来事を日記のように記録していき，後に，出来事をどの程度覚えているかが調べられている。

　初期の研究では，どのような性質をもった自伝的記憶が記憶に残りやすいか，自伝的記憶はどのように貯蔵されているのかといったような記憶研究の範疇に収まるテーマが中心であった。そのような研究から，強い感情が喚起された出来事や初めての経験が自伝的記憶として保持されやすいことが明らかにされている。また，自伝的記憶は，個人の人生史といった時間的な流れによって体制化されていることが示唆されている。近年では，自伝的記憶を研究素材とする記憶以外のさまざまな研究が行われるようになってきた。自伝的記憶を失ったとしたら，自分が何者であるのかを認識することはできないであろう。つまり，自伝的記憶はその人自身を形成するための基盤になっていると考えることができる。このように考えると，自伝的記憶は，人間のこころのさまざまな側面と関連していることが考えられる。このため，自伝的記憶は，心理学のさまざまな研究テーマと結びついて展開している（佐藤，2002）。

　最近，心理学の専門雑誌でも自伝的記憶の特集号が編まれている。記憶研究の専門雑誌である「*Memory*」の 2003 年 11 巻 2 号やパーソナリティ研究の専門雑誌である「*Journal of Personality*」の 2004 年 72 巻 3 号では，自伝的記憶の機能が取り上げられている。これらの研究から自伝的記憶の機能を拾い上げてみると，以下に示した 3 種類の機能が現在までに確認されている。

　第 1 の機能は，対人的機能である。会話などの対人場面でその状況に応じた自伝的記憶を想起し，それを相手に話すことによって対人関係を発展させたり，維持したりする役割を果たしている。第 2 の機能は，日常生活における行動の調整機能である。問題解決場面において，過去の類似した状況における自伝的記憶が想起され，問題解決に有効であった行動をとるように方向づける役割を果たしている。第 3 の機能は，自己定義機能である。ある個人がどのような人間であるか

は，その個人がどういった出来事を経験し，自伝的記憶として蓄えているかに依存している。

　自伝的記憶の想起状況を考えると，ある特定の自伝的記憶を意図的に想起することがある。たとえば，「いい歯医者はないか」と尋ねられるような会話場面や「この渋滞を避けて目的地に早く到着したい」といったような問題解決場面では，関連する自伝的記憶を意図的に想起し，有効な解決策を見いだそうとするであろう。しかし，日常生活のなかでは，想起しようとする意図をともなわず偶発的に自伝的記憶が想起されることがある。たとえば，ラジオやテレビから流れてきたある地名を聞いたときに，その場所を友達と旅行した思い出がよみがえってくるような現象である。このように，思い出そうとする意図がないにもかかわらず，意識に上ってくる自伝的記憶は，不随意記憶とよばれている。

　不随意記憶現象そのものの存在は，古くから知られていたけれども，この現象が研究の対象とされるようになったのは2000年前後からである（Mace, J. H., 2007）。不随意記憶現象は主に日誌法によって研究されている。この研究への参加者は，不随意記憶が生じたとき，「何をしていたか」「どんな気分だったか」「何がエピソードを想起させるきっかけであったか」「エピソードを思い出したことによる影響はあったか」などといったさまざまな観点からの記録を求められる。不随意記憶は，誰もが日常的に経験していることであり，この現象の探求は，記憶の理解だけでなく，人間理解に結びつく可能性を秘めている。

　神谷（2003）は，不随意記憶がよみがえったときの状況やそのときの気持ちをもとにして，不随意記憶の機能を検討している。その結果，不随意記憶は，過去のある時代における想起者自身の存在や心理的特徴，さらに過去の人間関係を再確認させる役割を果たしているものが多く，自己定義機能を担っていることを明らかにしている。さらに，神谷（2007）は，自己の確認にかかわる不随意記憶について詳細に分析し，(1)過去の自分自身の存在を確認する，(2)過去の自分自身の特性を確認する，(3)過去の自分を見つめて新たな特性を見いだす，(4)自己特性の変容を認識する，(5)自己特性の持続性を認識する，といった機能を確認している。つまり，不随意記憶は，人々に自己の連続性の感覚を与える役割を果たしているといえよう。

　自伝的記憶が自己と密接にかかわっていることを考えると，記憶研究だけにとどまらず，心理学研究の発展にも自伝的記憶が重要な意味をもってくることが予想される。

〔神谷俊次〕

引用文献

Andreassi, J. L. 1980 *Psychophysiology: Human behavior and physiological response.* New York: Oxford University Press. (辻敬一郎・伊藤法端・伊藤元雄・杉下守男・三宅俊治訳 1985 心理生理学—ヒトの行動と生理的反応— ナカニシヤ出版)

Atkinson, R. C., & Shiffrin, R. M. 1968 Human memory: A proposed system and its control processes. In K. W. Spence, & J. T. Spence (Eds.), *The psychology of learning and motivation*, vol. 2. New York: Academic Press.

Baddeley, A. D., & Hitch, G. J. 1974 Working memory. In G. A. Bower (Ed.), *The psychology of learning and motivation*, vol. 8. New York: Academic Press.

Broadbent, D. E. 1958 *Perception and communication.* London: Pergamon Press.

Brown, R., & Kulik, J. 1977 Flashbulb memories. *Cognition*, **5**, 73-99.

Collins, A. M., & Quillian, M. R. 1969 Retrieval time from semantic memory. *Journal of Verbal Learning and Verbal Behavior*, **8**, 240-270.

Deutsch, J. A., & Deutsch, D. 1963 Attention: Some theoretical considerations. *Psychological Review*, **70**, 80-90.

Gibson, E. J., & Walk, R. D. 1960 The visual cliff. *Scientific American*, **202**, 64-71.

Gibson, J. J. 1950 *The perception of the visual world.* Boston: Houghton Mifflin.

Gibson, J. J. 1979 *The ecological approach to visual perception.* Boston: Houghton Mifflin. (古崎 敬・古崎愛子・辻敬一郎・村瀬 旻訳 1985 生態学的視覚論—ヒトの知覚世界を探る— サイエンス社)

Glanzer, M., & Cunitz, A. R. 1966 Two storage mechanisms in free recall. *Journal of Verbal Learning and Verbal Behavior*, **5**, 351-360.

後藤倬男・田中平八 2005 錯視の科学ハンドブック 東京大学出版会

Heron, W. 1957 The pathology of boredom. *Scientific American*, **196**, 52-56.

Hubel, D. H., & Wiesel, T. N. 1962 Receptive fields, binocular interaction, and functional architecture in the cat's visual cortex. *Journal of Physiology*, **166**, 106-154.

神谷俊次 2003 不随意記憶の機能に関する考察—想起状況の分析を通じて— 心理学研究, **74**, 444-451.

神谷俊次 2007 不随意記憶の自己確認機能に関する研究 心理学研究, **78**, 260-268.

Kanizsa, G. 1979 *Organization in vision: Essays on gestalt perception.* New York: Praeger. (野口 薫監訳 1985 視覚の文法：ゲシュタルト知覚論 サイエンス社)

小谷津孝明・鈴木栄幸・大村賢悟 1992 無意図的想起と行為のしわすれ現象 安西祐一郎・石崎 俊・大津由紀雄・波多野誼余夫・溝口文雄（編） 認知科学ハンドブック 共立出版

黒田洋一郎 1992 ボケの原因を探る 岩波書店

Loftus, E. F. 1979 *Eyewitness testimony.* Cambridge: Harvard University Press. (西本武彦訳 1987 目撃者の証言 誠信書房)

Mace, J. H. (Ed.) 2007 *Involuntary memory.* Malden, MA: Blackwell.

Miller, G. A. 1956 The magical number seven, plus or minus two: Some limits on capacity for processing information. *Psychological Review,* **63**, 81-97.
三輪和久 1995 記憶のコンピュータ・シミュレーション 高野陽太郎（編）認知心理学2：記憶 東京大学出版会
Moray, N. 1959 Attention in dichotic listening: Affective cues and the influence of instructions. *Quarterly Journal of Experimental Psychology,* **11**, 56-60.
Neisser, U. 1963 Decision-time without reaction-time: Experiments in visual scanning. *American Journal of Psychology,* **76**, 376-385.
二木宏明 1989 脳と記憶―その心理学と生理学― 共立出版
大山 正 2000 視覚心理学への招待―見えの世界へのアプローチ― サイエンス社
Penfield, W. 1975 *The mystery of the mind.* Princeton, NJ: Princeton University Press.（塚田裕三・山河 宏訳 1987 脳と心の正体 法政大学出版局）
佐々木正人 1994 アフォーダンス―新しい認知の理論― 岩波書店
佐藤浩一 2002 自伝的記憶 井上 毅・佐藤浩一（編）日常認知の心理学 北大路書房
Squire, L. R. 1987 *Memory and brain.* Oxford University Press.（河内十郎訳 1989 記憶と脳 医学書院）
Stevens, S. S. 1957 On the psychophysical law. *Psychological Review,* **64**, 153-181.
Treisman, A. M. 1969 Strategies and models of selective attention. *Psychological Review,* **76**, 282-299.
和田陽平 1967 視覚 八木 冕（編）心理学Ⅰ 培風館
Wertheimer, W. 1923 Untersuchungen zur Lehre von der Gestalt, II. *Psychologische Forschung,* **4**, 301-350.

関連書籍の紹介
入門・基礎レベル
Baddeley, A. D. 1982 *Your memory: A users guide.* London: Penguin（川幡政道訳 1988 カラー図説 記憶力―そのしくみとはたらき― 誠信書房）
御領 謙・菊池 正・江草浩幸 1993 最新認知心理学への招待―心の働きとしくみを探る― サイエンス社
道又 爾・北崎充晃・大久保街亜・今井久登・山川恵子・黒沢 学 2003 認知心理学―知のアーキテクチャを探る― 有斐閣
森 敏昭・井上 毅・松井孝雄 1995 グラフィック認知心理学 サイエンス社
中島義明 2006 情報処理心理学―情報と人間の関わりの認知心理学― サイエンス社
岡田 隆・廣中直行・宮森孝史 2005 生理心理学―脳のはたらきから見た心の世界― サイエンス社
大山 正 2000 視覚心理学への招待―見えの世界へのアプローチ― サイエンス社

発展レベル
Gregory, R. L. 1998 *Eye and brain: The psychology of seeing,* 5 th ed. Oxford, England: Oxford University Press.（近藤倫明・中溝幸夫・三浦佳世訳 2001 脳

と視覚―グレゴリーの視覚心理学―　ブレーン出版)
松村道一　2002　脳科学への招待―神経回路網の仕組みを解き明かす―　サイエンス社
長縄久生・椎名乾平・川崎惠里子（編）　1997　認知心理学の視点―理論と測定法―　ナカニシヤ出版
太田信夫・多鹿秀継（編）　2008　記憶の生涯発達心理学　北大路書房

関連学会誌
基礎心理学研究
認知心理学研究
心理学研究
Journal of Experimental Psychology: Learning, Memory, and Cognition
Journal of Experimental Psychology: Human Perception and Performance
Cognitive Psychology
Memory
Memory and Cognition

第 3 章

学ぶこころ

　心理学では，**学習**という用語を極めて広くとらえ，「何らかの経験をとおして，行動に永続的な変化・変容が起こること」と定義する。これは，新しい習慣の形成とも言いかえることができる。すなわち学習は，学校のなかで行われることだけでなく，一生涯をとおしてさまざまな場面で生起する現象をさしているのである。人が社会的に望ましい存在として発達・成長するためには，みずから学んで目標を達成するという自己学習能力を身につけることが求められているといえよう。

第1節　学　習

　高等な生物は変化する過酷な環境において生存し続けていくために，「学習」する能力を備えている。身の回りの何が安全で，何が安全をおびやかすのかを，経験から学ぶのである。そして食べられるものを選んで食べ，親や仲間に近づき，危険なものからは遠ざかる。こうして学習し記憶すれば，環境に対してより適応的に行動できる。このような学習が生じるメカニズムには，いくつかの類型がみられる。ここでは，そうした学習についてみていくことにしよう。

1．初期学習

　幼少期の**学習経験**が極めて大切であるという教訓を含むことわざは，少なくない。「鉄は熱いうちに打て」「三つ子の魂百まで」「雀百まで踊り忘れず」などである。実際，動物の種によっては，発達の初期になされた学習が，後の行動を決定づけることがある。こうした誕生まもない時期に生じる特有の学習を**初期学習**とよんでいる。

　たとえば，動物行動学者ローレンツ（Lorenz, K., 1949）の「ガンの子マルティナ」という逸話は有名である。彼は，動物と寝食を共にしながら行動観察を続けていた。あるとき，後にマルティナと命名されたハイイロガンのヒナは，孵化すると同時にローレンツと対面することとなった。そして，長い間彼を見つめたのである。この後，マルティナは，「これが自分の親だ」といわんばかりに，彼の後を追い回すようになった。

　ある種の鳥類には「生まれてすぐに見た一定の大きさをした動く物体を追尾する」という行動プログラムが，生まれつき備わっていると考えられている。未熟なヒナにとって親から離れることは生死にかかわる。そのために，親を追尾するという生得的なプログラムの存在は，生存可能性を高めるうえで合理的なのである。ただし，このプログラムが起動するには**初期経験**が必要である。マルティナの場合には，ローレンツを見つめた経験がそれにあたる。そして，このときに生じた学習が初期学習であり，**刷り込み**ともよばれている。

　その後もマルティナは，人間を親と信じ込んでしまったかのように追尾を続け，本来の親鳥に対する愛着を示すことはなかった。このように，刷り込みは

非可逆的で強力な学習のメカニズムである。また，刷り込みの特徴の1つに，**臨界期**の存在があり，この型の学習は生後まもない限られた時期においてのみ成立するものなのである。臨界期は動物の種によって差異があり，後にヘス (Hess, E. H., 1958) が行った実験によって，ガンの場合，生後十数時間前後がもっとも刷り込みが成立しやすい時期であることが明らかにされた。この臨界期を外すと，このような学習は生じない。

しかし人間については，臨界期という限定的な時期においてのみ成立する学習はないという考え方が有力である。つまり，ハイイロガンの追尾行動ほど決定的ではなく，後になってからでも学習した事柄の修正が可能なのである。そこで臨界期の代わりに，**敏感期**という用語が用いられている。

2．条件づけ

条件づけも，学習の重要な基本的メカニズムである。条件反射という言葉は，日常会話のなかでもよく用いられるほど一般に知られている。現代の心理学では，一般に条件づけを2つの類型，すなわち，**古典的条件づけ**と**道具的条件づけ**に分けて考えている。これらの基礎的な研究は，いずれも実験室で動物を用いて行われてきた。しかし，その知見はより複雑な人間の行動を説明するうえでも，極めて示唆に富んでいるといえる。

1）**古典的条件づけ**　ロシアの生理学者パブロフ (Pavlov, I. P., 1927) は，犬の消化腺に関する実験的研究を行っていた。そしてあるとき，彼は実験室の犬が，餌をもってくる助手の足音を聞くだけで唾液を流すという現象に気づく。足音と唾液分泌には一見何の関係もないため，このことに困惑したパブロフは，しだいに予期的な行動としての唾液反射に関する実験を行うようになった。

彼は，犬に手術を施して唾液腺を露呈させ，唾液分泌が直接観察できるようにし，犬をしばらく実験室の状況に慣れさせておいた（図 3-1 参照）。この後，犬の近くでベルを鳴らして犬の様子を観察し，ベルの音だけでは，唾液の分泌はみられないことを確かめた。そして実験では，ベルを鳴らしてすぐに，餌を与えることを繰り返した。すると，ついに犬はベルの音を聞いただけでも，唾液を出すようになったのである。

空腹の動物に餌を与えると，生得的に形成されている唾液分泌（**無条件反**

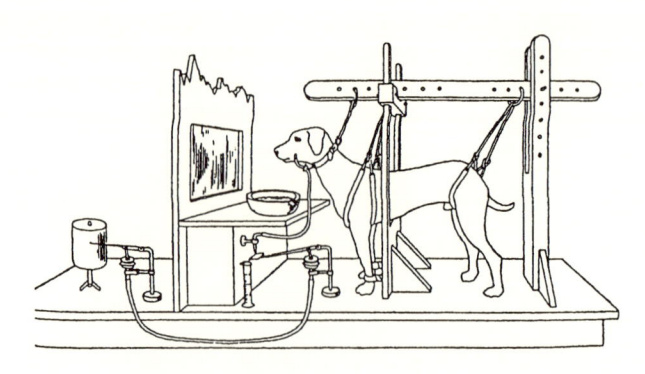

図3-1 古典的条件づけの実験図 (Yerkes, R. M., & Morgulis, S., 1909)

応）を引き起こす。このときに，無条件反応を生起させた餌を**無条件刺激**とよぶ。一方，この無条件刺激の直前に提示されて条件づけを発生させる刺激を**条件刺激**という。ここではベルの音が条件刺激である。そして，この実験で新しく形成された反応，すなわち条件刺激に反応して起きる唾液分泌を**条件反応**という。

なお条件反応は，厳密に条件刺激のみに対して生じるわけではない。ベルに対する条件反応が形成された場合，音が多少高かったり低かったりしても，そうしたベルの音に反応することがある。このように条件反応を起こさせる刺激の幅が広がっていく現象を**般化**というが，もとの音から離れるにしたがって条件反応は引き起こされにくくなる（般化勾配）。

2) **道具的条件づけ**　アメリカの心理学者ソーンダイク（Thorndike, E. L., 1911）は，条件づけの成立をネコを使って研究した。彼は，図3-2に示したようなネコを閉じこめておく**問題箱**とよばれる実験装置を考案している。各種のしかけが試みられたが，たとえばなかにはペダルがあって，これを踏むと扉が開き外に出られるしくみになっているものもあった。

まず空腹のネコを問題箱のなかに閉じこめる。するとネコはさまざまな行動をとるが，あるときたまたまペダルにふれて扉から外に出られるという経験をする。このようなことを繰り返すうちに，ネコは，この箱に入れられるとすぐにペダルを踏んで脱出するようになる。これも一種の条件づけと考えられる。

箱から脱出するのに役立った（効果のあった）行動は，「ペダルを踏む」こ

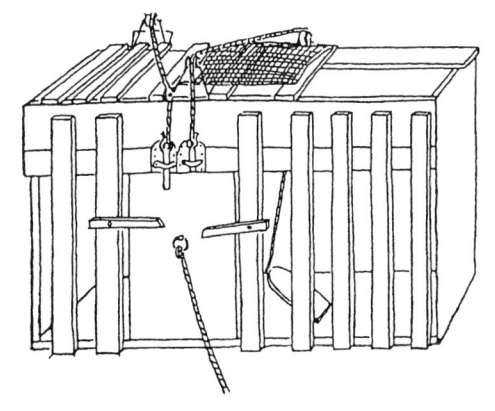

図 3-2 ソーンダイクの問題箱 (Thorndike, E. L., 1911)

とである。そこで，こうした効果的な行動が，より多くとられるようになったのである。これを学習における**効果の法則**とよぶ。

同じくアメリカの心理学者スキナーは，ラットやハトを使って，ソーンダイクと同様のしくみの条件づけを研究した（Skinner, B. F., 1938）。問題箱を参考にして考案した装置は，**スキナー箱**とよばれる。ラット用のスキナー箱では，壁面に小さなレバーがついている。これを押し下げると餌が自動的に出てくるしかけになっていた。スキナー箱のなかに入れられたラットは，壁を引っかくなどさまざまな行動をとるなかで，たまたまレバーを押したところ，餌が出てきてこれを食べるという経験をする。そして，しだいにレバーを押すという行動をより多く行うようになる。つまり，レバー押し行動を学習していくのである。スキナー箱を用いた実験結果は，自動的に記録され，どのような条件の下で効果的に学習が成立するかについての膨大なデータが収集された。こうした一連の研究によって，条件づけという学習メカニズムの解明が進んできたのである。スキナー箱のなかのラットにとって，レバー押し行動は，「餌を得る」という行動の手段（道具）となっている。そのため，これを道具的条件づけ（**オペラント条件づけ**）とよんでいる。これと区別して，パブロフが発見した条件づけのタイプは，古典的条件づけ（**レスポンデント条件づけ**）と名づけられている。

古典的条件づけと道具的条件づけのあいだには，共通点も多い。しかし，古

典的条件づけでは，刺激が提示されてから唾液分泌という反応が生じるのに対し，道具的条件づけではまずさまざまな**試行錯誤**的反応が自発し，そのうちの特定の反応に対して餌という刺激が与えられる点で異なっている。つまり，古典的条件づけでは，刺激が先行して反応が続く。これに対して，道具的条件づけでは逆に，反応が先行して刺激が続くかたちになっている。

　3）**強化と消去**　　水族館などで見られる演技をするイルカやアシカには，どうやって芸を覚えさせているのだろうか。動物の調教においては，主として道具的条件づけのテクニックが用いられている。イルカにジャンプを覚えさせたければ，しばらく餌を与えずにおいて，たまたまジャンプした直後に餌を与える。犬に「お手」を覚えさせるときに，やはり腹をすかせた状態で，犬が前脚を前に出したり，あるいはそれに似た動作を行った直後に，餌を与えるのと同じである。

　「望ましい」行動（イルカのジャンプや犬のお手）の後に，餌を与える，あるいは，遊んでやる。これらの方法で，動物に特定の芸を学習させることができる。このように，実験者が望む行動の頻度が高まるという結果を生じさせる手続きのことを**強化**，餌や遊んでやることのような強化をうながすものを**強化子**とよぶ。しかし，目標となる行動が生じるまで待つのは大変である。そこで実際には，目標とする行動に少しでも近い反応が生じたら，その時点で強化するところから訓練がはじめられる。目標とする行動がみられたときに毎回強化子を与える場合を**連続強化**，毎回ではなく，ときどき与える場合を**部分強化**とよんでいる。このようなプロセスを踏み，最終的な目標であるより複雑な行動を徐々に学習させていく。このような段階的な手続きは**シェーピング（行動形成）**と称されている。

　このように，道具的条件づけにおいては，行動の直後に餌などを用いた強化が与えられる。ところが，いくら「望ましい」行動をしても餌がもらえないという経験を繰り返すと，せっかく形成された行動も，しだいに失われてしまう。スキナー箱のラットの例でいうと，レバーをいくら押しても餌が出ないようにしておく。このような手続きを，**消去**とよぶ。なお，消去は罰とは異なるものである。ベルを鳴らした後に，犬がいやがるような刺激（たとえば電気ショック）を与えれば罰であるが，消去とは，ベルの後で与えていた餌を与えなくす

るという操作をさしている。

4）学習の転移　ある状況で対処すべき行動を学習し，記憶しておくと，後の類似した場面でよりうまく行動できる。また，複雑な問題を解くには，それ以前の基礎的な知識の積み重ねが必要である。

ある学習をすることが，その後の学習に影響を与える場合，**学習の転移**が生じているという。学習の転移には2種類ある。前の学習が後続の学習に促進的に働く場合を**正の転移**，逆に後続の学習を妨害する場合を**負の転移**とよんでいる。たとえば，小さい頃からピアノを習っていた子どもがパソコンを使いはじめたところ，すぐにキーボードに慣れたとしよう。この場合，正の転移が生じている可能性がある。ピアノで鍛えた指の動きが，キーボードを打つ際にも役立つからである。一方，かけ算をすると元の数より大きな数になると覚えたばかりの小学生が，分数のかけ算では元の数より答えが小さくなる場合があることが理解できずに困ってしまう。これは，負の転移が生じた例といえる。

3．試行錯誤と洞察

問題箱のなかのネコも，スキナー箱のなかのラットも，一種の問題解決状況におかれている。しかし，その場で即座に問題が解決できるわけではない。最初はまったくでたらめに動いているが，そのうち特定の行動だけが強化される。たとえば，ラットがレバーを押すという行動が，餌によって強化されるのである。こうした学習では，解決に向けた見通しもなく，さまざまな行動をとっているうちに，たまたま正解にいたるのである。このような型の学習を，**試行錯誤**とよぶ。試行錯誤では，失敗を繰り返しながら，すこしずつ正解に近づいていくのである。

一方，正解にいたるプロセス全体を見通した学習を，**洞察（洞察学習）**という。ゲシュタルト学派の心理学者であるケーラー（Köhler, W., 1917）は，第1次世界大戦の最中に，アフリカ西北海岸のカナリヤ群島で動物実験を行っていた。チンパンジーがジャンプして取ろうとしても手の届かない高い所に，バナナをつり下げておく。それを見上げていたチンパンジーは，しばらくすると，近くにおいてあった棒をつかみ，バナナをたたき落として，これを食べたのである。つまり，棒を道具として使用し，目的を達成したわけである。同様の実

験状況において，木箱をバナナの真下まで引っ張ってきて数個積み上げ，これを台にして取る，箱の上に立って棒を使う，などの行動も観察された。

　こうした行動は，むやみにあれやこれやを試しているのではなく，最終の解決まで，一気にいたっている。そのためには，達成すべき目標とそれにいたる過程で利用できる種々の手段とが，うまく結びついていなければならない。問題状況全体を見通して行動しているのである。もちろん，チンパンジーは過去に棒をつかんだり，木箱の上に立ったりするのと似た経験をしていたかもしれない。したがって，試行錯誤のような反復をともなう学習と，洞察学習とが，まったく異質なものであると断定することはできない。

　一般に学習理論は，連合説と認知説とに分けられる。**連合説**とは，人や動物の行動を，環境からの刺激と反応との連合（結びつき）で説明する考え方である。パブロフやソーンダイク，スキナーらの考え方は，いずれも連合説に属する。

　一方，**認知説**はドイツの**ゲシュタルト心理学**を起源とする（第8章第2節参照）。環境の刺激に対する人や動物の「認知構造の変化」こそが学習だとする考え方である。ケーラーの見方は，認知説である。また，アメリカのトールマンは，ラットを使った迷路学習の実験を行った。たとえば，ある迷路を十分に学習させた後で，その走路を変更してしまう。すると，多くのラットが元の迷路で目標となっていたあたりに向けて進もうとする（Tolman, E. C., 1948）。そこで，ラットは単なる刺激と反応の連合以上の何か，つまり「**認知地図**」を学習したと考えたのである。

　チンパンジーの例では，学習とは，このような手段（棒）を使えば目標（バナナ）が得られるという期待（あるいは予測）を形成することである。この場合，手段刺激を記号（sign），目標物を意味体（significate）とよぶ（太田，1985）。そして，手段と目標という両者の関係をサイン・ゲシュタルトといい，学習とは「サイン・ゲシュタルトの期待」，すなわち「何をどうすればどうなるのか」という形での環境についての認識が獲得されることだと考えている（坂元，1968）。そこで，トールマンの提唱した理論を，**サイン・ゲシュタルト説**という。

　連合説は**刺激**（S: stimulus）と**反応**（R: response）との連合を重視するの

で，S-R説 (stimulus-response) とよばれる。これに対して認知説は，S-S説 (sign-significate) とよばれることがある。

4．社会的学習

初めて店員としてアルバイトに出たとき，人は数多くのことを学ぶ必要に迫られる。商品についての知識，お客に対する言葉づかい，仕事の手順やさまざまなルールなどである。どうやって，こうした仕事を覚えていくのだろうか。マニュアルを読んで学ぼうとするかもしれない。あるいは，店長や先輩にやり方を教わったり，ほめられたり叱られたりしながら覚えるだろう。また，彼らが働いている姿を見て，そのやり方をまね，実際に同じようにやってみることで学習することもあるだろう。

このように，学ぶということは，1人であれこれと考えたり，直接経験するだけではない。社会の人々とかかわるなかで，いろいろなことを覚えていくのである。他人の行動をとおして，間接的に学ぶことは実に多い。N. E. ミラーとダラード (Miller, N. E., & Dollard, J., 1941) は，こうした種類の学習を**社会的学習**とよんでいる。

ミラーとダラードは，模倣によって学習が成立するには，強化が必要だと考えた。しかし，バンデューラ (Bandura, A., 1971) は，観察者自身が直接強化を受けなくても，学習は成立することを示した。このような学習を**観察学習**あるいは**モデリング**という。

よく映画やテレビドラマでの過激な映像が問題視されるが，児童が攻撃的な場面をみることで，その後実際に暴力的な行動をより多くとるようになるだろうか。このことをバンデューラは，一連の研究をとおして実験的に検討している。事前に大人のモデルが人形に対して攻撃的な行動をするところをみせて，その直後の子どもたちの行動を観察すると，攻撃的な行動が増加することが明らかになったのである (Bandura, A. et al., 1963)。

人を助けようとする行動や，人のためになろうと意図してなされる行動を，**向社会的行動**という。向社会的行動もまた，モデリングを通じて学習される。たとえば，ライスとグルセク (Rice, M. E., & Grusec, J. E., 1975) の実験では，モデルとなる大人がゲームを行い，賞品と交換できるビー玉を受け取る。その

際，一部を貧しい子どもに寄付する様子を実験参加者の小学生にみせておく。あるいは，その大人がゲーム後に「半分を貧しい子どもに分けてあげることにします」と述べている様子をみせる。そして，その後に同じゲームで遊んだ小学生たちが，自分の獲得したビー玉を貧しい子どもに寄付するかどうかを調べた。大人の寄付行動をみたり聞いたりしていない統制群は，ほとんど寄付をしなかった。一方，大人がビー玉を寄付したり，「寄付することにします」と言っている様子を観察した小学生は，統制群の小学生よりも多くの寄付をしたのである。

　この実験でも，大人が行った寄付行為には何の外的強化も与えられていない。つまり，寄付をすることで何か別のものが獲得されるわけでもないし，ほめてもらえるわけでもないのである。しかし，子どもたちは，大人たちの向社会的行動の影響を明らかに受けたといえる。

5．運動学習（技能の学習）

　ボールを投げる，自転車に乗る，キーボードを見ないでキーを打つ……。このように一連の動作や技能を覚えることも，一種の学習である。これを**運動学習**とよぶ。これらの動作や技能は，反復練習によってしだいに習得されていく。そして，一度習得したら，容易には失われない。たとえ何年もの間，自転車に乗る機会がなかったとしても，乗り方を完全に忘れてしまうことはないだろう。徹底した反復によって，また連続する動作の系列として，強固に学習が成立しているからである。

6．学習方法

　1）**ドリル（反復練習）**　　ドリルというのは，反復練習あるいはその方法による学習のことで，新しく形成された反応を一定のやり方で繰り返し反復させることにより，定着を図ったり，習慣化されるようにうながすものである。ドリルによる学びの対象としては，計算・文字・外国語の習熟にかかわる知的技能，機械の操作や体育の基本動作などの運動技能，さまざまな公式や文法，記号とその意味などの任意の連合（たとえば，苗字と名前の対連合や重力の法則を $F=mg$ と記銘するなど）があげられる。

基礎的な言葉や計算，運動・動作などをたんに覚えるだけでなく，早く正確に，しかも必要な際には自動的に反応できるように習慣づけるために，かつて日本の学校教育ではドリルが重視されてきた。ところが，問題解決能力や，体系的な知識の習得が重要視されるようになるにつれ，ドリルは要素的な知識や技能の機械的な訓練による暗記・つめ込みであるとして，一時，批判の的になったこともある。たしかに，ドリルによる指導には，学習内容を構造的な視点からとらえるのではなく，個々の学習内容の個別的な訓練を課せばそれでよしとする点がなかったわけではない。しかしながら，いわゆる「読み・書き・そろばん」のような，そのとおりそのままを覚え込まなければならない学習には極めて有効な方法であって，近年，機械的記憶が脳細胞を賦活させる効果があるという知見ともあいまって，再びその役割が見直されている。

　2）**全習と分習，集中と分散**　　ところで，ドリルはいかなる方法で行わせるのがもっとも効率的だろうか。これまでに主に比較・検討されてきたのは，全習法と分習法，集中学習と分散学習の問題である。

　全習法とは，ある一連の学習内容を一括して練習・反復する方法であり，**分習法**とは，学習内容の部分部分を個別に練習していく方法である。全習法と分習法のいずれが効率的かについては，学習課題の構造化の程度とそれを認知する学習者の能力によって異なるといわれている。

　また，ある課題を同一回数練習する場合に，一度に続けて練習する方法を**集中学習**とよび，一定の休憩をはさみながら行う方法を**分散学習**とよんでいる。集中－分散の効果は，練習試行間の休憩の長さ，休憩前後の練習量，練習と休憩の配分などによって異なっている。

第2節　言　語

1．言語のはたらき

　もしも我々人間に言語能力が与えられていなかったとしたら，どのような不都合なことが起こるだろうか。また，異なる母語をもつ人々の間には，行動や考え方において異なる点があるのだろうか。こうした問いについて考えてみることから，人間の行動にとって言語がいかなるはたらきをもっているかを推し

量ることができる。

　言語にはさまざまな機能がある。人間にとっての言語の役割として，まず，誰もが最初に思い浮かべるのが，意思や情報の伝達手段としてのはたらきである。我々はことばを用いることによって，自分の考えていることを他者に伝えたり，知っていることを交換し合ったりする。こうした際にことばを使うことができないとしたら，コミュニケーションは著しく困難なものになるに違いない。

　この困難さを彷彿とさせる挿話が，スイフトの『ガリバー旅行記』のなかに出てくる。ガリバーが発明狂の国バルニバービの国語学校を訪れたときのこと，そこでは国語の改良が熱心に行われ，「ことばというのはものの名前であるから，話をしようとするときには，その実物を持っていって，それを見せれば意味が正確に通じて便利」であるし，「ものというのは世界中だいたい似たりよったりだから，実物による伝達はあらゆる文明間で世界語として通用する利点もある」と主張されていた。そのため，国民は会話用にいろいろな「もの」を袋に入れて持ち歩かなければならず，用件が多岐にわたる話になると屈強な召使いに大きな荷物を背負わせて連れていかなければならなくなる，というように，スイフトは無益な発明を諷刺している。

　逆説的な例ではあるが，ことばにはこのように，実物そのものを参照しなくても，ある対象をさし示したり代表したりするような機能があって，目の前に実物が存在していなくても，それ自体について話すことを可能とするのである。

　2つ目にあげられるのは，文字や記号の形に置き換えることによって，知識や情報を蓄えておくという言語のはたらきである。我々は書物であるとか，近年ではCDやDVDなどのさまざまな記憶媒体に知識や情報を文字やデジタル情報として保存することによって，後々にそれを利用することができる。たとえば，約5,000年前に築かれた最古の都市文明とされる古代メソポタミアのシュメール人は，戦記や文学，身辺雑記などの膨大な記録を粘土板に書き残している。ここに記されたくさび形文字を解読することによって，彼らが当時もっていた科学技術，その頃の出来事や社会のしくみ，人々の生活について知ることができるのである。こうした，発見・発明された知見の蓄積によって，文化や科学技術を発展させることが可能になる。

言語のはたらきの3番目としては，自己の行動を調整する機能がある。たとえば，野球でバッターボックスに立った打者が「よしっ」「行くぞ」などと口にしたりすることがあるが，これは相手投手に向けた伝達のことばではなく，自分自身を奮い立たせ，活を入れるためにみずからに対して発せられたものである。我々は，こうしたことばを発することによって新しい行動生起のきっかけにしたり，目標に向かって行動を方向づけたりする。

　そして最後に忘れてはならないのは，言語は認知・思考の道具としてのはたらきをもつという点である。我々は言語を用いて，ものを見たり考えたりする。したがって，母語とする言語の構造，すなわち構文法の型とか語彙の体系によって，ものの見方・考え方は影響を受けることになる。たとえば，日本語では牛はすべて「牛」であるが（ただし，食肉の場合には「ギュー」と音読みになる），アメリカでは ox（去勢された雄牛），bull（去勢されていない成長した雄牛），cow（乳牛），calf（子牛），heifer（3歳未満の雌牛）と区別され，それらを総称した畜牛を cattle，食用の牛肉を beef と称するなど，細分化された呼び名が与えられ差別化して認知する。また，日本人のイエス／ノーを明確に意思表示しない傾向と日本語との関連が取りざたされる理由も，こうした言語と認知・思考様式との影響関係にあるとされている（本節4項参照）。

2．言語とコミュニケーション

1) コミュニケーションと「心の理論」　　言語を用いることは，もっぱら人間のみに許された能力であるといわれる。しかし，チンパンジーなどの高度な学習能力をもつ類人猿では，100語以上の単語（記号）を覚えて事物とその呼び名の対応をつけるだけではなく，「『黄色い』『花が咲いている』」のようにそれらを組み合わせて，それまでに学習したことのないことばを産出することが知られている。また最近では，扉を開けることに関連して「開ける」という記号を学習したチンパンジーは，それを冷蔵庫や引き出し，容器などを「開ける」ことにも適切に応用することが明らかになっている。

　ところで，基本的にコミュニケーションというのは自分の考えていることを相手に伝えることである。つまり，相手のこころのなかに自分の考えや意図などがきちんと再現されるように伝達がなされなくてはならない。そのためには，

相手のこころの状態（目的や意図，思考，信念など）を理解する，すなわち「相手のこころのなかを推察する」「相手のこころを読む」ということが必要になる。このように，自分とは異なる意識をもった他者のこころのなかを推し量ることを「**心の理論**（Theory of Mind）」とよんでいる。プレマックとウッドラフ（Premack, D., & Woodruff, G., 1978）は，チンパンジーがコミュニケーションにとって重要な「心の理論」をもっているかどうかを研究対象として取り上げたが，それ以降，この問題が広く注目されることとなった。プレマックらによれば，チンパンジーは種々の場面で他者の心的世界を理解していることが証明されたとしている。しかしながら，チンパンジーやボノボといった霊長類が有するであろう「心の理論」は限定的な浅いレベルのものであって，幼児期以降の人間のもつ心の理論とは明らかに異なっている。

　他者のこころや自己のこころについて理解すること，すなわち「心の理論」をもっているかどうかを具体的に知るための方法として，「誤信念課題」または「サリーとアンの課題」とよばれる課題がある。

　誤信念課題とは，ある出来事を見た人と見ていない人との心的な差異はどのようなものかを答えさせる課題である。たとえば，子どもにサリーとアンと名付けられた2つの人形を使って，次のような劇をみせる。

① サリーが自分のおもちゃを青い箱にしまって，部屋の外へ出ていく。
② 入れ替わりにアンが入ってきて，そのおもちゃを青い箱から別の赤い箱に移してしまう。
③ サリーが部屋に戻ってきて，おもちゃで遊ぶためにそれを取り出そうとするが……。

　この劇を見た子どもに「さて，サリーはどちらの色の箱を探すかな」と質問する。「赤い箱」と答えた場合，この子どもは自他を区別せず，自分の知っていることはサリーも知っているという誤った信念をもっている。一方，「青い箱」と答えれば，他者であるサリーの「こころ」の状態を正しく解釈することができたといえる。これまでの発達心理学の研究によれば，3才児は誤信念課題に正答するのは難しいが，5，6才児は正答できるようになることがわかっている。しかしながら，チンパンジーなど類人猿が誤信念課題に成功したという報告はまだない。これらのことから，多様な記号言語を駆使して，意思や情

報の伝達，複雑な思考活動を行うのは，やはり人間のみに与えられた能力であるといえよう。

2) ことばの理解　我々はことばを媒介として他者に情報を発信したり，他者の発した情報を受信したりしている。このように言語の使用に際しては，受信した内容をどのように理解するかという側面と，自分のもつ情報をどのように表現し伝えるかという側面の2つがある。ここでは，まず言語理解という面について考えてみたい。

我々は，話しことばであるか書きことばであるかにかかわらず，文章というまとまりでことばを理解することが多い。では，それぞれの文に含まれる個々の単語の意味について知っており，単語を配列して文を構成する規則である統語法がわかっていれば，文章を理解できるであろうか。

次の例は言語学で「ウナギ文」とよばれているものである。

（a）　私はウナギだ。

この文そのものは統語法に違反しているわけではないが，「自分がウナギであることを，ウナギ自身が述べている」という変な表現であり，にわかには受け入れ難い面がある。しかしこれが，何人かの仲間とランチをとるために入った食堂で，店員の「ご注文は何になさいますか」という問いかけに対する返事だとしたらどうだろう。数あるメニューの中から鰻丼を頼んでいるということが，容易に理解される。

また，下の文章（b）はブランスフォードとジョンソン（Bransford, J. D., & Johnson, M. K., 1972）による例である。これは何について述べたものだろうか。

（b）　実際のところ，手順はまったく簡単だ。まず，ものをいくつかの山に分ける。もちろん量がすくなければ一山で十分である。もし設備がないためによそへ行かなければならないなら別だが，そうでなければこれで準備は万端である。大事な点は，一度にあまり多くやりすぎてしまわないことで，一度に多くするよりも，むしろ少なすぎるくらいの方がよい。このことの重要性はすぐ

にはわからないかもしれないが，この注意を守らなければ，かえって面倒なことになるし，余計な労力を要することにもなる。最初は作業の手順が複雑に見えるかもしれないが，すぐ生活の一部になっていくだろう。近い将来，この仕事の必要性がなくなるときが来るかもしれないが，それを予想するなんて誰にもできない。（一部省略）

　このようにたとえ平易な文章であっても，これが「洗濯」について書かれたものであることを告げられていなければ，理解困難な内容であるに違いない。
　我々は文章を理解する際，何らかの文脈情報，すなわち「特定の状況において行われる一連の行動についての知識」とか「ある社会のなかで蓄積されてきた知識の集合」を参照することによって，合理的な解釈を行おうとする。文章理解のためのこうした知識や枠組みのことを**スキーマ**（図式），**スクリプト**（台本），**フレーム**などとよんでいる。与えられた文章の意味を正しく理解するためには，文それ自体に関する統語法や語の意味だけではなく，こうした日常行動を取り巻く一般的知識を用いたことばの処理が不可欠なのである。
　最近，インターネットのウェブサイトなどで，テキストを他言語に自動翻訳するプログラムが用意されている例をよく見かける。英文和訳や和文英訳など異言語間の翻訳プログラムでは，翻訳者が用いるスキーマはどのようなものであるか，またそれをコンピュータにどうシミュレートさせるかという点が大きな問題となる。実際に試してみてもわかるように，これらはまだまだ初歩的な段階にある。この改善の鍵となっているのが，スキーマやスクリプト，フレームなどをコンピュータにどのように学習させるかという問題なのである。

　3）ことばの獲得　　新生児は生後1ヶ月頃から，泣き声とは異なった「あー」「うー」といった音声を発するようになる。そして，2，3ヶ月ほどで今度は「ma ma ma」「ba ba ba」といった反復音，つまり**喃語**（なんご）が出てくるが，いまだコミュニケーションとしてのはたらきをもつものではない。
　伝達の機能をもった最初のことばが現れるのは生後1年頃で，「ママ」などの1語発話として出現する。ここで初めて，子どもの言語が音声と結びついたものとなるが，これには認知発達における「**ものの永続性**」概念の理解が密接にかかわっている。つまり，現前にはない（したがって，目には見えない）が

確実に存在するものと，模倣によって得られた音声とを組み合わせることで，ことばは特定のものを指示したり，代表したりする機能を獲得するのである。こうした言語の発達には，子どもと養育者との間の親密な関係が重要であり，新生児期の声かけや笑い，アイ・コンタクトなどのはたらきかけが喃語の頻度を増加させることが知られている。

　子どもが大人の簡単な発話を理解する能力は，生後1年頃までに急速に発達する。そして，生後18ヶ月前後には語と語を結合させた2語文を作ることができるようになる。語彙の数も2歳を過ぎる頃には200語から300語を覚え，5歳になると2,000語以上を習得する。このように子どもは生後数年間という短いあいだに，限られた言語体験のなかから，多様な状況に応じた新しい文を作り出すことができるようになる。

　こうした言語の発達や獲得を説明する仮説の1つとして，刺激－反応－強化といった条件づけ原理に基づいた一種の連合説があげられる。スキナーをはじめとする行動主義心理学者たちは，子どもがあることばを模倣し，それが特定の対象と結びついたとき，大人からの何らかの社会的報酬が与えられ，強化されることによって言語獲得がなされるとした。この考え方は，長い間，心理学の領域で支持を集めてきたが，極めて短期間に急速になし遂げられる子どもの言語発達を説明するには無理があった。この仮説では，無限の変化に富んだ文章を生み出すという人間の言語発達の特徴は説明できないからである。

　これに対して言語学者のチョムスキー（Chomsky, N., 1957）は，人間には生まれつき言語を獲得する装置（Language Acquisition Device: LAD）が備わるとする生得説を主張した。人は世界中のすべての言語に共通する原理である「普遍文法」と，個別の言語に対応するための言語獲得関数（パラメータ）をもって生まれる。そして，それぞれの母国語による言語経験が言語獲得装置を介して言語獲得関数を起動させ，個々の言語の文法が出現すると考える。この文法がもとになって，学習したことのないまったく新しい文章が創出されるとするのである。

　これらの考え方はいずれも仮説であって，言語獲得のメカニズムは十分解明されたわけではない。いずれにしろ重要なのは，言語の獲得は出生直後からはじまる養育者と子の相互作用の営みのなかでなされるのであり，両者の間に温

かく親密な関係の成立していることが、スムーズな言語獲得を支えているという点であろう。

3．社会的言語と非社会的言語—外言と内言—

ことばのはたらきについて述べた折にもふれたように、言語には意思や情報の伝達を目的とする社会的言語と、必ずしもコミュニケーションを目的としない非社会的言語が存在する。

スイスの心理学者ピアジェ（Piaget, J., 1923）は、遊んでいる子どもをつぶさに観察し、発言を記録するという方法によって、認知発達の研究に大きな功績を残した人として知られている（第4章第4節参照）。これらの研究のなかで彼は、幼児期の子どもがものごとを1つの側面からしかとらえることができなかったり、他人の視点が自分の見え方と異なることを理解できなかったりすることを見いだし、こうした幼児期の認知・思考の特色を**自己中心性**と名づけた。

5，6歳くらいまでの子どもが集団の中で発することばに、聞き手である他者の存在を無視した独り言が多いのは、こうした自己中心性に支配されているためだと彼は考えた。そして、この自己中心性が発達にともなって克服（**脱中心化**）され、社会化された思考様式を身につけられるようになるとともに、聞き手を意識した社会的言語が優勢になっていくと主張したのである。

これに対してヴィゴツキー（Vygotsky, L. S., 1934）は、幼児期の子どもの独り言が必ずしも聞き手を無視した、非社会的なことばではないとして反論した。彼によれば、この時期の子どもは、ことばの通じない外国人の子どものなかに入ると独り言が著しく減少する一方、難しい課題に取り組ませたり、作業を妨害したりすると、独り言は途端に多くなるという。このことから、子どもの独り言はまわりにいる仲間を意識して発せられていること、また、課題解決への取り組みに際してことばの助けを借りながら作業を行っていると考えた。そして、情報伝達の道具としての言語を**外言**、思考の道具としての言語を**内言**とよんで区別したのである。

ヴィゴツキーは、ことばはまず他者とのコミュニケーションの道具、すなわち外言として発達するものの、ある時期から思考の道具としての役割を獲得し

つつ内在化し，内言のはたらきをもつようになるとした。幼児期に顕著にみられる独り言は，外言のはたらきをもったことばが，内言へと移行する過渡的な時期に現れる現象だと考えられている。

4．言語と思考—言語相対性仮説—

前項でみてきたように，思考が言語のはたらきに支えられているとすると，当然のことながら，異なる言語はそれを用いる人々の認知・思考様式に異なる影響を与えることになる。土居（1971）は，「甘え」が日本人の日常生活にしばしばみられる感情でありながら，外国にはそれに対応する適切な語彙のないことに気づき，「甘え」を鍵概念として日本人の精神構造や日本の社会構造を考察した（ちなみに，その著「『甘え』の構造」の英訳書の題名は「The Anatomy of Dependence」となっている）。

日本人の精神生活に根ざした「甘え」や，他人から受ける情けである「人情」などの概念を取り上げて分析した土居の研究は，「甘えの論理」によって言語と心理の不可分の関係を論じたものといえよう。このように，異なる母語が発想の違いや認知様式の違いを生みだす可能性について大胆に提起したのが，土居もその研究のなかで参照しているウォーフ（Whorf, B. L., 1956）の文化言語論である。

ウォーフはネイティブ・アメリカンのことばを詳しく調べ，彼らの言語の背景にあるものの見方・考え方が白人のそれとかなり異なっていることを明らかにした。たとえば，ホピ語では空を飛ぶトンボも飛行機も飛行士も同じ「masa'ytaka」という1語で表されるのに対し，英語では3語で区別する。同じようなことは日本語と英語の間にもあって，日本ではきょうだいを示す単語として「兄」「弟」「姉」「妹」があるが，英語には「brother」「sister」の2語しかない。これは，英米人に比べて長幼の序を尊ぶ日本人の心性と密接にかかわっていると考えられている。

ここで述べてきたように，言語はたんなる伝達の手段ではなく，思考の手段でもある。そして，言語によって環境世界を認識する以上，それがどのように受容・理解されるのかは，言語の性質に影響を受けている。こうしたウォーフの主張は，**言語相対性仮説**または**サピア・ウォーフ仮説**とよばれている。特定

の言語が備えている構文法の型や語いの体系は，ある集団だとか民族がこれまでに蓄積してきた知識の反映でもある。その意味では，言語による事物・事象のとらえ方の違いは，先にみたスキーマやスクリプトの違いであるといってよいかもしれない。

　本節の冒頭でも述べたように，言語のもつさまざまな機能を多様に使いこなす能力は，やはり人間だけに与えられた高度な知的活動であると考えられる。我々人間はこうした言語能力によって初めて，具象世界から抽象世界へ，現在から未来や過去へと，認識の範囲を広げることが可能になるのである。

第3節　思　考

1．概　念

　「隣の部屋から机を運ぶから，ちょっと手伝って」と，友人から言われたとしよう。このとき，どんな心構えをするだろうか。どのくらいの重さのものを運ぶか予想できるだろうか。

　机ということばから想像するものは，人によって異なる。しかし，多くの人が同じ言葉から共通してある概念やイメージをもつからこそ，私たちはうまくコミュニケーションを取れるのである。

　概念にはおおむね，次のような性質があるとされている（伊藤，1994）。
　①概念の多くは，名前をもつ。
　②概念の多くは，ことばで表現される。
　③概念は，当てはまる事例と当てはまらない事例をもつ。

　たとえば，家具店を歩き回れば，陳列されている数多くの机を目にすることができるだろう。でもそこには，本棚やベッドなど，机以外の商品も並んでいる。我々は，これは机，そちらは机ではない，と区別できる。

　世の中には，プラスティック製やガラス製の机もあるだろうし，大きさも形も実にさまざまである。しかし，我々が日常的に目にする机は，たいてい木かスチールでできており，四角い。大きさも，せいぜい人が数名で運べる程度のものである。これを，机の**プロトタイプ**とよぶ。つまり，もっとも典型的な机である。プロトタイプは，過去の経験から形成されるため，個人差がみられる。

ロッシュ (Rosch, E., 1975) は，家具，果物など 10 カテゴリーに属する事例各 50 から 60 個ずつ，合計 565 個を用いて，**典型性**の評定を求めた（伊藤，1994）。たとえば「果物」と聞いて，最初に思い浮かべるものは何だろうか。多くの人に同じ質問をすれば，共通する果物が出てくるだろう。こうして現れるものがプロトタイプである。たとえば多くの人はすぐリンゴを思いつくが，スイカをまず思い浮かべる人は少ない。果物を列挙していった場合に，スイカは後回しにされやすいのである。

2．イメージ

不案内な土地で地図を片手に歩いているとき，景色と照らし合わせて，地図を何度も回してみることがある。また，最近のカーナビゲーションは，進行方向が常に上にくるように，自動的に電子地図を回転して表示させることができる。

では，キャンパス内に設置された構内案内図や，地下街の店舗案内の看板など，固定されていて回転できない地図の場合はどうであろうか。まれに場所の制約等の理由で，実際の建物の配置と合わない向きに看板が建てられている場合がある。この場合は，地図を心的操作して，実際に見えている風景と合わせる必要がある。つまり「頭の中で回してみる」ということである。このような操作を**メンタル・ローテーション**という。

シェパードとメツラー (Shepard, R. N., & Metzler, J., 1971) は，立体図形をさまざまな角度で回転させた図（図 3-3）を，成人の実験参加者に提示した。刺激図は，10 個の立方体が連結された絵であり，通常のものと，その鏡映像とを準備した。どちらも 20 度ずつ順次回転させて作画されている。実験参加者は左右ペアで提示された刺激が，同じものか否かを判別するよう求められた。その結果，判別に要した反応時間と回転した角度とは，ほぼ比例関係にあった。つまり，実験参加者は提示された図を心的に回転してから，判断していると考えられる。

3．問題解決

1）**アルゴリズム**　　算数の足し算は，一定の手順にしたがって 1 つずつ計算していけば，必ず正解を導くことができる。桁数が多くとも，あるいは繰上

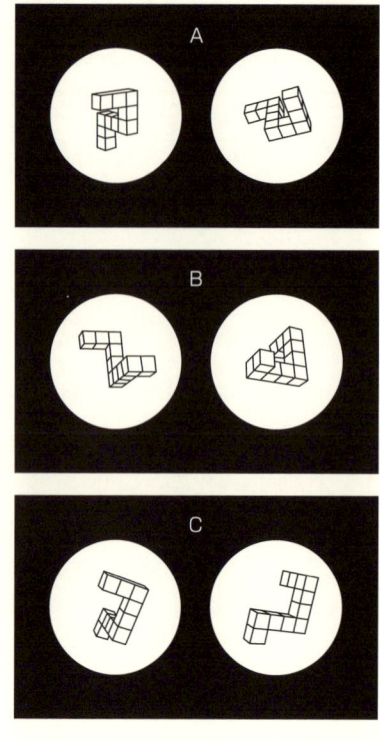

図3-3 実験参加者に提示された図の例
(Shepard, R. N., & Metzler, J., 1971)

がりがあろうとなかろうと，答えは必ず1つに決まる。たとえば2桁の数字同士の足し算なら，まず，2つの数字を，桁をそろえて上下に並べて書く。1の位の数を足して出た1の位の数を，その下に書いておく。次に，10の位の数同士を足して，出た答えを書けばよい（繰上がりがある場合には，さらに1を加えた数を書く）。このような足し算，引き算など正解にいたる手順の決まった問題の解き方を**アルゴリズム**とよぶ。アルゴリズムによって解くことができる問題は，その手順の数によって必要な時間は異なるが，正しくそれにしたがえば必ず解決されるのである。コンピュータは人間と違って演算に強いため，アルゴリズムにしたがう問題はコンピュータの得意分野である。

2）**ヒューリスティックス**　　足し算などとは異なり，問題のなかには，ど

のような手順で解けばよいのか見通しがつかないものもある。この場合は，過去の経験を頼りに，探索的な手法を用いるしかない。つまり，適当と思われる方法を実際に試してみて，得られた結果を評価し，それを繰り返しながら目標に近づいていく方法である。これを**ヒューリスティックス**（発見的探索法）とよぶ。

先手が必ず勝てる方法が知られているゲームでは，先手は決まった手順で対処している限り，決して負けない。対戦する両者がともにこの必勝法を知っている場合は，常に先手を取った方が勝ってしまう。これでは，ゲームを楽しむことができない。どちら側が勝つかがわからないという不確実性こそが，楽しさや興味の源泉なのである。我々が通常楽しむゲームは，多かれ少なかれヒューリスティックスを必要としている。

囲碁や将棋の序盤戦においては，このように打てば必ず勝てるという絶対的な手がない。それでも，より有利と考えられる手を打つことで，勝とうとする。つまり，ヒューリスティックスを用いている。一方，終盤になってくると，相手がどういう手を打っても，必ずこちらが勝てる（あるいは負ける）という局面にいたる。そこからはアルゴリズムが登場する。プロの場合はこの局面にいたると，投了（負けたという宣言）となる。もっとも素人には，それが「確実に負ける」局面だと判断できないことも多い。将棋や碁において，何手も先を読む能力はアルゴリズムだとはいえ，それは長年の経験によってようやく身につくものなのである。

4．推　　論
1）演繹的推理と帰納的推理　　「昼食は，うどんかおにぎりのどちらかにしよう。炊飯器を開けてみたところ，ごはんは残っていない。うどんは，冷蔵庫にある」。これらの情報から，「昼食はうどんにしよう」と判断することができる。もちろん「おにぎりを作るためには，ご飯が必要である」という知識や，昼食は時間のかからない簡単なものを作って食べる，という自分なりのルールが，この過程に介在している。このように，ある命題が真であるという前提にたって，仮説や結論を導く推論のことを，**演繹的推理**とよぶ。数学の証明問題を解くときには，演繹的推理を用いている。

一方，いくつかの事例から，1つの結論を導くかたちの推論を**帰納的推理**とよぶ。通常，日常的な判断においては，あらゆる場合を事前に確かめることは困難である。例として，あるレストランの評価を行うことを考えてみたい。このようなときには，人によって評価が分かれることが少なくないだろう。そのレストランに行って，メニューに書かれている特定の料理を注文して食べる。この行為により，我々はその店のサービスの事例を経験する。そして，何度か通い経験をつむなかで，「あの店はうまい」とか「サービスがいい」と確信するにいたる。つまり，複数の事例をとおして，帰納的に推論をしているのである。しかし，絶対という保証を得ることは難しい。メニューに載っている料理の品数は有限であるから，何度かこの店に通えば，一通りの料理を試食できるだろう。しかし，シェフは毎回完全に同じ味の料理を作ることはできない。厳密にいえば，このレストランに何度も通って得られる結論は，「あの店に行くと，たいていの場合おいしい料理にありつける」という程度のことにすぎない。

2）**日常的推理**　トバースキーとカーネマン（Tversky, A., & Kahneman, D., 1983）は，学生に次のような確率判断の質問を行った。「普通のサイコロの4面を緑色，残る2面を赤色で着色しておく。このサイコロを何回も投げて，出た面を記録していく。次の3系列のうち1つを選び，当たると25ドルもらえるとしたら，どれを選ぶのがよいか」という問題である。

1　赤，緑，赤，赤，赤
2　緑，赤，緑，赤，赤，赤
3　緑，赤，赤，赤，赤

あなたなら，どの系列を選択するだろうか。この問題を解いたのは，名門大学に通う50名の学生である。これらの学生のうち，実に88％が，「2番がもっともありそうで，3番がもっともありそうでない。よって2番を選ぶべきだ」と回答した。しかし，これは適当な回答ではない。あらためて検討してみると，1番の系列は，2番の系列の最初の「緑」を消したものである。そのため，明らかに1番の生じる確率の方が，2番の系列よりも高い。また，3番は1番と色の出る順番を入れ替えただけであるため，生じる可能性は同じである。

つまり1と3は2よりも出現可能性が高いのである。

では，学生の多くがなぜ2番を選んでしまったのだろうか。1番では緑は1回出現するだけである。一方，2番になると，緑は2回出ている。そこで，このサイコロには緑面の方が多いという与えられた知識から，直感的に2番の方が生じやすそうに思えたのである。こうした推理では，我々は限られた時間で，簡便な方略を用いて判断を下そうとする。そして，誤った結論を導いてしまいがちなのである。正しくプログラムされたコンピュータは，決してこうした誤りをおかさない。その点，日常的な判断，推論には，人間的な誤りがつきものであるといってよいだろう。

推論についてはウェイソンら (Wason, P. C., 1966; Johnson-Laird, P. N., & Wason, P. C., 1970) の示した「**4枚カード問題**」が有名である。これは，次のような問題なので取り組んでいただきたい。

ここにA，D，4，7と書かれた4枚のカードがある（図3-4）。これらのどのカードも，一方の面にはアルファベットが，その裏側には数字が書かれている。「次のルールが正しいかどうかを確かめるには，少なくともどのカードを裏返してみる必要があるか」という問題である。

ルール：一方の側に母音が書かれていれば，その裏側は偶数である。

この例題に取り組んだ実験参加者の解答は，「Aと4」，あるいは「Aだけ」が多かった。しかし，これらはどちらも誤答である（正解は，次ページ脚注に示す）。

この4枚カード問題自体は，論理的に順序よく考えていけば，決して難しくない。それにもかかわらず，実際にはこの問題の正答率は非常に低かった。正

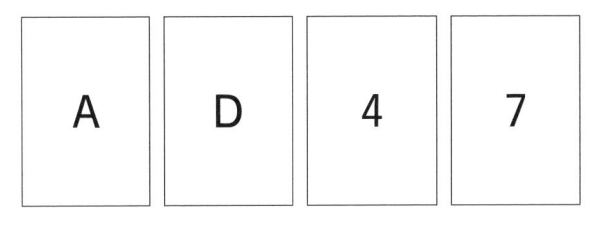

図3-4 4枚カード問題 (Johnson-Laird, P. N., & Wason, P. C., 1970)

答を示されても，どうしても納得できないという実験参加者さえいることが明らかになった。これらの例からウェイソンらは，我々の思考が常に論理的にはたらくとは限らないことを強調したのである。

3）**人工知能**　コンピュータ科学の発展とともに，脳のはたらきとコンピュータのはたらきとを比較する試みが進められた。人間の脳はどのように情報を処理するのかという問題を，コンピュータのプログラムとして表現し，**シミュレーション**をする研究がなされるようになった。これらは，コンピュータ・ゲームやロボットの開発とも密接に関係している。

コンピュータ制御のロボットは，これまで基本的には人間の命令どおりに動くものであった。しかし，今日，コンピュータは経験から学習する能力も備えつつある。産業用ロボットは，日本が世界シェアのトップを占めており，盛んに研究がなされている。新世代のロボットは，同じ作業を繰り返すなかで，しだいに経験を蓄積し，より効果的な動作を覚えていくことができる。つまり，人間が長年にわたって経験を積み，特定の技術に習熟するのと同様に，ロボットが自分のおかれている状況を正しく認識し，行動の必要性を判断し，手順を計画的に実行し，結果を評価する。こうした一連の処理が迅速かつ的確にできる人工知能の開発が，急速に進んでいるのである。「機械は人間とは違って，命令されたとおりのことしかできない」などということは過去のものになりつつある。

人工知能と聞いて，チェスの対戦プログラムを連想する人も多いかもしれない。人間の場合は，ヒューリスティックスを用いて，あらかじめ「有力な手」に絞って次の手を検討する。一方，現在のコンピュータは圧倒的な処理速度の速さを利用し，ある局面においてルール上可能なあらゆる手のなかから，もっともよい一手を選択するという方法も使える。つまり，しらみつぶしに当たる戦略である。しかし，何手も先のことになると，あらゆる可能性を判断してから手を決めるのはやはり困難である。そのため，コンピュータといえども，人

※　前ページの問題：正解は「Aと7」である。子音であるDは，裏側を確認する必要がない。4は，もし裏側が母音であればルールどおりであるし，もし子音であっても問題ない。ルールは「母音であれば裏側は偶数」なのであって，「子音であれば裏側は奇数」とは限らない。よって，4も裏返してみる必要はないのである。

間と同様に「有力な手」に絞っていく戦略が必要なのである。終盤になると，アルゴリズムで処理を進めるのが得意なコンピュータのほうが，有利になると考えられる。

1997年，IBMのスーパーコンピュータ「ディープ・ブルー」は，チェスの世界王者に挑戦して，2勝1敗3引き分けで勝利するにいたっている。しかし，将棋のルールはチェスとは違って，取った相手のコマを，再び盤面上で使用することができるため，ある局面で発生しうる手の数が，チェスとは比べものにならないほど多くなる。そのような違いもあって，将棋におけるコンピュータの実力は人間の名人に大差をつけられているといわれてきた（小谷ら，1990）。しかし今日，このような人間の優位は，長くはもたないとの予測もなされるにいたっている。

第4節　動機づけ

1．動機と人間の行動

我々は朝目覚めてから夜眠るまで，さまざまな行動を行っている。これらの行動のうち，あるものは一時的なその場限りの行動であったり，あるものは長期的な目的のために継続して行われるものであったりする。あるいは，ある行動はすでに繰り返し行われてきた習慣的なものであるかもしれないし，別の行動は，まったく初めて取り組む行動であるかもしれない。このように，日常における我々の行動は極めて多様であるが，心理学では，人間の行動はすべて何らかの目的のために行われる目標追求行動であり，それらの行動の背後には，必ずその行動を引き起こす原因となるものが存在すると考えている。こうした人間の行動を生起させる原因となるものを**動機**とか**動因**，**欲求**といい，動機や動因を引き起こす外的な要因を**誘因**とよんでいる。

ところで，犯罪を報じるニュースなどで「動機なき殺人」と称されることがあるが，動機のない行動というのは存在しない。心理学的には，このような場合であってもその犯行の意図が我々に理解不能であったり，想像がつかないだけで，何らかの動機は存在しているとみなすのである。

このように行動の背後には必ず動機が想定されるが，同じ動機が同一の行動

を引き起こすとは限らないし，反対に，異なる動機が同じ行動を生むこともある。後者の一例として，大学における「心理学の講義を受講する」という行動について考えてみよう。心理学の受講者は，ある曜日の定まった時刻になると決められた教室に着席して，教授者のことばに耳を傾け，板書された事項をノートにとるといった，同一の行動をとっている。このことから，受講者の多くが心理学への興味や関心という同じ動機をもって授業に臨んでいるかというと，必ずしもそうではない。ある学生は卒業に必要な単位がほしいためだけに受講しているかもしれないし，またある者は友人に誘われて，その友人とともに時間を過ごすために受講したのかもしれない。このように，異なった動機が表面的には同じような行動を生じさせたり，逆に，同じ動機から異なった行動が引き起こされる場合もある。

2．生理的動機・社会的動機・情動

　人や動物に行動を生起させる原因となる動機はさまざまであるが，いわば有機体の内部に生得的に備わっていると考えられる**生理的動機**と，生後の経験によって学習された**社会的動機**の2つに分けることができる。前者は，空腹や渇き，呼吸，保温，排泄，睡眠，苦痛回避，性に対する欲求など，個体の生存にとって不可欠な基本的欲求であり，**一次的動機**ともよばれる。それに対して後者は，地位や名誉，財産，資格などの欲求対象にみられるように，個人の社会生活において学習・獲得された欲求で，生理的動機から派生したという意味で，**二次的動機**とよばれる。また，これらとは別に，喜怒哀楽といった高等動物が示す感情の状態である情動も，生体を行動へと駆り立てる動機づけ的機能をもつことが知られている。

　1) **生理的動機**　　人間は栄養や水分の不足，暑さ・寒さに対する保温，身体的な苦痛などの生理的動機が存在するとき，すぐさまそれらを充足したり，解消するために必要な行動を開始する。これは，個体内外のさまざまな環境条件の変化に対して，生命維持のために生体内部のバランスを保とうとする，**ホメオスタシス（生体恒常性）**とよばれるしくみが有機体に備わっているためである。すなわち，大脳中枢や視床下部からの指令に基づく自律神経やホルモンなどの作用によって，身体のバランスを調節するといった生理的メカニズムが

はたらいているのである。動物が不足している栄養分を含んだ食べものを選択的に摂取したり，我々が疲れたときに自然に甘いものを食べたくなるのも，こうした機制によっている。

ただし，このような生理的動機とその欲求に基づく行動との関係は，高等動物になるほど学習の影響によって複雑化し，単純なホルモン支配から脱する傾向がある。たとえば，食物摂取について考えてみると，人間の場合，たんに空腹を満たすことができれば満足できるかというとそうではなく，気に入った食器に盛り，好きな人と一緒に食べたい，というような欲求をもつようになる。また，母性動機についていえば，母性ホルモン（プロラクチン）を注射することにより，妊娠していないラットでも母性行動が現れるが，人間の母親では母性ホルモンの分泌がありながらも養育を拒むケースが出てくることがある。さらに，性の欲求と性行動との関係についていえば，下等動物ほどその動物に固有の性ホルモンの周期的変化（発情期）に対応した性行動がとられる。それに対して，高等動物，とりわけ人間の場合には，同性間やサディスティックあるいはマゾヒスティックな行為にしか性的満足が得られなかったり，偏好行動（フェティシズム）がみられたりする。このように，生理的動機と実際の行動との関係は，学習によって変形・複雑化することが知られている。

2）社会的動機　もっぱら生後の社会的活動をとおして学習・獲得された欲求は，**社会的動機**とよばれる。たとえば，ものの所有と結びついた獲得欲求，課題の遂行にかかわる達成・承認・優越などの欲求，他者との関係から生まれる支配・攻撃欲求，親愛の情に関する親和欲求等が知られている。

とくに，マレーら（Murray, H. A. et al., 1938）の要求リストに端を発する達成動機（達成欲求）と親和動機（親和欲求）は，その後も大きな注目を集めてきた領域である。**達成動機**は，困難な課題を成し遂げること，速やかに独力でやること，高い水準に達すること，競争し他者をしのぐことなどを目標とする欲求のことである。マックレランド（McClelland, D. C., 1961）は，一連の研究をとおして，達成動機は教育などによって高められるとともに，経済成長の規定因にもなりうるとしている。他方，**親和動機**は，自分の味方になる人に近寄り，協力したり，好意や愛情を交換したりすること，友人と離れず忠実であることなどを目標とする欲求である。広義には，他者と一緒にいようとする

動機としてあつかわれることが多く，社会心理学の領域では対人関係と関連する動機として研究が進められている。

これらの社会的動機は，個々人のもつ対人関係，あるいはその人の所属する集団との関係，社会的価値や規範・制度などから形成されるものであり，文化や時代背景によって多かれ少なかれ影響を受けている。社会的動機に対する時代の規定性について，欲求の対象という面から考えてみると，高い地位，収入，学歴などはいつの時代でも多くの人に望まれる社会的誘因であるが，痩せに対する願望などは極めて現代的な欲求であるといえよう。このように社会的動機は，その人の生きる時代や社会，文化によって変化するのである。

3）**情動**　情動とは，楽しい，嬉しい，悲しい，恐れ，怒りといった喜怒哀楽や嫉妬，恋愛などの感情が引き起こす，ある種の心的興奮状態を示す用語である。こうした情動は動機づけ的はたらき，すなわち生体を行動に駆り立てる力をもつことが知られている。たとえば，我々は何らかの理由によって恐怖感を抱いたときには，それを避けたり，そこから逃避したりする行動をとるであろうし，怒りの対象に対しては闘争や攻撃的行動を仕掛けるだろう。

情動には，生体がまわりの環境条件を自分にとって有益か害があるかをただちに判断するための生物的機能として生得的にもっている基本的情動と，過去の経験や学習によって喚起されるようになった後天的な情動がある。チンパンジーやヒトがヘビや死骸を見て怖がるのは前者であるし，トレーニングに励んだスポーツ競技で勝利をおさめたときの喜びや充実感などは後者の例であるといえる。一般に，生得的であれ後天的なものであれ，快情動はそれがもたらされた出来事や状況への接近行動を導き，不快情動はその原因となる事象を回避する行動を動機づけると考えられる。

3．動機づけのはたらきと欲求の階層

動機とは，我々の行動を引き起こす原因となるものであり，そうした行動の源を与えて，やる気や意欲を起こさせることが**動機づけ**である。したがって，動機づけはさまざまな状況においてその目標達成を左右する重要なはたらきをもっている。

動機づけのはたらきは，大きく3つに分けられる（速水，1998）。すなわち，

新たな行動を引き起こしたり，解発したりする**行動喚起機能**，次に引き起こされた行動を目標に向かって持続させ，方向づける**行動維持・調整機能**，そして目標の達成によって，再び同じような行動を起こさせやすくする**行動強化機能**である（図3-5参照）。

このような動機づけの機能を車にたとえるならば，停車した状態から動き出して加速させるエンジンや燃料だけでなく，目的地に向かって方向やスピードをコントロールするハンドルやブレーキなどに相当し，目標へ到達するための不可欠の役割を果たしているのが動機づけだといえる。

ここで具体的な目標追求行動を例にとって，動機づけのはたらきを跡づけてみよう。たとえば，英語や情報処理といった特定の技能にかかわる資格取得をめざそうと決心したとする。そう決心した理由はさまざまであろうが，何か新しいことをはじめるには多くのエネルギーが必要とされる。目標に向けてまず一歩を踏み出させるのが，動機づけの行動喚起機能である。

いったん活動が開始されてしまえば，どの活動も目標に到達するまで継続されるというわけではない。その間には，三日坊主に終わらないように行動を維持し，資格取得試験の合格に向けて順調に進んでいるかどうかをチェックし，不十分であれば勉強の仕方を見直したり，勉強時間を増やしたりして，目標達成へと行動を維持・調整する。これが行動維持機能や行動調整機能のはたらきである。

そして首尾よく目標に到達したとすると，満足感や達成感が得られ，それが自信となって今後も類似の活動に再び挑戦したり，今度はもっと効果的にやりとげようとする気持ちを生み出す。このように次の行動への動機づけを引き起こすはたらきが行動強化機能である。

上述したように，動機づけは，行動の開始から引き起こされた行動を維持し，

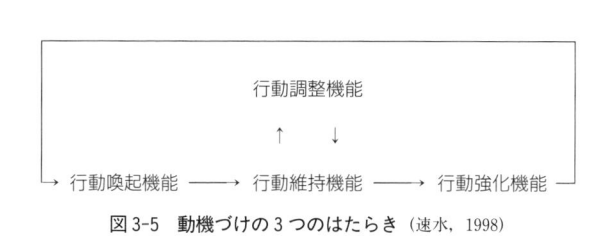

図3-5　動機づけの3つのはたらき　（速水，1998）

目標達成により，次の新たな行動へつなげるという，極めて幅広い役割をもっている。このように理解するならば，人を動機づけるためには，ある行動を引き起こして終わるのではなく，その行動を目標の達成へと方向づけるとともに，目標の到達へと導き，次の行動に結びつけるといった，息の長い継続的な援助が必要であることがわかる。

ところで，行動を喚起する動機にはさまざまなものがあることはすでに述べたとおりであるが，複数の動機が同時に存在するような場合，人はどのような行動を選択するのだろうか。マズロー（Maslow, A. H., 1970）はこの命題に対して**欲求の階層説**という考え方を提起している。

彼によれば，同時に存在する複数の欲求は，互いに並列関係にあるのではなく，それらはヒエラルキーをなしていて，より基本的な欲求が行動に結びつきやすいという優先順位があるとされる。

図3-6は，こうした欲求の階層説を表したものである。飢えや渇きを満たすことを意味する**生理的欲求**，安定や不安から回避することを意味する**安全・安定の欲求**，他者と親しくしたり受け入れられたりすることを意味する**愛情・所属の欲求**，有能であることや他者から評価されることを意味する**承認・自尊の欲求**の4つを**基本的欲求**という。人が生きていくために必要とされるこれらの基本的な欲求は，他の欲求に優先して行動を喚起する傾向がある。言いかえれば，人は生存に欠くことのできない基本的欲求が満たされない限り，より高次の人間的な欲求が行動生起のきっかけとなることはないという。彼の理論を一般化して述べるならば，戦乱や飢餓，貧困を世界から撲滅しなければならないのは，人間が安心して基本的な生活を送ることができない社会は，人間としてのより高次な行動の発動が期待できないからである。マズローのモデルによれ

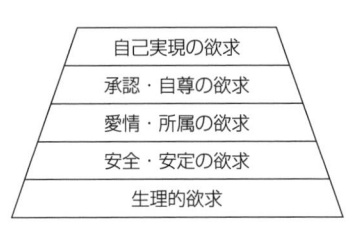

図3-6 マズローの欲求の階層
(Maslow, A. H., 1970)

ば，人をして行動へと向かわせるもっとも高次な欲求は，自分のもてる能力をいかして絶えず成長していく**自己実現の欲求**であると考えられている。

4．学習の動機づけ

1）内発的動機づけと外発的動機づけ　ここでは学習の動機づけ，すなわち，人を学びに取り組ませるためにやる気を起こさせたり，意欲を高める方法について取り上げる。何かを習ったり，勉強したりする際，その活動や勉強自体がおもしろいからするといった動機づけのタイプを**内発的動機づけ**とよぶ。それをすることが好きでたまらない，というようなみずからの興味・関心に基づいた行動で，動機づけの源が自分の内側にあるのが内発的動機づけである。内発的動機づけによる行動は，自発的に開始され，自分自身でそれを維持・調整するという自律的な点に特徴があり，その活動自体が目標になっていることが多い。

　もうひとつのタイプは，教師や親など，学習者の外側から与えられる賞や罰によって学習へと向かわせるもので，外発的動機づけとよばれる。褒められたいから，あるいは叱られたくないからといった理由，すなわち「アメとムチ」によって行動を起こすのが**外発的動機づけ**である。このような動機づけは，外からの賞や罰によって引き起こされたものであるため，賞罰がなくなってしまうとその行動は動機づけられなくなる。また，外発的動機づけによって生起された行動が完遂されたとしても，賞を得たり罰を避けるための手段としてしか，その行動が認識されなくなる可能性も存在している。

　この2つの動機づけを比較し，学習指導において本来あるべきは内発的動機づけであり，外発的動機づけによる学習活動は本当の勉強ではない，という感想をもつことがあるかもしれない。それでは，親や教師が褒めたり叱ったり，賞罰を与えることによって，子どもたちを動機づけることは不必要で，本来の学習を阻害することになるのだろうか。我々が賞罰を与えて学習をうながそうとする場合，そこで意図されているのは賞を得るためにがんばってほしいとか，罰をうまく避けられるよう努力してほしいということではない。褒められたり褒美をもらうのは気分のいいことだから，それを励みに頑張るなかで，勉強そのもののおもしろさ・楽しさに気づいてほしいと期待しているはずである。す

なわち，外発的動機づけをきっかけとして，内発的動機づけの生じることを意図しているのである。

人から勧められて始めた習い事が，練習を重ねるうちにだんだんと楽しくなり，やがて自分から進んでそれに取り組むようになることは，しばしば目にする光景だろう。したがって，行動喚起のきっかけが外発的なものであったとしても，最終的には動機づけの内面化をうながし，自律的な学習へと導くことが大切なのである。

2）**原因帰属**　人が自分自身の行動結果をふり返って，うまくいったりいかなかったりしたのはなぜだろうと考え，その原因を推測することを**原因帰属**とよんでいる。学習者の原因帰属のあり方は，その人の達成感や向上心とも密接にかかわっており，学習指導の成否を左右する重要な要因ともなっている。

ワイナー（Weiner, B., 1980）はどの子どもにも共通する学習結果の帰属要因として，努力，能力，問題の困難度，運の4つをあげた。これらの原因は，学習者自身の内的な要因かそれとも外部の要因か（**統制の位置**），安定した要因かその時々で変化する不安定な要因か（**安定性**）の2つの次元によって区別することができる。すなわち，努力や能力は本人自身の内的な要因だが，問題の困難度や運は，学習者のコントロールのおよばない外的な要因である。また，努力や運は学習場面ごとに変化する不安定な要因であるが，能力や問題の困難度は安定要因であると考えられている。

さて，学習結果の原因をこれら4つのいずれに求めるかについては，個人差があるという。そして，これらのうち学習指導の観点から重要とされる帰属要因が努力である。努力は，学習への取り組みに際して，自分自身のコントロールが可能な要因であり，しかも取り組み次第で成功もするし失敗もするという不安定要因でもある。学業成績と学習者の原因帰属のあり方を調べてみると，成績上位群は成績下位群に比べて，学習者自身の努力に帰属する割合が高いことが知られている。

成功であれ失敗であれ，試験の成績などを問題の困難度や運に帰属することは，それに引き続く学習でよい結果を得ようとする活動には結びつきにくい。それに対して，努力への帰属は，成功した場合は次回も同じように努力することによってよい結果を得られるだろうとの期待を醸成し，たとえ失敗したとし

ても，努力不足を改善することによって次はうまくやろうという向上心を維持することができる。

　学習指導のなかで，学習者を努力帰属するよう導くことは容易ではないが，もっとも大切なのは成功経験を与えるということである。ただ，成功経験ばかりを与え続けるのではなく，適度な失敗経験を織り交ぜることが肝要である。なぜなら，努力すれば成功できるということばかりでなく，努力を怠ると失敗するということを学ぶことも重要だからである。

5．学習性無力感と動機づけの水準

　さて，これまではやる気や意欲をどう起こさせるかという観点から，動機づけについて考えてきた。ここでは反対に，人はどのような場合にやる気をなくすのかを探ることによって，動機づけの特徴をみていくことにしよう。

　セリグマンとマイヤー（Seligman, M. E. P., & Maier, S. F., 1967）は2匹のイヌを使って次のような実験を行った。第1のセッションにおいて，それぞれのイヌを別々の小部屋に入れ，合図の後，床に電流を流すことで電気ショックを与えた。ただし，片方のイヌは合図があった後で目の前にあるパネルにふれると電気ショックを自分で止めることができたのに対し，もう一方のイヌはなすすべのないまま電気ショックを受け続けなければならない状況に置かれた。

　このような経験をイヌに与えた後，次のセッションでは2匹のイヌに電気ショックの回避条件づけの訓練が行われた。飛び越えることが可能な高さの仕切で二分された部屋の片方に入れられたイヌは，光の合図とともに電気ショックを受ける。しかし，仕切を飛び越えてもう一方の部屋に逃れることにより，電気ショックが回避できるようになっていた。こうした状況のもとで，最初のセッションで自ら電気ショックから逃れることを経験したイヌは，光の合図とともに電気ショックを回避することを学習したが，逃避不可能な状況でショックを受けたイヌは，回避行動を学習できず，一方的に電気ショックを受け続けるのみであった。

　この研究から，無気力ややる気のなさといった負の動機づけもまた，学習によって獲得されるものであることがわかる。イヌだけでなく人間が無気力に陥るのも，同様なメカニズムによると考えられる。すなわち，みずからが結果を

コントロールできない状況に置かれ，自分がどうやっても結果を変えることができないという**非随伴性**を学習することで，異なった状況に置かれても無気力を示すことになるのである。セリグマンはこのような現象を**学習性無力感**と名づけている。彼の問題提起から示唆されるのは，やる気を起こすことだけではなく，どうしたら学習者のやる気を削いでしまうのを防げるか，ということにも留意しなければならないという点である。

ところで，やる気や意欲，すなわち動機づけは高ければ高いほど，効果的な目標達成行動につながるのであろうか。たとえば，ピアノの定期演奏会に多くの観客が聴きに来てくれるということは，頑張って演奏しようとする意欲を高めてくれるが，あまりに意欲が高くなりすぎるとそれが空回りして，日頃の練習の成果が発揮できないことがある。このように，あるときは調子よく良い結果を出すことができ，別のときは緊張し失敗するのはなぜだろうか。

学習のパフォーマンスと覚醒水準との関係について調べたヤーキーズとドットソンの古典的研究（Yerkes, R. M., & Dodson, J. D., 1908）によれば，取り組んでいる課題の難易度によって，その学習にもっとも適した動機づけの水準があり，動機づけがこの水準より弱すぎても強すぎても，効果的な学習成果が得られないという。彼らはラットに明るさの違いを弁別する学習課題を与え，間違ったときに与える罰（電気ショック）の強さを変化させてみた。ここでは罰が強いほど動機づけは高くなると考えられる。

この実験の結果，明暗が明らかに異なった弁別しやすい課題の場合には，罰の強さが増すほど学習効率は上昇した。しかしながら，明るさを見分けることの困難な課題では，罰を強くすると学習効率が低下してしまったのである。このことから，動機づけには適正な水準があること，また強い動機づけは易しい課題には効果的であっても，難度の高い課題には不向きであることが明らかとなった。こうした学習成果と動機づけとの関係は**ヤーキーズ・ドッドソンの法則**とよばれている。

6．フラストレーションとコンフリクト

欲求や動機づけがあれば，必ず行動が出現するかといえば，そうとは限らない。欲求が満たされない場合もあるし，やりたいことがたくさんあり過ぎて，

いずれを選択するべきか決心がつかず何もできなかったということもある。ここでは，このような現象について解説する。

まず，何らかの障害があって欲求が満たされない場合を**欲求阻止状況**という。障害は，外的なものばかりでなく，自分の内にある内的なものもある。外的なものとしては，社会規範や習慣，経済的な問題，禁止や監視をする他者の存在，天気や音などといった環境的なものがあげられる。また内的なものとしては，「〜しなければならない」「〜してはいけない」「〜すべきである」などといった内面化された規範意識，認知している自分自身の能力不足，さらに以下に述べるコンフリクトなどがある。

このような障害によって欲求阻止状況に置かれると，人は欲求不満を感じることになる。**フラストレーション**は，欲求阻止状況と欲求不満の両方を意味する用語である。適度のフラストレーションにさらされ，それに耐える**フラストレーション耐性**を身につけることは人格形成においても必要なことである。しかし，それが過度になったり長期化すると，攻撃や退行などの不適応行動を生じさせたり，防衛機制を発動させることにつながる。

次に，やりたいことがたくさんあり，いずれを選択するべきか決心できなくて何もできないというような状況を考えてみる。同時に2つ以上の動機が存在し，どちらもやりたいのに身動きがとれないような状況を**コンフリクト**（**葛藤**）とよぶ。このコンフリクト状態は人間にとって快ではなく，不安やうつなどを引き起こしかねない状態である。これについてレヴィン（Lewin, K., 1935）は，接近‐接近型，回避‐回避型，接近‐回避型の3つのコンフリクトの基本形を提示している。

接近‐接近型は，同じ程度の2つの正の誘因性があり，そのいずれかしか選べないような状況である。一方を選ぶと，他方をあきらめなくてはならないが，それもいやだといった場面（たとえば，進学先の決定場面）を考えてみればよい。**回避‐回避型**は，同じ程度の2つの負の誘因性があり，いずれも選びたくない状況である。勉強はしたくないけれども，単位を落とすのもいやだという状況が該当するだろう。最後の**接近‐回避型**は，一つの目標が正と負の両方の誘因性をもっている場合である。例としては，遺伝子工学を学べるところへ進学したいが，数学をこれ以上勉強するのはいやだというような状態があげられる。

> コラム

動機づけと学習指導

　一般に学校では，社会人として必要とされる知識や技能を，国語，算数，理科，社会といった教科に分けて指導している。しかしながら，学校で学んだ知識や技能を実社会で用いるとき，子どもたちはそれを「算数」だとか「理科」の知識・技能として個別に使い分けているわけではない。

　いうならば，教科というのは，指導上の便宜のために，あるいは学習上の効率のために工夫した枠組みにすぎないのである。それらは知のしくみを体系立てて教える際には便利であるが，実際の生活のなかで要請される知識とは異なることから，極めて抽象度が高く，現実感のないものになってしまうことは否めない。学習指導において動機づけの重要性が叫ばれる理由の1つは，この点にある。つまり，学校であつかう課題の多くは，教科指導がしやすいように整理され，類似の知識ごとに分類されたものであって，必ずしも子どもたちの生活や興味・関心に根ざしているわけではない。したがって，何らかのはたらきかけによって，取り組みをうながす動機づけが必要になってくるのである。

　それでは，教科の枠にとらわれることなく，子どもたちの生活経験に密着した「テーマ」を選んで，学習課題や教材をすべてこのテーマにかかわって設定することにしたらどうだろう。

　学習内容をあるテーマのもとに統合することは，断片的な知識ではなく，子どもがすでにもっている認知的なスキーマのなかに組み入れる方法として有効である。それと同時に，何よりも子どもたち自身の興味や関心に沿った学習活動が構成されることから，極めて高い内発的動機づけが期待できる。さらに，「何を学ぼうとしているのか」を明確にして，個々の学習内容が有機的に関連づけられることによって，学んだ事柄を有意味な生きた知識として定着させることが可能となる。

　たとえば，そうした方法の1つとしてプロジェクト（課題研究）法がある。プロジェクトとは，もともと20世紀初頭に米国の実業教育の分野で試みられた学習指導法で，この方法を確立し，授業の中心に据えることを提唱したのはキルパトリック（Kilpatrick, W. H., 1918）であった。彼はプロジェクトを，学習者が現実の社会環境のなかで取り組む，実際の経験をとおした活動である，と定義した。つまり，ある課題について子どもたちが個人やグループで資料の収集・調査活動を行い，それをレポートとしてまとめるといった，一種の課題研究である。これは，極めて自由度の高い学習状況のなかで，直接的な経験をとおしてさまざまな概念や原理を理解させようとする指導法である。このように，課題への取り組みの自由度が高く，学習者の主体的な体験に基づいて，抽象的な概念や原理を

理解させようとするプロジェクトによる実践では,次のような点が期待できる(梶田,1983)。

①プロジェクトは能動的な学習であるため,子どもの個性を伸長する。
②学習者は,プロジェクトの課題を特定の教科に限定せず,総合的な「合科」の課題として受け止める。これを逆に教師の側からみれば,1つの課題を設定することによって,そこからいろいろな教科領域の指導が可能となる。
③プロジェクトには,多くの基礎的な学習や探究の能力――課題を分析する,資料を調べる,問題を考える,記録をとる,調査・実験する,体系化する,まとめる,発表するなど――が関与している。
④プロジェクトは能動的な学習であるため,子どもたちは自然にみずからの学習過程を自己評価するようになる。

　ところで,Y. シャランとS. シャラン(Sharan, Y., & Sharan, S., 1992)は,子どもの生活経験のなかから見いだされた課題をもとに,グループによる協同的な探究活動によって授業を組み立てる,「グループ・プロジェクト法」を提案している。近年の対人関係能力や社会性の欠如によると考えられるさまざまな社会問題を契機として,社会的スキルの育成という観点からこうした「協同」による学習が注目を集めている。人は相互信頼に基づく協同的な人間関係のなかで学ぶときに,もっとも意欲づけられ,学習の効果もあがることが知られている。しかし,互いに協力し合って学ぶことや他者との上手な相互交渉のしかたというのは,生まれつき身についているわけではない。仲間と力を合わせて1つのことをなし遂げたり,情報を集め協力し合って活動する社会的技能は,教えられなくてはならないのである。そのための有効な機会が「協同」という学習状況である。

　グループ・プロジェクトは,教科内容にかかわる知識やスキルの学習とともに,子どもたちの対人的態度,さらに積極性や協調性といった社会性の発達を同時に図っていくことを目標としている。たとえば,子どもは国語の授業で,国語の内容だけでなくそれよりはるかに多くの事柄を学ぶ。物語や詩に対する好き嫌いであるとか,学校や先生や仲間に対する接し方など,授業はたえずこのような態度を身につける機会となっているのであって,こうした対人的態度・社会的態度は,指導者が教えようとしている教科の内容よりもはるかに重要で,長続きすることが少なくない。したがってグループ・プロジェクトでは,教科の知的側面の習得・理解とともに,興味や関心,欲求や価値観など,態度的側面の達成すべき内容についても授業の目標としてはっきり掲げ,意図的に指導することを重視している。

　学校における学習活動は社会的関係のなかで営まれるが,人がもっとも学びに動機づけられるのは,互恵的相互依存関係の成立した学級のなかなのである。

（石田裕久）

引用文献

Bandura, A. 1971 *Psychological modeling: Conflicting theories.* Aldine-Atherton. (原野広太郎・福島脩美訳 1975 モデリングの心理学：観察学習の理論と方法 金子書房)

Bandura, A., Ross, D., & Ross, S. A. 1963 Imitation of film-mediated aggressive models. *Journal of Abnormal and Social Psychology,* **66**, 3-11.

Bransford, J. D., & Johnson, M. K. 1972 Contextual prerequisites for understanding: Some investigations of comprehension and recall. *Journal of Verbal Learning and Verbal Behavior,* **11**, 717-726.

Chomsky, N. 1957 *Syntactic structures.* The Hague: Mouton.

土居健郎 1971 「甘え」の構造 弘文堂 (Doi, T. 1973 *The anatomy of dependence.* Tokyo: Kodansha International.)

速水敏彦 1998 自己形成の心理学―自律的動機づけ 金子書房

Hess, E. H. 1958 "Imprinting" in animals. *Scientific American,* **198**(3), 81-90.

伊藤康児 1994 概念 多鹿秀継（編）認知と思考―思考心理学の最前線― サイエンス社 Pp. 11-33.

Johnson-Laird, P. N., & Wason, P. C. 1970 A theoretical analysis of insight into a reasoning task. *Cognitive Psychology,* **1**, 134-148.

梶田正巳 1983 ボストンの小学校 有斐閣

Kilpatrick, W. H. 1918 Project method. *Teachers College Record,* **19**(4), 319-335.

Köhler, W. 1917 *Intelligenzprufungen an Menschenaffen.* (宮 孝一訳 1962 類人猿の知恵試験 岩波書店)

小谷善行・吉川竹四郎・柿木義一・森田和朗 1990 コンピュータ将棋 サイエンス社

Lewin, K. 1935 *A dynamic theory of personality.* New York: McGraw-Hill.

Lorenz, K. 1949 *Er redete mit dem Vieh, den Vogeln und den Fischen.* Wien: Borotha-Schoeler. (日高敏隆訳 1998 ソロモンの指環：動物行動学入門 早川書房)

Maslow, A. H. 1970 *Motivation and Personality,* 2nd ed. New York: Harper & Row. (小口忠彦訳 1987 人間性の心理学（改訂新版）産業能率大学出版部)

McClelland, D. C. 1961 *The achieving society.* New York: Van Nostrand. (林 保監訳 1971 達成動機―企業と経済発展におよぼす影響― 産業能率短期大学出版部)

Miller, N. E., & Dollard, J. 1941 *Social learning and imitation.* New Haven: Yale University Press. (山内光哉・祐宗省三・細田和雅訳 1956 社会的学習と模倣 理想社)

Murray, H. A., and collaborators 1938 *Explorations in personality: A clinical and experimental study of fifty men of college age.* New York: Oxford University Press. (外林大作訳 1961 パーソナリティ I・II 誠信書房)

太田信夫 1985 学習研究の発展 太田信夫・梶田正巳（編）学習心理学 福村出版 Pp. 26-41.

Pavlov, I. P. 1927 *Lectures on the activity of the Cerebral Hemisphere.* Leningrad.

(ロシア語を英訳して表記)(川村 浩訳 1975 大脳半球の働きについて―条件反射学― 岩波書店)

Piaget, J., 1923 *Le langage et la pensee chez l'enfant*. Paris: Delachaux & Niestlé. (大伴 茂訳 1977 ピアジェ臨床児童心理学1 (児童の自己中心性) 同文書院)

Premack, D., & Woodruff, G. 1978 Does the chimpanzee have a theory of mind? *The Behavioral and Brain Science*, **1**, 515-526.

Rice, M. E., & Grusec, J. E. 1975 Saying and doing: Effects on observer performance. *Journal of Personality and Social Psychology*, **32**, 584-593.

Rosch, E. 1975 Cognitive representations of semantic categories. *Journal of Experimental Psychology: General*, **104**, 192-233.

坂元 昂 1968 現代の学習理論 波多野完治・依田 新・重松鷹泰 学習心理学ハンドブック 金子書房 Pp. 3-52.

Seligman, M. E. P., & Maier, S. F. 1967 Failure to escape traumatic shock. *Journal of Experimental Psychology*, **74**, 1-9.

Sharan, Y., & Sharan, S. 1992 *Expanding cooperative learning through group investigation*. New York: Teachers College Press. (石田裕久他訳 2001 「協同」による総合学習の設計―グループ・プロジェクト入門― 北大路書房)

Shepard, R. N., & Metzler, J. 1971 Mental rotation of three-dimentional objects. *Science*, **171**, 701-703.

Skinner, B. F. 1938 *The behavior of organisms: An experimental analysis*. New York: Appleton-Century-Crofts.

Swift, J. 1971 *Gulliver's travels*. London: Oxford University Press. (富山太佳夫訳 2002 ガリヴァー旅行記 岩波書店)

Thorndike, E. L. 1911 *Animal intelligence: Experimental studies*. New York: Macmillan.

Tolman, E. C. 1948 Cognitive maps in rats and men. *Psychological Review*, **55**, 189-208.

Tversky, A., & Kahneman, D. 1983 Extensional versus intuitive reasoning: The conjunction fallacy in probability judgement. *Psychological Review*, **90**, 293-315.

Vygotsky, L. S. 1934 Мышление и рکчь. (柴田義松訳 1962 思考と言語 明治図書)

Wason, P. C. 1966 Reasoning. In B. M. Foss (Ed.), *New horizons in psychology*. Harmondsworth, Middlesex, UK: Penguin Books. Pp. 135-151.

Weiner, B. 1980 *Human motivation*. New York: Holt, Rinehart & Winston.

Whorf, B. L. 1956 *Language, thought, and reality*. New York: J. Wiley.

Yerkes, R. M., & Dodson, J. D. 1908 The relation of strength of stimulus to rapidity of habit-formation. *Journal of Comparative Neurology and Psychology*, **18**, 459-482.

Yerkes, R. M., & Morgulis, S. 1909 The method of Pavlov in animal psychology. *Psychological Bulletin*, **6**, 257-273.

関連書籍の紹介
入門・基礎レベル
東　洋　1995　意欲―やる気と生きがい―　現代のエスプリ333　至文堂
板倉聖宣　1997　仮説実験授業のABC　仮説社
実森正子・中島定彦　2000　学習の心理　サイエンス社
金城辰夫　1996　改訂版：学習心理学　放送大学教育振興会
梶田正巳（編）　2002　学校教育の心理学　名古屋大学出版会
梶田正巳（監修）　2001　学ぶ心理学, 生かす心理学　ナカニシヤ出版
多鹿秀継他（編著）　2000　発達と学習の心理学　福村出版

発展レベル
Gagné, E. D. 1985 *The cognitive psychology of school learning.* Boston: Little, Brown.（赤堀侃司・岸　学監訳　1989　学習指導と認知心理学　パーソナルメディア）
太田信夫・多鹿秀継（編）　2000　記憶研究の最前線　北大路書房
宮本美沙子・奈須正裕（編）　1995　達成動機の理論と展開―続・達成動機の心理学―　金子書房
桜井茂男　1997　学習意欲の心理学　誠信書房
上淵　寿（編）　2004　動機づけ研究の最前線　北大路書房

関連学会誌
教育心理学研究
American Educational Research Journal
Journal of Educational Psychology

第4章

成長するこころ

　まわりに目をやれば，生から死にいたるプロセスの途上にある人がいる。そしてみずからもそのプロセスをたどっている。しかし，そのプロセスにおいてどのような心理的変化が起こっているのか，なぜ起こっているのかについては，気づかずにいること，見過ごしていることが意外と多いのである。発達心理学を学ぶ楽しさは，まさにそれらの発見にある。

第1節 発達とは何か

1. 発達の始まりと終わり

　発達という言葉は，一般的には生体がその完成に近づいていくことや，より高い段階へと進歩していくといった意味合いで使われる。しかし，心理学の分野で「発達」という言葉が意味するものは，このような意味合いとは少し異なっていることに注意が必要である。まずは発達の中身を知ることからはじめよう。

　心理学で用いる発達という言葉の意味を理解するには，この領域の研究史を振り返ることが有用であろう。**発達心理学**は，現在では心理学のなかでも大きな位置をしめている分野であるが，それは児童心理学，青年心理学という2つの異なった源流をもつ研究分野と，成人期以後への関心の拡大に対応した成人・老年心理学などの諸分野の総称なのである。

　児童心理学は，乳幼児期から児童期までを対象とした心理学の分野である。現在では考えもつかないが，アリエスが著書『〈子供〉の誕生』（Ariès, P., 1960）で指摘するように，子どもが大人によって守られ教育されるべき未熟な存在であると認識されたのは，近代になってからのことである。18世紀中頃にルソーが『エミール』のなかで，子どもについてもっとよく知るべきだと主張した流れを受け，近代になってから子どもを対象とする児童研究が盛んになった。このような流れのなかで，子どもの発達を心理学的に理解しようとする**児童心理学**が成立したのである。発達心理学はこの児童心理学の別名として出発したといってよい。

　発達段階として児童期の次にくるのが青年期であるが，青年心理学は児童心理学の成立とは別の背景から成立したものである。青年期は大人と子どもの中間に位置する時期であり，産業革命以後に新しく作られた人生上の区分と指摘される。産業革命以後，近代工業労働に従事する労働者に知識が求められるようになった。それ以前の手工業時代には子どもも貴重な労働力となっていたのであるが，この大きな社会的転機を境に，労働者として必要な知識を身につけるための就学期間が長くなり，すでに子どもではないが労働にたずさわる大人でもないという特殊な年齢層，すなわち青年期が生まれたのである。そして，

19世紀終盤から20世紀初頭にかけてアメリカで青少年問題が噴出したことを契機に，この青年期特有の心理の解明をめざした**青年心理学**という分野が成立した。

児童心理学の別名として広まった発達心理学は，その後，青年期の心理，すなわち青年心理学をも含むものとして認識されるようになった。1つの例として昭和48年（1973）に発行された心理学のテキスト『心理学通論』をみると，このような背景のもとに発達心理学領域が記述されていることがよくわかる。発達の章には次のような導入の記述がある。

> 人間は，か弱い赤ん坊として生まれ，しだいに発達をとげて成人になるのである。この発達の過程では，いろいろの面で実にさまざまな変化がみられる。そこで，このような人間の行動の発達的変化を研究することは，心理学の重要な領域である。これは，全体として発達心理学とよばれるが，主として取り扱う年齢段階によって，幼児心理学，児童心理学，青年心理学などに分かれる。
> （斎賀，1973）

青年期以後の時期，すなわち成人期や老年期はというと，それへの着目は18世紀の文献にも見受けられるが，心理学で本格的に取り上げられることになったのは20世紀中盤になってからである。この背景には，とくに先進諸国が将来的に高齢化社会を迎えるという，社会的問題意識が高まったことも影響している。この頃から，発達心理学は成人期，老年期までを含んだ，一生涯にわたる学問であるべきという気運が高まってきた。

そして現在では，発達心理学という分野は，受精もしくは受胎から死にいたるまでの一生涯を範疇に収めるという認識が一般的になっている。とくに一生涯をとおした発達を意図していることを明示する場合には，**生涯発達心理学**とよぶことが多い。

なお，以上のような研究の経緯があるので，発達に言及した理論や書物には，発達を青年期までととらえたものと，一生涯を発達ととらえたものが混在している。発表された年代や概要をつかむことで，混乱しないように留意してほしい。

2. 発達は何を意味するのか

　心理学では，基本的に心身の形態や機能の変化を発達とよんでいる。そして発達心理学は，その変化がどのようなプロセスをたどるのか，なぜそのような変化が起きるのか，それによって行動はどのように変質するのかなどといった点を探求している。

　人間の生涯に起きる変化は，大きく量的な変化と質的な変化に分けられる。**量的な変化**とは，たとえば身長や体重などである。このような側面の変化，とくにその増大をさし示す言葉としては発育や成長という言葉が主に用いられる。これに対して発達は，主に**質的な変化**をさし示すものとして用いられる。ただし，後にふれる発達曲線のように，量的な側面を発達とよばないわけではない。

　次に，心身の形態や機能の変化について，変化とはどのようなことをさすのかをみてみよう。発達における変化については，**分化・統合の過程**と形容されることが多い。分化・統合の過程については，幼児の変化をみてみると理解しやすいだろう。小さい頃は食事にスプーンを使うことが多い。2本の箸をもたせても，それらを合わせて握り，つついたり突き刺したりという使い方をし，大人のように2本で挟むというような使い方はできない。箸が自由に使えるためには，箸を握っている手の指がそれぞれ独立して動き，またそれぞれが組織化されてはたらかなくてはならないのである。これはそれぞれの指の機能が分化し，箸を動かすということに向けて統合されるということを示している。このような変化を「分化・統合の過程」とよぶのである。ここに発達が質的な変化のことをさすということが明確に示されているといえよう。

　なお，発達していくことは必ずしも新しい何かを獲得するというだけではないことにも留意しておきたい。獲得は，以前にはあったものが消失していくという面も併せもっている。たとえば乳児がみせる微笑には，自発的微笑と社会的微笑がある。自発的微笑とは外部からの刺激なしに自発的にみせる微笑であり，社会的微笑は外部からの刺激に応じた微笑のことである。自発的微笑は誕生後すぐから観察できる。しかし自発的微笑は生後5ヶ月程度でみられなくなり，それと入れ替わるように社会的微笑が観察されるようになる。発達は，**獲得と喪失の過程**と表現できるプロセスなのである。

　このように発達とは変化の様相を表現する概念であるが，一時的な変化は発

達とよばない。たとえば鉄棒で逆上がりができるようになることは発達（運動技能の発達）とよんでかまわないが，それがあるときに一度だけでき，それ以後はできていない状態であれば，それは発達とはよばない。ある方向性と持続性をもった変化を発達的な変化とよぶのである。

先に成長と発達という用語の内容の違いにふれたが，発達と類似した概念は他にも多くある。そこで，発達と近い意味内容をもつ言葉を整理しておく。

まず成熟という語を取り上げる。**成熟**は遺伝的，生得的なものが，時間の経過とともに現れてくることをさしている。これは後にも説明するが，発達を規定する要因の1つとなるものである。しかし文脈によっては，成熟という用語は十分に成長，発達し，充実している状態を表す言葉としても用いられることがあるので注意しておきたい。

さらに一生涯を視野に入れるという考え方が導入され，エイジング，ライフサイクル，ライフスパン，ライフコースなどといった概念も発達心理学で使用されている。**エイジング**（加齢現象）は，従来主に老年学などで用いられてきた言葉であり，加齢にともなう機能の低下，衰退の部分をさす用語である。皮膚にしわができる，白髪が増えるなどという変化である。老化とよばれることも多い。

ライフサイクルは生物学から取り入れられた用語であり，生涯には相互に関連した規則的な段階の推移があるという考え方を含んでいる。また生涯の発達過程は世代にわたって繰り返されるとか，次世代に引き継がれるという意味をも示す概念である。ライフサイクルの考え方を取り入れた代表的な発達理論が，後に紹介するエリクソンの理論である。

このライフサイクルと近い概念が，ライフスパンやライフコースであるが，**ライフスパン**は生まれてから死ぬまでの期間，存続期間を意味している。また**ライフコース**は，ライフサイクルが人間の共通性，普遍性に迫るのに対して，個人の人生の特徴的変化を示す場合に用いられる。

3．発達のとらえ方

ここでは発達のとらえ方に関して，2つの観点から説明していく。まず1つ目の観点は，発達の過程をどのような方法でとらえるか，すなわち研究方法に

関連する点である。

　発達研究の代表的な方法に，同一の対象を時間の経過にそって継続的に記録していく方法がある。誕生直後，1年後，2年後と追跡していくことで発達をとらえようとするものであり，**縦断的方法**とよばれる。また，ある時点での10歳，20歳，30歳，40歳の人を対象とし，そこにあらわれる異同を研究することから発達をとらえようとする方法もある。これは**横断的方法**とよばれる。

　この2つは発達を把握するための代表的な方法論であるが，それだけでは十分に検討しきれない問題も残される。たとえば，好景気なときに児童期を過ごした20歳の人たちと，不景気なときに児童期を過ごした20歳の人たちでは，発達的にどのような異同が認められるかを検討したいというような場合である。同時期に生まれた者を**コーホート（同時期出生集団）**とよぶが，コーホート間の異同についての検討と言いかえることもできる。このコーホート間の差異について検討する場合には，縦断的方法，横断的方法のいずれかでは不可能であり，それらを組み合わせてとらえていく必要がある。

　もう1つの観点は，その変化をどのような性質のものととらえるか，量的な変化か質的な変化かという区別に関するものである。

　ある特性や能力を量的に測定できれば，それと暦年齢の関係を図示することが可能になる。横軸に暦年齢を，縦軸に測定された量をとったグラフは，一般的に**発達曲線**とよばれる。例として図4-1に体重の発達曲線を示しておく。

　量的な把握と対をなすものが質的把握である。「乳児期」「青年期」「老年期」

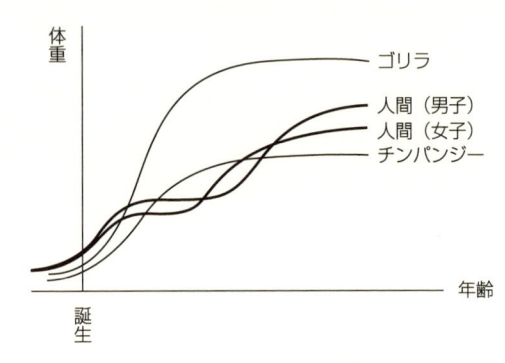

図4-1　体重の発達曲線の模式図
(Portmann, A., 1951を改変：西野，1992)

などという用語はすでに用いたが，このような言葉を聞いたことがないという人はいないだろう。その言葉を聞けば，身長や体重といった量的な違いだけでなく，質的に異なった特徴がある人間像をイメージできる。ある時期の特徴がそれ以外の時期と異なった特徴をもつとき，その時期を前後の時期と区別することができる。こうして質的に区分されたものの系列が**発達段階**とよばれる。

　このような発達段階が設定できる背景には，発達の連続，非連続の問題がある。発達は連続的な過程であり，それ以前の過程を基礎として少しずつ漸進的に変化していく。しかしそのペースは一定ではなく，速いときと遅いときが存在し，ときには飛躍的に変化するという特徴をもっている。このような特徴が発達段階の設定を可能にしているのである。

　発達段階については，さまざまな側面から区分されている。たとえば，身体発育の個別側面，特定の興味・関心の変化，教育体系などの社会的制度，そして精神構造の側面によるものなどである。本章第4節で紹介する，ピアジェ，エリクソンもそれぞれの観点から発達段階を設定している。

第2節　発達に対する視点

1．発達と価値観

　赤ちゃんが，初めて1人で立てたとき，周囲の大人は大喜びする。では，なぜ周囲は喜ぶのだろうか。

　子どもが1つずつ歳を重ね，大人に近づいていく様は，養育者はもちろん本人にとってもうれしいことであろう。ところが，青年期にある学生たちと話をしていると，誕生日をむかえることに抵抗感を示す者がいる。1つ歳をとってしまうからである。青年期を過ぎると，ますますこの傾向は強くなるのではないだろうか。マスメディアでは，ときに「恐ろしい老化」などといったフレーズが使われ，老化は避けるべきものというように取り上げられている。人が歳をとることの価値は，年齢によって異なっているのだろうか。

　価値は心理学の研究内容の1つであるが，そこに価値の客体説という考え方がある。それは，人間の思考が対象を価値づけると考えるものである。この考え方からすれば，人が年齢を重ねて変化していくこと自体は単なる変化であり，

それにどのような価値を見いだすかは,その変化をみる人間の思考しだいであるということになる。つまり,赤ちゃんが立てたときに周囲の大人が大喜びするのは,立てないよりは立てたほうがよい,レベルが高いと周囲が認識しているためといえる。

先にもふれたように,児童心理学と青年心理学を総称して発達心理学とよぶ場合には,「発達」の意味を子どもが大人になっていく過程と表現することができる。ここでは発達を,一般的に使われているように,生体がその完成に近づいていくとか,より高い段階へと進歩していくことと考えてもよいだろう。未完成よりは完成が,低い段階よりも高い段階が望ましいという了解があるため,発達することは望ましいこととみなされる。

しかし,心理学者の注意が成人期や老年期にも向くようになってからは,その意味合いに変更が必要になってきたのである。成人期や老年期の変化には,程度の維持や衰えなどといった変化が含まれる。未完成よりは完成が,低い段階よりも高い段階が望ましいという了解のもとでは,この時期の発達は発達とはよべないとか,望ましいことではないとみなされることになる。「恐ろしい老化」などといったフレーズが使われ,受け入れられるのは,このような認識が存在することを明示しているといってよいだろう。

では,成人期や老年期の変化は本当に望ましくないことなのだろうか。生涯発達心理学の登場は,「発達すること＝望ましいこと」という了解を再検討する契機ともなった。たとえばエイジングに対して,小嶋(1991)は3つの意味づけ方があることを指摘している。まずは,年齢にともなう老化・衰退・退行というマイナスの意味合いが強いもの。第2に,良し悪しの判断を交えず,年齢にともなう変化を現象的に記述するもの。そして第3に,プラスの意味を込めて,成熟した状態への変化をさすものである。このように,現在では「発達すること＝望ましいこと」という前提は崩れ,さまざまな観点をもった考え方が並立する状況となっている。**発達観**ともいえる,このような人間の発達に対する見方をやまだ(1995)がまとめたものを図4-2に示しておく。

2．発達課題

人が社会的な存在であることはいうまでもない。発達の側面として,自分の

第2節 発達に対する視点　　103

モデル名	イメージ	価値	モデルの特徴	発達のゴール	重要な次元	おもな理論家
A 成長	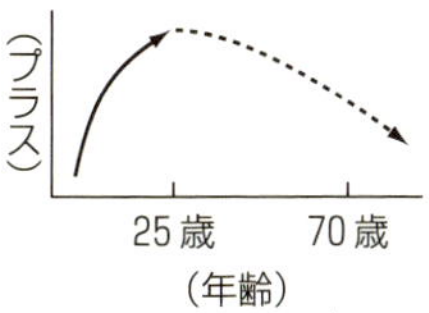 (プラス) 25歳 70歳 (年齢)	考える	子どもからおとなになるまでの獲得，成長を考える。成人発達の可塑性を考えない。	おとな均衡化獲得	身体知能行動	ピアジェフロイトウェルナーワロン
B 熟達	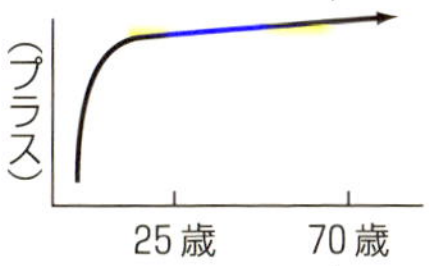 (プラス) 25歳 70歳	考える	以前の機能が基礎になり，生涯通して発達しつづける安定性と一貫性を重視する。	熟達安定	有能さ力内的作業モデル	バルテスボウルビィ
C 成熟	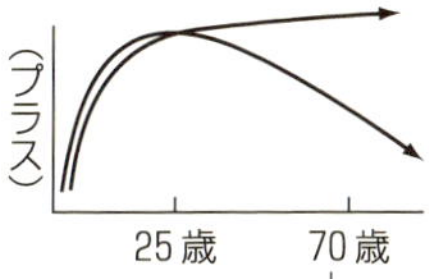 (プラス) 25歳 70歳	考える	複数の機能を同時に考える。ある機能を喪失し，別の機能が成熟すると考える。	成熟知恵統合	有能さ徳	バルテスエリクソンレヴィンソン
D 両行	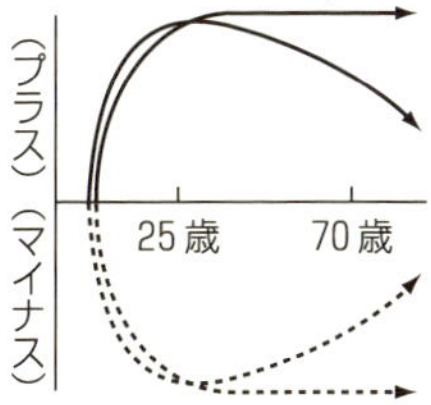 (プラス)(マイナス) 25歳 70歳	考える	複数の機能を同時に考える。ある観点からみるとプラスであり別の観点からみるとマイナスとみなす。	特定できない（個性化両性具有）	両価値変化プロセス意味	（ユング）
E 過程	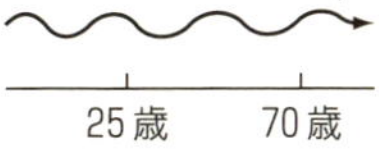 25歳 70歳	考えない	人生行路（コース）や役割や経歴（キャリア）の年齢や出来事による変化過程を考える。	考えない	エイジング社会的役割人生イベント	ハヴィガーストエルダー
F 円環	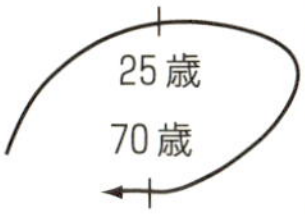 25歳 70歳	考えない	回帰や折り返しを考える。もとへもどる，帰還による完成。	「無」にもどる完成	意味回帰	

図 4-2　生涯発達の 6 つのモデル（やまだ，1995）

持ち味を生かして，他者とは異なるユニークな存在をめざそうとする**個性化**の側面と，みずからが生活する社会の習慣やルール，規範を身につけ，一人前の人間として適切に行動できることをめざす**社会化**の側面が指摘される。後者を言いかえると，社会が望む発達の方向性，すなわち社会的要請が存在しているということである。

アメリカの教育学者であるハヴィガースト（Havighurst, R. J., 1953）は，個人が健全で幸福な発達をとげるためには，発達のそれぞれの時期で達成しなければならないことがあるという**発達課題**の考え方を提示した。社会からの要請のもとに個人の行動形成を問題にし，社会的適応スキルを獲得するということに焦点をあて，身体運動技能，知識や判断などの認知的なものの習得，パーソナリティや自我に関するもの，役割に関するものなど多岐にわたる課題を設定している（表4-1）。

しかし彼の発達課題リストには，たとえば壮年初期の「配偶者を選ぶこと」という課題のように，健全で幸福な発達をとげるために必要不可欠なことなのかどうか判断が分かれるような項目も含まれている。ハヴィガーストの考えている社会とは，1940年ごろのアメリカ，白人の中流家庭であるとも指摘される。そのため現在の日本に生きる人々にとっての発達課題が，文化や時代の差を越えて，彼の指摘するものと同じと考えることは困難であるといわざるをえない。発達課題は社会的要請というものを考慮に入れているため，文化や時代背景が異なれば課題自体も異なってくるという特徴をもっている。ところがこのような不定要素を考慮に入れると，多様な価値観，生き方が認められる社会において，はたして発達課題を設定することは可能なのかという問題が浮上してしまうのである。

とくに子どもに対して，「この歳になれば，このような社会性を身につけてほしい」という期待がかけられるのは，発達課題的な発想が根底にあるからである。また，これらの期待は，その社会において適応的に生活するために必要なことから生じているため，その期待に応えること，それをめざすことが健全な発達をとげていることの指標にもつながる。すなわち，発達課題は教育の目標にも重要な示唆を与えるものなのである。ハヴィガーストの発達課題についてはさまざまな批判があるが，発達課題という考え方自体の重要性は決して軽

第2節　発達に対する視点

表4-1　ハヴィガーストの発達課題 (Havighurst, R. J., 1953)

幼児期	1. 歩行の学習 2. 固形食物をとることの学習 3. 話すことの学習 4. 排泄のしかたを学ぶこと 5. 性の相違を知り，性に対する慎みを学ぶこと 6. 生理的安定を得ること 7. 社会や事物についての単純な概念を形成すること 8. 両親，兄弟姉妹や他人と情緒的に結びつくこと 9. 善悪を区別することの学習と良心を発達させること	壮年初期	1. 配偶者を選ぶこと 2. 配偶者との生活を学ぶこと 3. 第1子を家族に加えること 4. 子どもを育てること 5. 家庭を管理すること 6. 職業に就くこと 7. 市民的責任を負うこと 8. 適した社会集団を見つけること
児童期	1. 普通の遊戯に必要な身体的技能の学習 2. 身体を大切にし有益に用いることの学習 3. 友だちと仲よくすること 4. 男子として，また女子としての社会的役割を学ぶこと 5. 読み，書き，計算の基礎的能力を発達させること 6. 日常生活に必要な概念を発達させること 7. 良心・道徳性・価値判断の尺度を発達させること 8. 両親や他人の支配から離れて人格の独立性を達成すること 9. 社会の諸機関や諸集団に対する社会的態度を発達させること	中年期	1. おとなとしての市民的・社会的責任を達成すること 2. 一定の経済的生活水準を築き，それを維持すること 3. 10代の子どもたちが信頼できる幸福なおとなになれるよう助けること 4. おとなの余暇活動を充実すること 5. 自分と配偶者とが人間として結びつくこと 6. 中年期の生理的変化を受け入れ，それに適応すること 7. 年老いた両親に適応すること
青年期	1. 同年齢の男女との洗練された新しい交際を学ぶこと 2. 男性として，また女性としての社会的役割を学ぶこと 3. 自分の身体の構造を理解し，身体を有効に使うこと 4. 両親や他のおとなから情緒的に独立すること 5. 経済的な独立について自信をもつこと 6. 職業を選択し，準備すること 7. 結婚と家庭生活の準備をすること 8. 市民として必要な知識と態度を発達させること 9. 社会的に責任のある行動を求め，そしてそれをなし遂げること 10. 行動の指針としての価値や倫理の体系を学ぶこと	老年期	1. 肉体的な力と健康の衰退に適応すること 2. 引退と収入の減少に適応すること 3. 配偶者の死に適応すること 4. 自分の年ごろの人々と明るい親密な関係を結ぶこと 5. 社会的・市民的義務を引き受けること 6. 肉体的な生活を満足に送れるように準備すること

くない。

　そこでエルター (Oerter, R., 1986) は，ハヴィガーストよりも時代背景的，文化的，個人的差異に対応できる柔軟性の高い発達課題のモデルを示している。これは個人と環境との相互作用をモデル化したもので，個人の現実の発達レベルと社会の標準的なレベルを両極に配置し，発達目標をその両極の間に位置づけている。社会は個人の発達を要請し，個人は現実の自分と社会から要請されるレベルの差を縮めるように発達していくという相互作用を示すのである。ハヴィガーストの発達課題のように一律に規定されるのではなく，個人と環境の相互作用の結果として個人が設定する発達目標を発達課題としてとらえようとしているところは注目に値する（望月，2001）。

3．発達上の問題

　これまでに児童心理学や青年心理学が生み出された経緯，発達心理学が成人期から老年期までを含むようになった経緯，発達課題が設定される理由などを述べてきた。そこには共通して，社会問題の理解や解決のため，支援のあり方や方法を策定するためといった，研究が必要とされる背景があることに気づくことができるだろう。発達心理学にとどまることではないが，問題が認識され，それに導かれるかたちで研究が進められることは多い。

　現在でも，発達上の問題と考えられているものは非常に多いといえる。たとえばその1つに障害があげられよう。2004年には，発達障害者支援法が公布された。**発達障害**とは多義的に利用される用語であり，その法のなかでは，「自閉症，アスペルガー症候群その他の広汎性発達障害，学習障害，注意欠陥多動性障害その他これに類する脳機能の障害であってその症状が通常低年齢において発現するものとして政令で定めるものをいう」と定義されている。心理学的には，先の文章中で言及されているような障害を代表とする，身体の諸器官の構造上あるいは機能上の問題，または生育環境的な問題から，心身の発達に遅滞や偏りがある状態のことを包括的，総称的にさす言葉として用いられることが多い。

　障害の他にも，いじめや不登校といった学校に関する問題，フリーターやニートといったキャリアに関する問題，結婚しない，子どもを産まないといった

少子化にかかわる問題，高齢者の自殺率の高さなどの高齢化にかかわる問題などが，発達上の問題としてあげられよう。しかし，これらを発達上の「問題」として当然のものとみなしてしまうことは適当でないかもしれない。本節の最初でも述べたが，何を発達上の問題とし，同様に何を問題としないかということは，それを判断するものの価値観に基づいている。

　何が発達上の問題になるかという問いは，何を望ましい発達と考えているかによって決まる。価値観が多様化した社会における発達を考えるうえで，判断を支える価値観自体に対する検討が十分に行われる必要があろう。

第3節　発達に影響するもの

1．遺伝／環境論争

　何が発達を規定するのかという問いは，発達心理学のなかでも非常に重要なものである。氏か育ちか，本能か経験か，先天的か後天的か，などとさまざまな形で表現されるが，これらは「**遺伝（成熟）**によるものか**環境（学習）**によるものか」という問いに集約できる。遺伝を重視する考え方と環境を重視する考え方をめぐって，何が発達を規定するのかについての議論が盛んに行われてきた。なお遺伝と環境については，成熟と学習という表現もよく用いられる。これは遺伝的要因が年齢とともに現れてくることを成熟，環境の状況下でそれに応じた行動様式などを身につけることを学習とよぶからである。

　もっとも初期の考え方は，**単一要因説**とよばれ，遺伝もしくは環境のどちらかが影響していると考えるものであった。遺伝を重視する立場は**生得説**，環境を重視する立場は**経験説**ともよばれる。生得説では，発達の過程やそこで顕在化する機能は，遺伝子のなかにあらかじめプログラムされていると考える。他方，経験説では人は何ももたないまっさらな状態で生まれ，その後の経験によってさまざまに変わりうると考えるのである。

　しかし，このような二者択一的な考え方は現実的でないと考えられよう。自分の発達をふり返っても理解できるだろうが，遺伝も環境も影響していると考える方が現実的である。ところが「遺伝も環境も」といった場合，そこには少なくとも2つの影響の仕方が考えられる。

その1つは，どのような側面の発達も遺伝と環境の両者の影響を受けているが，側面によってそれぞれから受ける影響力の大きさが違う，と考える立場である。このような考え方はシュテルンによって提唱され，**輻輳説**とよばれる。シュテルンは，発達は個体内で起こるが，個体は外界の影響を受けているとし，内的性質と外的事情との輻輳（ものが1ヶ所に集まるという意味）の結果と考えたのである。

もう1つは，遺伝と環境は相互に関係しあって発達に影響を与えるという考え方であり，**相互作用説**とよばれる。輻輳説は加算的寄与説ともよばれるが，相互作用説では遺伝要因と環境要因の和のような単純な関係を仮定せず，それらは複雑に相互作用をしながら発達に影響しているととらえるのである。たとえばジェンセンは，環境は，それが過度に剝奪されると発達は抑制されるが，一定水準以上であればあまり影響しないというように，閾値として作用すると考えている（**環境閾値説**）。

以上のように，発達に影響するものとしては遺伝と環境の2つの要因が考えられ，これまでに研究が重ねられてきた。近年ではバルテスら（Baltes, P. B. et al., 1980）が，これらの生物学的（遺伝的）要因と環境的要因を基礎的決定要因としつつ，生涯発達心理学という考え方のもとで発達に影響する規定要因を3つにまとめている。その1つは，標準年齢的要因とよばれ，多くの人に共通してみられる生物的および環境的な規定因であり，身体的な成熟や，教育のような年齢にともなう社会化要因などである。2つ目は標準歴史的要因とよばれ，生物的および環境的な規定因であるが，たとえば戦争，経済情勢の変化，流行など，そのときの社会背景や時代背景と関連する要因である。さらに3つ目が非標準的要因である。これも生物的，環境的の両方を含む規定因であるが，上記2つのように多くの人が同じように経験するとは限らないもの，また経験したとしてもタイミングや様相が大きく異なる要因である。たとえば事故や離転職，重要な他者の死など，予測のできない個別性の強い規定因である。

バルテスらは，3つの要因の影響力とライフスパンの関係を図4-3のような概念図に表現している。幼い頃の発達は標準年齢的要因に強く影響を受け，青年期になると標準歴史的要因に，さらに年齢を重ねると非標準的要因に強く影響を受けるようになると考えている。この図を参考にすると，幼い頃には発達

第3節　発達に影響するもの　　*109*

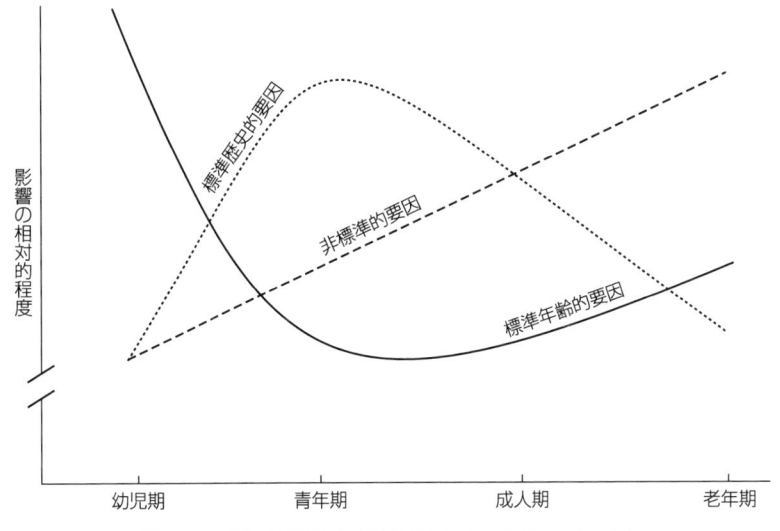

図 4-3　各要因が発達に及ぼす程度　(Baltes, P. B. et al., 1980)

の個人差が小さく，年齢を重ねるごとに発達のさまざまな側面における差が大きくなることを容易に説明できるだろう。このように人間の発達は，遺伝と環境の要因が複雑にからみあって影響しているプロセスなのである。

2．環境の構造

先にもふれたように，人間の発達が環境に影響されていることは疑いない。では，この環境をどのようにとらえればよいのであろうか。たとえば乳児の発達を考えようとする場合，環境要因として思いつく代表的なものは養育者や家庭といった要因であろう。では，乳児をもつ養育者が集まり，情報交換や相談ができる会のようなものは，乳児の発達に影響をおよぼす環境要因として取り上げるべきなのだろうか。「三つ子の魂百まで」などといった育児に関することわざが存在する文化的環境の影響は，どう考えればよいのであろうか。

この環境要因を整理するには，ブロンフェンブレンナー (Bronfenbrenner, U., 1979) の考え方が参考になる。彼は，個人をとりまく生活環境を生態学的 (エコロジー) にとらえ，ロシア人形のように次々と内部に抱き合わされているような入れ子構造を形成する，4つのシステムとして整理している。その 4

つは，内側からマイクロシステム，メゾシステム，エクソシステム，マクロシステムである。

マイクロシステムとは，その個人と親，その個人と友人といった，個人に影響を与える直接的，対面的関係のことである。**メゾシステム**は，マイクロシステム間の関係をさし，たとえば子どもにとっては，家庭と学校，家庭と遊び仲間などといったものの間の関係である。さらに**エクソシステム**は，その個人を直接には含めていないが影響を与える場面，たとえば子どもにとっての親の職場などがこのシステムに含まれるものである。すなわち，親の職場の状況は，親子関係における親の行動に影響することを示している。最後の**マクロシステム**は，文化やイデオロギーに関するシステムをさす。同じ文化内における養育方法が，多少の差はあるとしても似ており，他文化における養育方法とは違った傾向を示すのは，マクロシステムの一貫性によるものである。

このように，ブロンフェンブレンナーは，個人の発達を直接的に形成するマイクロシステムとメゾシステム，間接的に形成するエクソシステムとマクロシステムを仮定し，それぞれが相互に影響し合いながら，階層的に影響を与えることを示している。このようなモデルを利用すれば，先に提示した情報交換や相談の会はエクソシステムに，ことわざはマクロシステムにあって個人の発達に影響をおよぼしていると整理できる。

一般的に，発達に影響を与える環境というと，身近な直接的関係があるものを想像しがちであるが，このシステム論を踏まえると，それは極めて部分的なものでしかないことが理解できるだろう。発達研究でも，多くの要因のなかから一部を選出してその影響力を検討しているものが多い。研究を理解する場合でも，マスメディアなどから情報を得る場合でも，それらは一部を説明したものであり，すべてが説明されているわけではないととらえる，視野の広い理解が求められる。

第4節 代表的な発達理論

1．ピアジェの理論

人間の知的な側面の発達を，ピアジェの理論を抜きに語ることはできないだ

ろう。もちろん知的な発達に言及した研究者は他にも少なくないし，各方面からの批判も多い理論であるが，その影響力は多大である。ここでは，知的機能という側面の発達に着目し，ピアジェの理論を紹介していく。なお，ピアジェの理論は思考の発達とか認識の発達，**認知発達**などとも表記されることがある。

まずは，ピアジェが着目したいくつかの考え方と概念について整理しておく。ピアジェの基本になる考え方の1つに，発達とは構造から構造へと質的に変わっていくこと，というものがある。生まれながらにして人は知的な構造をもっており，それが別の構造へと発達的に変わっていくと考えるのである。そして何をとおして別の構造へと変化するのかということについては，人と環境との相互作用を重視している。

この構造という概念は**シェマ（シェム）**とよばれる。行動はシェマによって可能になるものであり，行動を可能にしているプログラム，設計図のようなものである。たとえば，モノをつかむという行動は，モノをつかむというシェマがあるから可能になると考えるのである。もちろんシェマは動作的なもの（動作シェマ）ばかりでなく，イメージや概念などもシェマである（表象シェマ）。

このシェマを使って，外界からそのシェマに適合するものを取り入れていく機能を**同化**とよぶ。子どもはさまざまなものをつかもうと試み，「つかめる」という点から理解していくのである。ところが，すでにもっているシェマでは対処できない場合も出てくる。たとえば石鹸の泡やクリーム状のものは，固いものをつかむときと同じシェマを使ってもうまくつかめず，同化によって取り入れることができない。しかし，つかむ力や方法を変えるとつかむことができる。このように，同化できないものに対して，既存のシェマを変化させて取り入れることを**調節**とよぶ。

ピアジェは，認知は有機体と環境との間の順応形式，適応状態であると考えている。そこに到達する手段が同化と調節であり，これらを使って順応的，適応的な状態へと進んでいくとしている。これを**均衡化**とよぶ。

同化と調節を繰り返して発達していくプロセスは，図4-4のようにいくつかの発達段階に分けられる。まず大きくは**感覚運動的段階**（表象的な思考ができない）と**表象的思考段階**（表象的な思考ができる）に大別される。そして表象的思考段階は，さらに前操作的段階（自己の視点を離れて表象を操作すること

が難しい）と操作的段階（自己の視点を離れて表象を操作することが可能）に大別される。以下では，それぞれの段階について解説を加えていく。

1）感覚運動的段階　感覚運動的知能とは，口に入れる，吸う，つかむなど，具体的な動作や行動によって新しい環境に適応しようとする知的機能をさしている。この段階は，さらに6つの下位段階に分けられる。その第Ⅰ段階では，吸うとかつかむといった生得的な反射的シェマを使って外界を取り入れる段階である。第Ⅱ段階では，最初の循環反応である第1次循環反応が形成される。**循環反応**とは，新たな活動を獲得するために繰り返し行われる行動のことであり，第1次循環反応は，手を開いたり閉じたりを繰り返す，同じ声を繰り返し発するなどの自分の身体に限定される動作である。第Ⅲ段階になると，第2次循環反応がみられ，服の袖を繰り返し口で引っぱる，ガラガラを繰り返し振って音をだすなど，ものを使った循環反応を示すようになる。すなわち，循環反応をとおして外界にはたらきかけ，外界が変化するのを確認しているのである。

第Ⅳ段階になってくると，過去に獲得されたシェマを組み合わせ，統合して用いる様子が観察できるようになる。左手でものをよけ，右手でその先にある

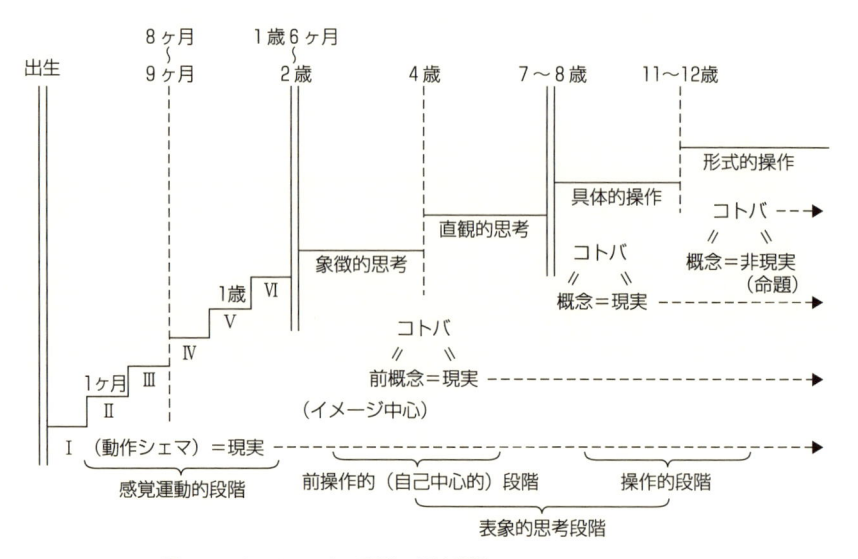

図4-4　ピアジェによる認識の発達段階（内田，1991を一部修正）

ものをつかむといった様子である。第Ⅴ段階では第3次循環反応がみられる。循環反応といえども，たんに同じ反応を繰り返すのではなく，強くたたいたり弱くたたいたり，大きく振ったり小さく振ったりして変化の様子から対象の性質を確認しようとするものである。これによって，自分の動作のバリエーションを広げ，より柔軟な行動ができるようになっていく。

　感覚運動的段階の最終段階である第Ⅵ段階は，次の前操作的段階への移行期であり，表象の利用がみられるようになってくる。感覚運動的段階とそれ以後の段階を分ける大きなポイントは，この表象的な思考ができるかどうかという点にある。**表象**とは，外界の事象やそれらにはたらきかける活動などをさまざまな形の心理的符号に置きかえたもの，もしくは置きかえる過程をさす。感覚運動的段階は，みずからの感覚や運動を用い，実際の試行錯誤をともなって思考活動をする必要があったが，表象が利用できるようになると，具体的な試行をともなわなくても内的な思考ができるようになるのである。

　2）前操作的段階　　前操作的段階は，象徴を用いて思考することができるが，それは客観化されておらず，主観的・自己中心的なものになるという特徴がある。またこの段階は，象徴的思考の段階と直観的思考の段階に分けられる。

　象徴的思考の段階では，映像的表象であるイメージや，言語的表象である語が用いられるようになる。いろいろなものを，他のものにみたてて遊ぶ**象徴遊び**（たとえば，積み木を電車にみたてる，など）が盛んになるのがこの時期である。また言語という記号の組織的獲得も進むが，そのことばを意味づけている表象は，自分の主観的イメージが中心となる。たとえば「ワンワン／犬」は，大人にとっては犬一般を意味するものであるが，この年齢の子どもにとっては，たとえば今日，道でであった犬のみをさす，つまりその子自身がイメージする犬のみを表すものとして使われたりするのである。なお，象徴的思考の段階で使われる概念は，具体的な少数例と結びついた原始的な概念と考えられるため，この段階を**前概念的思考の段階**とよぶことも多い。

　直観的思考の段階に進むと，日常のある程度複雑な問題に対して，直観的な理解や判断が可能になってくる。しかしそれは直観に依存し，分析的や理論的なステップを踏まないため，そのときどきで分類の仕方や理解の仕方が異なるという特徴がある。**保存**という概念の理解は前操作的段階の終りを告げるもの

であるが,表4-2に示すように,直観的思考の段階では現在の見えに判断が支配されてしまうのである。

以上のように,前操作的段階では自分の見た,ものごとのある側面にしか注意を向けないという傾向がある(**中心化**)。これは見えだけでなく,他者理解などにもあてはまるものである。自分の視点からしか物事を考えることができず,その他の視点があることに気づかないといった特徴は**自己中心性**とよばれる。中心化を脱し,柔軟な多様な視点がとれるようになることは**脱中心化**とよばれ,さまざまな経験をとおして,自分と自分以外のもの,自分と他者,主観と客観の区別を身につけることで,自己中心性を脱していくのである。

3)**操作的段階** 7,8歳頃を目処として,発達段階は**操作的段階**へと移っていく。操作とは,シェマの一種で,内面化された活動であり可逆性をもつ変換であるとされる。前操作的段階では自己の視点を離れて表象を操作することが難しいが,操作的段階では可能になるという点で区別される。操作的段階は,さらに具体的操作の段階と形式的操作の段階に大別される。

具体的操作の段階では,具体的な事柄に関しては,論理的な操作によって思考したり推理することが可能になる。たとえば表4-2の液量の保存の例で,AもCも同じ量であることを,「BからCに移すことによって液面の高さは変わっても,もとのBにもどせば液面の高さももとにもどるから」などと理由づけ

表4-2 直観的思考段階と具体的操作段階での子どもの思考の特徴 (内田,1991)

	ピアジェの課題	直観的思考段階	具体的操作段階
数の保存	○○○○ ○ ○ ○ ○	子どもは2つの列の長さや密度の違いに惑わされて,並べ方しだいで数が多くも少なくもなると判断する。	子どもは,2つの列は長さと密度が異なるが,ともに同じ数であることを理解する。
液量の保存	A B C	子どもはA,Bの容器に等量の液体が入っていることを認める。それからBをCに移しかえると液面の高さに惑わされCのほうを「たくさん」と答えたり,容器の太さに惑わされCのほうが「少しになった」と答える。	子どもはA,Bの容器に等量の液体が入っていることを認める。それからBをCに移しかえると,液面の高さは変わるが,CにはAと等しい液体が入っていることを理解する。

するようになる。これはイメージのなかで液体をCからBにもどす，つまり可逆的な変換が行えるようになったことの表れである。

しかし具体的操作の段階においては，操作できるものが具体的に理解できる範囲にとどまってしまう。たとえば「ゾウはイヌよりも小さく，イヌはネズミより小さいです。では一番大きいのは何でしょう」という問いは，具体的操作の段階の子どもたちに混乱をもたらす。なぜなら，現実のゾウ，イヌ，ネズミの大きさに引きずられるため，仮定された大きさの順と現実の順が合わないことに混乱するからである。これが**形式的操作の段階**に入ると，思考形式と内容が分離され，現実的にはありえない内容についても正しい論理形式を使って推論を進められるようになる。ピアジェは，この形式的操作の段階を思考の完成の段階と考えている。

具体的操作の段階から形式的操作の段階への移り変わりは，これまでの，とくに算数／数学の授業をふり返ってみると理解しやすいかもしれない。小学生は具体的操作の段階にあり，そのときの指導ではおはじきやタイルなどの具体物を使って教えられることが多い。しかし学年を追うごとに具体物を使っての説明は少なくなり，数字と記号による解説が大半を占めるようになっていく。これは思考の発達に沿っているのである。

2．エリクソンの理論

エリクソンの理論は，自我の発達理論であり，一生涯を視野に入れた理論である。彼は1930年頃にフロイト門下に入り精神分析家となった人であるため，フロイトの発達理論の概略をつかんでおくとより理解が進むだろう（第7章第4節参照）。アイデンティティ（**同一性**とも表記される）やモラトリアムといった概念がとくに有名であるが，それは彼の発達理論を構成するものである。

まずは基本的な用語や考え方から解説していく。彼はライフサイクルという観点をもち，人生を8つの段階に分け，**心理社会的発達段階**を設定している。本章第1節でもふれたように，ライフサイクルとは生物学の用語であり，生涯に規則的な段階の推移があるという考え方を含んでいる。エリクソンは，同じ時代，同じ文化を生きる人間であれば，その遅速はあっても，かなり共通性のある生涯を送ると考えているのである。

彼は，心理社会的発達段階の各時点に心理社会的危機があると仮定している。ここでいう危機とは，危険な状態というよりは，分岐点や峠を意味する。人がそのライフサイクルのなかで，次のプロセスに進むか，戻るか，横道に外れるかの分かれ目を意味するものである。この心理社会的危機は，図4-5にあるように「対」という言葉を用いて表現されている。この「対」の概念は分岐点を表すものであるが，同時に精神分析における力動的観点が入っている。シーソーをイメージしてもらえればよいが，いわば2つの力がバランスをたもっているような状態である。たとえば乳児期では基本的信頼 対 不信が心理社会的危機である。ここでは基本的信頼という要素と不信という要素のバランスであり，基本的信頼の大きさが不信を上回るようになると信頼側に傾くというものである。以下では，順に危機の説明を行う（第7章第5章6参照）。

1）乳児期：基本的信頼 対 不信　　乳児は無力であり，何事にも外界の力，とくに養育者の力を必要とする。そのため，摂食，排便，睡眠などに対して養育者が適切に対応すれば，子どものなかで外界への信頼，ひいては自己への信頼というものが大きくなっていく。そして，この基本的なところでの信頼感は，将来的なことへの信頼の基礎ともなっていく。逆に，いくら泣いて状況を伝え

	1	2	3	4	5	6	7	8
老年期　Ⅷ								統合性 対 絶望
成人期　Ⅶ							生殖性 対 停滞	
成人期初期　Ⅵ						親密性 対 孤立		
青年期　Ⅴ					アイデンティティ確立 対 アイデンティティ拡散			
学童期　Ⅳ				勤勉性 対 劣等感				
幼児期後期　Ⅲ			自主性 対 罪悪感					
幼児期前期　Ⅱ		自律性 対 恥・疑惑						
乳児期　Ⅰ	基本的信頼 対 不信							

図4-5　エリクソンの心理社会的発達（Erikson, E. H., 1950などより作成）

ようとも放置されるような経験を多く積めば，外界や自己への信頼よりも不信の方が強まり，さらにそれは将来への不信感にもつながっていくこととなる。

2）幼児期前期：**自律性 対 恥・疑惑**　この時期ではトイレット・トレーニングなどのしつけが大きなテーマとなる。しつけは外部からの力によって子どもをコントロールしようとするものであり，子どもにとっては自分の欲求を妨げられることになる。うまく外部のルールを自分のものにできれば，自分の行動を自分で制御できることに気づき，自律感や自己統制感が育まれる。しかし，うまくできない場合やしつけが過度になりすぎると自己防衛的な状況を生み，恥の感情や自分の力に対する疑惑の念を生じさせるのである。

3）幼児期後期（遊戯期）：**自主性 対 罪悪感**　この段階になると，生活空間も広がり，周囲のさまざまなものに興味関心を示し活動的になってくる。失敗もあるが，目的に達するためにみずから果敢に挑戦を続けていく。このように自分で動き，自発的に行動することが自主性である。しかしこのような自発性の高まりは，やりすぎてしまうのではないかという罪悪感や不安，競争になったときに負けるのではないかという不安をも引き起こしやすいのである。

4）学童期：**勤勉性 対 劣等感**　自己統制を前提として，学業に励んだり，訓練や練習をとおして技能を身につけていくという，一連の学習プロセスを習得する。これを勤勉性とよぶ。しかし他方で，うまく学習が進められなくて自分の能力を疑ったり自分の価値を認められなかったり，また達成感を味わうことができなかったりすることは劣等感をいだくこととなってしまう。年齢的にはちょうど小学校段階に当たるが，もちろん勤勉性の獲得は学校に限られる問題ではない。

5）青年期：**アイデンティティ確立 対 アイデンティティ拡散**　この時期は，第二次性徴を迎え身体的な変化が起こり，また子どもから大人へと社会的地位も変化してくる。これが，それまで安定的であった自分自身に目を向けさせることになり，「私は何者であるか」ということが関心事となる。「私は何者であるか」という問いに対する回答を確立することがアイデンティティの確立であり，その過程で混乱を起こしている状態がアイデンティティの拡散である。なお，アイデンティティ確立のために，社会が青年に与えた猶予期間のことを**モラトリアム**とよんでいる。

6）成人期初期：親密性 対 孤立　この時期は，結婚を考えるようになる時期であり，そのような親密な関係を異性と築くことが問題となる。親密な関係になることは，自分と相手が心理的，性的に結合することになるが，これは自分というものを放棄することを迫るものでもある。自分を放棄しても自分は失われないという確信，すなわち前段階のアイデンティティの確立が重要になってくる。もちろんこのようなことは，異性関係のみならず，仲間，社会運動，仕事などへのかかわりにも当てはまる。自分を失ってしまうのではないかという恐怖に負けてこれらの経験を回避すると，深刻な孤独感を招いてしまう。

7）成人期：生殖性 対 停滞　生殖性は，次の世代を生むというだけでなく，積極的にかかわり，導くことへの関心である。子どもを生み育てることはもちろんであるが，教育や仕事においての創造，生産も含まれる。他方，そのようなかかわりをもたず自己満足的に生きることは，停滞感や人格的貧困感を生む。

8）老年期：統合性 対 絶望　これまでの7つの段階の果実が実るこの段階に，エリクソンは自我の統合という言葉を当てている。自分の人生を，そうあらねばならなかったもの，取り換えの許されないものとして受け入れることである。しかし自分の人生を受け入れられず，自我の統合がうまくいかなければ，もう一度人生をやり直すには時間が短すぎるという焦りが絶望となって表現されるのである。

第5節　特定のトピックにおける発達

1．家　族

　家族という言葉を聞いて，どのような事柄が思い浮かぶだろうか。自分の家族，友人など周囲の人々の家族，新聞で取り上げられる家族，テレビドラマのなかの家族など，じつにさまざまな家族イメージが思い浮かんでくるにちがいない。家族の構成も，核家族（夫婦と子・夫婦のみ・一人親と子）ばかりでなく，祖父母と同居している家族もあるだろう。なかには，ペットを家族に数える人もいるかもしれない。

　一般に家族は，「夫婦・親子・きょうだいなど少数の近親者を主要な成員と

し，成員相互の深い感情的かかわりあいで結ばれた，幸福（well-being）追求の集団」（森岡，1997）などと定義されている。この定義中の「深い感情的かかわりあい」とは，楽しい家族の団らんといった肯定的なものばかりではない。たとえば葛藤や憎しみなど，家族・親子・きょうだいであるがゆえに，また幸福を追求するがゆえに抱いてしまう否定的な感情なども当然に含まれている。人間は，家族のなかで育つとともに，大人になると新たな家族をつくって生きていく。そして，家族生活のなかで味わう喜びや苦しみをとおして人間は，お互いの発達課題を見いだし，これに取り組んでいくのである。このように考えてみると家族の問題は，人間の発達を考えるうえでとても重要な視点であることにあらためて気づかされるであろう。

　家族を発達的視点でとらえようとするとき，家族にみられる2つの変化に留意する必要がある。1つは，家族を構成する成員1人ひとりが変化していくことによって生じる，家族の形態・構造・機能の変化である。男女が親元を離れ，結婚して家族が成立する。子どもが生まれると，夫婦は親となり，育児を行う。やがて子どもが独立すると，夫婦だけの生活を迎える。そして，夫婦いずれかの死により，単身生活を送ることになる。このような一連の変化プロセスを，**家族ライフサイクル**という。たとえばカーターとマクゴルドリック（Carter, E. A., & McGoldrick, M., 1989）は，家族ライフサイクルを6段階に分けてとらえることを提案している。すなわち，第1段階「独立：独身青年」，第2段階「結婚と家族の形成：新婚カップル」，第3段階「子育て中の家族」，第4段階「青年期の子をもつ家族」，第5段階「子の独立」，第6段階「人生後期にある家族」である。

　家族にみられるもう1つの変化は，社会変動にともなって生じる変化である。これは，家族を取り巻く社会自体に変化が起こったとき，その影響を受けるかたちで生じる家族の変化のことである。たとえば柏木（2003）は，現代日本の家族に生じている変化の社会的要因として，科学技術の進歩をあげている。工業化社会・情報化社会の原動力となった科学技術の進歩は，家族の生活をも一変させた。具体的には，家事の省力化，労働力の女性化，人口動態上の変化，があげられる。家事の省力化とは，洗濯機，冷蔵庫，電子レンジなどの便利な家電製品が普及したことにより，家事時間が大幅に縮小したことをいう。**労働**

力の女性化とは，労働力の中心が，男性に有利であった力仕事から，女性に可能な機械の操作，情報知識の操作に移ることによって，労働力全体に占める女性の割合が増加していることをいう。人口動態上の変化としては，医療技術の進歩による急速な長寿命化と少子化の進展があげられる。

　これらの社会変動は，相互に複雑に重なり合いながら，家族の成員の生き方にも大きな影響をもたらしている。たとえば，妻・母親にとっては，家事の省力化により，従来の主婦役割に徹するのとは別の生き方を模索する状況がうまれており，社会に出て働くという選択肢がとられることになる。それは結果として，家計を維持する経済力と，職業をとおしての社会的地位の獲得にもつながっていく。また，子どもを少なく生んで大切に育てる社会（2006年の合計特殊出生率は1.32；厚生労働省，2007a），世界トップクラスの平均寿命（2006年生まれの男性79.00歳，女性85.81歳；厚生労働省，2007b）を維持する社会にあっては，子どもが独立した後の人生は，数十年におよぶ。必然的に，「母でもなく妻でもない私個人の人生」をどう生きるか，という課題に直面する。もちろん，夫・父親にとっても変化は避けられない。家事の省力化は，誰にとっても家事が容易となったことを意味するので，これまで任せきりであった家事・育児を，働きに出た妻・母親と分担していく必要性にせまられる。また，長寿命化により，職業生活を終えた後の人生をどう生きるか，という課題も生じている。このように社会変動は，家族の成員の生き方に対しても心理的な影響をおよぼしているのである。

　家族の問題を心理学的に探求するための切り口として，次に，家族の機能について考えてみたい。家族について「幸福追求の集団」という定義があることは，先にみたとおりである。世論調査をみても，家族を「団らんの場」「休息・やすらぎの場」「絆を強める場」とみなす傾向が強い（図4-6）。しかしながら現実には，集団としての凝集性よりはむしろ，家族内において成員の行動の選択肢が拡大する，**家族の個人化**とよばれる現象が顕著である。一例として食生活を取り上げてみよう。人間の食事には，健康を維持する生理的機能の他に，味や雰囲気を楽しむ精神的機能，コミュニケーションを促進する社会的機能がある，とされている。家族における「団らん，休息，やすらぎ，絆の深まり」も，食事を共にすることで促進されてきた。しかし近年，食生活をめぐる

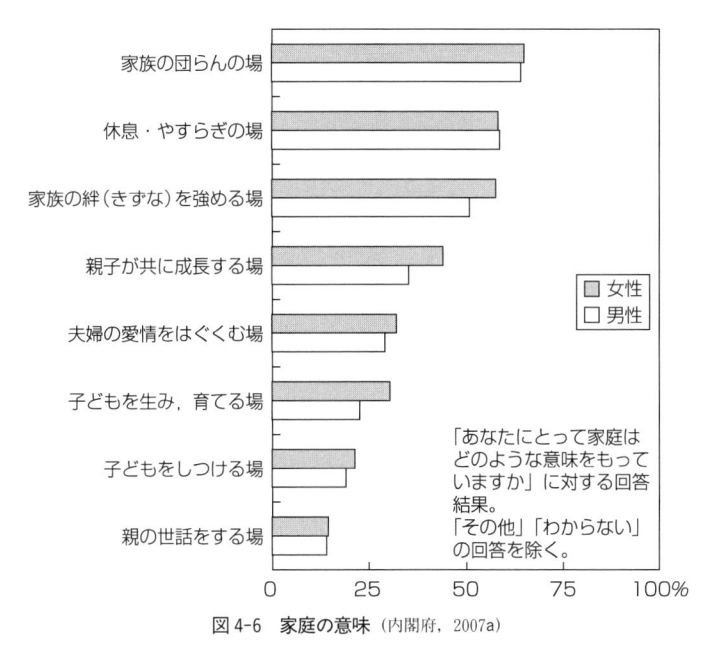

第5節　特定のトピックにおける発達　　*121*

図4-6　家庭の意味（内閣府，2007a）

家族の風景は一変し，いわゆる「こ食」とよばれる現象が生じている。「こ食」とは，ひらがなの「こ」に漢字を当てはめながら，現代家族の食行動を表現した言葉である。たとえば，家族がそれぞれ1人で食べたり（孤食），同席した食事でも別々のメニューを食べたり（個食），少しずつ何度も食べたり（小食），といった現象をさす。つまり，従来のような集団としての家族の機能が弱まりつつあるということである。家族の機能に変化をもたらしたものは食生活だけではない。携帯電話やインターネットの普及は，家族の成員同士のつながり方を大きく変化させた。今や，時間と空間を共有していなくても，家族としてつながることが可能な時代となった。このように，「こ食」にせよ，IT化にせよ，それらの影響のもとで生活を営んでいる家族の成員にどのような心理的変化が生じているのかを知ることは，とても興味深いテーマであろう。

2．ジェンダー

生物学的な区別としての性概念を**セックス**（sex）とよぶのに対し，ある社会や文化のなかでつくられていく性概念を**ジェンダー**（gender）とよぶ。こ

のジェンダーないし男女の差異は,生活のあらゆる場面に深く根をおろしており,問題を感じないかぎり自覚されることはほとんどない。実際,人間は生まれたときから,属している社会のなかで通用している**性役割**(gender role;それぞれの性に対応して社会から期待されている行動規範)を身につけるように育てられている。衣服・食器・文具といった持ち物の形状や色にはじまって,話し言葉やしぐさなどの行動様式,さらにはどのようなパーソナリティを備えるべきかにいたるまで,男女のあり方が社会や文化のなかで決められてしまう。

　しかしながら,先にみたように,近年,科学技術の進歩を契機とする社会変動により家族のあり方が大きく変化し,それにともなって家族のなかの男女の生き方も変更を迫られつつある。典型的には,性別役割分業をめぐる議論や動きがあげられる。**性別役割分業**とは,労働における分業の視点から性役割をとらえた概念で,「男は仕事,女は家庭(家事・育児・介護)」と表現される規範として,長く社会に存在してきた。最近では,女性の社会進出を反映した「新性別役割分業(男は仕事,女は仕事と家事・育児・介護)」とよばれる状態におかれている。しかし,このような規範のもとでは幸福に生きることはできないと,人々(多くは女性)が声をあげはじめたことにより,乗り越えるべき社会的課題として徐々に認識されつつある。

　ジェンダーをめぐる問題は,「男性は仕事しかしないのに,女性は仕事に加えて家事・育児・介護をしなければならず,不公平だ」といった,単に仕事量の不均衡にあるのではない。ジェンダーの問題について渡邊(1998)は,自尊心の視点から心理学的に説明している。**自尊心**とは,自分の品位・尊厳を保とうとする心理的態度のことであり,「自分は価値ある存在である」という,自己に対する肯定的な感情,評価,および受容である(第5章第4節参照)。このように自尊心は,その人間の「自己」の中核に位置するものである。それゆえ,自尊心が傷つけられることは,自己が崩壊することにもなりかねない。この自尊心は,幼少期から徐々に形成され,能力を発揮したり道徳的な行為を行ったりする場面で,他者からほめられたり叱られたりすることによって大きな影響を受ける。人間は社会的な存在であるから,自尊心もまた,社会的な評価を受けることによって保たれるのである。この自尊心の観点からジェンダーを考えてみると,社会的な評価の高い「仕事」に専念する男性の方が,社会的な

評価の低い「家事・育児・介護」をする女性よりも自尊心が高くなるのは当然であろう。つまりジェンダーの問題は，仕事量の不均衡に問題があるという以前に，「自分は社会のなかで価値ある存在であるのか」という自尊心をめぐる男女間の不均衡を本質としている，ということを知っておく必要がある。

ジェンダーをめぐる社会の転換期にある現在，そのなかでゆれ動く男女の姿を心理学的にとらえようとする研究もはじまっている。たとえば柏木・高橋(2003)では，ジェンダーの視点からの心理学研究が，家族関係，教育・学校生活，社会生活，臨床・実践，の4分野に分類されて紹介されている。具体的には，母親の就労が子どもにおよぼす影響，父親の育児参加が夫婦関係におよぼす影響，ドメスティック・バイオレンスの実態，学校の教科書のなかに埋め込まれているジェンダー，日常会話にみられるジェンダー，摂食障害とジェンダーの関係など，さまざまな研究が取り上げられている。

ジェンダーに関する心理学的研究は，研究の蓄積という面でも，今後おおいに期待が寄せられている分野の1つである。ジェンダーの問題に直面している，あるいは直面せざるをえない現代社会の人間を，「社会的・文化的変動のなかでよりよい生き方を求めて格闘する人間の姿」としてとらえた場合，これは人間発達の観点からも大変重要な分野である。

3. 自然とのかかわり方

さて今度は，家族やジェンダーといった社会の視点から離れ，人間の発達を考えるための他の視点に目を向けてみよう。すなわち，自然とのかかわり方という視点である。人間は，家族や社会とのかかわりのなかだけで生きているのではない。自然とのかかわりのなかでも生きている。人間の衣食住は，自然界におけるさまざまな天然資源を利用することで，また，他の動植物の生命の犠牲のうえに成り立っている。あるいは，山や海で遊んだり，星空を眺めたり，公園の緑を楽しんだりといった自然体験を，我々は幼児期から重ねてきている。

たしかに，「いったい自然とは何か」とあらためて問うてみると，ほとんどの自然は人間および文化によって加工された「人工物」であり，その意味では「純粋な自然など，ほとんど存在しない」ということも可能である。また，「自然体験」といっても，いつ，どこで，誰と，どのような体験をするかによって，

その体験の質も大きく異なってくるであろう。しかし，そうであるとしても，人間は，「自然」とよばれるものとの接触をとおして，人間同士の関係とはまた異なった，別の関係を結んでいるのである。「子どもの頃に見た，あの山の風景が忘れられない」「星空を見て，今の悩みがちっぽけだと感じられた」といった経験を，我々は少なからずもっているのではないだろうか。そして，ときにはその経験が個人の発達に影響を与える，という場合もありうる。このように考えてみると，人間の自然とのかかわり方は，人間の発達をとらえるための1つの視点であるということが，よく理解されるであろう。

　さて，日本人は一般に自然が好きである。たとえば，内閣府の「森林と生活に関する世論調査」（2007 b）によれば，「あなたは森林に親しみを感じますか」の問いに対する肯定的回答（「非常に親しみを感じる」および「ある程度親しみを感じる」）は91.5％にのぼる。この高い比率は，1993年より計5回実施されてきたいずれの調査においても同様である。また，「あなたは，今後，森林のどのような働きを期待しますか」の問いに対しては，「心身の癒しや安らぎの場を提供する働き」（31.8％）や「自然に親しみ，森林と人とのかかわりを学ぶなど教育の場としての働き」（18.0％）が，地球温暖化防止や防災としての機能の次に期待されている。

　実際の自然体験についてはどうであろうか。たとえば国立オリンピック記念青少年総合センターの「青少年の自然体験活動等に関する実態調査」（2005）によると，青少年の自然体験活動は，学年がすすむにつれて減少する傾向にある（図4-7）。自然体験の量については，青年期において，年齢とともに減少していくことが示されている。

　次に，自然体験の質的な側面に目を向けてみよう。ここでは，自然体験をとおしてどのような認識や感情が喚起されたか，という点に注目することにする。中学生から大学生までを対象として自然体験を記述させた調査（西脇，2004）では，自然体験をとおして，自然を「美しいもの，雄大なもの」とみる認識や，「感動，驚き，喜び，高揚，安息感」といった感情が生起されていることが見いだされている。さらにまた，自然の「偉大さ，永遠性，無限性」を認識したり，「自分の存在の小ささ・無力さ」を認識したりといった宗教的認識[注]が得られていること（表4-3参照），しかも年齢があがるにつれてその認識の度合

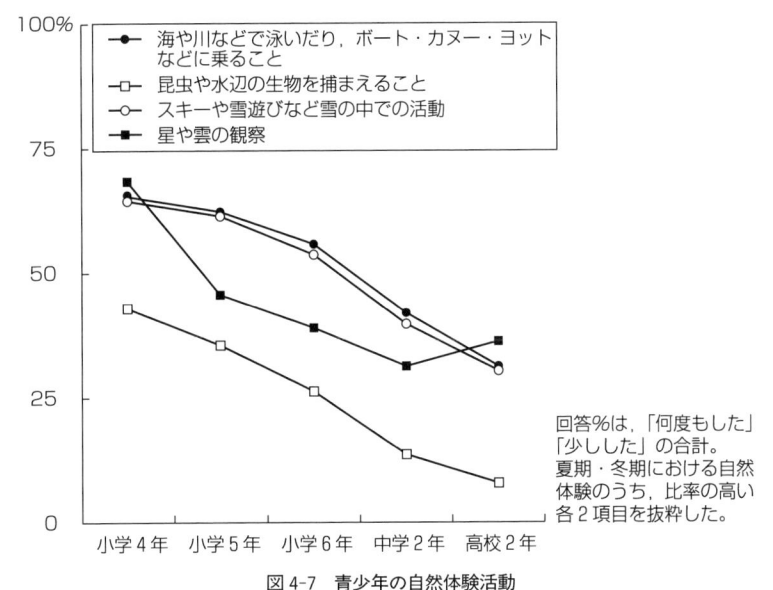

第5節　特定のトピックにおける発達　　125

図4-7　青少年の自然体験活動
(国立オリンピック記念青少年総合センター，2005)

凡例：
- 海や川などで泳いだり，ボート・カヌー・ヨットなどに乗ること
- 昆虫や水辺の生物を捕まえること
- スキーや雪遊びなど雪の中での活動
- 星や雲の観察

回答%は，「何度もした」「少しした」の合計。夏期・冬期における自然体験のうち，比率の高い各2項目を抜粋した。

いも増していくことが見いだされた。つまり，たとえ自然体験が年齢とともに量的に減少していったとしても，その体験をとおして得られる認識内容には，質的変化がみられるわけである。この結果は，自然体験が人間の世界観や自己観の形成といった領域における精神発達に影響をおよぼすものであることを示している。

人間の自然とのかかわり方については，とくに近年，環境保全の視点からの議論や，自然体験活動の教育的効果の視点からの議論が活発である。これらに加え，自然体験を通じて形成される世界観および自己観という視点も，人間発達を考えるうえでますます重要になっているといえよう。

注）近年は，**宗教**という用語以外にスピリチュアリティ（spirituality）という用語を使用する研究者も増えている。**スピリチュアリティ**とは，「自己を超えた何ものかとつながっており，その何ものかが自己の中，および自己と他者との間で働いている感覚（の質）」（伊藤・樫尾・弓山，2004）をさす。この用語が使用される背景には，従来の宗教概念ではとらえきれない現代の宗教状況を的確に表現する，という研究者の意図が存在する。この立場にたつならば，本文中に取り上げた自然体験も，スピリチュアリティの体験とよぶことができよう。

表4-3 自然体験記述調査にみられた「小ささ・無力さ」体験の事例 （西脇，2004）

事例No.	回答者属性：①学年 ②年齢 ③性別 ④所属宗教 体験データ：①体験内容 ②体験時期 ③体験場所（状況） ④同伴者（の有無）
事例141. 回答者属性	①中1 ②13歳 ③女子 ④仏教/神道
体験データ	①日没/夕焼けを見た ②保育園/幼稚園通園時 ③家の前があき地みたいになっていたときにたくさんの赤とんぼが，私の上をとんでた ④ひとり
記述文	家の前があき地みたいになっていたときにたくさんの赤とんぼが，私の上をとんでた。とにかくきれいでした。オレンジ色の空と，たくさんの赤とんぼがとんでいて，自分がすっごく小さく思えました。秋になりかけのころで，風が少しつめたかったけど，それも，気持ちよく感じました。
事例143. 回答者属性	①中1 ②12歳 ③男子 ④キリスト教
体験データ	①森に行った ②中学（1年） ③夏の川の滝 ④友達
記述文	滝の水しぶきが光に反射してとてもきれいだった。森から流れる水がキラキラしているのに感動した。こんな大きな水と森に比べると人はちっぽけだと思った。川の水が流れる音とセミの鳴き声のハーモニーは何ともいえなかった。
事例145. 回答者属性	①中3 ②15歳 ③女子 ④DK
体験データ	①空を見た ②中学（2，3年） ③（覚えてない） ④ひとり
記述文	もう考える事がありすぎて，どうしたら良いかわからなくなり，つかれきっていました。そんな毎日を送っていたある日，ふと顔を上げただけでした。そこにはきれいな青空が広がっていました。どこまでも果てなく広がり，地球がまるいなんて実感したことなかったけど，そのときはそう感じました。自分はなんてちっぽけなんだろうと思いました。空を見上げている間は何も考えなくても良いって気持ちになって，全部を忘れられていたと思います。不思議だったけど，見ていられるものなら，ずっと見ていたかった。だからって何も変わらないけど，また見てみたいです。
事例147. 回答者属性	①中3 ②14歳 ③男子 ④キリスト教
体験データ	①山，海に行った ②小学高学年 ③山や海へ行ったとき ④ひとり
記述文	大きな自然を感じ，自分がこの地球に住むのは，小さな事でしかないように感じた。でも，私はこの地球に住み，この地球を動かすための小さな歯車のような存在のように感じた。それは，植物も動物も山も海もなんでも歯車の役割をはたし，1つの歯車が動かなくなると，地球は，壊れていく。だから，私たちの存在は，地球にとって重要で，小さくとも大きな存在だと思う。

第5節　特定のトピックにおける発達

事例149.	回答者属性	①高2　②17歳　③女子　④無宗教
	体験データ	①川に行った　②高校(1年)　③川　④ひとり

　　　　　記述文　心の中にもやもやとしたものがある時や，おちこんでいる時に，よく1人で川に行きます。（家の近くにあるから。）1人っきりでただ静かに流れ続けている川を見ていると，自分の存在の小ささを感じ，自分のかかえている悩みなんて，とても小さなものだと思い，前向きに考えをもてるようになります。

事例153.	回答者属性	①高2　②16歳　③男子　④仏教/神道
	体験データ	①日没/夕焼けを見た　②小学高学年，中学(3年)　③夕方，海にいたとき　④ひとり

　　　　　記述文　夕日をみていて，太陽がとてもきれいな紅色で雲がその紅色に染まり，またその紅色が海に反射して紅色の道のようになっているのを見たとき，自分達人間というのは本当に小さな存在だと思った。そして，そんな自分達が自然を破壊したり互いに傷付け合うことはとてもおろかなことだと思った。

事例157.	回答者属性	①大学生　②18歳　③女子　④DK
	体験データ	①空を見た　②高校(3年)　③田んぼにはさまれた細い道　④ひとり

　　　　　記述文　自転車(自転車通学だったので)をとめて空を見た。夏休みの補講の帰りでした。とてもキレイな空でした。雲が一つもありませんでした。ずーっとこのままで居たくなりました。30分位見ていたように思います。自分はとても汚いちっぽけなものだと思いました。

事例160.	回答者属性	①大学生　②19歳　③男子　④DK
	体験データ	①流星を見た　②高校(3年)　③キャンプ場近くの林道　④友達

　　　　　記述文　高3の夏休みに友人たちとキャンプに行った。夜中，キャンプ場近くの林道にねそべって星を見ていた。かなりきれいだった。天の川も見えた。あまりの美しさに皆言葉少なく空を見上げていた。突然流れ星が流れた。しばらく見ていると，再び流れた。5分に1回ぐらいのペースで，四方八方に飛び散っていった。僕たちがとても小さく思えた。"科学"だとか"受験"などという言葉は僕たちの頭からすっとんでいた。ただ，広い宇宙の中にいる自分を感じていた。不思議な気持ちだった。

所属宗教（回答者属性の④）の略号説明：仏教/神道＝仏教系や神道系；DK＝わからない（又は，知らない）

> コラム

発達をみるパラダイム

　本章で紹介している知識は，いわゆる発達心理学の知識である。しかし，表現はおかしいかもしれないが，発達心理学は心理学として学ばない方がおもしろいかもしれない。心理学という枠組みのなかだけで知識を整理するよりも，人間の発達とかかわるさまざまなもの，さまざまな視点を考慮しながら，人の発達をながめるとさらにおもしろみが増してくると思われる。

　たとえば，我々は人間の赤ちゃんの様子をみても，「なぜ自分の足で立たないのだろう」「なぜ自分でおっぱいを飲みに行かないのだろう」というような疑問はもたないであろう。これは，そのような姿が人間の赤ちゃんとしてのあたり前とみているからである。しかし，これは違う視点からすると興味深い事実となる。

　人間は哺乳類のなかでもとくに高等な存在と考えられるが，他の高等哺乳類には備わっているのに，人間には備わっていない点がある。たとえば高等哺乳類であるウマは生後すぐに立ち上がり，みずから乳を飲もうとする。この程度まで発達して生まれてくるタイプは離巣性とよばれる。しかし，より下等な哺乳類，たとえばネズミは，生後すぐはみずから動くこともできないしエサをとることもできない。このようなタイプは就巣性とよばれる。人間は高等哺乳類であるにもかかわらず就巣性の特徴をもっているのである。このような特徴から人間を生理的早産とよぶ。そして生後1年かけて，ようやく他の高等哺乳類の出生時と同等の発達の程度になることから，乳児期を子宮外胎児期とよぶ。このような指摘を，比較動物学を専門とするポルトマンが行っている。

　人が老いていくと，若かった頃よりもさまざまなことができなくなっていくというイメージが強い。ところが，人間国宝とよばれるような熟達した技術をもつ人たちに若い人はいない。これはなぜなのだろうか。

　たしかに，新しい情報を素早く獲得し，それをうまく処理していくような能力は，青年期や成人の初期にピークを迎え，その後は徐々に低下していく。しかし，先の問題に答えるには，老年期になっても衰えない側面，上昇を続ける側面もあるという認識に立たなければならない。そのような観点からの研究では，過去の学習をとおして蓄積されたものを現実場面に応用するような能力は，年齢とともに徐々に上昇し続けるというデータが得られている。

　以上のような例を踏まえて，次のことを考えてほしい。**愛着**という言葉を聞いたことがあるだろう。ボウルビィは，発達初期における母子の相互交渉によって，そこに形成されていく情緒的な絆のことを**アタッチメント**（愛着）とよんだ。そしてこのアタッチメントは，後の自己の形成や人間関係の形成に重要な役割を果たすと考えたのである。これを受け，親子関係についての研究は「母と子ども」

という枠組みで最近に至るまで行われてきた。たとえば第2次大戦後，死別，離別によって母親と離れて暮らす施設の乳幼児には，さまざまな能力の遅れや無感動な性格特性といった特徴がみられた。ボウルビィはこれを施設病（ホスピタリズム）とよび，後に批判，反証されることになるが，母親との関係欠如（母性剥奪）が問題だと指摘したのである。

さて，従来から母親が子どもの養育にあたることが多かったため母子研究が多いのであるが，これは子どもにとって「母」が重要であることを示していると考えてよいのだろうか。

パラダイム・シフトという言葉を耳にしたことがあるだろう。パラダイムは，その時代，その領域における支配的な考え方や枠組みのことである。知らず知らずのうちに，我々がもっている枠組みであり，それにしたがったものの見方やとらえ方をしているのである。そして，このパラダイムに大きな転換が起きるとき，それをパラダイム・シフトとかパラダイム転換とよぶ。天動説から地動説への転換などは，非常に大きなパラダイム・シフトの例といえよう。

母親が子どもの養育にあたる様子を見てきたため，そのパラダイムが自然と我々のうちにあり，それが規範として機能することで，子どもの養育には母親が当たるべきであるという考え方を生みだす。このようなパラダイムのなかでは，子どもにとって母の存在は重要であるという認識はあたり前のこととなるが，では父が代わりになることはできないのか，血縁関係のない他者では代わりになれないのだろうか，といった発想はなかなか生じないであろう。しかし，ここに別のパラダイム（たとえば明治はじめまでのように，子育てには乳母や子守女が重要である，というような考え方）をもち込むと，それはまったく違った様相としてみえてくるはずである。

さて，母子の問題についてはフェミニズムの影響（フェミニズムがもつパラダイムの利用）などを受けて，近年では父子関係の研究も増加している。ポルトマンは，比較動物学という領域のパラダイムから人間の特徴を指摘した。高齢化社会の到来は，人間の発達をみる従来のパラダイムに転換を求めた。本章第1節に記した発達心理学の経緯も，第8章の心理学の歴史も，パラダイムの変化の過程とみることができる。このように，別のパラダイムから人間のさまざまな発達の側面を眺めようと意識することは，とても興味深いことといえるのではないだろうか。 （浦上昌則）

引用文献

Ariès, P. 1960 *L'enfant et la vie familiale sous l'Ancien Régime*. Paris: Plon. （杉山光信・杉山美恵子訳 1980 〈子供〉の誕生 みすず書房）

Baltes, P. B., Reese, H. W., & Lipsitt, L. P. 1980 Life-span development psychology. *Annual Review of Psychology*, **31**, 65-110.

Bronfenbrenner, U. 1979 *The ecology of human development: Experiments by nature and design*. Cambridge, MA: Harvard University Press. （磯貝芳郎・福富 護訳 1996 人間発達の生態学（エコロジー）：発達心理学への挑戦 川島書店）

Carter, E. A., & McGoldrick, M. (Eds.) 1989 *The changing family life cycle: A framework for family therapy*, 2 nd ed. Boston: Allyn and Bacon.

独立行政法人国立オリンピック記念青少年総合センター 2005 「青少年の自然体験活動等に関する実態調査」報告書

Erikson, E. H. 1950 *Childhood and society*. New York: W. W. Norton. （仁科弥生訳 1977 幼児期と社会 みすず書房）

Havighurst, R. J. 1953 *Human development and education*. New York: Longmans. （荘司雅子訳 1958 人間の発達課題と教育―幼年期より老年期まで― 牧書店）

伊藤雅之・樫尾直樹・弓山達也 2004 はじめに 伊藤雅之・樫尾直樹・弓山達也（編）スピリチュアリティの社会学 世界思想社 Pp. i-iii.

柏木惠子 2003 家族心理学 東京大学出版会

柏木惠子・高橋惠子（編） 2003 心理学とジェンダー 有斐閣

小嶋秀夫 1991 生涯発達論についてのいくつかの論点 名古屋大学教育学部紀要―教育心理学科―, **38**, 27-32.

厚生労働省 2007 a 平成18年人口動態統計（確定数）の概況
http://www.mhlw.go.jp/toukei/saikin/hw/jinkou/kakutei 06/index.html

厚生労働省 2007 b 日本人の平均余命―平成18年簡易生命表
http://www.mhlw.go.jp/toukei/saikin/hw/life/life 06/index.html

森岡清美 1997 家族をどうとらえるか 森岡清美・望月 嵩 新しい家族社会学 四訂版 培風館 Pp. 2-8.

望月葉子 2001 年齢規範・発達課題 齋藤耕二・本田時雄（編） ライフコースの心理学 金子書房 Pp. 172-182.

内閣府 2007 a 国民生活に関する世論調査
http://www 8.cao.go.jp/survey/h 19/h 19-life/index.html

内閣府 2007 b 森林と生活に関する世論調査
http://www 8.cao.go.jp/survey/h 19/h 19-sinrin/index.html

西野泰広 1992 身体・運動 東 洋・繁多 進・田島信元（編） 発達心理学ハンドブック 福村出版 Pp. 641-659.

西脇 良 2004 日本人の宗教的自然観 ミネルヴァ書房

Oerter, R. 1986 Developmental task through the life span: A new approach to an old concept. In P. B. Baltes, D. L. Featherman, & R. M. Lerner (Eds.), *Life-span*

development and behavior, vol. 7. Hillsdale, NJ: Lawrence Erlbaum. Pp. 233-269.
斎賀久敬 1973 11章 発達 大山 正・詫摩武俊（編） 心理学通論 新曜社 Pp. 143-157.
内田伸子 1991 世界を知る枠組みの発達 内田伸子・臼井 博・藤崎春代 乳幼児の心理学 有斐閣 Pp. 131-152.
渡邊惠子 1998 女性・男性の発達 柏木惠子（編） 結婚・家族の心理学 ミネルヴァ書房 Pp. 233-292.
やまだようこ 1995 生涯発達をとらえるモデル 無藤 隆・やまだようこ（編） 生涯発達心理学とは何か―理論と方法― 金子書房 Pp. 57-92.

関連書籍の紹介
入門・基礎レベル
井上健治・久保ゆかり（編） 1997 子どもの社会的発達 東京大学出版会
柏木惠子 2003 家族心理学―社会変動・発達・ジェンダーの視点― 東京大学出版会
柏木惠子・古澤頼雄・宮下孝広（著） 1996 発達心理学への招待 ミネルヴァ書房
宗方比佐子・渡辺直登（編） 2002 キャリア発達の心理学―仕事・組織・生涯発達― 川島書店
桜井茂男・大川一郎（編著） 1999 しっかり学べる発達心理学 福村出版
下仲順子 2000 老人の心理がわかる本 河出書房新社
白井利明・都筑 学・森 陽子（著） 2002 やさしい青年心理学 有斐閣

発展レベル
Coleman, J. C., & Hendry, L. B. 1999 *Nature of adolescence*, 3 rd ed. New York: Routledge.（白井利明他訳 2003 青年期の本質 ミネルヴァ書房）
村井潤一（編） 1986 別冊発達4 発達の理論をきずく ミネルヴァ書房
鑢 幹八郎・山本 力・宮下一博（編） 1984 アイデンティティ研究の展望Ⅰ ナカニシヤ出版

関連学会誌
発達心理学研究
青年心理学研究
老年社会科学
Developmental Psychology
Child Development

第5章

こころの個人差

　自分の指を眺めてほしい。指には，1人ひとり形が異なる指紋が刻まれている。一卵性双生児でも指紋の形状は異なることから，世界中にまったく同じ指紋のもち主はいないといわれることもある。しかし，たしかに指紋は1人ひとりで異なるのだが，ある視点からみるといくつかの種類に分けることができる。たとえば，指紋の中心部の形状が渦状のもの，ひづめ状のもの，弓状のものといった分類である。また，指紋の特定部分に注目すると，指紋隆線の数が同じ人も異なる人もいる。こころの個人差も，同じように考えることができる。1人ひとりは異なるこころをもっている。しかし，ある視点でこころをみれば，こころをいくつかの種類に分類したり，人々のこころの差を検討したりすることができるのである。

第1節 パーソナリティをとらえる

1. パーソナリティ・人格・性格・気質

パーソナリティ (personality) という言葉は，ラテン語のペルソナ (persona) に由来する。**ペルソナ**とは元来，劇などで使用される仮面を意味していた。その後，劇のなかで俳優が演じる役割を意味するようになり，やがてその役を演じる人自身や，さらにある特徴をもった人という意味にも用いられるようになった。

G. W. オルポート (Allport, G. W., 1961) はパーソナリティを，精神身体的組織をもった個人内の力動的体制であって，個人の特徴を示す行動と思考とを決定するものである，と定義している。「精神身体的組織」とは，パーソナリティが精神と身体双方において一定の秩序をもつものであることを意味する。また「力動的体制」とは，パーソナリティが静止的・固定的なものではなく常に変わりゆくものであることを意味する。そしてこのようなパーソナリティは，個人の行動や思考の背景にあり，それらを決定するようなものと定義されているのである。

この personality に対する日本語訳としては，**人格**や**性格**という異なった表現が使われることがある。これには，character と personality という2つの用語の歴史的経緯が関係している。character は，古くからヨーロッパの心理学者が用いてきた用語であり，人間の感情的・意志的反応の可能性の総体とされるものである。そこには，品性や高潔さといった，倫理的・価値的なニュアンスが含まれる。他方 personality は，アメリカの心理学で導入された概念であり，そこには倫理的・価値的な要素は含まれない。日本語の人格と性格という言葉を比較してみると，人格には人柄や品性という意味があり，倫理的・価値的要素が含まれるが，性格にはそのような要素は含まれない。したがって，本来の意味からすれば，character を人格，personality を性格と訳す方が適切であると考えられる。ところが，character という用語がわが国に導入された時に「性格」という訳語を当てたために，後に紹介された personality に「人格」という訳語を当てることになってしまった。このような歴史的経緯があることから，「性格」「人格」という用語の使用は誤解を招きやすいものとな

っている。そこで本書では，personality を「パーソナリティ」とカタカナで表記する。

また**気質**も，個人差を表すために用いられる用語である。気質という用語は大きく分けて2つの意味で用いられる。第1に，気質は先天的に決定される，個人のより内部にある感情的特徴を意味するものである。後述するクレッチマーの気質は，このような見方に基づいている。第2に，気質は発達的に乳児期初期から観察される行動上の個人差を意味し，これは個人のパーソナリティの初期値とされるものである。とくに近年のパーソナリティ発達心理学の領域では，後者の意味で用いられることが多い。

2．パーソナリティの一貫性

パーソナリティ研究者は，それぞれが独自の理論・立場に基づいて研究を行ってきた。各研究者の理論的な背景はさまざまであるが，多くの研究者に共通する基本要素として，以下に示す3つをあげることができる（Krahé, B., 1992）。

①パーソナリティは個人のユニークさを反映したものである。
②パーソナリティは持続的で安定したものである。
③パーソナリティやパーソナリティの行動としての表出は，個人の内にある力あるいは傾性によって決定される。

これら3つの基本要素には，一貫性という概念が深く関連している。たとえば，ある人を他の人から区別するためには，その人の，時間や状況を越えた一貫した特徴を探る必要があるだろう。またパーソナリティの持続性や安定性を示すためには，やはり時間や状況を越えた個人の一貫した特徴を明らかにする必要があるといえる。さらに，個人の行動が個人の内にある何らかの力や傾性の表れであることを示すためには，その傾性が状況に左右されないものであることを示す必要がある。

このように，一貫性という**概念**は，パーソナリティを考えるときに不可欠なものであるといえる。しかしミッシェル（Mischel, W., 1968）は，このようなパーソナリティの見方に異論を唱えた。ミッシェルは，行動の一貫性に関する実証的な証拠は非常に少なく，個人の行動は状況によって強く規定されている

と主張した。たとえば神経質な行動をたびたびするのは、その個人のなかに「神経質」という特徴があるからではなく、同じ状況や類似した状況にたびたびおかれるから同じような行動をしたのだと考えることもできるのである。このような見方はパーソナリティ研究者の間で長く議論され、パーソナリティの**状況主義的アプローチ**とよばれる研究へとつながっていった。今日では、個人の行動が個人の性質と状況の相互作用のなかに存在するという、**相互作用的アプローチ**をとる研究者も多い。

3. 類型論と特性論

　パーソナリティをとらえる際には、大きく分けて2つの視点がある。それは人をある一定の枠組みで分類する類型的な視点と、パーソナリティをより細かい要素に分けて、個人がそれぞれの要素をどの程度もつのかを問題とする特性的な視点である。ここでは、この2つの視点をまとめていきたい。

　1）類型論　日常生活のなかで、「あの人は私の好きなタイプだ」とか「彼女は明るいタイプだ」などという表現を用いることがあるだろう。このタイプという言葉は、人間をある基準で分類する際に、その分類された人々に共通する特徴をさす際に用いられる。このようなパーソナリティの見方に基づく理論を類型論という。**類型論**とは、何らかの原理に基づいて多様なパーソナリティのなかに類型的なものを見いだし、その構造を明らかにしてパーソナリティの理解と研究に寄与しようとする立場である。パーソナリティを類型としてとらえる類型学の歴史は古く、このような考え方は主にヨーロッパで発展した。

　紀元前400年頃、古代ギリシアの医者ヒポクラテスは、人間は血液、黒胆汁、黄胆汁、粘液という4つの体液で構成されるという四体液説を唱えた。また2世紀頃、ギリシアの医者ガレノスがヒポクラテスの四体液説をもとに四気質説を確立した。多血質（血液に相当）は明朗快活、憂うつ質（黒胆汁に相当）は用心深く消極的、胆汁質（黄胆汁に相当）はせっかちで短気、粘液質（粘液に相当）は冷静で勤勉といった特徴をもつとされる。この四気質説はルネサンス以降のヨーロッパに広まり、初期の心理学にも大きな影響をおよぼしていった。

　ドイツの精神医学者であるクレッチマーは、躁うつ病や統合失調症といった精神疾患と患者の体格との間に関連があると考え、その関連を一般的なパーソ

ナリティ領域にまで広げていった。クレッチマーは躁うつ病や統合失調症に関連するパーソナリティ傾向を，それぞれ**躁うつ気質**，**分裂気質**と名づけた。躁うつ気質をもつ者には憂うつと爽快といった両極の気分があり，①社交的，善良，親切，親しみがある，②明朗，ユーモア，活発，激しやすい，③寡黙，平静，気が重い，柔和な，といった特徴をもつ。そしてこの気質のもち主には肥満型の体型が多いとしている。また分裂気質をもつ者は外面と内面をもち，①非社交的，静か，控えめ，変人，②臆病，恥ずかしがり，敏感，神経質，③従順，温和，無関心，鈍感，といった特徴をもつ。そしてこの気質のもち主には細長型とよばれる，やせた体型の者が多いとされている。さらにクレッチマーは**粘着気質**という類型を考え，これをてんかんと関連するものと考えた。粘着気質とは1つのことに執着し，変化や動揺が少なく，几帳面で融通のきかない性格であり，闘士型とよぶ筋肉質の体型の者が多いとされている。

　シェルドンは約4,000人の男子学生の体格を調べ，体格には3つの基本成分があると考えた。また文献から特性記述用語を集めて整理し，気質成分として3つのタイプを見いだし，体型との関連を検討している。体型の第1のタイプは**内胚葉型**であり，内胚葉から発生した消化器系統が発達した，丸く肥満型の体型であるとされる。そしてこの体型をもつ者（内臓緊張型）は，くつろぎや安楽を好む，食べることを楽しみ人の愛情を求める気質をもつ傾向にあるという。また体型の第2のタイプは**中胚葉型**であり，中胚葉から発生する骨や筋肉の発達がよく，直線的で重量感のある体型である。この体型をもつ者（身体緊張型）は，大胆で活動的，自己を主張し精力的に活動する気質をもつ傾向にあるという。体型の第3のタイプは**外胚葉型**であり，外胚葉から発生する神経系統や感覚器官，皮膚組織がよく発達した，細長い体型である。この体型をもつ者（頭脳緊張型）は，控えめで過敏，疲労しやすい気質をもつ傾向にあるという。

　シュプランガーは，6種類の基本的な生活領域のなかでどの領域にもっとも価値をおくかという価値志向によって次のような6つの類型を提案した。①**理論型**：物事を客観的に眺め，知識体系の追求に価値を見いだす志向性。②**経済型**：経済的観点からの実用的価値を重視し，蓄財を目的とする志向性。③**権力型**：権力をにぎり，他人を支配することに価値をおく志向性。④**審美型**：実生

活に関心を示さず，芸術的活動に価値をおく志向性。⑤**社会型**：社会福祉活動に価値をおく志向性。⑥**宗教型**：聖なるものの恵みと救いの宗教的活動に価値をおく志向性。

またユングは，心的エネルギーであるリビドーが主として外部に向かい，外部の刺激に影響されやすく，そこに関心が集中する者を**外向型**とよび，逆にリビドーが内面に向かい，自分自身に関心が集中する者を**内向型**とよんで分類している。

2）**特性論** ロールプレイングゲームやシミュレーションゲームのキャラクターは，いくつかの能力の程度によって，その個性が示される。たとえば，Aというキャラクターは攻撃力が10，防御力が3，スピードが5であるのに対し，Bというキャラクターは攻撃力が3，防御力が8，スピードが7という具合である。このような場合，Aというキャラクターは攻撃力が強い個性として，Bというキャラクターは防御力にすぐれた個性として表現される。同じように，人間のパーソナリティをより細かい複数の基本単位（特性）に分け，それらの程度の組み合わせによって全体を説明しようと試みるのが**特性論**の考え方である。特性論では，個々人の違いはある特性が高いか低いかといった量的な差異として表現される。

G. W. オルポートは，パーソナリティを総合的に分析するために，**心誌**（サイコグラフ）を考案した。心誌とは，1枚の用紙に「支配的―服従的」「外向的―内向的」といった複数の特性語の対が示されており，個人がどの程度その特性をもっているのかを，対になった特性語の間に折れ線グラフ（得点プロフィール）を描くことによって表現するものである。G. W. オールポートは心誌によって，一定数の共通特性を測定し，得点プロフィールを作成し，個人間の性格特性を比較するという特性論の基本図式を明確化したといえる。

では，人間にはいくつの基本となる特性があるのだろうか。これまでに多くの研究者が，この問題を検討してきた。G. W. オルポートとオドバート（Allport, G. W., & Odbert, H. S., 1936）は，辞典に記述されている語から，パーソナリティに関連するものとして17,953語を抽出し，それらを以下の観点からまとめた。それは，①実際に外に現れる特性用語，②一時的状態を表す特性用語，③評価や価値を表す特性用語，④それ以外の特性用語，という4つの観

表 5-1　キャッテルの12特性 (村上・村上, 1999)

A 回帰性気質	対 妄想性分裂気質
B 一般的精神能力	対 知能欠如
C 情緒的な成熟，安定した性格	対 一般的情緒性
D 軽躁的，たくましい情緒感	対 友愛的欲求不満 - 寛大さ
E 支配性	対 服従性
F 激情性	対 憂鬱，内気，反激情性
G 肯定的な性格統合	対 未熟な依存性性格
H 慈悲深い，冒険好きの激情性	対 抑制された，退避的反激情性
I 敏感な，想像的，神経症的情緒性	対 堅い，強靱な安定性
J 神経衰弱	対 活発な，強迫観念性格
K 訓練された，教養ある心	対 野暮ったさ
L 気楽で，適応した，激情性	対 分裂質的反激情性

点である。これらのうち，①の用語を比較的恒常的な一般的行動傾向を表すものとし，4,504語があることを示した。

そしてキャッテルは，G. W. オルポートとオドバートの4,504語を整理統合し，最終的に35個の特性群（**表面特性**）に集約した。さらにこれらに対して因子分析（第9章第3節参照）を行い，抽出された12因子を表面特性の裏に隠れている**根源特性**とみなした（表5-1）。キャッテルはその後，質問紙固有の因子を4つ加え，16性格因子質問紙（16 PF）とよばれる質問紙を作成している。

またノーマンは，パーソナリティ特性用語を再度調べあげ，G. W. オルポートとオドバートのリストに171語を加えた18,125語を選出した。そして不適切な語を除いていき，最終的に形容詞1,431語，名詞175語，未分類25語からなるパーソナリティ特性語のリストを作成している。

このノーマンの形容詞1,431語を，ゴールドバーグ（Goldberg, L., 1992）は整理していった。そしていくつかの研究を経て，最終的に形容詞100語を5つの因子に分類することが可能であることを示した。このような，人間のパーソナリティ全体を表す5つの因子を**ビッグ・ファイブ**とよぶ。数多くの研究をとおして，自分自身のパーソナリティや他者のパーソナリティを記述する際には，5つの因子で十分に記述できることが示唆されている。この5つの因子は以下のとおりである。

① 外向性：社交的であることや活動的であること，刺激を求めることなどを表す因子。
② 調和性：利他的で他者を信頼すること，他者へのやさしさを表す因子。
③ 誠実性：欲求をコントロールすることに関連し，秩序や良心，達成追求や慎重さを表す因子。
④ 神経症傾向：情緒的な不安定さを意味し，不安や敵意，抑うつを表す因子。
⑤ 経験への開放性：審美的な感覚をもつことや多様性への欲求，慣習にしたがわない価値観をもつことを含む，知性に関連する因子。

3）類型論と特性論の特徴　　ここまでに示してきた類型論と特性論の特徴をまとめてみよう。

　我々は，人間がそれぞれ独自のパーソナリティをもっていることを，漠然とではあるが理解している。日常生活においては，人それぞれというように完全な個別性を認めるのではなく，パーソナリティを判断するいくつかの基準を設定し，直観的に基準のどこに当てはまるかを判断することが多い。また，他の人にある人の特徴を伝えるときにも，「このようなタイプの人」と伝えるだけでおおまかなイメージが伝わるので，人を類型によって分類することは日常生活において便利であるといえる。このように類型論の考え方は，我々が日常的に自分自身や他者のパーソナリティを理解する枠組みに近く，正しい類型論の知識をもつことは，個人のパーソナリティを理解するのに役立つと考えられる。

　その一方で，類型論は多様なパーソナリティを少数の型に分けるために，ある類型と他の類型との中間に位置する型が無視されやすい。類型論が示すそれぞれのタイプは，あくまでも典型的な人間像を表すものであり，純粋にそのとおりの人間が存在するとは限らない。実際には，いくつかの類型にまたがるような特徴が1人の人間のなかに併存していることが多いであろう。しかし，個人をある類型に分類すると，その類型が示す特徴だけが注目され，他の特徴が見落とされる危険性がある。また類型論には，パーソナリティを安定した，変化しにくいものとしてとらえる傾向がある。パーソナリティにそのような側面があるのはたしかだが，類型論には力動的な変化がとらえにくいという短所を指摘することもできる。パーソナリティの古典的な研究では数多くの類型論的な研究がなされているが，後述するように最近の研究では特性論をふまえたう

えで類型論的な視点を取り入れる場合が多い。

　他方で特性論は，パーソナリティの個人差を程度の問題であり質の問題ではないと考える。人々にはある程度共通するパーソナリティ特性があり，個々人の違いはその量的な差として表現される。この個人差は，**特性プロフィール**とよばれる折れ線グラフとして表現されることも多い。このような特徴をもつため，特性論はパーソナリティ特性と，関連する特徴や背景要因を詳細に検討する際に非常に有用な視点といえる。

　しかし特性論にもいくつかの短所がある。第1に，人間のパーソナリティ全体をいくつの特性で表現できるかについて，最終的な結論が得られていないという点である。先に示したビッグ・ファイブは，その候補の1つとなるものであるが，ビッグ・ファイブで示される5つの特性が，パーソナリティ全体の記述として必要十分なものであるという確証が得られているわけではない。第2に，特性論では個人のパーソナリティを得点や特性プロフィールとして表現するが，それらは断片的であり，個人のパーソナリティの全体像を直観的に把握しづらいという点である。これは先に述べたように，我々は日常生活において類型的なパーソナリティの把握をする傾向にあることとも関連する。我々が自分自身や他者のパーソナリティを問題とする際には，ある特性における個々人の微妙な程度差ではなく，おおまかな分類によって理解することが多いのである。そして第3に，人々が共通してもっている特性を分析単位とするため，その人にしかない独自の特性を無視してしまう危険性があるという点である。このように特性論は，研究を行ううえではパーソナリティを詳細に検討することができるが，個人の全体的なパーソナリティ像や個人がもつ独自性を見逃しやすいという短所をもっているといえる。

　類型論と特性論は，パーソナリティの対立する見方であるととらえられることもある。しかしたとえば，類型論に基づくクレッチマーの躁うつ気質は，社交的，親切，明朗といった，その気質を説明する多くの特性的特徴をもっている。またビッグ・ファイブで表現された得点から，外向性が高い者や神経症傾向が高い者，5つの得点が全体的に高い者や全体的に低い者といった類型を導き出すこともできる。このように，類型論と特性論は必ずしも互いに対立するものではなく，相互に補完し合う関係にあるともいえる。**Y－G性格検査**（矢

田部 - ギルフォード性格検査）は，測定されるパーソナリティを特性としてとらえることも，類型として把握することもできる代表的なパーソナリティ検査といえる（第7章 図 7-1 参照）。

第2節 パーソナリティの理論

ここでは，これまでに心理学およびその周辺領域で提唱されてきたパーソナリティの諸理論を紹介する。

ただし現在のパーソナリティ研究者の多くは，以下のうちのどれか1つの理論に純粋に依拠して研究を行っているわけではない。現在の研究の多くは，以下のような諸理論を基礎としながら，より実証的な研究手法によってパーソナリティの様相を明らかにしようとしている。

1．精神分析学的理論

精神分析学はフロイトによって体系化された理論であり，次のような3つの特徴がある。第1に，夢や空想したものなどを解釈して精神の深層を探求しようとする方法であり，第2に，このような方法によって神経症の発病のいきさつを理解し，そこから治療を行う臨床的技術をさし（第7章第4節参照），第3に，このような治療法の理論的解明に基礎をおき，そこでの臨床経験を集大成したパーソナリティや行動に関する理論体系をさす（詫摩，1967）。もともと精神分析理論は治療技術を中心としたものであったが，その後，心理学や精神医学のみならず，文学や芸術，文化人類学など広い範囲に影響をおよぼしている。

フロイトはパーソナリティを，**エス（イド），自我，超自我**という3つの要素からなると考えた（図5-1）。エスは欲望や衝動の源泉であり，自我と超自我にエネルギーを供給するものとされる。エスは人間が生まれながらにもっている，意志による統制が困難な原始的な衝動を意味しており，パーソナリティの基礎ともいえるものである。自我は意識的，知性的な側面であり，欲求満足のための計画を立て，現実の環境に合うように行動を選択するはたらきをもつ。超自我は両親のしつけや社会の要求を自分のなかにとり入れることによって形

成される。超自我の機能は，第1にエスの衝動のなかでもその表出が社会によって認められないものを禁止することであり，第2に自我の機能を現実的なものから道徳的なものに向けさせることである。

またこれら3つの要素の強さは個人によって異なり，エスが強いと衝動的・感情的な行動が生じやすく，自我が強ければ現実的・合理的な行動が生じやすい。また超自我が強いと道徳的・良心的行動が生じやすくなるといわれる（詫摩，1990）。これら3つの概念は実体をともなうものではなく，実際にはパーソナリティのさまざまな過程や機能を表現するものであるが，エス，自我，超自我という構造を考えることは，パーソナリティの個人差を考える際の1つの指針になるものといえるだろう。

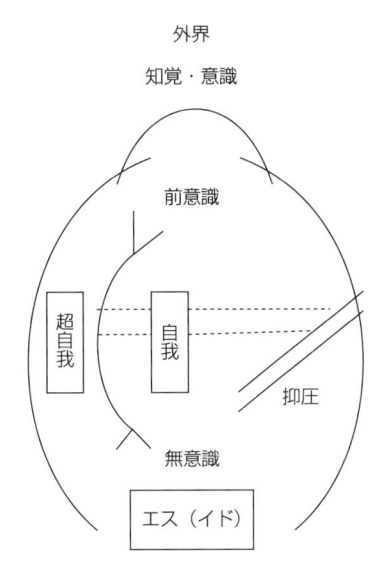

図5-1　フロイトのパーソナリティ構造

2．行動主義的理論

行動主義を背景とするパーソナリティ理論では，パーソナリティを，有機体である個人が示す実際の行動パターンの総体であり，遺伝と環境の相互作用によって規定され，観察可能な行動を手がかりとして理解することができると考えている（生和，1998）。この理論の中心的概念は，「刺激-反応-強化」といった一連の学習活動によって習得された**習慣**である。パーソナリティは，このような習慣が数多く集まって構成されたものであり，1人ひとりのパーソナリティがどのような習慣から構成されているかは，過去に経験したそれぞれの出来事による。

ロッター（Rotter, J. B., 1954）は，パーソナリティを特定の社会的状況に反応する潜在的可能性としてとらえる，**社会的学習理論**を提唱した。この理論では，個人の行動を予測するために，状況，行動のポテンシャル，期待，強化

価,という4つの変数を考慮することが必要だと考える。

たとえば,大学の授業という状況を考えてみよう。学生は大学の授業という**状況**において,一生懸命に勉強する,隣の学生と話をする,寝るなど,さまざまな行動をとる可能性がある。これらの行動はいずれも,授業という状況におかれた学生にとっての1つの可能性であるといえる。このような,ある状況の下である行動が生じる可能性のことを,**行動のポテンシャル**という。

次に,一生懸命に講義を聞いている学生Aと,隣の学生と話をしている学生Bという2人の学生を考えてみよう。この2人の学生は,同じ状況にあるにもかかわらず,なぜ異なる行動をとるのであろうか。ここで考慮する変数は強化価と期待である。**強化価**とは,個人の動きを目標に向かわせるさまざまな強化のうち,どれに価値をおくかを意味する。学生Aにとっても学生Bにとっても,よい成績を得ることは勉強するという行動への強化としてはたらくであろう。しかし,学生Bは学生Aよりも,よい成績を得るという強化に対してあまり価値をおかず,友人関係の構築という強化の方により価値をおいているのかもしれない。またこの2人は,この行動をとれば目標に到達できるだろうという**期待**も異なっていると考えられる。学生Aも学生Bも,よい成績を得て大学を卒業したいという目標をもっているかもしれない。しかし,学生Bが過去の経験から,どれだけまじめに授業を聞いても必ずしもよい成績が得られるわけではないと考える,つまり授業という状況で成功への期待が低いのであれば,学生Aよりもまじめに講義を受講しないであろう。このように,強化価と期待の違いが,学生Aと学生Bの行動の差を作り出すと考えられるのである。

3. 人間性主義的理論

ここでは,人間性主義(人間中心主義),あるいは現象学的理論とよばれるパーソナリティ理論を紹介する。

ロジャーズは,みずからの心理臨床経験から独自のパーソナリティ理論を構築した。ロジャーズのパーソナリティ理論には,3つの基本的仮定がある(Rogers, C. R., 1961)。第1に,パーソナリティの理論家がその理論構成に使用するデータは,個人の主観的体験によるものであるという仮定である。これは,誰しも他者が考えていることを完全に知ることはできないため,人間行動

の理解にとって重要なことは，とりまく環境や出来事をその個人がどのように認識しているのかという点にあると考えるものである。第2の仮定は，人は誰でも自分自身を維持し，高める方向へ自分の能力を発揮しようとする，自己実現への傾向をもつというものである。そして第3に，他者や外的な圧力の妨害がなければ，自分にとって最善の決定をする能力が人間には本来的に備わっているという有機的評価過程を仮定することである。

　彼の理論において重要な構成概念は，**自己（自己概念）**である。彼は，自己の発達がパーソナリティ発達においてもっとも重要なプロセスであると考えた。自己とは，「自分はこういう人間だ」と考えていること，また他者や生活のさまざまな側面と自分自身との関係の知覚からなる，首尾一貫した構造をさす。自己意識の芽生えにつれ，まず他者から肯定的に受け止められたいという肯定的配慮の欲求が発達する。そしてその後に，自分自身を肯定的に受け止めたいという自己尊重の欲求が発達する。さらにそれらの発達にともなって，人が自己受容をするために満たさなければならない行動の基準となる，価値の条件が明確化していく。価値の条件を少ししかもたない人は，少数の行動基準にしたがうだけで快適かつ有益だと考える。その一方で，価値の条件を多くもつ人は，そのすべての基準にしたがって行動しようとするため，不安を感じやすくなる。ロジャーズは，人間にとって理想的な環境とは，無条件の肯定的配慮を得られるものであるという。なぜなら，もし他者が常に肯定的に反応し，失敗があったとしても敬意と好意を示してくれるならば，人は価値の条件が少ない，比較的広い自己概念が発達すると考えられるからである（第7章第4節参照）。

　次にマズロー（Maslow, A. H., 1970）は**欲求の階層説**を提起し，下位に位置する欲求の実現が上位に位置する欲求の実現の基礎になると考えている（第3章第4節，第8章第4節参照）。生理的欲求，安全・安定の欲求，愛情・所属の欲求，承認・自尊の欲求などの基本的欲求が満たされる場合にのみ，人はさらに高次の欲求を満たそうとする活動に時間とエネルギーを割くことができる。そして他のすべての欲求が満たされたときに，もっとも高次の欲求である自己実現欲求を満たそうとする活動を行う状態になると考えるのである。

　マズローは有名な歴史上の人物についての研究をとおして，心理学的に健康で自分の能力や可能性を十分に発揮できる理想的な人物，すなわち**自己実現的**

人間を研究した。そして自己実現的人間のパーソナリティの特徴として、現実を的確にとらえること、自分や他者をありのままに受容できること、思考や行動が自発的であること、ユーモアのセンスがあること、創造性豊かであること、人類の幸福に関心があることなどをあげている。

4．その他の理論

1）レヴィンの場の理論　レヴィンは，**場の理論**とよばれる独自の理論を展開した。この理論では，パーソナリティ全体を1つの円または楕円で表現する（図5-2）。パーソナリティの構造は，まず知覚・運動領域（P-M）と内部人格領域（Ｉ）に区別される。知覚・運動領域とは，情報器官として環境をとらえるはたらきをもつ知覚体系と，行動として環境にはたらきかける運動体系から構成され，環境と人との間の境界となる領域である。内部人格領域は，ジョルダン曲線とよばれる幾何学的な曲線によって分節化されており，より中心的な領域と周辺的な領域に区別される。周辺的な領域には表面的な興味や習慣などが含まれ，中心的な領域には自己の主要な活動や思想，信念，欲求などが含まれる。そして，中心的な領域に含まれるものほど表出されにくく，また環境の影響を受けにくいとされる。

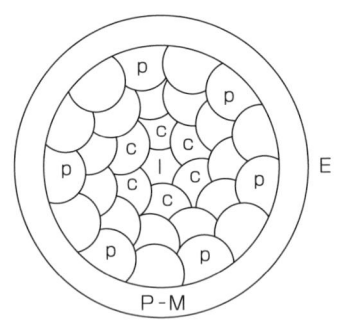

場の理論では，パーソナリティの発達は曲線によって分節化された領域の数が増加することだとされる。また個々人のパーソナリティの違いは，分節化された領域の数を意味する分化度や，領域間の境界の硬さによって表現される。自分が専門とする領域はよく分化しているが，他の領域はそれほど分化していないと考えられ，また境界が硬い人はある心的活動から他の活動へと容易に移行できず，しゃくし定規で頑固な特徴を示すとされる。

P-M：知覚・運動領域
Ｉ：内部人格領域
ｐ：Ｉの周辺的領域
ｃ：Ｉの中心的領域
Ｅ：心理学的環境

図5-2　レヴィンのパーソナリティ構造
(戸苅, 1967)

2）マレーの理論　マレーは要求（欲求；need）と圧力（press）という視点か

ら，**要求（欲求）－圧力理論**を展開した。

　まず要求とは，脳の中の力（未知の生化学的な性質のもの）を表す構成概念であり，不満な状況を変えるように，知覚，統覚，知的作用，意欲，行為などを，ある特定の方向に体制化する力である（Murray, H. A. et al., 1938）。マレーは要求を，生理的満足を求める**一次的（臓器発生的）要求**と，特定の身体的過程との結びつきが明確ではない**二次的（心理発生的）要求**に分類し，それぞれを整理した。一次的要求には，空気，水，食物，性，哺乳，排尿，排便，傷害回避，毒性回避，暑熱回避，寒冷回避，官性があげられている。また二次的要求はさらに，20 の顕在的要求（成就，親和，攻撃など），8つの潜在的要求（抑圧された屈従，抑圧された攻撃など），4つの内的因子（理想我，自己愛，超自我統合，超自我葛藤），12の一般的性格（不安，創造性，情緒性など）に分類される。マレーはこれらの二次的要求を測定するための質問項目を作成しており，これまでに数多くの研究で用いられてきた。さらに，代表的な投影法検査の1つである**絵画統覚検査（TAT）**は，潜在的要求を測定する方法として考案されたものである（第7章第3節参照）。

　次に，圧力とは環境において行動を制御するものであり，要求を満足させる約束や，要求を阻止する脅迫といった，有益／有害な過程である。マレーは幼児期の圧力について，家族の無支持，危険・不幸，欠乏・喪失，保持・物を与えるのを差し控えること，排除・無関心と嘲弄など20種類をあげている。

第3節　知的な構造

1．知能とは

　1）知能の意味　　知能とは何だろうか。表5-2 は，従来の研究における知能の諸定義をまとめたものである。この表からわかるように，知能の定義にはさまざまなものがあるが，現在ではウェクスラー（Wechsler, D., 1958）による定義がもっともよく用いられている。それは「個人が目的に合うように活動し，合理的に思考し，みずからの環境を効果的に処理する総合能力である」というものである。この定義は，表5-2 と照らし合わせると(a)(b)(c)を包括するものであり，知能をより広くとらえようとするものであるといえる。

表 5-2　各種の知能の定義 (住田, 1986を改変)

分類	主な主張者	内容・長所	問題点
(a)抽象的な思考能力	ターマン ビネー	知能を高度な精神能力として定義	子どもや動物の知能をどう考えるのか
(b)適応能力	シュテルン ピントナー	知能を広く解釈している	適応の面からみると, 感情・健康といったものも含まれる
(c)学習可能性	ディアボーン	学校での学習については理解しやすい	学校教育外の学習活動に必ずしも適用できない
(d)操作的定義	ボーリング	知能検査によって測られたものとする	知能理論の発展性を期待しにくい

　知能を測定しようとする**知能検査**には, 検査者が検査対象者と1対1で行う個人検査と, 多くの対象者に一斉に実施する集団検査がある。1905年, フランスのビネーは友人の医師シモンとともに, 発達遅滞児と健常児を区別するために, 初めて知能検査を作成した。この検査は, 困難度が異なる30個の問題を難度順に並べた段階式検査法であり, 検査の結果から発達遅滞児を3段階に区分できるようになっている。ビネーの検査は個人検査の方式を採用しているが, 集団検査は1917年頃から, アメリカでヤーキーズらにより兵士の能力弁別を試みるために作成されるようになった。集団検査には統計技術を用いたより客観的な採点法や基準が取り入れられているという特徴があり, 個人検査は集団検査では困難な個々人の状態に応じた対応を行うことが可能であるという特徴がある。その後, ウェクスラーがビネー式の個人検査を大きく改変し, 集団検査のもつ, より客観的な採点法や基準を個人検査に取り入れていった。現在では, 教育場面や職業指導の場面では集団検査が, 心理臨床場面や発達障害児の把握といった個別の指導が必要な場面では個人検査が用いられることが多いといえるだろう (第7章第3節参照)。

　ただし知能をどのように定義したとしても, 知能そのものを直接的に測定することはできない。実際には, 知能検査の個々の課題に対する回答や反応をとおして測られたものから, 個人の知能の状態を推測しているのである。

　2) 知能の表現方法 (知能検査結果の表現方法)　知能検査の結果を示す方法としてよく知られているものに, **知能指数** (IQ: Intelligence Quotient) がある。IQ は実際の年齢に比べた精神発達の状態を表現するために用いられて

きたものであり，精神年齢と実際の年齢である**生活年齢**から算出する指標である。

　精神年齢は，1908年にビネーが初めて導入した概念である。ビネー式の知能検査では，検査を構成する問題が困難度に基づいて分けられており，たとえば4歳児の問題は，大多数の3歳児は答えることができないが，4歳児ではかなりの者が答えることができ，5歳児ではほとんどの者が答えることができる難度となっている。そして子どもの反応が典型的にみられる年齢段階が，精神年齢として表される（田中教育研究所，1987）。

　もともとビネーが作成した知能検査は精神年齢のみを測定するものであったが，精神年齢だけで知能の個人差を測定すると，5歳の子どもが1歳遅れている場合と10歳の子どもが1歳遅れている場合の意味の違いを表現することができない。そこでドイツの心理学者であるシュテルンは，実際の年齢に比べて知能の発達がどの程度前後しているかを比率で表現するために，精神年齢を生活年齢で割った値をIQとした。さらにアメリカの心理測定学者であるターマンは，指数から小数点を取り除くことと生活年齢のパーセンテージとしてIQを表現することを目的として，シュテルンの指数に100をかけた数値を用いることを提案した（図5-3のa）。このような経緯から，IQ＝100がその年齢における平均レベルの知能を意味するようになった。たとえば，生活年齢が8歳で精神年齢が7歳の子どもの知能指数を算出すると，$7/8 \times 100 = 87.5$であり，IQは87.5となる。IQの平均レベルは100なので，この子どもの知能の発達はやや遅れていることになる。

　精神年齢と生活年齢を用いてIQを算出する場合，たとえば精神年齢6歳の

a．知能指数（IQ）の算出式

$$\text{知能指数 (IQ)} = \frac{\text{MA（精神年齢）}}{\text{CA（生活年齢）}} \times 100$$

b．偏差知能指数の算出式

$$\text{偏差知能指数 (D·IQ)} = \frac{15 \times (\text{個人の得点} - \text{平均点})}{\text{標準偏差}} + 100$$

図5-3　知能指数と偏差知能指数の算出式

5歳児はIQ＝120であり，精神年齢12歳の10歳児もIQ＝120となる。この2人はともにIQ＝120であるが，前者が生活年齢に対して精神年齢が1歳進んでいるのに対し，後者は2歳進んでいる。図5-3のaで算出されるIQはこのような差を表現することができない。また成人の知能を測定する場合には，精神年齢の意味を定義することが困難になる。そこで1939年にウェクスラーは，精神年齢という概念を用いずにIQを算出する偏差知能指数を提案した（図5-3のb: Wechsler, D., 1991）。

偏差知能指数は，対象者が所属する年齢群における対象者の相対的位置を表すものであり，平均が100で標準偏差は15とされている。ある年齢において偏差知能指数85～115の間に約68％の人々が，70～130の間に約95％の人々が含まれる。現在幅広く用いられている，**ウェクスラー式成人用知能検査**（WAIS; Wechsler Adult Intelligence Scale）や**ウェクスラー式児童用知能検査**（WISC; Wechsler Intelligence Scale for Children），**ウェクスラー式幼児用知能検査**（WPPSI; Wechsler Preschool and Primary Scale of Intelligence）では，偏差知能指数によってIQを算出する。また現在，一般にIQという言葉を用いる場合には，この偏差知能指数をさすことが多い。

2．知能の構造

ウェクスラー式児童用知能検査の第3版（WISC-III）には，表5-3に示すように13の下位検査が用意されている。これらの下位検査は大きく**言語性検査**と**動作性検査**に分類されている。そして，言語性検査の結果から言語性IQを，動作性検査の結果から動作性IQを算出し，それらを総合した全検査IQを算出する方式が採用されている。このように，検査全体のIQだけではなく言語性IQや動作性IQも算出する方式となっている背景には，知能の内容や構造をどのように考えるかという問題がある。

この知能の内容や構造については，スピアマンがさまざまな知能検査，下位検査の得点間の相関関係を統計的に分析し，知能には**一般因子**（g因子）と**特殊因子**（s因子）という2つの因子があることを見いだした。一般因子とは，すべての検査得点にかかわっている因子であり，特殊因子はその検査が測定する知能にのみ影響をおよぼす因子とされた。スピアマンはこの因子を心的エネ

表5-3 WISC-III の下位検査
(Wechsler, D., 1991：日本版 WISC-III刊行委員会訳編著，1998を改変)

下位検査	説明
1. 絵画完成	絵カードの中で欠けている重要な部分を答える。
2. 知識	一般的な知識に関する質問に答える。
3. 符号	幾何的な図形や数字と対になっている簡単な記号を書き写す。
4. 類似	共通のものや概念を表す2つの言葉の類似点を答える。
5. 絵画配列	短い物語が描かれたカードを物語の意味が通じるように並べ替える。
6. 算数	算数の問題に暗算で答える。
7. 積木模様	モデルとなる模様と同じになるよう，決められた数の積木で作る。
8. 単語	単語の意味を答える。
9. 組合せ	断片的な図形を組み合わせて具体物の形を完成させる。
10. 理解	日常的な問題解決や社会的なルールなどの理解度をみる。
11. 記号探し＊	左側の刺激記号が右側の記号グループの中にあるかどうかを判断する。
12. 数唱＊	数列を読み上げ，それと同じ順あるいは逆の順に暗唱する。
13. 迷路＊	迷路問題を解く。

偶数番号：言語性検査，奇数番号：動作性検査
＊11, 12, 13は補助検査もしくは代替検査として用いられる

ルギーであるとしたが，抽象的推論能力や神経処理速度を意味すると解釈する立場もある。また一部には，この因子はたんなる統計的な抽象概念であり，心理学的な意味はないとする研究者もいる。

　サーストンは，いくつかの知能検査の得点に対して因子分析を行った結果，7つの基本的な因子を見いだし，スピアマンの指摘した一般因子の存在は認められないと結論づけた。サーストンが見いだした7つの基本的因子とは，言葉や文章理解の能力である「言語」，言葉の発想力などを意味する「語の流暢性」，演算能力を意味する「数」，空間的パターンの知覚能力である「空間」，機械的な記憶能力を意味する「記憶」，特定の図柄を探し出す能力である「知覚」，法則性を発見する能力である「推理」である。このように，知能がいくつかの因子で構成されるとするモデルを**多因子説**という。多因子説にも一般因子が設定されているが，それは一部の複数基本的因子が混合したもののことであり，すべての能力に共通する因子は存在しないと考える。

　ギルフォードは，知的能力に関して「操作」「内容」「所産」という3つの次元からなる立方体でとらえるモデルを考案した。操作とは情報に加えられる心理的な操作およびその過程のこと，内容とは知的操作の対象となる情報や内容

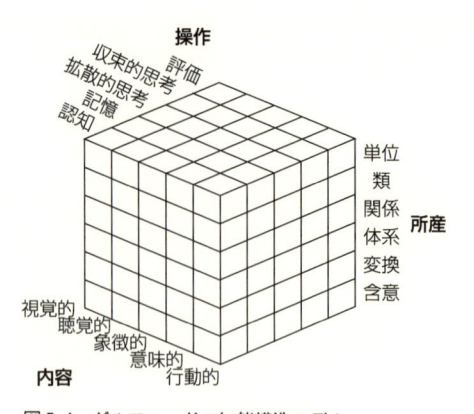

図5-4 ギルフォードの知能構造モデル
(Colman, A. M., 2001; 藤永・仲 [監訳], 2004)

のことであり,所産とは知的操作の結果としてどのような情報が伝えられるかに関連するものを意味する。当初,この理論は120の独立した能力で構成されると仮定していたが,1982年には能力の数が拡大され,5種類の操作,5種類の内容,6種類の所産を組み合わせた計150の知能因子が想定されている(図5-4)。

また近年では認知科学の影響を受けて,情報処理モデルを想定する知能理論が展開されている。

スターンバーグは,知能の**鼎立理論**とよばれる理論を提唱した。この理論は,問題解決時の情報処理や問題解決方略の実行など思考過程をあつかうコンポーネント(構成成分)理論,新たな環境や状況に対処する際の経験の影響をあつかう経験理論,環境や文化の影響に関連する文脈理論という3つの部分からなる階層的な理論体系である。

またガードナーは,知能を特定の文化的状況あるいは共同体において重要な,問題を解決したり物を作り出したりする能力と定義し,互いに独立な7種類の知能が組み合わさることでさまざまなはたらきをするという**多重知能理論**を提唱した。ガードナーによる7種類の知能とは,言語的知能,論理・数学的知能,空間的知能,音楽的知能,身体・運動的知能,個人内知能,対人的知能である。この理論の特徴は,音楽やスポーツなど芸術・表現領域の知能を含めている点,

自己と他者の理解という対人的知能の重要性を指摘している点において，従来の理論を発展させたものといえる。

3. 創 造 性

創造性とは，目新しく独創的であり，しかも価値があって適切なものやアイデア，言いかえれば有用で魅力的で意味があり，時宜にあったものやアイデアを産出することである (Colman, A. M., 2001)。創造的な思考力には，思考の速さを意味する流暢性，幅広い思考を意味する柔軟性，思考が深く綿密であることを意味する実用性，思考がユニークであることを意味する独創性という4つの要素がある (松原, 2002)。

知能が知能検査で測定されるように，創造性は**創造性検査**で測定される。創造性検査には，1つの問いに多くの答えの可能性があること，1問あたりの回答に必要な時間が長いこと，反応の量や領域が多いこと，反応の希少性などの面から採点されることなどの特徴がある。次の問題を考えてみてほしい。

問1．電話帳の本来の用途以外の使い道をなるべく多くあげなさい。
問2．もし，この世の中で電気というものが使えなくなったらどうなるでしょうか。いろいろ予想される結果を述べなさい。
問3．「しんかん」の4文字にいろいろ異なった漢字をあて，実在する単語をつくりなさい。

(住田，1986 より)

先に示したギルフォードの知能構造モデルの操作の次元に，収束的思考と拡散的思考という概念が導入されている。**収束的思考**とは問題の唯一の解を求めるような思考様式，**拡散的思考**とは与えられた問題に対してさまざまなアイデアを生み出すような思考様式を意味する。先の3つの問題の答えは，必ずしも1つとは限らない。創造性検査に回答するためには，さまざまな方向へと思考を広げていくような，拡散的思考が必要となるのである。

ところが，我々の日常生活では，拡散的思考を用いるよりも収束的思考を用いる機会の方が多い。普段から収束的思考ばかりを行っていると，拡散的思考

に切り替えることが困難になる。このような切り替えを行うには，頭を休めることが有効である。創造的なアイデアは何かの問題を解くことに没頭しているときではなく，解決とは無関係な活動をしているときやゆっくりと休んでいるときにひらめくことがある。これを**孵化効果**とよぶが，このような現象は，収束的思考から拡散的思考への切り替えが成功したことを意味している。

第4節　自　己

1．自己の定義
1）自己とは

　私が何を考えている時でも，私はそれと同時にいつも私自身，私の人格的存在を多少とも自覚している。また同時にそれを自覚しているのも私である。したがって私の全自我（セルフ）はいわば二重であって，半ば知者であり半ば被知者であり，半ば客体であり半ば主体であって，その中に識別できる2つの側面がある。

（James, W., 1892；今田訳，1992）

　この文章は，19世紀末にジェームズによって著された著書の一部である。ジェームズは我々が自分自身について考えるときに，知る側の自己（**主我，主体としての自己**：Iあるいはself as knower）と知られる側の自己（**客我，客体としての自己**：meあるいはself as known）という自己の二側面が生じることを指摘した。

　彼は，上記のうち客体としての自己を，人が「自分のもの」とよぶことができるすべての総和であるとしている。そして，身体や心的能力だけではなく，衣服，家，家族，友人，仕事，銀行通帳など，「自分のもの」とよぶことができるすべてが客体としての自己を構成するという。

　ジェームズはこのような客体としての自己の構成要素を，次の3つに分類している。第1に**物質的自己**である。これは身体，家族，財産などであり，この中でも身体が物質的自己の中心とされる。第2に**社会的自己**であり，これは仲間がもつイメージや認識である。厳密にいえば，人は自分のことを知っている

人の数だけ社会的自己をもっている。そして第3に**精神的自己**であり、これは自分の意識状態や心的能力、さまざまな傾向の集合である。精神的自己のなかでも、情動や欲望、意思決定のような能動的な感じをもつ意識状態ほど中心的な位置にあるという。さらにジェームズは、身体的自己を底辺、精神的自己を頂点として、それ以外の身体的物質的自己や社会的自己がその間に位置する階層構造を想定している。

2）**自己の諸理論**　クーリー（Cooley, C. H., 1902）は、日常会話のなかで一人称単数の代名詞（I, my, me, mine, myself）で示されるものを自己とした。クーリーは日常の観察によって感知し、確認することのできる自己のことを**経験的自己**とした。そして、その経験的自己にとって重要なことは、自分が他者のこころにどのように映っているかであると考えた。人は自分が他者からどのように思われているのかを想像によって知り、その想像される自己像から自己感情とよばれるさまざまな感情が生じてくる。クーリーの理論における自己は、すべて社会的自己であり、他者の目に映ったものという意味で**鏡映自己**とよばれる。

ミードは、自己を社会的経験や社会的活動の過程で生じるものであり、他者との関係のなかで発展していくものであると考えた。ミードの理論では、自己はIとmeで構成されている。meは他者の態度の組織化された組み合わせであり、そのmeを受けて反応する行為主体がIである。言いかえると、社会的適応の受動的側面を表すのがmeであり、自分が反応しやすいように環境を変えていく能動的側面を表すのがIである。我々はミードのいうIを直接知ることはできず、Iが動作を起こした後になってmeとして知ることができる。自分がした行為に対して自分自身が驚くことがあるのは、このようなメカニズムによるとも考えられる。

G. W. オルポート（Allport, G. W., 1955）は、自己に関して**プロプリウム**という概念を導入している。プロプリウムとは自分自身のもの、自分本来のもの、という感覚であり、パーソナリティに内的統一をもたらすあらゆる側面を含むものである。そしてジェームズの物質的自己、社会的自己、精神的自己の区別を評価しつつも、そこには精神力動的な視点が欠けていたとして、新たな分類の枠組みを提唱した。G. W. オルポートはプロプリウムの機能として、次の8

つをあげている。
　①身体感覚：身体内部で生じるさまざまな感覚の流れで構成され，生涯にわたり自己意識の基盤となる。
　②自己同一性：過去の自分と現在の自分とを同一のものと感じる意識であり，たとえば自分の名前が，この自己同一性の確立に重要な役割を果たす。
　③自己高揚：自己主張の衝動や自己満足の感覚など，利己的な自己追求の機能である。
　④自己拡大：自分のものと感じる対象を広げようとする機能であり，活動領域の広がりにともなって，家族，友人，学校，社会へと拡大していく。
　⑤合理機構：内的欲求と外界とを総合し，現実世界への適応に向けて理性的対処をする機能である。
　⑥自己像：自分自身についてもつイメージであり，現実の自分自身の能力や地位，役割などに関するイメージである現実的自己像と，自分がこうありたいと望むイメージである理想的自己像という2つの側面をもつ。
　⑦本来的希求：緊張の持続や生成をめざす動機づけの一種であり，自分の生活スタイルを追求する，自己実現的な動機づけである。
　⑧認識者：プロプリウムの他のすべての機能を超え，それらをまとめて視野に入れておくことのできる認識主体である。
　G.W. オルポートによると，2～3歳頃にプロプリウムの機能が現れ，学習と社会化にともなって発達していくという。

2．自己概念

1）自己概念の性質　　私たちが自分自身について考えようとするとき，その知覚した内容を**自己概念**という。人は，さまざまな経験をとおして，「自分は〇〇である」という概念化を行う。このような自己の概念化は，活動する場面の数だけ無数に存在する。たとえば勉強場面であれば「自分は頭がよい／わるい」，運動場面であれば「自分は運動が得意だ／不得意だ」といったように，自己概念はさまざまな活動場面ごとに個人を個人らしくさせるものである。またたとえば，「自分は勉強ができない」という自己概念をもつ子どもは，それによって授業での行動が控えめになったり，なかなか答えられなかったりする。

このように自己概念は，活動する主体のあり方を規定するものでもある（溝上，1999）。

自己概念の性質としては，以下の7つをあげることができる（榎本，1998）。

①組織的・構造的：人は自分自身についてもっている数多くの情報をカテゴリー化し，それぞれのカテゴリー同士を関連づけている。

②多面的：個々の側面は，個人や集団により採用されたカテゴリー体系を反映している。

③階層的：特定の状況における個々の行動を基底層とし，一般的自己概念を頂点とする階層構造をなす。

④安定的：階層の頂点となる一般的自己概念は安定しているが，下層の自己概念になるほど特定の状況に結びつくため不安定なものになる。しかし，下層の自己概念が上層の自己概念に伝わるときには弱められるため，行動レベルで変化があっても自己概念は容易に変化しない。

⑤発達的：幼児期の自己概念は包括的で未分化なものであったり，特定の状況に結びついたものに限られていたりするが，成人期へと発達するにつれて，より多面的な分化した自己概念へと変化していく。

⑥評価的：自己概念は記述的であると同時に評価的でもある。その評価を行う基準は，自分自身の理想や周囲の仲間との比較，他者からの評価などによる。

⑦弁別的：自己概念は他の構成概念と区別することができる。

2）自己概念の諸側面　先に述べたように，ジェームズは客体としての自己を物質的自己，社会的自己，精神的自己という3つの側面でとらえている。このように，自己概念をいくつかの側面に分類する試みが，これまでに数多くなされている。

たとえばシェイベルソンら（Shavelson, R. J. et al., 1976）は，自己概念尺度に関するいくつかの文献をもとに，**自己概念の階層モデル**（図5-5）を提案している。このモデルでは，全体的な自己概念が，学業的自己概念，社会的自己概念，情緒的自己概念，身体的自己概念という4つの領域に分けられている。これら4つの領域はさらに下位領域に分けられており，たとえば学業的自己概念の下位には英語や歴史など各科目に関連する自己概念が位置している。さら

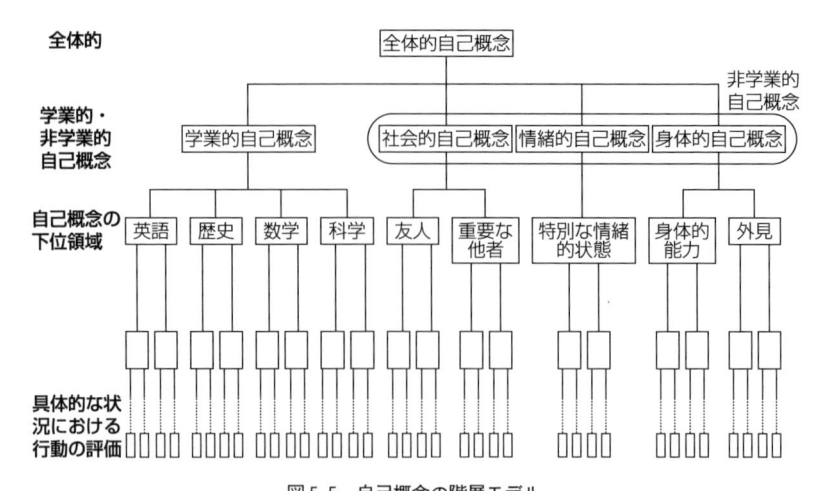

図5-5 自己概念の階層モデル
(Shavelson, R. J. et al., 1976；溝上, 1999を改変)

にその下位にも個別の自己概念があり，最下層には具体的な状況における行動の評価が位置づけられている。この階層モデルは，自己概念を個々の場面における具体的なものから，より抽象的なものまでいくつかのレベルに分けることができることを意味している。

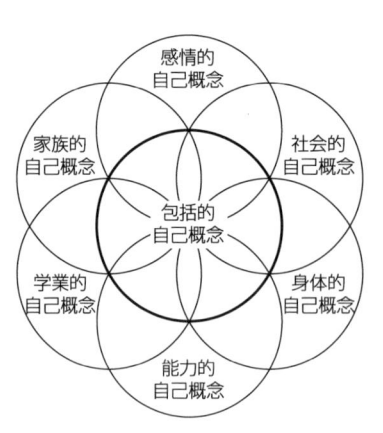

図5-6 ブラッケンの自己概念モデル（榎本, 1998を改変）

またブラッケンは，図5-6のような**多次元自己概念モデル**（MSCSモデル）を提唱している。ブラッケンは，社会的文脈の数だけ自己概念があると考え，そのなかでも代表的な文脈として，社会，能力，感情，学業，家族，身体という6つをあげている。そしてこれら6つの文脈に関連して，それぞれの自己概念が設定されている。①社会的自己概念：他者とのかかわりに関連した社会的能力の自己認知。②能力的自己概念：目標達成における成功や失敗の自己認知。③感情的自己概念：

感情的行動の自己認知。④学業的自己概念：学業成績や学校に関する活動における能力の自己認知。⑤家族的自己概念：家族成員とのかかわりに関連した能力の自己認知。⑥身体的自己概念：身体的魅力や身体的能力の自己認知。そして，これら6つの自己概念が重なる中心に，包括的自己概念が位置する。

　なお図5-6は，6つの自己概念のうち隣り合うものだけが重なっているように描かれているが，このモデルではすべての自己概念領域が重なり合うことを仮定している。またこれら6つの領域は，個人によって多少は重要度が異なるかもしれないが，基本的にどの領域もほぼ同じ程度の重要度をもつとされている。

　3）現実自己と理想自己　　ロジャーズは，精神疾患の治療が進んでいくにつれて，クライエントの自己概念が変容していくことを見いだし，実際に治療場面で調査を行っている。**現実自己**と**理想自己**についての調査を，カウンセリングを受ける前と受けた後に実施した結果，カウンセリング前には理想自己と現実自己とがほぼ無関連だったのに対し，カウンセリング後には正の相関が認められ，理想自己と現実自己のズレが小さくなっていることを見いだした。この結果は，ロジャーズが提唱する心理療法である，クライエント中心療法（第7章第4節参照）の有効性を示すものとされている。

　一般に自己概念という言葉を用いるときには，現在の自分自身について認識している姿である現実自己をさす。しかし，自分自身について思いをめぐらすときには，現在のみならず将来の自己や過去の自己も認識の対象となりうる。マーカスとニューリアス（Markus, H., & Nurius, P., 1986）は，現実に今ここにある以外の自己を**可能自己**と名づけた。可能自己としては，良い自己，悪い自己，期待されている自己，恐れられている自己，本来の自分ではない自己，理想自己，義務自己などがあげられている。

　またヒギンズ（Higgins, E. T., 1987）は，自分自身が実際に所有しているイメージである現実自己，理想としてこうありたいと望んでいる理想自己，こうあるべきという義務的なイメージである**義務自己**を想定し，理想自己と現実自己，義務自己と現実自己の一致あるいは不一致を問題とする**自己不一致理論**を提唱した。理想自己と現実自己との不一致は，自分自身が望む状態に自己が合致していないと感じていることを意味するので，失望感や不満を感じることに

なる。また義務自己と現実自己との不一致は，自分自身がそうあるべき，そうあらねばならないという状態に合致していないことをさす。これは自分自身に課している義務や責任を果たしていない状態であることを意味するので，罪悪感など動揺した感情を経験するという。

3．自己評価・自尊感情

　ジェームズは，我々の自尊感情は自分が何になり，何をすることにみずからを賭けるかに依存しており，自分の願望を分母，成功を分子とする分数によって決定されると述べ，自尊感情が次の公式で成り立つことを示した。

$$自尊感情 = \frac{成功}{願望}$$

　この公式によると，自尊感情は分母を小さくしても分子を大きくしても値を増すことができる。たとえば，失敗を繰り返して失望する人であっても，願望を少なくすることによって自尊感情は保たれることになる。ジェームズは，このように自分自身で自尊感情をコントロールすることができると述べている。

　自尊感情とは，自己概念を全体としてよいものと受け止め，肯定的に感じられることである。自己に対する評価に関しては，自己評価という用語もある。これは自己概念の個々の側面に対する具体的な評価を意味するものである。そして，多くの自己評価的経験の積み重ねをとおして形成された，自己に対する

表5-4　ローゼンバーグの自尊感情尺度 (Rosenberg, M., 1965；星野，1970訳)

1．私はすべての点で自分に満足している	1	2	3	4
2．私はときどき，自分がてんでだめだと思う＊	1	2	3	4
3．私は，自分にはいくつか見どころがあると思っている	1	2	3	4
4．私はたいていの人がやれる程度には物事ができる	1	2	3	4
5．私にはあまり得意に思うことがない＊	1	2	3	4
6．私は時々たしかに自分が役立たずだと思う＊	1	2	3	4
7．私は少なくとも自分が他人と同じレベルに立つだけの価値のある人間だと思う	1	2	3	4
8．もう少し自分を尊敬できたならばと思う＊	1	2	3	4
9．どんなときでも例外なく，自分を失敗者だと思いがちだ＊	1	2	3	4
10．私は自身に対して前向きの態度をとっている	1	2	3	4

　＊逆転項目（合計得点を算出する際に得点を逆に計算する項目）
　注：1．あてはまらない，2．あまりあてはまらない，3．ややあてはまる，4．あてはまる，の4段階で回答する。

感情の複合体が自尊感情であると考えられる。

　表5-4は，現在でも自尊感情の測定に幅広く用いられている，ローゼンバーグの**自尊感情尺度**である（Rosenberg, M., 1965）。ローゼンバーグは自尊感情の研究に，初めて質問紙法による調査を取り入れた研究者であり，自尊感情を特別な対象である自己に対する肯定的または否定的な態度であるとした。また彼は自尊感情に，自分を「非常によい（very good）」と考えることと，「これでよい（good enough）」と考えることという2つの意味があることを指摘し，自尊感情が高いことは後者の「これでよい」と感じることを意味するとしている。自分を「非常によい」と考えることは，社会や他者と比較してすぐれていることを基準とした際に感じられるものであり，「これでよい」と考えることは自分自身の価値基準に照らし合わせて自分を尊敬し，価値ある人間であると考えることを意味する。したがって，自尊感情が低いことは自己拒否，自己不満足，自己軽蔑を示しており，自分が観察している自己に対して尊敬を欠いていることを意味している。

コラム

自己愛パーソナリティ研究の現在
―自己愛の構造と青年期発達―

　自己愛という概念は，もともとフロイトが「自我へのリビドーの備給」であると定義し，体系化したものであり，それ以降数多くの精神分析学者が論じてきた概念である。この概念は，精神的な疾患を解釈する際に用いられるものであると同時に，アメリカ精神医学会の診断基準の第3版（DSM-III）以降には，人格障害の1つとして自己愛性人格障害が取り入れられている。DSM-IVにおける自己愛性人格障害の診断基準は以下のようなものである：①自己の重要性に関する誇大な感覚をもつ，②限りない成功，権力，才気，美しさ，あるいは理想的な愛の空想にとらわれている，③自分が"特別"であり，独特であり，他者にも自分をそのように認識することを期待する，④過剰な賞賛を求める，⑤特権意識，つまり，特別有利な取り計らい，または自分の期待に自動的に従うことを理由なく期待する，⑥対人関係で相手を不当に利用する，つまり，自分自身の目的を達成するために他人を利用する，⑦共感の欠如，⑧しばしば他人に嫉妬する，または他人が自分に嫉妬していると思いこむ，⑨尊大で傲慢な行動，または態度。そしてこれら9項目のうち5項目以上がさまざまな状況で認められる場合に，自己愛性人格障害と診断される。

　本来自己愛は精神的な疾患の説明をするための概念であるが，自己愛的な人物であっても必ずしも心理臨床場面に現れるわけではない。また，自己愛的な特性をもっているからといって，必ずしも自己愛性人格障害となるわけでもない。現実的に何らかの問題を抱えている人というのは，自己愛的なパーソナリティをもちながら，そのパーソナリティが自分自身を取り巻く環境にうまく適合できずに，いわば二次的な問題を抱えている人物であると考えられる。

　このように考える場合，人格障害ではない，一般の人々がもつパーソナリティとしての自己愛を考慮する意義が出てくる。ラスキンとホール（Raskin, R., & Hall, C. S., 1979）が自己愛人格目録（Narcissistic Personality Inventory; NPI）を発表して以降，パーソナリティ心理学や青年心理学，社会心理学の領域では，必ずしも病理を意味するものではない，一般的なパーソナリティ特性としての自己愛パーソナリティに関する研究が精力的に行われている。

　小塩（2004）は，一般青年を対象とした研究を行うなかで，青年期の自己愛を2つの軸でとらえる，自己愛傾向の2成分モデルを提唱した。このモデルは，臨床場面における自己愛性人格障害の多様性を背景としたものであり，NPIの短縮版であるNPI-Sを統計的に分析することにより，「自己愛総合」と「注目-主張」という2つの成分を抽出する。そして，この2つの成分を組み合わせて得られる4つのグループから，青年期の自己愛の構造をとらえようとするものであ

る（図参照）。「自己愛総合」の軸は自己の誇大感を意味し，自己に対する肯定的な評価や，他者よりも優れているという感覚を意味する。また「注目－主張」の軸は，他者から注目を浴びたい，賞賛されたいという欲求的側面が顕著であるか，自分の有能さを積極的に他者に主張していく行動的側面が顕著であるかを意味する。「注目－主張」の軸は，「自己愛総合」の軸が意味する自己に対する感覚を，周囲との関係のなかでどのように形成・維持しているかを表現する軸であると考えられる。

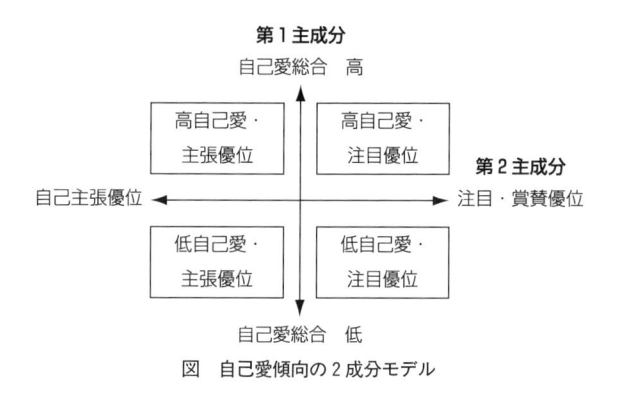

```
                    第1主成分
                  自己愛総合 高
                        ↑
        ┌─────────┐  ┌─────────┐
        │ 高自己愛・│  │ 高自己愛・│
        │  主張優位 │  │  注目優位 │
        └─────────┘  └─────────┘              第2主成分
自己主張優位 ←──────────────────→ 注目・賞賛優位
        ┌─────────┐  ┌─────────┐
        │ 低自己愛・│  │ 低自己愛・│
        │  主張優位 │  │  注目優位 │
        └─────────┘  └─────────┘
                        ↓
                  自己愛総合 低
            図　自己愛傾向の2成分モデル
```

　小塩（2004）によると，青年にとっては第1に，「注目－主張」の軸において，「注目・賞賛欲求」と「自己主張性」のバランスを保つことにより，適度に他者からどのように見られているのかに意識を向け，適度に自分の意見を主張するという態度をとることが重要である。また第2に，そのような他者との関係を保ちながら「自己愛総合」の高さが意味する有能感や自己肯定的な感覚をある程度のレベルで維持することが，望ましい姿である。そして，そのようなバランスを維持するには，周囲にいる他者の存在が不可欠である。ときに他者から賞賛され，ときに他者から欠点を指摘されるような経験を積むなかで，それまでの自分のあり方を顧みることを繰り返しながら，青年期の自己愛は発達していくと考えられるのである。
　　　　　　　　　　　　　　　　　　　　　　　　　　　　（小塩真司）

引用文献

Allport, G. W., & Odbert, H. S. 1936 Trait names: A psycho-lexical study. *Psychological Monographs,* **47**(211), 171.
Allport, G. W. 1955 *Becoming.* New Haven: Yale University Press.
Allport, G. W. 1961 *Pattern and growth in personality.* New York: Holt.
Colman, A. M. 2001 *A dictionary of psychology.* Oxford: Oxford University Press. (藤永　保・仲真紀子監訳　2004　心理学辞典　丸善)
Cooley, C. H. 1902 *Human nature and the social order.* New York: Schocken Books.
榎本博明　1998　「自己」の心理学―自分探しへの誘い―　サイエンス社
Goldberg, L. 1992 The development of markers for the big-five factor structure. *Psychological Assessment,* **4**, 26-42.
Higgins, E. T. 1987 Self-discrepancy: A theory relating self and affect. *Psychological Review,* **94**, 319-340.
星野　命　1970　感情の心理と教育（2）　児童心理，**24**, 1445-1477.
James, W. 1892 *Psychology: Briefer course.* New York: Henry Holt. (今田　寛訳　1992　心理学　上・下　岩波書店)
Krahè, B. 1992 *Personality and social psychology: Towards a synthesis.* London: Sage. (堀毛一也編訳　1996　社会的状況とパーソナリティ　北大路書房)
Markus, H., & Nurius, P. 1986 Possible selves. *American Psychologist,* **41**, 954-969.
Maslow, A. H. 1970 *Motivation and personality,* 2nd ed. New York: Harper & Row.
松原達哉　2002　知能・創造性の心理　松原達哉（編著）　心理学概論　培風館　Pp. 86-106.
Mischel, W. 1968 *Personality and assessment.* New York: Wiley. (詫摩武俊監訳　1992　パーソナリティの理論：状況主義的アプローチ　誠信書房)
溝上慎一　1999　自己の基礎理論―実証的心理学のパラダイム―　金子書房
村上宣寛・村上千恵子　1999　性格は五次元だった：性格心理学入門　培風館
Murray, H. A. and collaborators 1938 *Explorations in personality: A clinical and experimental study of fifty men of college age.* New York: Oxford University Press. (外林大作訳　1961　パーソナリティⅠ・Ⅱ　誠信書房)
小塩真司　2004　自己愛の青年心理学　ナカニシヤ出版
Raskin, R., & Hall, C. S. 1979 A narcissistic personality inventory. *Psychological Reports,* **45**, 590.
Rogers, C. R. 1961 *On becoming a person.* Boston: Houghton Mifflin.
Rosenberg, M. 1965 *Society and the adolescent self-image.* Princeton: Princeton University Press.
Rotter, J. B. 1954 *Social learning and clinical psychology.* Englewood Cliffs: Prentice-Hall.
生和秀敏　1998　学習理論からのアプローチ　詫摩武俊（監修）　性格心理学ハンドブ

ック　福村出版　Pp. 117-122.
Shavelson, R. J., Hubner, J. J., & Stanton, G. C.　1976　Self-concept: Validation of construct interpretations. *Review of Educational Research,* **46**, 407-441.
住田幸次郎　1986　知能と創造性　北尾倫彦・小嶋秀夫（編）　心理学への招待　有斐閣　Pp. 157-171.
詫摩武俊　1967　フロイト　詫摩武俊（編著）　性格の理論　誠信書房　Pp. 11-33.
詫摩武俊　1990　性格の諸理論　詫摩武俊・瀧本孝雄・鈴木乙史・松井豊　性格心理学への招待　サイエンス社　Pp. 14-31.
田中教育研究所　1987　田中ビネー知能検査法（1987 全訂版）　田研出版株式会社
戸苅正人　1967　レヴィン　詫摩武俊（編著）　性格の理論　誠信書房　Pp. 99-129.
Wechsler, D.　1958　*The measurement and appraisal of adult intelligence.* Baltimore: Williams and Wilkins.
Wechsler, D.　1991　*Wechsler intelligence scale for children,* 3rd ed.　Psychological Corporation.（日本版 WISC-III 刊行委員会訳編著　1998　日本版 WISC-III 知能検査法（１理論編）　日本文化科学社）

関連書籍の紹介
入門・基礎レベル
安藤寿康　2000　心はどのように遺伝するか―双生児が語る新しい遺伝観―　講談社
榎本博明　1998　「自己」の心理学―自分探しへの誘い―　サイエンス社
村上宣寛・村上千恵子　1999　性格は五次元だった―性格心理学入門―　培風館
サトウタツヤ・渡邊芳之　2005　「モード性格」論―心理学のかしこい使い方　紀伊国屋書店
菅原ますみ　2003　個性はどう育つか　大修館書店
詫摩武俊・鈴木乙史・瀧本孝雄・松井豊　2003　性格心理学への招待―自分を知り他者を理解するために―［改訂版］　サイエンス社
丹野義彦　2003　性格の心理―ビッグファイブと臨床からみたパーソナリティ　サイエンス社

発展レベル
青柳肇・杉山憲司（編著）　1996　パーソナリティ形成の心理学　福村出版
Krahè, B.　1992　*Personality and social psychology: Towards a synthesis.*　London: Sage.（堀毛一也編訳　1996　社会的状況とパーソナリティ　北大路書房）

関連学会誌
パーソナリティ研究
Journal of Personality and Social Psychology
Journal of Personality
Journal of Research in Personality
Personality and Individual Differences

第6章

社会とこころ

　人は，日々社会のなかで他者と出会い，関係をつくり，その関係のなかで生活を送っている。一般に，相手とかかわりをもつときには，相手がどのような人であるかといった相手のパーソナリティを推測し，はたらきかけを行っているといえる。また，相手に依存的になったり積極的にはたらきかけたりすることで，相手との関係が親密になったり疎遠になったりする。このような相互作用によって関係は日々変化していくのである。この章では，他者の存在や他者との相互作用によって，影響を受けているこころのはたらきについて，対人間，グループ，組織というレベルで考えていく。

第1節 対人認知のメカニズム

1. 対人認知とは

　我々は初対面の人と会うとき，その人の話し方や表情や服装から「温厚な人」「怖そうな人」などといった判断を行い，その判断をもとに，自分のことを気軽に話したり，または慎重になったりするものである。このように，言動，容貌，服装などのさまざまな情報を手がかりとして，その人の感情，意図，パーソナリティ，態度，対人関係などの内面的特徴や心理過程を推測し，判断するはたらきが**対人認知**である。我々が対人関係をうまく処理し，社会的環境に適応していくためには，この対人認知を適切に行うことが重要である。

　この対人認知について，林（1999）は，事物に対する知覚とは異なり，次のような3つの特徴があると述べている。第1の特徴は，対人認知においては，現前の刺激対象から直接与えられる感覚的情報のみでなく，他者が過去にとった行動や第三者から聞いた風評など，時間的・空間的に広がりをもった多種多様な情報が知覚的手がかりとなること。第2に，対人認知の過程では，刺激との対応が必ずしも明確でない人の内面的特徴や心理過程にまで判断がおよぶこと。第3として，認知の客体である他者が意図や感情をもち，同時に認知し行為する主体でもあること，である。

　対人認知に関する研究は，以下に概説する感情の認知，パーソナリティの認知，対人関係の認知が主な領域である。

2. 感情の認知

　感情・情動の認知は，対人認知研究のなかで古くから研究されている領域である。とくに**感情の認知**の正確さを問題にした研究は多い。

　ウッドワース（Woodworth, R. S., 1938）は，表情を記述するために使われている100以上の言葉を収集，整理し，同義語や類似語を同じカテゴリに分類した結果，6つのカテゴリを見いだしている。それらは，（1）愛・喜び・幸福，（2）驚き，（3）恐怖・苦しみ，（4）怒り・決断，（5）嫌悪，（6）軽蔑，およびその他であった。判断が誤りやすいもの同士を隣接して置くことにより感情カテゴリを直線上に配置でき，表情を直線尺度で表すことができると

さらにシュロスバーグ（Schlosberg, H., 1952）は，この6カテゴリの情動を再吟味して，図6-1のように，快−不快，注目−拒否の2次元構造を提唱している。

また，感情の表情判断の普遍性を示す研究として，エクマン（Ekman, P., 1971）は，アメリカ，チリ，アルゼンチン，ブラジル，日本の5ヶ国において，幸福，悲しみ，驚き，恐怖，怒り，嫌悪の6感情を表した写真を用いて実験を行った。その結果，すべての国で，同じ顔の表情写真に対して同じ感情を表していると判断する傾向にあることが明らかにされた。

図6-1　顔面表情の2次元構造（Schlosberg, H., 1952）

日常の場面で他者の情動を認知するときには，顔面表情による情報だけでなく，多くの場合，他者が示す言語的および非言語的な言動や文脈など，状況全体から判断している。そのため日常場面は，研究場面よりもさらに状況的に複雑ではあるものの，それらの多くの情報を利用して認知していると考えられる。

3．パーソナリティの認知

1）**印象形成**　　我々は，他者と出会ったときにさまざまな印象をもつ。容貌や第三者からの紹介情報など，比較的限られた情報から相手のパーソナリティを認知することを**印象形成**とよぶ。

アッシュ（Asch, S. E., 1946）は，提示される個々の特徴からどのように他者の全体印象が形成されるのかを研究している。彼は，一方の実験参加者群に，「知的な−器用な−勤勉な−温かい−断固とした−実際的な−用心深い」という特性のリストを順番に読んで聞かせ，他方の参加者群には「知的な−器用な−勤勉な−冷たい−断固とした−実際的な−用心深い」という，「温かい」と「冷たい」が入れ替わっただけの特性リストを聞かせたうえで印象評定を行わせた。その結果，「温かい」を含むリストを聞かされた群は全般的に望ましい印象を，「冷たい」を含んでいた群は望ましくない印象を形成したのである。

アッシュの一連の実験により,いくつかのことが明らかになった。まず「温かい」(または「冷たい」)のように,一部の特性に対する印象が,非常によい(または悪い)場合,その対象のすべての特徴をよく(または悪く)評定するという,**ハロー効果(光背効果)**とよばれる現象が生じていた。また,与えられたすべての形容詞が同じように印象形成に影響を与えるのではない。そのなかで強く影響を与える形容詞を**中心的特性**とよぶ。一方,リストのなかの「温かい」の代わりに「礼儀正しい」,「冷たい」の代わりに「無愛想な」という形容詞を用いた場合には,全体印象に大きな違いがなかった。このようにあまり印象に強く影響を与えない特性を**周辺的特性**とよぶ。また,印象形成は個々の特性のたんなる合計ではなく,特性それぞれが相互に関連し合いながら1つの構造をもった全体印象として形成されることが示されている。これを**ゲシュタルト・モデル**とよぶ。

さらに,アッシュは特性の提示順序によって印象が異なるという効果を見いだしている。望ましい情報を先に与え,その後で望ましくない情報を与えた場合と,順序を逆にした場合とでは,前者の方がより望ましい印象を形成したことから,先に与えられた特性が後から与えられた特性よりも強い影響力をもつという**初頭効果**があることを明らかにしたのである。その後の研究では,逆の**新近効果**を示す結果も報告されているが,多くの研究では,初頭効果が報告されている。これは第一印象が印象形成に大きな影響を与えることを示しているといえる。

2)**暗黙のパーソナリティ理論**　　「大学の先生はまじめで神経質だ」というように,人は他者の特徴とパーソナリティとを,自分のなかで関連づけていることがある。性や人種,職種,容貌,血液型などとパーソナリティとの関連についてのステレオタイプのような,漠然とした形で抱いている考え方や信念の体系を**暗黙のパーソナリティ理論**とよぶ。この暗黙のパーソナリティ理論には,「外向的な人は,活発でおおらかである」といったように,特性相互の関連性も含まれる。この暗黙のパーソナリティ理論の構造的側面を強調した概念に,対人認知構造がある。林(1979)は,**対人認知構造**を人が他者のパーソナリティの認知に際してはたらかせる多次元的認知空間と定義し,多次元尺度構成法や因子分析などを用いて,構造的特徴や個人差を分析した。図6-2のように,

〈基本3次元〉　　　　　　　〈下位次元〉

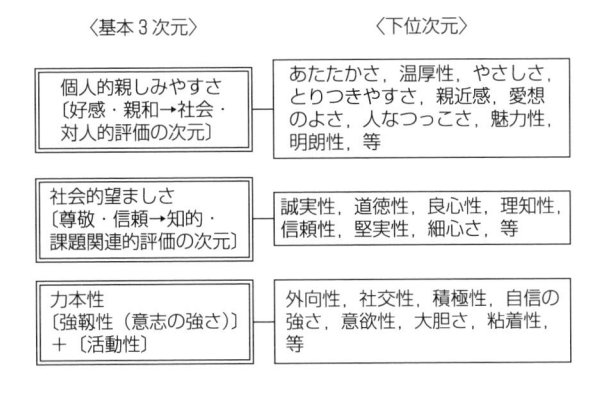

| 個人的親しみやすさ〔好感・親和→社会・対人的評価の次元〕 | あたたかさ，温厚性，やさしさ，とりつきやすさ，親近感，愛想のよさ，人なつっこさ，魅力性，明朗性，等 |

| 社会的望ましさ〔尊敬・信頼→知的・課題関連的評価の次元〕 | 誠実性，道徳性，良心性，理知性，信頼性，堅実性，細心さ，等 |

| 力本性〔強靱性（意志の強さ）〕＋〔活動性〕 | 外向性，社交性，積極性，自信の強さ，意欲性，大胆さ，粘着性，等 |

図6-2　パーソナリティ認知の基本3次元（林，1978）

林（1978）はパーソナリティ認知の基本3次元を見いだしている。

対人認知過程においては，認知者の主体的要因が認知内容を大きく規定することから，対人認知構造の解明は対人認知研究において重要な課題となっている。

3）情報統合理論　アンダーソン（Anderson, N. H., 1965）は，アッシュのモデルとは異なり，印象は個々の特性語がもつ情報値の合計，もしくは平均のいずれかで説明できるとした。まず彼は，パーソナリティを表す多くの特性語について「好き－嫌い」の7段階尺度で評定を求め，各特性語のもつ好意度得点を算出した。そしてそれらのなかから複数個のパーソナリティ特性語を調査対象者に提示し，それらの語からイメージされる人物に対する全体印象を求めた。その結果，全体印象は，提示された語のもつ好意度得点の平均として求めることができると主張したのである。たとえば，3つのパーソナリティ特性語（i, j, k）を提示した場合，各語のもつ刺激値（好意度得点）を A_i, B_j, C_k とすると，全体印象 R_{ijk} は，$R_{ijk}=1/3(A_i+B_j+C_k)$ となると考えたのである。この加算モデル値と実測値との差は多くの場合ゼロであったことから，アッシュの提唱するゲシュタルト・モデルを導入する必要はなく，全体印象は個々の刺激値の単純合計であると反論したのである。その後，印象形成の研究は，刺激値の算出のしかたや，提示された複数の刺激値と実際の全体印象の評定値との間に成立するであろう代数的関係を見いだすことに注力することにな

る。こうした流れを作り出したのが，アンダーソンの**情報統合理論**である。

4．対人関係の認知

1）**対人関係認知の次元**　我々は他者との関係をどのように認知しているのだろうか。対人関係に関する認知構造について，林ら（1984）は，夫と妻，親と子，セールスマンと客，自分と親友など，80の関係を取り上げて検討している。そして，対人関係の認知には，「緊密な関係－表面的な関係」「気楽な関係－緊張に満ちた関係」「公的・課題指向的な関係－私的・情緒的な関係」「上下の関係－対等な関係」「協調的な関係－競合的な関係」の5つの次元があることを見いだしている。これは，トリアンディスら（Triandis, H. C. et al., 1968）の研究などと比較しても，「気楽な関係－緊張に満ちた関係」の次元を除いて，かなり一貫した結果となっている。これらの複数の認知次元を活用しながら相手との関係の位置づけを行い，相手との関係のもち方を決定しながら，対人関係の調整を行っていると考えられる。

2）**好悪感情の認知とバランス理論**　対人関係の認知においては，上述した関係認知の次元の影響が考えられる一方で，相手に対する感情，とりわけ「好き－嫌い」という感情の認知が対人関係に大きく影響している。フィードラーら（Fiedler, F. E. et al., 1952）は，**仮定された類似性**という現象を明らかにした。これは，好意を抱いている他者のパーソナリティは，実際以上に自分のパーソナリティと類似していると認知する傾向である。

三者関係については，ハイダー（Heider, F., 1946, 1958）が**バランス理論**を提唱している（図6-3）。彼は，認知者（P）と認知対象（モノの場合はX，人の場合はQ）と第三者（O）との関係には，均衡状態と不均衡状態があり，さらにこれらの関係には正（好意的な関係）と負（非好意的な関係）の二種類のセンチメント（感情）があるとする。3つの関係の積が正になる場合が均衡状態，積が負になる場合が不均衡状態である。そして，不均衡状態にある場合には，均衡状態に変化しようとする心理的な力がはたらくと仮定している。

5．対人認知と帰属過程

帰属過程は，日常生活のなかで起こる出来事の因果関係を推定する，もしく

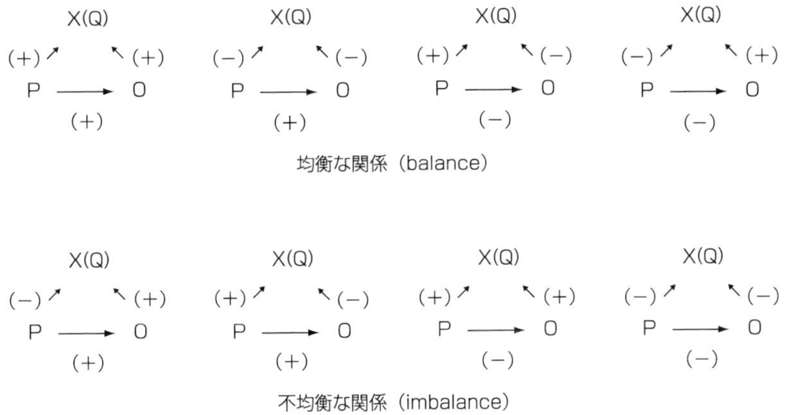

第1節 対人認知のメカニズム

```
    X(Q)              X(Q)              X(Q)              X(Q)
 (+)↗  ↘(+)       (-)↗  ↘(-)       (+)↗  ↘(-)       (-)↗  ↘(+)
  P ──→ O           P ──→ O           P ──→ O           P ──→ O
    (+)               (+)               (-)               (-)
```
均衡な関係（balance）

```
    X(Q)              X(Q)              X(Q)              X(Q)
 (-)↗  ↘(+)       (+)↗  ↘(-)       (+)↗  ↘(+)       (-)↗  ↘(-)
  P ──→ O           P ──→ O           P ──→ O           P ──→ O
    (+)               (+)               (-)               (-)
```
不均衡な関係（imbalance）

図6-3 センチメント関係に基づく均衡と不均衡 (Heider, F., 1946, 1958)

は特定の原因を決定する過程である。ハイダー（1958）は，このような心理的なプロセスが日常の対人関係のなかで重要な役割をはたすと主張した。我々は，他者の行動や出来事の原因を推論することをとおして，現実の世界の出来事に意味を見いだしたり，他者に対する対処行動を決定したり，その後の相手の行動を予測したりしているのである。

帰属過程のなかで有名な理論は，ジョーンズとデイヴィス（Jones, E. E., & Davis, K. E., 1965）の対応推論理論，および，ケリー（Kelley, H. H., 1967, 1978）の共変モデルである。

ジョーンズとデイヴィスの**対応推論理論**における中心的な概念は，「対応」である。彼らは，観察者は，ある人物が行った行為と行わなかった行為とを比較することによって，意図を推定したり，行為を行為者の傾性に関連づけたりする過程を明らかにした。その過程に関しては，2つの特徴的な要因が取り上げられている。その1つは，行為の「社会的望ましさ」によってその推論過程が異なり，望ましくないものの方が，より対応の高い推論になることである。たとえば，お年寄りが道をたずねている場面で，その要請に応えている人物に対しては，必ずしも「親切な人である」という推論がされない。それよりも，乱暴な断り方をしている人がいれば，その人に対して「粗暴な人である」と推測しやすくなるのである。もう1つは，結果を説明する要因の数（非共通効果

の数）が少なければ少ないほど，対応は高くなるとする。たとえば，同じ価格帯であり大きさも排気量もほぼ同じであるA車とB車があったとしよう。Aは汎用性の高い車で，Bはスポーツカーであるならば，B車という用途（効果）の限定された車を選択した行為の原因は，「その人が走り屋だからである」という個人の内的な傾向に帰属されやすくなるのである（非共通効果）。

一方，ケリーは，環境などの外的な帰属も説明できる原理として，**共変モデル（ANOVAモデル）** を提唱した。彼は，原因を帰属するために必要な情報として，一貫性情報，弁別性情報，一致性情報，の3つを考えた。それぞれの情報の意味は以下のとおりである。

・一貫性：当該人物がその実体（対象）に対していつもその行動をする程度（いつも行う場合は一貫性［高］となる）
・弁別性：その実体（対象）によって行動が異なる程度。つまり，当該人物がその対象に対してだけ，その行動をする程度（その対象に対してだけ行う場合は弁別性［高］，他の対象に対しても行う場合は弁別性［低］となる）
・一致性：他の人々も当該人物と同じように行動する程度（他の人々も同じようにする場合は一致性［高］，他の人々はしない場合は一致性［低］）

共変モデルでは，対象に帰属（外的帰属）されるのは，一貫性［高］，弁別性［高］，一致性［高］の場合であるとした。一方，当該人物に帰属（行為者への内的帰属）されるのは，一貫性［高］，弁別性［低］，一致性［低］の場合であるとした。たとえば，Aさんはある映画を見て今回も泣き（一貫性［高］），その映画に対してだけ泣き（弁別性［高］），他の人もその映画で泣いた（一致性［高］）場合は，その映画が感動的である，と帰属（外的帰属）される。一方，Aさんはある映画を見て今回も泣き（一貫性［高］），他のことでも泣くことがあり（弁別性［低］），他の人はその映画では泣かなかった（一致性［低］）場合，Aさんが涙もろい，と帰属（内的帰属）されることになる。

帰属過程に関する研究はさらに進み，第3章第4節で紹介されているような，ワイナーらによる成功／失敗体験の帰属と動機づけの関連の研究へとつながっている。また，これらの研究は心理療法に帰属過程を活用した帰属療法にまで発展している。この療法では，不適切な原因帰属によって引き起こされている不適応を，帰属の仕方を変容させることで解消しようとするものである。

第2節　対人的相互作用過程

1. 対人コミュニケーション

人は，職場，学校，家庭などの社会生活において，他者との間でメッセージの交換をしている。これは社会的関係づくりにおける重要な行動であり，不可欠である。こうした一連の過程を**対人コミュニケーション**とよぶ。身体や事物をチャネルとしてメッセージの伝達が行われる過程のことである。

シャノンとウイーバー（Shannon, C. E., & Weaver, W., 1949）は，コミュニケーションのプロセスを電信過程と考え，モデルを提案している。発信者は，自分自身の伝えたい意味内容を何らかの記号（メッセージ）に変換し，それを送信する。受信者は，送信された信号（聴覚刺激や視覚刺激など）を何らかの記号として受信し，その記号を解読して，発信者が伝えたかった意味内容を理解することになる。それを，津村・山口（2005）は，図6-4のように示している。

対人的コミュニケーションは，一般に言葉を用いる**言語的コミュニケーション**と，視線や動作など言語以外の記号を用いる**非言語的コミュニケーション**に分類される。言語的コミュニケーションでは言語的意味内容が問題にされるので，意図的かつ意識的に行われることが多い。一方，非言語的コミュニケーションは，視線をはじめ，表情や身ぶり・姿勢，対人距離，声のトーンや強さ，間の取り方，服装や化粧など多くのチャネルを含んでおり，多種多様な伝達特性をもっている。これらは意識的になされることが少なく，好悪感情などの伝

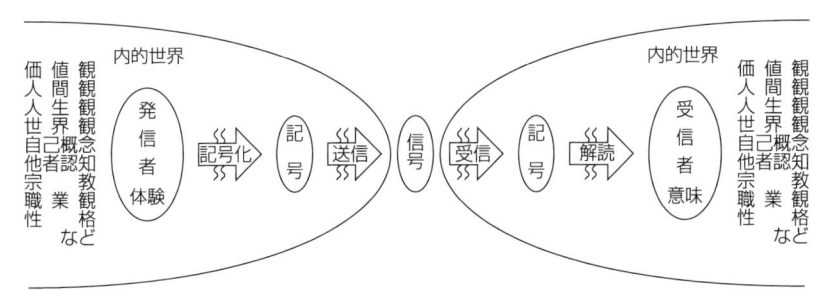

図6-4　コミュニケーション・モデル（津村・山口，2005）

達を担うことが多い。

　ネルソン-ジョーンズ（Nelson-Jones, R., 1990）は，他者に対する思いやりを伝えるメッセージとして，「ボディ・メッセージ」「タッチ・メッセージ」「音声メッセージ」「言語メッセージ」そして「行動メッセージ」が重要であると述べ，非言語的なメッセージの重要性を提唱している。またメラビアン（Mehrabian, A., 1972）は，対人態度，とくに好意度（liking）が，非言語的コミュニケーションと言語的コミュニケーションのどちらに影響を受けるかを実験的に明らかにしようとした。「声の調子」や「顔の表情」といった非言語的要因と，「話の内容」といった言語的要因をさまざまに組み合わせ，多様な条件下でどの程度好意を感じたかを実験協力者に判断を求めたのである。その結果，それぞれの要因の影響力を求めると，以下のようであった。

　好意度＝7％ 話の内容＋38％ 声の調子＋55％ 顔の表情

　すなわち，言語的要因よりも，非言語的要因が好意度に強く影響することが示されたのである。また，顔の表情の方が，声の調子よりも強い影響力をもっていることも示されている。

2．対人魅力

　対人魅力とは，人が他者に対して抱く好意的，または非好意的態度である。親密な関係の形成や発展の基礎をなす態度であり，対人関係研究においても重要な研究領域である。対人魅力の成立過程に関する理論としては，強化理論と認知的斉合性理論の2つがある。

　強化理論は，人は自分に報酬を与えてくれる他者に対しては魅力が高まり，罰をもたらす他者に対しては魅力が低まるという見解である。すなわち，他者からの好意的評価をもらうことは自分の社会的欲求を満たすことになり，それが言語的な報酬として機能するため好意を感じることになる。対人的相互作用の過程を，報酬とコストの交換としてとらえる**社会的交換理論**からみると，物理的に近接する仲間との関係では，時間や労力などのコストをかけずに交流ができ，楽しさや満足感などの報酬を得ることができることにより，魅力が増大

すると解釈できる。また，人は自分の考えや行動が妥当なものであるかを知るために他者と比較すると考える**社会的比較理論**からは，意見や能力が類似している他者との交流は，自分の態度の妥当性を支持する根拠が得られることになるため，そのような他者に対する魅力を感じる程度が高まると考えることができる。

他方，**認知的斉合性理論**では，前述のハイダーのバランス理論にも示されているように，認知的な不均衡が生じるとそれを低減する方向に心理的に動くと仮定する。ある対象に対する態度が，自分と他者とで一致している場合（いずれも＋，もしくは－），不均衡にならないように両者の間は＋へと動き，魅力が高まることになる。一方，ある対象に対する態度が自他で非類似の場合には，斉合性を保つために自他の関係を－にする方向へと動き，相手についての魅力を低減する結果になると考えられる。

対人魅力に影響を与える要因について，代表的な研究を以下にいくつか記述する。

1）**物理的近接性**　対人関係の成立・発展に物理的な**近接性**が大きく影響していることは，日常的な出来事からも理解できる。クラスで隣の席になった人と親しくなったり，同じ職場の人に恋愛感情が芽生えたりするなどの例があげられる。

この近接性に関する有名な研究として，フェスティンガーら（Festinger, L. et al., 1950）は，既婚学生のための住宅における交友関係が，部屋の近さと関連していることを明らかにした。1つの住宅地区は，2階建てアパートが17棟建っており，部屋は学生の専攻などに関係なく割り当てられた。入居後，6ヶ月経った時点で，住宅のなかで親しい友人を3名あげさせた。その結果，隣室の住人を親しい友人として選択する率がもっとも高かったのである。距離が近いことで相互作用の機会が増え，お互いの意見や態度，またパーソナリティや好みなどの内面についての理解が深まり，対人魅力が高まる結果になったのであろう。

またザイアンス（Zajonc, R. B., 1968）は，大学生に顔写真を見せて，好意度を評定させる実験を行った。その結果，写真を見る回数が多いほどその人物に対する好意度が高くなることが明らかにされた（**単純接触効果**）。

こうした物理的近接の要因は、対人関係の成立の初期において強い影響力をもつが、その後の関係進展にともない、徐々に弱くなると考えられている。

2）類似性と相補性　パーソナリティや態度などの**類似性**が対人魅力に影響を与えることも、多くの研究で明らかになっている。ニューカム（Newcomb, T. M., 1961）は、男子大学生を対象として学生寮における友人関係の追跡調査を行った。その結果、入寮当初は、同じ階の友人に対する魅力が高く物理的近接の要因が影響していたが、時がたつにしたがい、態度の類似した者同士が相互に魅力を感じるように変化したのである。このことは、時間経過の中で、さまざまな対象に対する両者の態度の差異が認識され、両者間の斉合性が保たれるように変化した結果と解釈できる。

一方、バーンとネルソン（Byrne, D., & Nelson, D., 1965）は、実験協力者に対して事前にいくつかの態度項目に関する調査を行い、その個人の態度を把握しておき、その後一定期間が過ぎたところで研究者があらかじめ準備しておいた他者の回答結果を示し、その人についての好意度の評定を求めた。この際に準備された回答結果は態度の類似性水準が操作されたもので、実験協力者の態度と類似した回答結果と、類似していない回答結果が用いられた。その結果、態度の類似した他者に対する好意度の方が類似していない他者に対する好意度よりも明らかに高く、未知の人物に対する好意度は態度の類似性の一次関数で

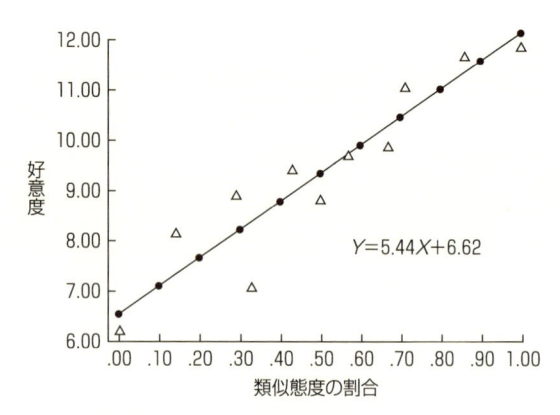

図6-5　**類似態度の割合の一次関数としての未知の人物に対する好意度**（Byrne, D., & Nelson, D., 1965）

$Y = 5.44X + 6.62$

表されることが明らかになったのである（図6-5）。

このように態度の類似性は相互の魅力を高めるが，他方で**相補性**が対人魅力に影響を与えると主張する研究もある。

日常生活で，消極的な人が活動的な人にあこがれたり，多弁な人が落ち着いた人に魅力を感じたりすることがある。夫婦関係においても，2人とも支配的な行動様式であったり，依存的であったりするよりも，支配的な夫に依存的な妻といったような，お互いに補い合うような正反対の態度やパーソナリティをもっている関係の方が，安定していることがあるだろう。ウィンチら（Winch, R. F. et al., 1954）の研究では，夫婦を対象に両者の欲求を調査したところ，養護 - 求護と支配 - 服従の次元において相補性がみられた。またセイフィードとヘンドリック（Seyfied, B. A., & Hendrick, C., 1973）は，性役割において，自分と相補的な性役割態度をもっている異性に魅力を感じやすいという結果を見いだしている。

しかしながら，相補性を主張する研究に関しては，視点を変えれば，類似性の視点から解釈することも可能である。すなわち，上記の研究も，夫婦両者がいわば伝統的な性役割観を共通にもっていた，または両者の関係において相互に補い合うことが大切であるという共通の態度をもっていたと推測すれば，それは類似性という視点から解釈することも可能になるのである。

　3）**他者からの評価**　　我々は，一般に他者に好かれたりほめられたりするとその相手に好意をいだき，嫌われたりけなされたりすると相手を嫌いになる。このことを**好意の返報性**とよぶ。これは，魅力形成における他者からのはたらきかけの重要性を物語っている。しかし，たんに肯定的なメッセージを受けとれば好きになり，否定的なメッセージを受けとると嫌いになるといったことばかりではない。ときには，否定的なメッセージでも，その相手の意図を自分自身への強い期待と判断するならば，相手を嫌いになるよりも，より好意的に感じることがある。また，いくらほめてくれる相手でも，何か下心があると思うと好きになれないといった，逆の場合もある。

アロンソンとリンダー（Aronson, E., & Linder, D., 1965）は，実験参加者が自分の評価を7回聞く場面を設定し，評価者に対する好意度の評定を求めている。実験は，7回とも高い評価（＋＋条件），もしくは低い評価を聞く条件

（－－条件），初め3回は高い評価を，後は低い評価を聞く条件（＋－条件）と，初めは低い評価を，後に高い評価を聞く条件（－＋条件）の4条件で行われた。強化理論から考えると，相手に対する好意度は，＋＋条件がもっとも高く，－－条件がもっとも低くなると予測される。しかし結果は，＋＋条件よりも－＋条件が高い好意度を示し，－－条件よりも＋－条件の方が低い好意度を示したのである。－＋条件は好意の獲得を表し，＋－条件は好意の喪失を表しており，これが魅力に影響を与えることになったと考えられる。アロンソンは，これを**好意の獲得 - 喪失効果（ゲイン - ロス効果）**とよんでいる。

第3節　社会的態度と変容

1．社会的態度

1）態度とは　日常的には，「態度がデカイ」「態度が悪い」などと，「態度」という言葉を「ふるまい」と同じような意味で用いる。感情や思いが表情・雰囲気・行動などとして外的に表れている状態をさすのであろう。

心理学における態度の概念には，この日常的用法と類似している部分と若干異なる部分がある。心理学における一般的な**態度**の定義は，対象に対するポジティブないしネガティブな認知・感情・行動の持続的なシステム，というものである。

態度とはさまざまな対象に対して形成されるものであるとされている。ここでいう対象とは，人（他者），物，音楽や小説や映画などの作品，場所，地方や国，政策やイデオロギーなど，物理的な存在から抽象的な考え方までを含んでいる。それぞれの対象に対して，我々はポジティブまたはネガティブな態度を形成しているのである。この「対象に対する」という部分が，ふるまいを意味する日常用語の態度には含まれておらず，心理学における態度概念に特徴的な部分である。

対象に対するポジティブまたはネガティブな評価がある程度持続している場合に，態度が形成されているとする。たとえば，対象に対して，「昨日は嫌いだったが，今日は好きで，明日はまた嫌いになる」というように評価が変動する状態は，態度が形成されていることにならない。ある程度一貫してポジティ

ブまたはネガティブにとらえている場合に，態度が形成されていると考えるのである。

くわえて，態度の定義には，「認知・感情・行動のシステム」という用語が用いられている。これらは態度の3成分とよばれている。認知的成分とは，知識や信念などをベースとして形成された，よい‐わるい，望ましい‐望ましくない，などの評価である。性能や品質について知識があり，知識に基づいてよい製品であるととらえているか，わるい製品であるととらえているか，というレベルである。感情的成分とは，感情や好意，感覚や感性をベースとした，好き‐嫌い，快‐不快，などの評価である。たとえば，あるブランドに対する好き嫌いであり，「何となく好き」「生理的に嫌い」などと表現される評価が感情的成分である。行動的成分は，その対象に対して接近する行動をするか，回避する行動をするかという，接近‐回避の次元であり，外的に表れる行動の傾向性である。その製品をほしいと思うか，いらないと思うかといった評価である。

2）**態度の3成分**　これらの**態度の3成分**はシステムとして形成され，各成分の評価の方向性（ポジティブかネガティブか）は一貫しやすいとされている。たとえば，選挙の際に，好き（感情的成分）な候補者は，提言している政策の内容もよい（認知的成分）と感じ，その候補者に投票しようとする（行動的成分）というような一貫性である。

態度の諸成分に一貫性があるように，もののとらえ方や感じ方に一貫性・斉合性があるとする理論を総称して，**認知的斉合性理論**とよぶ。認知的斉合性理論にはいくつかの理論があり，たとえば，ハイダーのバランス理論，フェスティンガー（Festinger, L., 1957）の**認知的不協和理論**などが代表的である。先に紹介したように，バランス理論では認知の不均衡状態があった場合には，均衡状態にするために，ある態度要素に変化が起きると仮定している。また，認知的不協和理論では，自己内の認知要素（知識，信念，意見，思いなど）間に矛盾がある場合を不協和状態とする。不協和状態は緊張を生じさせるため，人は不協和を低減して協和状態にしようと動機づけられると仮定される。態度の成分の間に矛盾がある場合は不協和状態になるので，不協和を低減させるために態度の成分に変化が生じ，結果として各成分が一貫すると考えられる。

これまでは3成分が一貫して形成される例を検討してきた。しかし，3成分

が一貫しない場合も存在している。たとえば喫煙に対する態度は，健康にわるいと思っているが（認知的成分がネガティブ），吸いたいと思うし（行動的成分がポジティブ），吸うと快い（感情的成分がポジティブ），という例である。不協和を低減させて協和状態になるためには，喫煙をやめる（行動的成分の変更），タバコが嫌いになる（感情的成分の変更）ことが必要であり，それによって態度の各成分が一貫することになる。このような変化が生じるならば，より多くの人が禁煙できるはずである。しかし，実際にそう簡単に行動的成分や感情的成分を変化させることはできない場合もある。認知的不協和理論によれば，不協和を低減するために，①ある認知要素の一部を歪曲させる，②新しい認知的情報を取り入れる，③ある認知要素を無視し避ける，などによって協和状態にすると仮定している。先の例でいえば，不協和を低減させるために，「タバコは健康にわるいが，吸いすぎなければ問題はない」（認知的成分の要素の一部を歪める），「禁煙補助剤を使えばすぐに禁煙できる」（新たな認知的情報を取り入れる），または，タバコは健康にわるいという情報を避ける（認知的成分を無視），などの手段をとって，態度成分を一貫させずに不協和を低減させることがある。

　また，態度には行動的成分が含まれているが，態度と行動が一貫しない場合もある。たとえば，会社の上司に対していい人とは思えず，嫌いで，近づきたくないと思っていても，仕事上かかわる必要があり，かつ上司から嫌われると仕事がやりにくくなるため，表面上は笑顔で好意的にかかわる，といった場合である。このような矛盾については，以下のように説明されている。まず1つとして，態度の成分である行動的成分は実際の行動とは異なり，その対象に近づきたいか，それとも避けたいかという接近‐回避の傾向性であるという説明がある。つまり，行動的成分はその対象に対する全体的な行動の傾向であり，個々の具体的な行動は一貫しない場合もあると考えられているのである。また，内的には対象を回避したいと感じていても，状況の要因によって実際の具体的な行動はそれと異なることがあるためという説明もある。アイゼンとフィッシュバイン（Ajzen, I., & Fishbein, M., 1980）は，実際の行動意図は，対象に対する特定的態度と社会的規範との関連によって規定されるとした。たとえば，タバコが好きですぐに吸いたいと思っていても，その場所が喫煙可能な場所か

どうかわからない場合，喫煙場所以外でタバコを吸ってはいけないという社会的規範によって，実際の行動として喫煙をがまんすることになる。つまり，吸いたいという行動的成分と，吸わないという実際の行動とがくい違うことも当然生じてくるのである。

2．偏　見

偏見とは，ある個人，あるグループや組織に所属する人，ある地域に住む人，ある宗教や文化的背景をもつ人，ある人種や国民など，特定の個人や集団に対する固定的でネガティブな見方である。互いのかかわりがない状態で，認知的な知識を十分に得る前に形成される，感情的成分の強いものである。すなわち偏見とは，明確な根拠をもたない感情ベースの態度であるといえよう。偏見の場合，とくにネガティブな態度が問題となる。

偏見と関連する現象として社会的カテゴリ化があげられる。**社会的カテゴリ化**は，性別，世代，職業，階層，人種，宗教など，人を分けることができる分類基準のことである。人はそれまでの経験によって，ある社会的カテゴリの人々に対してステレオタイプ化した認知を体制化している。そして，一般に知らない人を認知しようとする場合，カテゴリ化することでその未知な他者を理解しようとする。ある社会的カテゴリに対して，ネガティブな感情的態度をもっている場合が，偏見へとつながることとなる。

また，二分化された社会的カテゴリ化がなされ，自分自身が所属するカテゴリに対して「我々」意識が生じた場合，我々である内集団とそれ以外の外集団という関係が生まれる。その場合，外集団に対してネガティブな感情的態度をもっていると，外集団に対して強い敵対心や反発，嫌悪感が生じる。たとえば，戦争や内紛状態の場合など，外集団に対して第三者からは理解できないほどの敵意や嫌悪感が示されるのは，このようなメカニズムが作用した結果といえる。

このように，偏見とは，本来は複雑な認識が必要とされる対人認知の過程において，新たな認識を停止し，人を単純なカテゴリに当てはめ，そのカテゴリに対する感情的態度から反応をするという現象である。偏見を崩すためには，感情的な判断傾向の強い態度に，新たな正しい認知的情報を取り入れることが必要である。そのためには，偏見の対象となっている他者とかかわることがも

っとも近道だと思われる。かかわりのなかで他者の新たな面を発見していくことによって，大雑把にカテゴリ化されたネガティブな態度が，より具体的で正確な認識に変容する可能性がある。また，個人を集団の一部ではなく，1人の人としてとらえようとするボトムアップ型の認知スタイルに変えることで対処できる可能性もある。いずれにしても，偏見的な認識をもっている個人が，自分自身が偏見をもっていることや，正確な認識をしていないことを自覚することで，感情的な判断から脱し，他者をより正確に認知しようと動機づけられることが重要である。

3．説得と態度変容

1）態度変容に影響する要因　どのような説得を行うと相手の態度が変化しやすいかという問題は，**説得的コミュニケーション**と**態度変容**としてこれまで多くの研究が行われてきた。それらの研究を大別すると，①送り手の要因，②メッセージの要因，③受け手の要因，に分けることができる。

送り手の要因としては，送り手の信憑性が高いと態度変容が生じやすいことが明らかになっている。送り手の信憑性とは専門性と信頼性の和として示されるものである。すなわち送り手が話題に対する専門的な知識をもっていて，その知識を公正に伝えてくれる信頼できる人物である，と受け手が感じていることである。たとえば，原岡（1970）の研究では，「テレビを見ることの悪影響」という話題について，信憑性の高い送り手として中学校の教員が，信憑性の低い送り手として小学校6年生の男の子が設定されている。送り手の信憑性に関する多くの研究では，信憑性の高い送り手の方が，信憑性の低い送り手よりも，より大きな態度変容を生じさせるという結果が得られている。ところが，信憑性の高い送り手によって生じた説得効果も，時間の経過とともに消失していくことも明らかになっている。

メッセージの要因としては，一面的メッセージと両面的メッセージの比較研究，恐怖アピールの影響に関する研究が代表的である。前者については，説得したい方向の内容のみをメッセージに含める**一面的メッセージ**と，説得したい方向の内容だけでなく，反対の内容もメッセージに含める**両面的メッセージ**の説得効果が比較されている。たとえば，原子力発電に関する説得の場合，一面

的メッセージでは原子力発電の安全性を主張する内容のみが伝えられ，両面的メッセージでは安全性とともに危険性があることも伝えられる。説得しようとする相手がもともと説得方向に賛成の場合は一面的メッセージがより大きな態度変容を生じさせ，相手が説得方向に反対の場合は両面的メッセージの方が，より大きな態度変容を生じさせることが明らかになっている。

また，**恐怖アピール**については，より恐怖を喚起するメッセージの方が大きな説得効果が得られるという傾向があった。たとえば，ビデオで交通事故の悲惨なシーンを見た後には，車の運転が安全になるという現象がこれに該当する。

受け手の要因については，性差，年齢差，自尊感情などによる差の研究が代表的である。性差については，女性の方が男性に比べて一般的に説得されやすいことが明らかになっている。年齢については，年齢の増加と説得のされやすさとの間には負の関係があり，年長者は説得されにくいという傾向が示唆されている。自尊感情については，自尊感情が低い受け手の方が，自尊感情が高い受け手よりも，説得効果が大きいことをジャニス（Janis, I. L., 1954）が見いだしている。しかし，マクガイア（McGuire, W. J., 1969）は，自尊感情が低い受け手はメッセージの理解力が低いため，メッセージ内容が複雑である場合には効果が小さいと主張している。

　2）**心理的リアクタンス理論**　　説得は，他者の態度を特定の方向に変えようとする試みである。ところが，説得をしようとはたらきかけても，他者の態度が説得しようとした方向に変化せず，説得しようとした方向とは逆方向に変化する現象が明らかになった。それがブレーム（Brehm, J. W., 1966）によって提唱された**心理的リアクタンス理論**である。

　心理的リアクタンス理論では「自由への脅威」がキーワードとなる。人は基本的に自分自身の立場を自由に選択したいという欲求をもっていると仮定する。その際に，説得者が高圧的に「あなたはこのように考えるべきである」と強要するメッセージを伝えた場合，説得される者は自由への脅威を感じ，自分の立場を選ぶ自由を回復するために，あえて説得される方向とは逆に態度を変容させるというものである。たとえば，ずっとテレビを見ていた子どもが，「そろそろ勉強しないといけないなぁ」と思っているところに，親から「いい加減に勉強しなさい」と強い口調で言われると，勉強をしたくなくなったり，勉強し

ないという選択をしてしまうのが，心理的リアクタンスの一例である。

　3）**要請技法**　　セールスなどで利用されている説得テクニックとして，以下の3種類があるとされている。①フット・イン・ザ・ドア・テクニック（段階的要請法），②ドア・イン・ザ・フェイス・テクニック（譲歩的要請法），③ロー・ボール・テクニック（承諾先取要請法）である。

　フット・イン・ザ・ドア・テクニックは，最初にわざと承諾されやすい小さい要請をし，それに対して承諾を得たら，次に大きい要請をして承諾の可能性を高めようとする技法である。電化製品などを買う際に，安い製品に決めた後に，セールスマンが「こちらの製品は○○という機能もついていて性能がよりいいですよ。値段は若干高くなりますが……」と勧める技法がこれに該当する。また，車の購入を決めた後は，オプションを付けていくことで値段が上がっていくのがあまり気にならなくなるのも，このメカニズムと類似している。この現象が生じる理由として，最初の小さな要請を承諾することによって「自分は要請を受け入れる人間だ」という自己認知が高まるために，次の要請も承諾しやすくなるという説明や，最初の要請を承諾すると次の要請を断るのは認知的不協和が高まるため，不協和低減のために次の要請も承諾しやすい，という説明がなされている。

　ドア・イン・ザ・フェイス・テクニックとは，まず大きな要請をして相手の拒否を引き出し，次に小さな要請をして承諾の可能性を高めようとする方法である。たとえば，在学中の子どもをもつ親が「PTA会長を引き受けてください」と要請され，「とても私では無理です」と断った後に，「せめてPTAの役員になってください」と要請されると，ついそれを了承してしまうのがこれに該当する。この現象が生じる理由として，相手が要請を小さくした（譲歩した）ため，自分も譲歩のお返しとして要請を承諾する，または，最初の要請を断ったという罪悪感から逃れるために次の要請を承諾する，と説明されている。

　最後の，**ロー・ボール・テクニック**とは，最初に偽りであるが好条件の要請を行い，承諾を得ておいた後に，その好条件を取り消して新たな条件で要請して相手の承諾を得る可能性を高めようとする技法である。手が届く低めのボールを最初に投げて相手に受けてもらう，という意味でロー・ボールという表現が用いられている。日常の例としては次のような例が該当する。賃貸の不動産

業者が情報誌で好条件の部屋を掲載し，それをよい部屋だと思った客がその物件を求めて不動産業者の店舗に行くと，業者からすでにその部屋は他の人に決まったと伝えられる。次に，最初の物件よりも条件がややわるい物件を紹介されて，客はその物件に決める，という場合である。この現象は，最初の要請をよいと思うことによってコミットメント（関与）が生じ，コミットメントが生じたことで次の要請も承諾しやすくなる，と説明されている。

説得による態度変容の研究や要請技法の研究は，効果的な説得や要請の方法を探究する研究ととらえることもできる。しかし，態度や説得のメカニズムを探求すると「認知と感情」という興味深いテーマもみえてくる研究領域である。

第4節　集団のダイナミックス

1．他者の存在と個人

1）社会的促進　　我々は，他者と直接的なかかわりをもたなくても，まわりに他者がいるだけで影響を受けることがある。たとえば，1人でいるときよりも図書館にいる方が勉強がはかどるという経験をしたことがあるだろう。このように，たんに他者が存在するだけで仕事量に影響が現れる現象を，F. H. オルポート（Allport, F. H., 1924）は，**社会的促進**とよんでいる。社会的促進には，他者に見られている状況で作業量が促進される**観衆効果**や，他者とともに仕事をすることで作業量が促進される**共行為効果**がある。

ところが，仕事の種類によっては，他者の存在によってうまくいかないことがある。この矛盾する現象を統合的に説明したのが，ザイアンス（Zajonc, R. B., 1965）の**動因理論**である。彼は，他者の存在によって個人の覚醒水準が高まり，その時点で優勢な行動傾向が強まり，動因を高めると考えたのである。すなわち，他者の存在によって，個人が慣れ親しんでいる行動やよく学習している行動は生起しやすく，逆に十分に学習できていない行動は誤りや失敗行動に結びつきやすいと解釈した。また，コットレルら（Cottrell, N. B. et al., 1968）は，社会的促進が生起するのはたんなる他者の存在だけではなく，他者によって評価されるのではないかと不安になることが覚醒水準を高め，その結果優勢な行動を起こしやすくすると考えている。

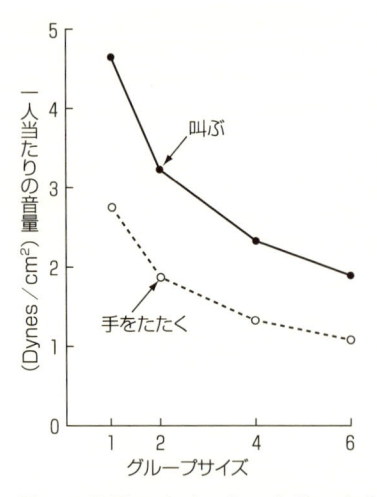

図6-6 集団サイズによる音量の変化
(Latané et al., 1979)

2）社会的手抜き 他者の存在が仕事量を増加させるという社会的促進の効果がある一方で，ともに仕事をする仲間の数が多いほど，1人のときと比べて，1人あたりの作業量が減少することもある。インガムら（Ingham, A. G. et al., 1974）は，特別な装置を用いて，実験参加者に綱引きをする課題を行わせた。その結果，実験参加者は1人で綱を引いているときの方が，他のメンバーが後ろにいて一緒に綱を引いていると思わされたときよりも強い力で引いたのである。こうした現象を**社会的手抜き**とよぶ。また，ラタネら（Latané, B. et al., 1979）は，グループの人数を変えて，実験参加者にできる限り大きな音で手をたたく課題や，大きな声で叫ぶ課題を行わせた。その結果，参加者が6人で一緒に課題を行う条件では，1人で遂行するときに比べて，1人が出す音は30％も少なかったのである（図6-6）。

これらの結果から，他者からの評価懸念の高低が，社会的促進，社会的手抜きのいずれを生じさせるかに影響していると考えられる。一緒に仕事をする人数が少なければそれだけ自分自身の仕事量が評価される懸念が増し，人数が多くなればその懸念が減少するために社会的手抜きが起きると考えられるのである。

2．集団規範

1）集団とは 我々は，日常生活の多くを家庭，学校，職場や遊び仲間など，さまざまな集団のなかで過ごしている。**集団**とは複数の個体の集合をさすが，心理学においては，共通の目標をもって相互作用を行い，影響をおよぼし合っていることなどを集団成立の要件としている。エレベーターにたまたま乗り合わせた人々はたんなる人の集まり（集合体）であり，心理学的には集団と

はよばないのである。
　大橋（1979）は，レヴィンの考えをもとに，心理学的な意味で集団といえるための要件として，次の5つをあげている。
　①共通の目標と相互依存性の認知
　②成員間に社会的相互作用が存在すること
　③成員間に一定の関係が存在すること
　④集団規範が発生すること
　⑤成員間に一体感が存在すること
　2）集団規範と同調　　集団を構成するメンバーを成員とよぶ。この成員間の相互作用が進むと，成員間の相互依存性が高まり，集団内に成員をとどまらせようとする力がはたらく。この力が**集団凝集性**であり，その力が強くなればなるほど集団の魅力は高まる。そして，成員相互に共通して期待される標準的な考え方や行動様式が，成員にみられるようになっていく。この標準的な考え方や行動様式を**集団規範**とよぶ。そして集団の成員には，**斉一性への圧力**とよばれる，その集団規範にしたがわせるように作用する心理的圧力がかかる。この圧力を受けて集団規範に合致した行動をとることが**同調**である。
　たとえば，職場集団において「これくらいの仕事量をするのが普通だ」とか，「これくらいの時刻に出勤すべきだ」といった行動の基準になるものが集団規範である。その規範から逸脱した行動をとる成員には，「働きすぎだ」「怠けている」などといった他の成員からの圧力が加わることがあり，そうみられることを恐れて，各成員は集団規範にしたがうことになる。
　ドイッチとジェラード（Deutsch, M., & Gerard, H. B., 1955）は，集団内の成員がお互いにおよぼしている社会的影響を，規範的影響と情報的影響の2種に区別している。**規範的影響**とは，他者や集団から期待される考え方や行動にしたがうように判断したり行動したりする社会的影響である。また**情報的影響**とは，情報処理や行動を行う際に，他者や集団の意見や判断を情報として受け入れることによって生じる社会的影響である。
　3）集団規範と逸脱　　集団内では，先の2種の社会的影響を受けながら同調行動が生じるが，集団規範とは異なる意見をもち集団規範に同調しない成員が現れることもある。こうした集団規範から逸脱した成員に対しては，他の成

員は規範へ同調させる方向へのコミュニケーションを集中させる。それは，説得や非難など言語的なコミュニケーションによるものもあれば，冷笑など非言語的なコミュニケーションによることもある。

シャクター（Schachter, S., 1951）は，集団討議場面で実験を行い，集団の意見に反対する逸脱者に対してコミュニケーションが集中すること，とくに，凝集性の高い集団であるほど，その傾向が強いことを示した。また，逸脱者が意見を変えないとなると，コミュニケーションは減少し，逸脱者を集団から除外するような動きが生じることも明らかにした。

アッシュ（Asch, S. E., 1951）は，一連の実験において，8名の成員のなかに味方が1人存在する場合には，多数者への同調率が減少することを見いだした。すなわち，自分と同じ意見や行動をとるパートナーが1人でも現れると，斉一性の圧力が弱まり，集団規範から逸脱した意見や行動が生じやすくなるのである。

逸脱行動は，集団規範の機能を妨げ，集団の凝集性を低めるはたらきをする行為とみなされ，集団成員にとっては問題行動と考えられやすい。しかし，集団規範と異なる新しい考えが生まれた際に，その考えを逸脱行動とみなさず，変革をもたらす創造的な意見として集団内において吟味することができるならば，その集団は創造的，変革的に成長する可能性をもつことになるのである。

3．リーダーシップ

1）リーダーシップとリーダーシップ・スタイル　人が目的をもって集まり相互のかかわりが始まると，話の口火を切ったり，意見を提案したり，意見をまとめたり，緊張を和らげたりと，いろいろなはたらきを成員が担うことになる。目標達成に向けて，成員が他の成員や集団全体に影響を与える過程を**リーダーシップ**とよぶ。集団活動を円滑に進めていくためには，効果的なリーダーシップが発揮されることが必要になる。

リーダーシップ研究には，古くはストッグディル（Stogdill, R. M., 1948）が多くの研究をレビューして，優秀なリーダーの特性を明らかにしようと試みている。彼が見いだしたリーダーの特性は，①能力（知能，機敏さ，表現力，独創性，判断力），②素養（学識，経験，運動能力），③責任性（信頼性，忍耐

力，攻撃性，自信，優越性），④参加態度（活動性，社交性，協調性，適応性，ユーモア），⑤地位（社会的経済的地位，人気）の5つであった。

リーダーシップの機能研究に先鞭をつけた研究には，レヴィンら（Lewin, K. et al., 1939）による，**リーダーシップ・スタイル**に関する一連の実験がある。民主型，専制型，放任型の3タイプのリーダー行動が成員におよぼす効果を検討し，次のような結果を得ている。専制型のリーダーのもとでは，作業量は多くなるが，成員が攻撃的になったり強い不満を示したりした。民主型のリーダーのもとでは，成員間が友好的になり集団意識も高く，創造性もすぐれ，生産性が高かった。しかし放任型のリーダーのもとでは，生産性も低く，**モラール**（士気）も低かったのである。これらの研究に続き，カッツら（Katz, D. et al., 1950）は，課題中心的なリーダーシップよりも従業員中心的なリーダーシップが，集団のモラールや生産性を高めることを示す研究を行っている。

その後も，集団のもつ機能と関連するリーダーシップ研究が多く行われている。集団のもつ機能とは，大きく分けて，課題達成機能と集団形成維持機能である。**課題達成機能**とは，集団の目標達成に向けて方法を提案したり，意見を提示したり求めたりする，課題解決や目標達成を指向するはたらきである。一方，**集団形成維持機能**とは，成員の発言をうながしたり励ましたりしながら集団活動への参加をうながし，集団内の成員間の友好的な関係を維持する機能である。

わが国では，三隅（1966）などが課題達成機能をP（performance）機能，集団形成維持機能をM（maintenance）機能と命名し，リーダーが各機能をどの程度果たしているかによって4類型のリーダーシップ・スタイルがあることを提唱している（図6-7）。一般に，集団の生産性や成員の満足度は，PM型のリーダーのもとで高く，pm型でもっとも低いことが示されている。PM型リーダーの成果が高いのは，M機能がP機能に触媒的にはたらき，相乗効果として作用するためであると考えられている。

2）条件即応モデル　機能的なリーダー

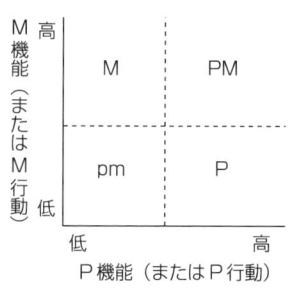

M機能（またはM行動）高	M	PM
低	pm	P
	低　P機能（またはP行動）　高	

図6-7　**PM式リーダーシップの類型**
（三隅, 1966）

シップ研究の深化とともに，集団の状況によって，リーダーシップの効果性に違いが起こることを明らかにしようとした研究に，フィードラー（Fiedler, F. E., 1964）の**条件即応モデル**がある。

このモデルでは，リーダーの個人的特性をLPC（Least Preferred Co-worker）得点によって測定する。LPC得点は，一緒に仕事をしている成員のなかでも，ともに仕事をしたくないと思う共働者に対して，どのくらい好意的に認知しているかを示す。すなわち，LPC得点の高いリーダーは，他者との良好な人間関係を維持することに強い関心をもち，配慮的・受容的な特徴をもった「関係志向型」であると考えている。また，LPC得点が低いリーダーは課題達成に関心をもち，支配的・指示的な特徴をもった「課題志向型」であるといえる。一方，集団の状況は①リーダーと成員間の関係，②課題の構造化の程度，③リーダーの地位の勢力といった3つの要素からとらえている。研究の結果，リーダーにとって状況が極めて好ましいとき，もしくは極めて好ましく

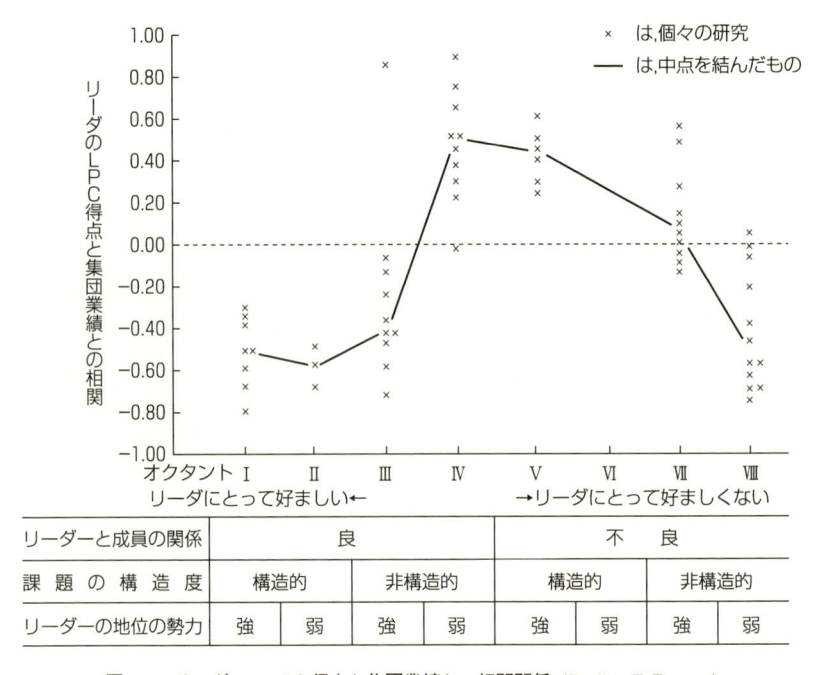

リーダーと成員の関係	良				不 良			
課題の構造度	構造的		非構造的		構造的		非構造的	
リーダーの地位の勢力	強	弱	強	弱	強	弱	強	弱

図6-8 リーダーのLPC得点と集団業績との相関関係 (Fiedler, F. E., 1967)

ないときには，「課題志向型」のリーダーが，好ましさが中程度のときには，「関係志向型」のリーダーが集団の生産性を高めたのである（図6-8）。

また，ハーシーとブランチャード（Hersey, P., & Blanchard, K. H., 1977）は，SL（Situational Leadership: 状況的リーダーシップ）理論を提唱した。彼らは，状況変数として成員や集団の成熟度や熟練度を示すマチュリティを取り上げ，課題指向型（指示的行動）と関係指向型（協労的行動）のリーダーシップ・スタイルの組み合わせによって，効果性の違いを見いだしている（図6-9）。成員のマチュリティは，成員の目標意識の高さや課題に対する意志や能力，成員や集団がもつ教育・経験の程度で定義される。彼らによると，マチュリティの低い集団に対して効果的なスタイルは協労的行動を抑え課題指向的な「教示的リーダーシップ」であり，成員のマチュリティが高まるにつれて指示的行動・協労的行動がともに高い「説得的リーダーシップ」が効果的になると考えている。さらに，成員のマチュリティが高まると，指示的行動を減らし，協労

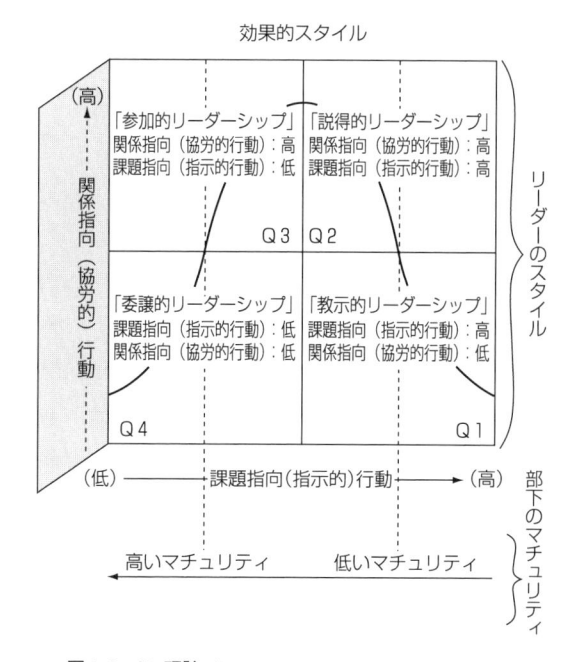

図6-9　SL理論（Hersey, P., & Blanchard, K. H., 1977）

的行動を増やした「参加的リーダーシップ」が，さらにマチュリティが高くなるといずれの行動も抑えた「委譲的リーダーシップ」が効果的であると述べている。また，成員のマチュリティはリーダーのはたらきかけによって発達したり停滞したりするものである。このような考え方にしたがうと，状況を把握しながらどのようなリーダーシップを発揮するかを考える必要がある。

第5節　人間関係と生産性

1．生産性研究の始まり

1）科学的管理法　　20世紀の初頭，米国の産業界は生産性の向上に強い関心をもっていた。このような時代背景のなかでテイラー（Taylor, F. W.）は，実験心理学の手法を産業場面へ導入し，経済生活や作業能率に関する研究を展開していった。

フィラデルフィアの製鋼会社に技師として勤めていたテイラーは，同僚たちの日常的な怠業を目の当たりにするなかで，作業過程の合理化と賃金制度の変革によってこの問題を解決し，組織全体の生産性を向上させようとした。

テイラーは，ある作業をもっとも効率的に行うための動作や方法を分析して，その作業に必要な時間を測定し，標準作業時間を導き出すことによって作業過程の合理化をはかった。また，この標準作業時間をもとに，作業者1人が1日に行うべき標準作業量をわりだして，作業結果に応じた収入を得られるような賃金制度を考案した。このような個人の努力が正当に報われる報酬システムを確立した結果，それまで怠業していた作業者たちがより多くの収入をめざして作業に取り組むようになり，企業にとっては生産性の向上を，作業者にとっては収入の増加をもたらすこととなった。

テイラーの一連の研究は，『科学的管理法の原理』（Taylor, F. W., 1911）として発表された。このなかでテイラーは，**科学的管理法**の目的を「労働者と使用者の双方に最大繁栄をもたらすこと」だと述べ，この管理法の実践によって，労使が協調的な関係を築きながら，双方にとっての利益を生みだす可能性があることを強調している。しかし科学的管理法は，このようなテイラーの思いが十分理解されないまま，「作業能率を高めるための科学的な研究」という側面

第5節　人間関係と生産性　195

に強くスポットライトがあたる形で一層押し進められていく。その結果，労働者の個別の能力や状況を無視し，人間を一律のものとしてあつかうような機械論的人間観を生むことになっていった。

2）ホーソン実験　1920年代後半，ウェスタン・エレクトリック社のホーソン工場でメイヨー（Mayo, E., 1933）らによって行われた一連の研究は，作業者の人間関係や心理的な要因が生産性に影響することを明らかにした。

　当初この研究では，科学的管理法の考えに基づいて，労働条件や作業環境と作業能率の関連を調べていた。最初の研究では，作業にもっとも適切な明るさを見いだすための実験が行われた。研究者たちは作業グループを2つに分け，一方のグループには一定の照度の下で，他方のグループにはさまざまな照度の下で作業を実施してもらい，その生産性を比較した。実験の結果は，研究者たちの予想に反する意外なものであった。照度を変化させたグループの作業能率は，照明を月明かり程度の明るさまで落としたときに初めて低下したものの，それまではどちらのグループも生産性が上昇し続けるという結果になったのである。

　このような結果の理由を明確に見いだせなかった研究者たちは，単一の条件だけを変化させることをやめ，労働時間の長さ，休憩の回数や長さ，休憩時間に軽食を出すか出さないか，などの条件をさまざまに組み合わせながら，これらの労働条件が生産性に与える影響を調べた。しかし，ここで得られた実験結果も研究者たちの予想を覆すものとなった。作業グループの労働条件が著しくわるくなるような変更を加えても，彼らの生産性は週を重ねるごとに増していき，作業条件の変更とは無関係に生産性が増加し続けたのである。

　研究者たちはさらに，面接や観察による研究をとおして，生産性に関してそれまでは考えられていなかったことを明らかにした。その1点目は，作業に参加した労働者たちが，「多数の従業員のなかから選ばれて実験に参加しているのだから頑張ろう」という気持ちをもって，この作業に取り組んでいたということ。そして2点目は，労働者たちが，1日の仕事量とその賃金を提示され，生産性をあげればその分賃金が高くなることを知っていたにもかかわらず，作業グループのなかで会社の基準よりも低い独自の作業基準を作り，お互いがその基準を維持するよう規制しながら作業を行っていたということである。

ホーソン実験で得られた結果には，従来の機械論的人間観からは想像できない人間の行動が多く含まれていた。この研究をきっかけに，生産性には，労働条件や作業環境といった要因だけではなく，労働にたずさわる人の感情や意欲，そしてお互いの関係性などの心理的側面が重要な意味をもっているという，新しい視点が生まれた。ホーソン研究は，その後レスリスバーガー（Roethlisberger, F. J.）らによって理論的に整理され，**人間関係論**として展開されていく。

2．管理者と部下の関係性

ここでは，管理者の人間観やかかわり方が，労働者のやる気や生産性に影響をおよぼすことを示した研究について紹介する。

1）**マクレガーのX理論・Y理論**　マクレガー（McGregor, D., 1960）は，経営者が人材を使う際にもっている理念が，その企業の性格や次世代の経営者の質を決めることを論証しようとした。マクレガーは，管理者たちが人間（労働者）に対してもっている伝統的な見解を**X理論**，そして1930年代以降のさまざまな産業発展のなかでみえてきた人間行動の原則を**Y理論**として示し，経営者みずからの考え方を検討するよううながしている。マクレガーが2つの理論において示した人間の性質と人間の行動に関する仮定は，次のようなものである。

【X理論】
　①普通の人間は，生まれつき仕事が嫌いで，できることならば仕事をしたくないと思っている。
　②仕事が嫌いだという人間の特性があるために，たいていの人間は，強制されたり，統制されたり，命令されたり，処罰すると脅されなければ，企業目標を達成するために十分な力を出さない。
　③普通の人間は命令されるほうが好きで，責任を回避したがり，大きな野心を抱かず，何よりも現状維持や安全を望む。

【Y理論】
　①仕事に心身を使うことは，遊びや休憩と同じように自然で，苦痛なことではない。

②外部からの統制や脅しだけが、企業目標の達成に向けて努力させる手段ではない。人間は、自分が積極的に関与する目標を達成するためであれば、自己管理や自己統制を行う。
③目標へ積極的に打ち込むかどうかは、目標を達成して得られる報酬によって決まる。この報酬でもっとも重要なものは、自我や自己実現の欲求が満たされることである。
④普通の人間は、適切な条件の下では責任を引き受けるだけでなく、進んで責任をとろうとする。
⑤大多数の人間は、高度な想像力、工夫、創造性を発揮して、組織のなかの問題を解決する能力をもっている。
⑥近代の産業において、平均的な人間の潜在能力は、ほんの一部しか生かされていない。

マクレガーは、「経営者がX理論のような考え方をもって人間を組織し命令統制している限り、産業界で大きな進歩は起こりそうにない。本当に改革を実現しようとするならば、人間の性質について、Y理論のような新しい考え方に含まれた意味を吟味し、取り入れることが必要である」(McGregor, D., 1960)と述べている。

マクレガーの理論は、マズローの欲求階層説（第3章第4節、第8章第4節参照）の影響をうけながら、人間がより高次の欲求に基づいて動く存在であることを示したといえる。管理者たちがX理論的な人間観に立って人をみている場合、部下たちに組織の目標を達成させるためには、命令や脅しを使って統制しなくてはならないという考えが生じ、実際の管理もそのようになされていくだろう。一方で、もし管理者がY理論的な人間観に立って部下たちをみることができれば、部下たちのもっている潜在能力や主体性を信じ、彼らの動きに任せるような管理につながることが予測される。

マクレガーの理論は、X、Yのどちらの人間観が正しいということではなく、このように大きく異なる人間観が存在し、それによって管理の仕方がまったく異なってくる可能性を示したことに意義があると考えられる。

2）**リッカートの経営管理システム理論**　　リッカート (Likert, R., 1967) は、さまざまな実証研究の結果から、生産性の高い組織の管理者と低い組織の

管理者では，基本的に管理方式が異なっていることを明らかにした。リッカートは，管理方式にはシステム1（独善的専制型），システム2（温情的専制型），システム3（相談型），システム4（参加的集団型）の4段階があり，上司が部下のことをまったく信用していない段階であるシステム1よりも，あらゆることに関して部下を十分に信頼しているシステム4の段階が，もっとも効率的で，生産性にも優れていると述べている。そして，経営管理者が，**システム4**（参加的集団型）で3つの基本概念を実践した場合に起こる効果を以下のように示した。

①支持関係の原理を用いる　組織体のなかの人間が，組織のあらゆる相互作用や人間関係のなかで，自分が支持されているという実感をもち，人間としての尊厳性を自覚し続けられるようにしていくこと。この原理が組織内に十分適用されることによって，組織目標達成のために協同して働く意欲が1人ひとりのなかに生まれる。

②集団的意思決定や管理に集団的方式を用いる　システム4の組織構造は，上司と部下がマンツーマンでつながる構造（図6-10のa）ではなく，各作業集団が他の集団とある特定の人（リッカートは，この特定の人のことを「連結ピン」とよんでいる）を通じて連結されるような集団型組織の形態をとる（図6-10のb）。この集団的方式が適切に用いられると，お互いのコミュニケーションが明確になって問題がよく理解されるため，意思決定や仕事が迅速かつ生産的に行われ，信頼と信用の関係が浸透する。

③組織のため高い業績目標を設ける　一般に従業員は，雇用や職務の安定，昇進の機会，満足のいく報酬への期待や，自分の会社の業績や製品を自慢

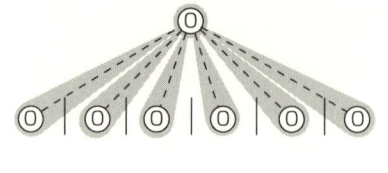

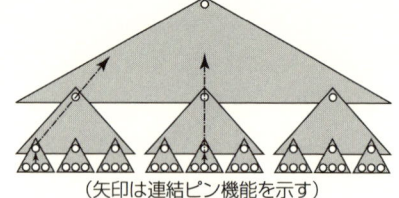

(a)マン・ツー・マン型組織　　(b)集団型組織と連結ピン
（矢印は連結ピン機能を示す）

図6-10　マン・ツー・マン型組織と集団型組織

したいという欲求をもっている。この従業員が仕事から期待するものは，会社が経済的に成功・発展することによって与えられる。会社が経済的な成功を達成するには，高い業績目標をもつことが必要であるが，これは上司がもっているだけなく，構成員も同じように高い業績期待をもち，しかもその目標をみずから設定できるようなメカニズムを作ることが必要である。

リッカートによれば，管理者によるこの基本理念の実践がメンバーの態度などに影響をおよぼし，結果として高い生産性を生み出す組織を作り出すとされている。

リッカートの理論は，マクレガーが指摘した「管理者の人間観が生産性におよぼす影響」という側面にとどまらず，管理者の人間観から生まれるかかわりが，組織内に信頼感に満ちた関係性や，労働者1人ひとりの主体的な動きを生み出す可能性を指摘している点に特徴があるといえるだろう。

3. 組織の変化過程

古川（1990）は，職場集団を対象とした研究結果から，集団は時間経過とともに発達・成熟するものの，その後はいろいろな面で硬直症状をみせはじめ，生産性が低下していく可能性のあることを指摘している。

古川は，ある集団が形成されてからの経過時間を**集団年齢**とよび，人間になぞらえて「青年期」「中年期」「老年期」の3段階に分けている。彼は，このなかで起こる個人欲求と集団過程の特徴を表6-1のように示した。さらに職場集団をはじめ，各種の集団が硬直し活力を落としていく原因は，次の5つであるとしている。

①役割と行動の固定と固着（構造化の進行）　組織ができて時間がたつにしたがって，そこに属する人の役割や行動が型にはまりだし，つきあう人が固定されていく。その結果，お互いを刺激し啓発しあうような組織ではなくなっていく。

②思考様式や行動様式のワンパターン化（標準化の進行）　成員の考え方がしだいに均質化し，相互の刺激がなくなったり，広い視野からの意見が出にくくなる。

表 6-1 各「集団年齢」にみられる個人欲求および集団過程の特徴

集団年齢	青年期 ——→	中年期 ——→	老年期 → ？
個人欲求の特徴	アイデンティティの確立 良好な対人関係作り	自己顕示 能力発揮	自己防衛 安定志向と変化忌避
集団過程の特徴	〈構造化の進行〉————————————————→ 〈標準化の進行〉————————————————→ 〈情報伝達の平板化〉——————————————→ 〈関心の内部化〉—————————————————→		
	「規範」づくり 「役割」の模索と樹立	規範の安定化 役割の明確	社会的環境の固定化 手続きの慣行化 (縄張り, 前例)

(古川, 1990より)

③コミュニケーション・ルートの固定化と慣行化（情報伝達の平板化）　組織に属する人が互いに選択的な情報伝達をはじめ，コミュニケーション・ルートが固定化する。そのため，情報が一部のメンバーにしか知らされず，職場内の硬直や停滞だけではなく，集団内の反目も発生する。

④外部情報との疎遠や隔絶（関心の内部化）　世の中や他部署で起こっている重要な事柄や動きとかけ離れ，「井の中の蛙」に陥りやすくなり，変化の必要性に対する感受性を鈍らせたり失わせる。

⑤リーダーによる自己呪縛の発生　リーダー自身が，過去のいきさつや経過に心理的に縛られ，変化の導入に対して消極的になる。その結果，集団の革新を阻害し，硬直を招くことになる。

一般的な集団は，集団年齢があがるにしたがって，標準化と構造化の度合いも高まっていく場合が多い。この度合いが進みすぎると，集団は，外部の環境で起こる激しい変化に対応できない事態に陥る。そのため，既存の規範や構造を見直し，作り替える作業が必要となる。

ここで問題になる構造は，目に見える部分（たとえば組織の規模，部門数，職階数，規則や制度，仕事の手順，権限や意思決定権の様相など）ばかりでなく，目には見えにくい部分（たとえば前例，慣行，集団規範など）も含まれる。古川は，前者をハードな構造，後者をセミハードあるいはソフトな構造とよんだ。後者は目に見えにくく意識されにくいため，その存在が見過ごされがちで

あるが，一方で組織に深く根づき，職場内の人々の行動や考え方に強力な影響をおよぼしていることを指摘している。

　組織の本質的な変革には，ハードな構造だけでなく，セミハードおよびソフトな構造に手を入れなければならない場合も多い。これらの変革には，個人や組織内の小グループの変化・成長に焦点を当てた人間関係トレーニング（ラボラトリー方式の体験学習：第6章コラム参照）や，組織全体に焦点を当てた組織開発などの手法を用いることが有効と考えられている。

> コラム

人々の生活に生かす社会心理学

　社会心理学は，実際に目の前に存在する他者や，暗黙のうちに仮定される他者の存在などから個人がどのように影響を受けるのかなど，社会的な特徴をもった人間の行動やこころのはたらきに着目する学問である。つまり，我々の日常生活に非常に密接した学問領域なのである。ここでは，社会心理学的知見を積極的に社会に還元しようとしている実践や，実際に生じている社会問題に社会心理学の視点から取り組んでいる研究や活動などをいくつか紹介する。

　今では学校現場でもよく耳にするようになったソーシャルスキル・トレーニングも，積み重ねられた社会心理学の研究知見を参考にして考案されたものである。**ソーシャルスキル・トレーニング**とは，対人的な問題を抱えている人たちに対して，適切で効果的なソーシャルスキルを体系的に教えることである（栗林，2002）。ただし，ソーシャルスキルといっても，「聴くスキル」「主張的スキル」「対処や反応のスキル」などさまざまな側面があり，一般的には，教示→モデリング→リハーサル→フィードバック→般化という技法を用いてトレーニングが行われている。さらに，トレーナーと1対1で行われるだけでなく，集団でも実施可能になってきており，当初，対人的な問題を抱えている人たちに対する治療的なトレーニングであったものが，より豊かな対人関係を築くためや，不適応に陥らないための予防的なトレーニングにも発展してきている。

　対人関係の問題を抱えている生徒に限定しないで，あらゆる生徒たちを対象に学級単位の授業として，社会心理学などの知見を用いながら人や社会について考える能力を刺激しようという実践を行っている取り組みもある（吉田ら，2002，2005）。これは，若者の対人関係能力の低下という問題も意識しながら，社会心理学者と中学校の教師が共に，50時間分の授業プログラムを考案し，そして実践してきたもので，ソーシャルライフとよばれる授業である。たとえば，本章でも取り上げられている対人認知の特徴や，集団のダイナミックスなどもテーマとして取り入れられている。授業といっても，講義形式ではなくゲームやクイズを多く用いて，楽しみながら「考える姿勢」が刺激されていくというものである。

　ラボラトリー方式の体験学習も，社会心理学的知見がもとになっている活動である。マサチューセッツ工科大学のグループ・ダイナミックス研究所に所属していたレヴィンらが中心になって，地域社会のリーダーを養成するために行った1946年のワークショップがきっかけであるとされている（津村，2003）。現在は，人間関係のトレーニングが中心であり，自己成長，コミュニケーション能力向上，チームワーク能力，組織開発などを目的に幅広く活用されている。ラボラトリー方式の体験学習のステップは，まずラボラトリーの場で「体験」→「指摘」→

「分析」→「仮説化」をし，そして現場（現実世界）で「試みる」という流れになっている。

さらに，日常的な対人関係の問題ではなく，社会的な問題に取り組んでいる活動もある。「ボランティアの知―実践としてのボランティア研究―」の著者である渥美（2001）は，災害救援や地域防災をはじめとするさまざまな実践について，グループ・ダイナミックスの枠組みで研究を続けている。この書は，阪神・淡路大震災や日本海重油流出事故など実際に起きた災害や事故現場に出向き活動した研究者の視点から，ボランティア活動についてまとめられている。また，災害そのものに関する研究も行われている。たとえば，災害というリスクを人々がどのように認知しているのかを検討することで，市民の防災意識向上や防災対策促進をめざしている研究などである（元吉ら，2004）。さらに，中学生などを対象にした災害リスク教育の試みや，リスク・コミュニケーションを体験させるゲームの考案なども行われている（海上ら，2007）。

日常生活のなかで，近年，大きな問題になっている環境問題についても研究や実践が行われている。杉浦（2003）は，環境問題への市民（消費者）の対処行動のあり方として，環境社会心理学によるアプローチを通じて環境配慮行動の普及プロセスに関する研究や実践の成果をまとめている。そのなかでは，「個々人の環境配慮行動を普及させるために，行政，企業，環境NPOなどの各セクターが，それぞれの特徴を生かしながら説得的コミュニケーションをいかに行えばもっとも効果が得られるかなど，社会心理学が得意とする発想が，環境科学の領域においては必ずしも認知されていないのが現状ではないか」という指摘もなされている。杉浦も，市民を対象とした実践でゲームとよばれる技法を用いることが多いが，このゲームという技法に関しては，広瀬（1997）などが参考になるだろう。広瀬は，社会心理学にシミュレーション・ゲームという新しい技法を取り入れ，社会心理学で見いだされてきた人のこころのはたらき，集団の特徴などを少しでもリアルなものとして追体験させたり，飢餓や貧困，テロリズム，環境汚染といった地球規模の問題についてまで再現させることで，その仕組みやプロセスなどを参加者に考えさせたりしようとしている。

さて，ここまで紹介してきたような実践や現場での活動は，基礎的な，または理論的な研究が積み重ねられているからこそ行うことができるものである。基礎的な，または，理論的な研究なくして，有益な実践や現場での活動はありえないといっても過言ではないだろう。そして，実践や現場での活動からの発見が新たな基礎的な研究につながることもある。学問領域全体としての研究と実践活動のバランスが重要であり，それが，その学問の発展につながるのであろう。

（小川一美）

引用文献

Ajzen, I., & Fishbein, M. 1980 *Understanding attitudes and predicting social behavior.* Englewood Cliffs, NJ: Prentice-Hall.

Allport, F. H. 1924 *Social psychology.* Houghton Mifflin.

Anderson, N. H. 1965 Averaging versus adding as stimulus-combination rule in impression formation. *Journal of Experimental Psychology,* **70**, 394-400.

Aronson, E., & Linder, D. 1965 Gain and loss of esteem as determinants of interpersonal attractiveness. *Journal of Experimental Social Psychology,* **1**, 156-171.

Asch, S. E. 1946 Forming impressions of peronality. *Journal of Abnormal and Social Psychology,* **41**, 258-290.

Asch, S. E. 1951 Effects of group pressure upon the modification and distortion of judgments. In H. Guetzkow (Ed.), *Groups, leadership, and men : Research in human relations.* Oxford, England: Carnegie Press.

渥美公秀 2001 ボランティアの知―実績としてのボランティア研究― 大阪大学出版会

Brehm, J. W. 1966 *A theory of psychological reactance.* New York: Academic Press.

Byrne, D., & Nelson, D. 1965 Attraction as a linear function of proportion of positive reinforcements. *Journal of Personality and Social Psychology,* **1**, 659-663.

Cottrell, N. B., Wack, D. L., Sekerak, G. J., & Rittle, R. M. 1968 Social facilitation of dominant responses by the presence of an audience and the mere presence of others. *Journal of Personality and Social Psychology,* **9**, 245-250.

Deutsch, M., & Gerard, H. B. 1955 A study of normative and informational social influences upon individual judgment. *Journal of Abnormal and Social Psychology,* **51**, 629-636.

Ekman, P. 1971 Universals and cultural differences in facial expressions of emotion. In H. Cole (Ed.), *Nebraska symposium on motivation.* University of Nebraska Press.

Festinger, L. 1957 *A theory of cognitive dissonance.* Evanston, IL: Row, Perterson and Company. （末永俊郎監訳 1965 認知的不協和の理論 誠信書房）

Festinger, L., Schachter, S., & Back, K. 1950 *Social pressures in informal groups: A study of human factors in housing.* Oxford, England: Harper.

Fiedler, F. E. 1964 A contingency model of leadership effectiveness. In L. Werkowitz (Ed.), *Advances in experimental social psychology,* vol. 1. Academic Press. Pp. 149-190.

Fiedler, F. E. 1967 *A theory of leadership effectiveness.* New York: McGraw-Hill.

Fiedler, F. E., Warrington, W. G., & Blaisdell, F. J. 1952 Unconsious attitudes as correlates of sociometric choice in a social group. *Journal of Abnormal and Social Psychology,* **47**, 790-796.

古川久敬　1990　構造こわし―組織変革の心理学―　誠信書房
原岡一馬　1970　態度変容の社会心理学　金子書房
林　文俊　1978　対人認知構造の基本次元についての一考察　名古屋大学教育学部紀要 (教育心理学科)，**25**, 233-247.
林　文俊　1979　対人認知構造における個人差の測定（4）―INDSCALモデルによる多次元解析的アプローチ―　心理学研究, **50**, 211-218.
林　文俊・今川民雄・津村俊充・大坊郁夫　1984　対人的オリエンテーションの研究（2）―二者関係認知の構造について―　日本心理学会第48回大会発表論文集, 662.
林　文俊　1999　対人認知　中島義明他（編）　心理学辞典　有斐閣
Heider, F. 1946 Attitudes and cognitive organization. *Journal of Psychology*, **21**, 107-112.
Heider, F. 1958 *The psychology of interpersonal relations*. New York: Wiley. (大橋正夫訳　1978　対人関係の心理学　誠信書房)
Hersey, P., & Blanchard, K. H. 1977 *Management of organizational behavior*, 3 rd ed. Prentice-Hall. (山本成二他訳　1978　行動科学の展開　日本生産性本部)
広瀬幸雄　1997　シミュレーション世界の社会心理学―ゲームで解く葛藤と共存―　ナカニシヤ出版
Ingham, A. G., Levinger, G., Graves, J., & Peckham, V. 1974 The ringelmann effect: Studies of group size and group performance. *Journal of Experimental Social Psychology*, **10**, 371-384.
Janis, I. L. 1954 Personality correlates of susceptibility to persuasion. *Journal of Personality*, **22**, 504-518.
Jones, E. E., & Davis, K. E. 1965 From acts to dispositions: The attribution process in person perception. In L. Berkowitz (Ed.), *Advances in experimental social psychology*, vol. 2. New York: Academic Press.
Katz, D., Maccoby, N., & Morse, N. C. 1950 *Productivity, supervision, and morale in an office situation*. University of Michigan, Institute for Social Research.
Kelley, H. H. 1967 Attribution theory in social psychology. In D. Levine (Ed.), *Nebraska symposium on motivation*. Lincoln: University of Nebraska Press.
Kelley, H. H. 1978 Attribution theory and its application. *Proceedings of international symposium on social psychology*. Pp. 2-22. (三隅二不二・木下冨雄編　1982　現代社会心理学の発展Ⅰ　ナカニシヤ出版　Pp. 68-91.)
栗林克匡　2002　ソーシャルスキルとトレーニング　津村俊充（編）　子どもの対人関係能力を育てる　教育開発研究所　Pp. 144-147.
Latané, B., Williams, K., & Harkins, S. 1979 Many hands make light the work: The causes and concequences of social loafing. *Journal of Personality and Social Psychology*, **37**, 822-832.
Lewin, K., Lippitt, R., & White, R. K. 1939 Patterns of aggressive behavior in experimentally created "social climates". *Journal of Social Psychology*, **10**, 271-299.

Likert, R. 1967 *The human organization.* New York: McGraw-Hill. (三隅二不二訳 1968 組織の行動科学―ヒューマン・オーガニゼーションの管理と価値 ダイヤモンド社)

Mayo, E. 1933 *The human problems of industrial civilization.* New York: Macmillian. (村本栄一訳 1967 産業文明における人間問題―ホーソン実験とその展開― 日本能率協会)

McGregor, D. 1960 *The human side of enterprise.* New York: McGraw-Hill. (高橋達男訳 1970 企業の人間的側面 産業能率大学出版部)

McGuire, W. J. 1969 The nature of attitudes and attitude change. In G. Lindzey, & E. Aronson (Eds.), *The handbook of social psychology,* 2nd ed., vol. 3. Reading, MA: Addison-Wesley. Pp. 136-314.

Mehrabian, A. 1972 *Nonverval communication.* Chicago: Aldine-Atherton.

三隅二不二 1966 新しいリーダーシップ ダイヤモンド社

元吉忠寛・高尾堅司・池田三郎 2004 水害リスクの受容に影響を及ぼす要因 社会心理学研究, **20**, 58-67.

Nelson-Jones, R. 1990 *Human relationship skills: Training and self-help,* 2 nd ed. London: Cassell Plc. (相川 充訳 1993 思いやりの人間関係トレーニング：一人でできるトレーニング 誠信書房)

Newcomb, T. M. 1961 *The acquaintance process.* New York: Holt, Rinehartz Winston.

大橋正夫 1979 集団の理論 塩田芳久（編） 学習と指導の心理学 黎明書房

Schachter, S. 1951 Deviation, rejection, and communication. *Journal of Abnormal and Social Psychology,* **46**, 190-208.

Schlosberg, H. 1952 The description of facial expressions in terms of two dimensions. *Journal of Experimental Psychology,* **44**, 229-237.

Seyfied, B. A., & Hendrick, C. 1973 When do opposites attract? When they are opposite in sex and sex-role attitudes. *Journal of Personality and Social Psychology,* **25**, 15-20.

Shannon, C. E., & Weaver, W. 1949 *The mathematical theory of communication.* Urbana: University of Illinois Press. (長谷川淳他訳 1969 コミュニケーションの数学的理論 明治図書)

Stogdill, R. M. 1948 Personal factors associated with leadership: A survey of the literature. *Journal of Psychology,* **25**, 35-71.

杉浦淳吉 2003 環境配慮の社会心理学 ナカニシヤ出版

Taylor, F. W. 1911 *Principles of scientific management.* New York: Harper. (上野陽一編訳 2006 科学的管理法〈オンデマンド版〉 産業能率大学出版部)

Triandis, H. C., Vassiliou, V., & Nassiakou, M. 1968 Three cross-culture studies of subjective culture. *Journal of Personality and Social Psychology,* Monograph Supplement, 8, 1-42.

津村俊充 2003 体験学習とファシリテーション 津村俊充・石田裕久（編） ファシリテーター・トレーニング―自己実現を促す教育ファシリテーションへのアプロー

チ―　ナカニシヤ出版　Pp. 2-6.
津村俊充・山口真人（編）　2005　人間関係トレーニング第2版―私を育てる教育の人間学的アプローチ―　ナカニシヤ出版
海上智昭・元吉忠寛・土屋耕治・高橋伸行・吉田俊和　2007　中等教育における災害リスク教育の可能性―あたらしいリスク教育のありかた―　中等教育研究センター紀要，**7**, 25-39.
Winch, R. F., Ktsanes, T., & Ktsanes, V.　1954　The theory of complementary needs in mate-selection: An analytic and descriptive study. *American Sociological Review*, **19**, 241-249.
Woodworth, R. S.　1938　*Experimental psychology*.　New York: Holt.
吉田俊和・廣岡秀一・斎藤和志（編著）　2002　教室で学ぶ「社会の中の人間行動」―心理学を活用した新しい授業例―　明治図書
吉田俊和・廣岡秀一・斎藤和志（編著）　2005　学校教育で育む「豊かな人間関係と社会性」―心理学を活用した新しい授業例 Part 2―　明治図書
Zajonc, R. B.　1965　Social facilitation. *Science*, **149**, 269-274.
Zajonc, R. B.　1968　Attitudinal effects of mere exposure. *Journal of Personality and Social Psychology*, Monograph Supplement, **9**, 1-27.

関連書籍の紹介
入門・基礎レベル
明田芳久・岡本浩一・奥田秀宇・外山みどり・山口　勧　1994　社会心理学（ベーシック現代心理学）　有斐閣
安藤清志・大坊郁夫・池田謙一　1995　社会心理学（現代心理学入門4）　岩波書店
今城周造（編）　1993　社会心理学：日常生活の疑問から学ぶ　北大路書房
中村陽吉（編）　1990　「自己過程」の社会心理学　東京大学出版会
大坊郁夫・安藤清志（編）　1992　社会の中の人間理解　ナカニシヤ出版
末永俊郎・安藤清志（編）　1998　現代社会心理学　東京大学出版会
吉田俊和・松原敏浩（編）　1999　社会心理学　ナカニシヤ出版

発展レベル
対人行動学研究会（編）　1986　対人行動の心理学　誠信書房
大坊郁夫・安藤清志・池田謙一（編）　1990　社会心理学パースペクティブ1～3　誠信書房
対人行動学研究シリーズ1～8　1996-1998　誠信書房
セレクション社会心理学1～15　1990-　サイエンス社

関連学会誌
社会心理学研究
実験社会心理学研究
Journal of Personality and Social Psychology
Journal of Experimental Social Psychology

Journal of Applied Behavioral Science
Human Relations

第7章

こころの健康

　近年では，Well-Being や Quality of Life といった，よりよく生きることと関連する言葉をよく耳にする。このような現象が示すように，こころの健康の問題は現在多くの注目を集めている。この章では，こころの健康に関連する，臨床心理学とその関連領域をあつかう。臨床心理学は，以前は異常心理学とよばれていた。正常と異常の概念はこころの健康と非常に関連が深い。ここでは若干の例をあげながら正常，異常といった問題にふれ，その診断や測定の問題へと解説をすすめていく。さらに，不適応に陥った人（クライエント）を援助するための方法である心理療法や，現代人のこころの健康と密接な関連があるストレスについて，心理学的な知見を概説する。

第1節　正常と異常

1．健康のパラドックス

　悩みや不安にとらわれているとか，くよくよ考えたり気分が落ち込んだりすることは，精神的に不健康な状態と思われがちである。しかし，本当にそうだろうか。たとえば，人が心理的に自立をとげようとするとき，家庭や仕事あるいは対人関係のうえで困難な問題に遭遇したときなどでは，どんなに健康な人であっても，快適な心理状態を維持することは不可能なのである。

　人は，人生の節目やさまざまな困難に出会ったときには，心理的苦痛をいやというほど味わうものであるが，何とかそれに対処し，自分の生き方を点検・修正したり，推進したりしているのである。つまり，心理的苦痛をともなうことなしに，こころの発達や成熟が起こることはないといってよい。したがって，心理的苦痛は不健康どころか，健康のための重要な条件である。そうなると，快適な状態は健康であり，苦痛の状態が不健康である，という図式は成りたたなくなる。

　では，心理的苦痛が強ければ強いほど健康の程度が高くなるかというと，そうともいえない。病的な状態にある人は，心理的苦痛からの脱却を図ろうと必死にもがき，臨床家によるケアを要するまでになっているからである。このように，心理的苦痛は心理的健康にもまた不健康にも影響している。この事実をどう考えればよいのか，また健康と不健康とは何が異なるのか，という根本的問題があらためて問われることになる。

　健康については，臨床家によっても考え方が異なり，さまざまな見方がある。健康はパラドックスに満ちており，答えがすぐ明らかになるという性質の問題ではない。それは，人のこころ自体がパラドックスと謎に満ちているためであり，したがってこころの健康について考えることは，おのずと人のこころとは何かを追究することになっていくのである。病理をあつかう**精神医学**は，その誕生以来，この重い課題に取り組んできた。いわゆる「**正常**」と「**異常**」の問題である。臨床領域ではこのテーゼをめぐって，どのようなことが問題視され，考えられてきているかについて以下に述べていく。

2.「異常」という概念

　異常という概念は，次の二種のものを含んでいる。1つは，全体のなかで平均から隔たっている，あるいは多数者に対する少数者であることを示す平均概念である。もう1つは，好ましくないもの，価値の劣るものという価値概念である。つまり，異常という概念は，たんに平均からずれているというだけでなく，価値が低く望ましくないものをさすことになる。例として知能指数50の場合と150の場合を比べてみよう。ともに平均から大きく隔たっていることに変わりはないのだが，前者のように平均よりも低い場合には，異常とよぶことをためらわない人が多いのに対して，後者のように平均より高い場合には，それを異常とよぶことに抵抗を感じる人が多いはずである。このように，価値概念が色濃くつきまとっていることに注意しなければならない。

　さて，この異常概念を，こころの病理現象に当てはめる際の問題点について考えてみよう。病理現象が，かりに上述の異常概念に合致するとすれば，それを異常とよぶことに問題は生じないはずだが，はたしてそうだろうか。じつは，病理現象のなかにも価値が低いとか好ましくないとはいいきれない場合が少なからず存在しているのである。

　まず，病的な状態に苦しみながらも，深く悩むことによって自身を発見的に見つめ，もし発症しなかったならば得られなかったであろうものを獲得して，意味ある心理的発達・成長をとげる場合がある。これはとりわけ軽症例においてよくみられることである。苦しい体験が建設的結果をもたらすのは，何も健康時だけに限ったことではないのである。

　また，好ましい変化が当人だけではなく，その家族全体にまでおよぶ場合もある。家族間の相互性やまとまりにおいてその機能が向上したり，各成員の個性が豊かになっていく，といった変化が生じたりする。しかし，これが簡単にあるいは順調に実現するのではなく，しばらくの期間，家族は動揺し大きな混乱状態に陥るのが通例である。このような場合，当人はあたかも集団の安定を一旦は崩してしまうものの，やがては新しい秩序を再構築していく**トリックスター**のような役割を果たしているといえる。

　さらに，**パトグラフィー（病跡学）**が教えているように，すぐれた科学的発見や芸術的創造をなした天才的人物には，精神的に異常な体験を味わったり，

心理的危機に見舞われたという人が多い。常識にとらわれない姿勢こそが，創造的営みに不可欠であることはいうまでもないが，そのもっとも緊迫した形として，常識や通念とは相容れない異常な危機状態と，天才的創造性とが結びつくことがあったとしても不思議ではない。

以上の例から明らかなように，異常な心的状態を一律に価値の劣るものとみなすことはできない。だからといって異常なものを価値の高いものと受けとることも，同様に不適当であることはいうまでもない。そもそも人のこころは，常態であろうが病態であろうが，ポジティブな面，ネガティブな面，およびそのどちらともいえない面を含む多面的なものである。したがって，そのなかの一面だけに注目して，あたかも全体あるいは本質を理解したと錯覚するならば，他の面がまったく視界に入らず，全体あるいは本体からかけ離れた見方をすることになってしまう。こころの病いや異常に関する偏見や差別の問題は，こうした一面視によるところが大きい（長谷川，1989）。

正常と異常に関してよく問われることの1つに，その境界はあるのかどうかという点がある。今日では，正常と異常とがそれぞれ独立したものとして厳然と分かたれている，というようには考えられていない。つまり両者は，相互排除的ではなく，複雑に絡み合う関係とみなされている。どんなに重い精神障害の場合にも正常な部分は認められるし，反対にどんなに健康な人のこころのなかにも異常な部分は潜んでいるのである。このことに関して精神科医リュムケ（Rümke, H. C., 1941）は，いかなる健常人でも**統合失調症**の症状を体験すると述べている。ただしそれは，数秒から数10秒というごく短い時間だという。またビオン（Bion, W. R., 1967）は，健常人，精神病状態にある人をとわず，パーソナリティは「精神病的パーソナリティ」と「非精神病的パーソナリティ」の両部分からなっており，両者は常に併存していると説いている。つまり，健常者のこころは，「非精神病的パーソナリティ」のみから成り立っているのではなく，「精神病的パーソナリティ」も含まれており，部分的にしろ病的な色調を帯びていることになる。

異常なものには，自身のこころをかき乱し周囲との摩擦を生むという厄介な面だけではなく，新たな自己理解を生み，自己進展の契機となる面も同時に認められるのである。

3．「異常視」の心理

　次に，人が異常な対象を目の前にしたときに生じてくる心理について考えてみよう。この問題について具体的に検討するために，まず，エジプトの作家であるタウフィーク・アル・ハキームの短編戯曲『狂いの川』を取り上げてみたい。これは，正常と異常の問題をあつかった寓話的な作品である。以下にその要約を示そう。

　　王は，夢のなかで恐ろしいお告げを受けた。それは，天から多くの毒蛇が落ちてきて，その毒が川に流れ込んでしまったので，今後は川の水を飲んではならぬ，というお告げだった。しかしそのお告げを守ったのは，王と大臣だけであり，王妃をはじめ侍医や大司教らは，今でも川の水を飲み続けている。そのせいで王妃たちは，すっかり気がふれてしまったと，王と大臣は嘆くのだ。一方，王妃らは，王と大臣の2人が最近精神の変調をきたしていると信じ，狼狽する。王妃が，「王は川の水を有毒だと言い張って，飲もうとしません。ブドウ酒以外に何も飲もうとしないのです」と言うと，侍医は「ブドウ酒の常用が，王様の頭脳に影響を与えてしまったのではないか…」と意見を述べる。王妃は，ブドウ酒をやめてもらうほかはないと決意し，ブドウ酒の代わりに川の水を飲むように進言すると，王は絶望と悲しみに襲われながらこう言う。「日を追うごとに，后の状態は悪化している。何と呪われたことだ！」この王の反応を見た王妃は，「侍医の言うとおりだわ。実際思っていたよりも，難しいわ…」と溜め息をつくのである。

　このように，王サイドと王妃サイドの2つのグループが，互いに「自分たちこそ正常であり，異常なのは相手の方だ」と信じて疑わず，真っ向から対立して，このあとも押し問答がしばらく続くのだが，その後民衆の様子をうかがってきた大臣が血相を変えて王の前に登場する場面から，新たな展開が起こる。

　　大臣は，民たちが自分たちこそ正常であって，王と大臣の方がおかしいと言って騒いでいる，と報告する。それを聞いた王は憤慨する。しかし大臣は，「彼らの状態がどうであれ，勝ち目は彼らの方にあるのです。いな，彼らの方だけ

が正常か異常かの判断を下せるのです」と言い，「私たちも川の水を飲みにまいりましょう」と提案する。頑固にはねつける王に，大臣は懸命にくいさがり，王はやっと考えを変えるにいたる。「大臣の言うとおりだ。このような２人だけ孤立した人生を続けるなんて不可能なことだ」，「狂気が后や民どもの安らかな人生を約束してくれることだろう。頭が正常とて，それが余に何をくれよう！」。

この戯曲は，以下の王と大臣とのダイアローグで幕となる。

王：狂人の仲間入りをしない方が狂人ということになるのだな。
大臣：それこそ私のいわんとしたことでございます。
王：狂気を選ぶ方が理性ある者のなすことなのだな。
大臣：そうに相違ございません。
王：それでは精神の正常と異常との区別はいったい何なのだ。
大臣：（考えがこんがらがって）待ってください…（しばらく考える）区別がつかなくなってしまいました！
王：（じれったそうに）川の水をコップに入れて持ってこさせてくれ！

この戯曲は正常と異常とをめぐって，さまざまなことを考えさせてくれる興味深い物語であるが，ここでは相手を異常とみなすこと，すなわち異常視の問題に絞って検討してみよう。王の側も王妃の側も，自分たちこそ正常であり，相手の方が異常であると信じてゆずらない。つまり双方とも異常視をしているのである。この異常視は，相手の言うことをまったく受けつけず，全面的にはねつける拒絶力となっている。しかし，大臣によって変化が起こる。相手である民に対して異常視することをやめ，民の気持ちをつかもうとする姿勢に変わったのである。そのことによって，自身と民との間に何が生じているかに注目するようになった。要するに，異常視するか，しないかということによって，相手との関係のあり方自体が大きく変わるところが重要なのである。

ここで，王と大臣との２人の人物を，我々のこころのなかにある２つの側面と考えてみると興味深いであろう。一般に，異常と思える相手に接したときに，

こころのなかで王と大臣とがせめぎ合うのではないだろうか。大臣は王の腹心であり，普段は同調的協力者であるが，ときには耳の痛いことを進言する対立者ともなる。異常と感じる相手のことを理解しようとすれば，我々は内なる大臣の声に耳を傾けなければならない。このとき，こころは大きく揺さぶられ苦渋することにもなるが，そうならないことには，相手を理解したり，関係を築いていくことにはならないのである。

4．異常視の諸相

　こころを病める人たちに出会ったり，接したりする場合，異常視の問題を避けて通ることはできない。相手を異常とみなすとき，それを引き起こすものは何か，異常とみなすことによって何が生じるのかといった事柄についてさらに詳しくみていきたい。

　1）**被害不安と危険視**　　ある他者を異常と感じる場合に，こころのなかで起こっているのは言いようのない不安であろう。それは漠然とした「落ちつきのなさ」や「居心地の悪さ」のこともあるだろうし，「危害を加えられるかもしれない」という不気味さや被害不安の場合もあるだろう。すなわち，しばしば相手を**危険視**することが起こる。表立ってではないにしろ，精神障害者を危険視する心理は，今日でも根強いものがある。しかし，精神障害者とそうでない者との犯罪率を比べてみると，報告によって違いはあるが，全体として両者には差がほとんどみられないというものが多く，前者の方が少ないとする報告もあるほどである。

　相手に対して被害不安を感じ，危険視するとき，その対象を異常とみなすことには，1つの効用がある。それは上述の不安を軽減するはたらきである。すでに述べたように，異常とみなすのは，対象を自分よりも劣る存在として認知することであり，それによって自身の優位性や正当性が確保されるからである。異常視には，相手の劣等性と自身の優位性とを認識することによって，不安や不気味さを和らげるはたらきがあることを認識しておく必要がある。この意味で，正常，換言すれば正気の概念をあらためて考慮する必要があろう。木村(1973)は，「私たちが自明のこととして無反省に受けとっている『正気』の概念は，みずからが拠って立っている常識的合理性を脅かすいっさいの可能性を，

『狂気』の名のもとに排除することによってのみ存続しうるような、きわめて閉鎖的で特権的な1つの論理体系を代表するものにすぎない」と述べている。

現実に危害を被る場合なら、相手を危険視するのは当然であるが、そうでないのに被害不安や危険視が起こるのは、奇妙なことといわねばならない。その理由として考えられることは、2つある。1つは、前節で述べた一面視である。一部分だけをみて、全体をとらえたと錯覚するこころのはたらきである。もう1つは、投影という防衛機制のはたらきである。外部に危険の恐れがほとんどないにもかかわらず、強い危険視が起こるのは、内部にその源があると考えなければ説明がつかない。その震源となるのは、先述した誰のこころにも潜在している異常な部分である。対象を異常と感じるとき、この部分が刺激されてその活動性が高まり、こころを不安定にさせるので、この動揺を抑えるべく防衛機制が始動する。すなわち、危険な傾向をもっているのは自分ではなく、相手の方であると認知する機制である。この投影は無自覚のうちにはたらくので、あくまで異常なのは相手であるとしか思えないのである。

2）言動の了解困難性　　対象を異常とみなす場合、よく生じるのは、その相手の言動がこちらに理解できないという事態である。相手の言っていることがさっぱりわからないとか、常識では考えられない行為をするといったことである。ここでは、異常視についてまわる、この**了解困難性**の問題を考えてみることにしよう。この場合、相手のことが理解できるか否かは、みずからの了解力に大きく依存しているという点に注意する必要がある。これは、臨床家にとっても切実な問題である。了解困難なものを了解可能なものに変えられるかどうかは、治療的援助の成否にもかかわることであり、臨床家はこの点で苦闘し続けているといえる。ここに掲げる事例は、30年ほども前、臨床家になったばかりの筆者が初めて担当したAさんのケースである。

> Aさんは、20代前半の独身女性で、統合失調症のため入院していたのだが、面接のたびごとに、話の内容があまりに事実と異なるので、すっかり面くらってしまった。たとえば、家族についてAさんは、「母は旅行好きでいつも家を留守にしています」とか、「父は元気ですが、出稼ぎにいっています」とか、「私にはきょうだいが多く、68人います」などと言うのだが、すべて事実とは異な

っていた。父親はAさんの幼い頃に死亡しており、以後母親が彼女を育ててきたのである。また、Aさんは1人っ子であった。きょうだいの数は、面接のたびに違っていた。「156人」のこともあれば、「38.5人」と答えることもあった。

　万事がこんな調子だったので、当初はからかわれているのではないかという気さえしたのだが、当人および母親との面接を重ねていくうちに、その場限りのでたらめな放言ではなく、Aさんの心的現実そのものにほかならないと思えたのである。
　父親が若くして亡くなり、母親が働きながら子育てをしたことは先に述べたとおりだが、Aさんは子どもながらにそうした母親の苦労を感知していたのか、ききわけがよく、母親が言わなくても自分でできることはきちんとする子どもであったという。母親の多忙さとAさんの自己制御力によって、一般に想像される母子の濃密な結びつきとは違って、淡々とした母子関係が続いたようである。高校を卒業する頃から閉じこもりの傾向がみられるようになり、しだいに母親に対しても口をきかなくなって、自閉症状が顕著となったため入院することになった。入院直後に状態は一変し、寡黙状態から急転して饒舌、多話状態となった。前記の独特な話ぶり（「的はずし応答」または「ひねくれ応答」とよばれる）は、この時期に初めて生じたものであったが、おそらく自閉期にあっては内部に閉じ込められていた心的現実が、一挙に外へと吹き出してきたものと考えられる。
　「母は旅行好きでいつも家をあけている」「（外泊して）家に帰ったが、母は留守でした」というAさんの言い方は、母否定のようにみえながら、実はそうではなく、もっと母に甘えたい、もっと愛情を注いでほしいという母希求の表れではないかと考えられた。Aさんの心的現実からすると、彼女の母親は、「出稼ぎにいっている父親」のイメージとしてとらえられていたと想像される。さらに、きょうだいの数が156人とか、38.5人というのも、その数字自体に意味があるのではなく、母からはあたかも156人中の1人の子どもとしてしか愛情が向けられていない、38.5人中の0.5人分しか甘えることができない、ということを表しているのではないかと思われたのである。このように考えると、Aさんの発言内容は、必ずしも了解困難とはいえないと思えるようになっ

た。

　このように，当人の話す内容が了解困難であるのか，了解可能であるのかは，話し手ばかりではなく，聞き手の問題でもあり，臨床家の了解能力に大きく依存しているといえる。一般に，病態が重くなればなるほど，彼らの話す言葉は，誰にでも了解可能な成人言語とは異なってくる。しかし臨床家の了解能力が向上していくことになれば，それも了解可能なものに変わっていくことであろう。

　これは，一般の人にとっても同様のことがいえる。異常な言動に対して，それを了解しようとする姿勢をとるかとらないかによって，事態が相当変わってくるからである。その分かれ目は，相手を異常視するか否かにあるといってよいだろう。異常と判断することは，自身と相手との共通性，連続性を認めず，かかわりを拒否するという意思決定を生みやすい。逆に，相手の話す内容が，部分的にしろ了解できたり，共感できるという可能性を信じることができれば，相手とのかかわりのための扉が開かれることになるだろう。異常視しないということは，彼らが理解不可能な人ではないことを再認識することになるのである（長谷川，1999）。

第2節　「診断」と「見立て」

1．病気の診断と分類

　臨床家は，相手を異常とみているのではない。そうではなく，「病気」ないし「障害」とみているのである。異常とみなすことは，対象とかかわることを避けるはたらきがあるのに対して，病気あるいは障害とみなすことは，治療・援助の対象と考えることになり，積極的な関与を前提としている点で異なっている。治療・援助が必要な場合を病気とみなしているといってよい。

　ただし，病気でなくても臨床家がかかわる場合もあるし，逆に病気と判断されても治療・援助を行わないときもある。前者の例としては，たとえば病気でなくとも，何らかの心理的苦痛や問題を抱えている人を対象にした心理相談の場合がこれに該当する。後者の例としては，何らかの精神障害であることが明瞭であっても，治療的援助を行うよりも，当人が独力で解決の努力を続けた方が，より好ましい結果が得られるであろうと判断される場合である。

1）**診断とは**　ここでは診断について述べておきたい。**診断**は，英語でdiagnosisというが，"dia"（2つ）と"gnosis"（知る）の合成語であり，2つのものを知る，すなわち病気を区別することを意味している。これは，病気を区別することが治療に不可欠であるという考えに基づいている。たとえば，同じ腹痛であっても，それが胃潰瘍によるものか胆石によるものかを区別（診断）しないと適切な治療ができないのである。この考えは，身体疾患にはよく当てはまるのだが，こころが問題となる場合には事情が変わってくる。メンタルな障害の場合，診断が決まれば確立された方法によって治療がなされる，という具合にはいかないからである。そのあたりの実際問題についてふれておこう。

たとえば，統合失調症とかうつ病といった診断をしたからといって，ただちに適切な治療が行えるというわけではなく，精神障害の場合は，身体病のように，診断と治療とが直結していないのである。これには，精神障害の成因がいまだ十分に解明されてはいないこと，また，同じ病気，同じ症状であってもこころの状態は1人ひとり異なっているという事情も関係している。さらに，診断の対象は病気であるが，先述したように臨床家がかかわるのは病気の場合だけとは限らない。しかしそうならば，心理的援助を行う場合に診断することの意味はないではないかという見方も起こってこよう。実際，診断不要論が叫ばれた時期もあった。しかし，何らかの判断や見通しをいっさいもたずに心理的援助を行うことは実際上不可能であり，無謀なことでもある。臨床家が，クライエントとかかわりをもつのが適当かどうかを考える際にも，また継続して心理的援助を行う場合にも，臨床的な判断や見通しは不可欠である。

診断は，精神症状を有する目の前の病者が，精神障害であるかどうかを判断する時点で，すでに重大な意味をもっている。それは，人の生命に関係することがあるからである。精神症状がみられるのは精神障害に限ったことではない。しばしば身体病によっても，統合失調症や躁うつ病とほとんど区別できないような精神症状がみられることがあり，これらは**器質性精神病**および**症候性精神病**とよばれている。前者は，脳腫瘍とか脳血管障害などの脳疾患によって，後者は内分泌疾患，肝障害，糖尿病などの進行性の全身性疾患によって，それぞれ脳機能に二次的に影響をおよぼして精神症状が生じてくるのである。これら

は身体病であるので,身体症状をともなうものではあるが,それらが目立たず,精神症状の方が顕著になることがあり,精神科医ないし心理臨床家のもとをまず訪れることになる。このようなときに,統合失調症とか躁うつ病と診断して,その身体病に気づかないならば,その病状が改善されないだけではなく,身体病が進行して手遅れになることもありうる。このような最悪の事態を避けるためには,慎重で的確な診断が不可欠であり,器質性精神病ないし症候性精神病が疑われる場合には,脳外科や神経内科などの専門医に判断を仰がねばならない。

　2）**分類とは**　　次に分類についてふれておこう。**分類**は,診断をしやすくするために,病気をその性質や特徴によって整理し,区別しようとするものである。しばしば「診断と分類」と併記されるように,両者は密接な関係にあり,混同されることもあるほどだが,この点について土居(1983)は次のように指摘している。診断は病気に対してなされるが,その病気は病人と離れて存在しているわけではない。つまり,診断は病人になされるのであり,あくまで個人に対するものである。一方分類は,診断の際に用いられる病名に関することであって,それ自体個人とは無関係である。すなわち,病名の整理の仕方が分類であって,その際用いられる基準によっていろいろな分類法が考案されるようになるのである。

　実際,従来より精神障害に関するさまざまな分類案が提案され,修正が重ねられてきた。今日,世界的に広く用いられている分類ないし診断基準は,**アメリカ精神医学会**による **DSM-IV** (Diagnostic and Statistical Manual of Mental Disorders, Fourth Edition: American Psychiatric Association, 1994) と,**世界保健機関**の **ICD-10** (International Classification of Diseases 10: World Health Organization, 1992) の2つである。このうち DSM-IV について,以下にその概略を示す。

　DSM-IV (現在その改訂版である **DSM-IV-TR** (American Psychiatric Association, 2000) が出ているが,根本的な変更はない) は,臨床家が学派や立場を越えて,均質な診断をすることをめざしたもので,徹底した症状記述的な診断基準を提示しており,発症年齢や症状の持続期間なども重視した,操作的な診断マニュアルになっている。分類名(障害名)も,たとえば,神経症,

ヒステリー，躁うつ病などの伝統的な名称が排され，不安障害，解離性障害，転換性障害，気分障害などの表現になっている。

このDSM-IVの診断基準にしたがって，諸症状を検討し病症名を特定しても，そこには治療法や援助法が示されているわけではなく，それだけでは治療的に役立たない。DSM-IVは，臨床家による診断のばらつきを抑え，均質化をめざしたものであるから，個人を対象とする診断よりは，集団について統計的に検討する場面などに適しているといえよう。たとえば，ある障害（多数例）に対する特定の薬剤の効果を調べるとか，ある障害の発症率や有病率を地域ごとに比較・調査するといった場合である。

2．見立て

「見立て」を心理療法に導入したのは土居（1977）であるが，土居自身が見立てについて事例をあげながら的確に論じているので，それを要約しておこう。

そのクライエントは，多量飲酒をしているわけでもないのに，アルコール依存症に陥ってしまうのではないかという強い恐れのために，治療者のもとを訪れてきた。クライエントはあくまでアルコール依存症になることを極度に心配し，その点だけを問題視しているのだが，治療者は適切な面接によって，クライエントの生活史的体験からストーリーを読みとり，その核心に「再起不能になってしまうことを恐れる強迫的な失敗恐怖」があるのではないかという見立てをするのである。ここで注意すべきは，見立てがクライエントの強調した点をはずし，重点を別のところへ移していることである。治療者がこの見立てを，わかりやすく受け入れやすい言い方でクライエントに伝えたのだが，これによって治療がみごとに進展していったのである。

土居（1977）が述べているように，見立てはクライエントの来談理由に出発しながら，それに終始するのではなく，その来談理由を生み出した背後の心理を探り，クライエント自身も気づいていない，隠れた問題を見いだしていく作業となる。しかも，そこで問題として把握されたものが，クライエントにとっても問題として理解されるものであることが必要なのである。

見立ては，治療経過のなかで変化しうるものである（河合，1992）。見立ては援助を進めていくための見取り図ないし仮説といえるものであり，進行途上

でさらに適切な仮説が見つかれば修正されるものなのである。より適切な仮説に精緻化していくことこそ見立ての精神というべきであろう。このようにみてくると、見立ては心理的援助のために必要なものというより、心理的援助行為そのものといってよく、両者は不可分であるといえる。

土居（1977）は、「本当にわかるためには、まず何がわからないかが見えてこなければならない」と述べ、「わからない、不思議だ、ここには何かあるにちがいないという感覚」をもつことの重要性を強調している。まさに、隠れているものを発見的に探るというこの姿勢こそ、見立ておよび心理的援助にとって極めて大切なものなのである。もちろん発見的な姿勢は、たえず「相手の気持ちをくむ」という**共感的態度**をともなったものでなければならない。しかし、クライエントは他者から共感されにくい人たちであるので、共感すること自体が容易ではない。無理に共感しようとすることは共感ではないからである。前節で、どんなに病的な場合にも自己保護的ないし建設的な側面が潜んでいると述べたが、こうしたポジティブな点は真に共感できるものである。隠れて目立たないこれらの側面を、発見的な姿勢で見いだしていかねばならない。どこが病的かを探ることより、どこに共感できるものが潜んでいるかを見いだすことの方がずっと難しいが、より重要なことなのである。

第3節　心理検査

1．心理検査とは

適切な診断や見立てを行うために、相手をよく知るということが不可欠なのはいうまでもない。よく知るための方法の1つに**査定（アセスメント）**がある。これには、面接による方法、行動観察による方法、そして**心理検査（心理テスト）**による方法などがある（第9章第2節参照）。以下でも述べるように、心理検査は臨床場面をはじめ、さまざまな場面で活用されている。本節では心理検査について概説していく。

心理検査にはさまざまなタイプのものがある。**知能検査**と**パーソナリティ検査（性格検査）**が代表的であり、他にも**発達検査**、**適性検査**などがある。心理検査は一度に実施できる人数によっても分類され、検査者と検査対象者が1対

1で実施する個別式と，一度に多人数に対して実施できる集団式がある。以下では，心理検査のなかでも，特にパーソナリティ検査について論じていく（知能検査の詳細は第5章第3節を参照）。

　パーソナリティは，個人差を説明するための構成概念である。第5章で紹介されているように，さまざまなパーソナリティ理論が提唱されている。したがって，新たな理論が提唱され構成概念が成立すれば，パーソナリティ検査も新たなものが登場する。また，既存の構成概念が否定されれば，それを測定しようとするパーソナリティ検査も使われなくなるのである。

　パーソナリティ検査は，他者をより正確に理解する目的で，パーソナリティを査定する道具として発達してきた。現在では，①他者のパーソナリティの査定，②自己認識，③心理学的な研究のために用いられている。

　他者のパーソナリティの査定としては，臨床場面はもちろん，教育や産業といった分野で用いられる。臨床場面では，クライエントのパーソナリティ特徴を理解するために検査が利用される。クライエントを多面的に理解するために，複数の心理検査が組み合わされて実施されることもあり，これを**テスト・バッテリー**とよぶ。教育の場面では，小中学校において，児童生徒の指導のために集団式のパーソナリティ検査が実施されることがある。産業場面でも，たとえば就職試験などの際に集団式のパーソナリティ検査が実施されることがある。臨床場面では，1人のクライエントをより深く知るためにパーソナリティ検査が実施されるのに対して，教育や産業の場面では多くの人を対象にして，指導や処遇決定，スクリーニングのために，パーソナリティの表層的なレベルをとらえようとする。

　次に，自己認識を目的とするのは，進路選択や生活上の問題に直面し，自分をふり返り自己確認をするためや，自己発見のツールとして用いられるときである。

　心理学的な研究を目的として行われるものとしては，パーソナリティ検査の開発や改良をめざす場合や，異なるパーソナリティ特性間，または異なるパーソナリティ検査間の関連性を調べる場合，そして，あるパーソナリティ特性の特徴を探求していく場合などがある。

　なお，心理検査と類似したものとして一般的に知られているものに，雑誌な

どに掲載されている心理テストや心理占い、心理ゲームなどがあげられよう。これらと心理検査とは類似しているようにみえるが、大きな違いがある。相違点の1つは、心理学的な理論をベースとして作成されているか否かであり、もう1つは科学的な検証手続きを経ているか否かという点である。心理学的理論をベースとしていないものについては、名称に心理とついていても、それは心理学とは関係のないものである。また、適切な検証手続きを経ずに作成されたものについては、それによって導かれた結果は、正確ではなく、信頼できない可能性が高い。これらを遊びとして楽しむのであれば問題はないが、その結果を鵜呑みにすると、自分について実施した場合は自己認知を、他者について実施した場合は他者認知を歪めてしまう結果にもなりかねないので注意する必要がある。

2．パーソナリティ検査の特徴

パーソナリティ検査には、質問紙法、作業検査法、投影法（投映法）がある。以下では、それぞれの方法について、特徴や代表例について述べていく。

1）質問紙法　　**質問紙法**とは、行動や感じ方、考え方などに関する質問項目が用意されており、その質問項目に対して検査対象者が答えていくというものである。回答結果は定められた方法によって集計される。代表的な検査としては、Y‑G性格検査（矢田部‑ギルフォード性格検査）、CPI（カリフォルニア心理目録）、MPI（モーズレイ性格検査）、MMPI（ミネソタ多面性人格目録）、TEG（東大式エゴグラム）などがある。以下では、日本においてもっとも用いられることが多いY‑G性格検査を中心に、質問紙法の特徴を説明する。

Y‑G性格検査は、ギルフォードが開発した検査をベースとして、矢田部と辻岡が日本人を対象に標準化したパーソナリティ検査である。120項目の質問があり、12種類のパーソナリティ特性（抑うつ性／回帰性傾向／劣等感の強さ／神経質／客観性欠如／非協調性／愛想の悪さ／一般的活動性／のんきさ／思考的外向／支配性／社会的外向）について結果が算出される。12尺度の数値はプロフィールとして描かれる（図7‑1参照）。これはY‑G性格検査における特性論的パーソナリティ理解である。次に、プロフィールに基づいて、A型〜E型およびそれらの準型、混合型に分けられる。このタイプ分類によるパー

Y-G性格検査プロフィール

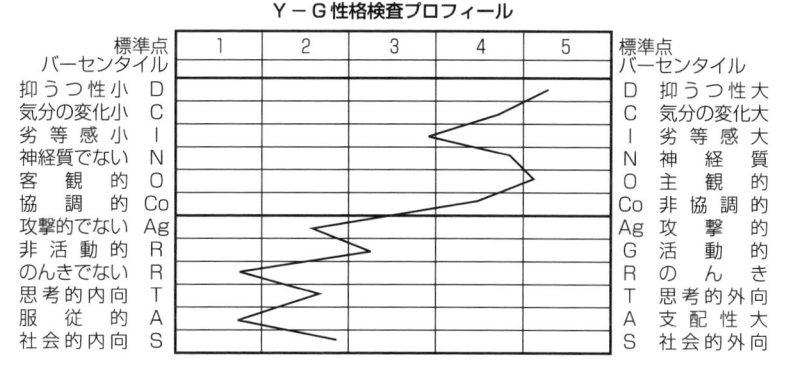

標準点 パーセンタイル	1	2	3	4	5	標準点 パーセンタイル	
抑うつ性小 D						D 抑うつ性大
気分の変化小 C						C 気分の変化大
劣等感小 I						I 劣等感大
神経質でない N						N 神経質
客 観 的 O						O 主 観 的
協 調 的 Co						Co 非協調的
攻撃的でない Ag						Ag 攻 撃 的
非活動的 R						G 活 動 的
のんきでない R						R の ん き
思考的内向 T						T 思考的外向
服 従 的 A						A 支配性大
社会的内向 S						S 社会的外向

図7-1 Y-G性格検査のプロフィール例

ソナリティ把握は類型論的である。

質問紙法は，実施が比較的簡便であること，採点の仕方も決まっていて誰が採点しても結果は変わらないこと，結果の解釈法が確立されていることなどによって，実施・採点・解釈が客観的にできる。また，集団で一度に実施でき，採点も短時間で可能である。一方で，検査対象者が認識している自分について答えるため，自覚されている自己像が結果として表れ，比較的表層的なパーソナリティしか測定できないこと，質問項目が何を測定しているかを検査対象者が知っていれば，意図的に回答を歪められることなども特徴といえる。

2）投影法　投影法とは，「新奇で，通常の意味では一義的ではない不明瞭な刺激を提示し，それに対する自由度の高い反応を求めることによって，もっともその人らしいありようを表出させ，それをとおしてその人個人を解釈的に理解しようとする方法である」（池田，1995）と定義されている。検査対象者に何らかの曖昧な刺激を提示し，その刺激に対する自由な反応を求め，それを分析・解釈するものである。検査対象者が刺激をどのように処理するかという観点から，投影法は以下の5種類に分類される。①連想法（ロールシャッハ・テスト，言語連想テストなど），②構成法（TAT：絵画統覚検査，CAT：児童用TATなど），③完成法（SCT：文章完成法，P-Fスタディなど），④配列法もしくは選択法（ソンディ・テストなど），⑤表現法（描画法，**バウムテスト**，HTP：家 - 樹木 - 人物描画テスト，**コラージュ法**，ベンダ

図7-2　ロールシャッハ・テストの模擬図版（十島，2004）

ー・ゲシュタルト・テストなど）である。ここでは，代表的な投影法であるロールシャッハ・テストを中心に概観することをとおして，投影法の特徴を説明する。

ロールシャッハ・テストは，図7-2のような，左右対称になったインクのしみのような図版10枚を順に検査対象者にみせ，何にみえるか，どうしてそのようにみたかをたずねていく方法である。検査対象者は，何にみえたかを自由に答えていく。検査者は，検査対象者の回答に対し，刺激の知覚のされ方について複数の観点から分析を行う。分析や解釈は多面的・全体的に行われる。また，ロールシャッハ・テストの結果報告書では，質問紙法のようにプロフィールやタイプで表されるのではなく，さまざまな基準からの結果や反応の意味の分析を通して，検査対象者の知覚様式やパーソナリティが文章で記述される。

なお，ロールシャッハ・テスト以外の代表的な投影法のパーソナリティ検査については，それらの特徴を表7-1に示す。

投影法では，質問紙法に比べて，何を測定されているかがわかりにくいため，検査対象者が意図的に反応を歪めたり操作したりすることが難しいという特徴がある。また，検査対象者自身が自覚していない，知覚スタイル・欲求・関心・対人的な感情などの領域にアプローチすることも可能である。しかし，投影法の多くは個別でしか実施できず，実施・採点・解釈に時間が非常に必要とされる。たとえばロールシャッハ・テストは，実施に平均で145分かかるとされている（小川，2001）。

また，投影法では質問紙法のように分析や解釈の客観的な基準が定められて

表 7-1　投影法の主な検査法

検査名	特徴
TAT（絵画統覚検査）	検査対象者に絵（人物・状況・風景が描かれている）をみせ，その絵について自由に物語を作成してもらう。結果は，マレーの欲求理論などをベースとして分析される。
SCT（文章完成法）	「このごろ私は…」「私の父は…」などではじまる不完全な文章の後に，検査対象者に自由に文章を作ってもらい，文章を完成してもらう。
P-F スタディ	欲求不満場面が描かれた絵をみせて，その場面で欲求不満様態にある人がどのように話すと思うかを絵の中の"吹き出し"に書き入れてもらう。
バウムテスト	描画法の一種。バウム（Baum）はドイツ語で木の意味。検査対象者に1本の木を鉛筆で描いてもらい，その描画の分析を行う。
HPT	描画法の一種で，家（House），樹木（Tree），人物（Person）を描いてもらう。
コラージュ法	コラージュはフランス語で「糊で貼ること」という意味。雑誌や新聞などから写真，イラスト，絵，文字を自由に切り抜いて，1枚の台紙に貼り合わせるもの。

いるわけではない。そのため，投影法の分析や解釈は主観的になりやすく，検査者によって結果が異なることもある。そのため検査者には，臨床的な経験や知識，そして感受性が必要とされる。

3）**作業検査法**　作業検査法とは，何らかの作業を検査対象者が行い，その結果から検査対象者のパーソナリティを知ろうとするものである。作業検査法では**内田クレペリン検査**が有名である。この検査では，ランダムに並べられた1ケタの数字を加算するという作業を繰り返し行う。前半15分間，5分間の休憩後，後半10分間または15分間の作業を行う。1分ごとの作業量で作業曲線を描き，その作業曲線の変化の仕方や誤りの量によって検査対象者のパーソナリティを分析しようとするものである。

3．心理検査の用いられ方

心理検査の用い方を誤った場合，弊害も生まれる。たとえば，自己認識の場合も他者認識の場合でも，日頃の行動観察などを無視し，心理検査の結果のみを信じた場合，認知に歪みが生じて正確に自己や他者を認識することができなくなる。過去には，適性検査の結果によって職を奪われたケースや，教師から

パーソナリティ検査の結果を聞かされた生徒が自殺してしまったケースなどもある。心理検査の結果は過小評価されるべきものではないが，過信することは危険である。心理検査に対する充分な知識とモラルが求められる。

心理検査が誤った方法で使われないようにするため，アメリカ心理学会では1960年代からすでに心理検査のレベルを分けて利用方法を規制してきた（山本・杉若，1993）。1963年のアメリカ心理学会による分類を表7-2に示す。

ところで，臨床場面においてはどのような心理検査が用いられているのであろうか。日本心理臨床学会の会員に対して1997年に実施された調査から，心理臨床の場面では個別式の投影法が多く用いられていることが明らかになった。それ以外で用いられる頻度が高いものは，Y-G性格検査や田中ビネー式，WAIS-R，WISC-Rといった知能検査である。

心理検査の実施者は多くの**スーパービジョン**を経験し，そして多くのケースを経験することで投影法の実施技術や解釈法を深く会得し，そのうえで投影法を用いているのである。しかし，臨床家が心理検査に対していくら熟練していても，心理検査の結果のみからクライエントを見立てたり，理解したりはしない。クライエント理解の中心は面接におけるかかわりである。面接におけるクライエントとのかかわりをとおして，クライエントに対して感じたこと，共感したこと，洞察したことがクライエント理解のデータとなる。心理検査という方法によるクライエント理解は，正確な理解に向けて，他の理解方法と併せて用いられるという性質のものなのである。

表7-2 アメリカ心理学会（1963）による心理検査の利用規制（山本・杉若，1993をベースに作表）

レベル	利用方法	心理検査の例
レベルA	心理アセスメントを行うことに対して責任のある立場の人が，手引書にしたがって実施できる検査	学力検査 職業熟達度検査
レベルB	テストの構成や実施についての専門的な知識と，適応，個人差，ガイダンスなどの知識を有している人が実施できる検査	集団式知能検査 職業適性検査 （集団式）パーソナリティ検査
レベルC	使用するテストや関連領域についての高度な専門的知識をもち，スーパービジョンをともなった専門教育を受けた人のみが実施することができる検査	臨床場面での個別式知能検査 臨床場面での（個別式）パーソナリティ検査

第4節 心理療法論

1. 心理療法とは

心理療法とは，心理療法に関する専門的知識と技法をもった人間（**セラピスト**）が，心理的問題や課題，精神病理をもった人間（**クライエント**）に対して行う援助行為である。心理療法は援助行為という実践的な側面を色濃くもつため，クライエントに役立つか否かという有効性が，心理療法の理論・技法を考えるうえで，重要な指標の1つになる。

心理療法には，多くの理論・技法があるが，多くの実践によって有効性が確認されたものが，時代や文化を越えて受け継がれていく。このような時代や文化を越えた普遍性も，その理論・技法の重要な指標の1つとなる。ただし，数学や物理学の公理や公式が，ある限定をもちつつも，かなり広範に当てはまるのに対して，心理学の理論はそれに比する普遍性をもっていない。それはこころが普遍性をもつと同時に個別性をもち，継続性をもつと同時に1回性をもつためである。人のこころは個人としての独自性をもつとともに，ある程度の共通性をもつ。個人のこころは，パーソナリティなどのように継続性をもつと同時に，「いま・ここ」の状況に応じて生じる反応や他者，世界との関係は1回限りのものでもある。心理療法は，普遍性と個別性，継続性と1回性という矛盾した性質を併せもつこころに対して，その両立や統合をめざすという困難な課題を背負っているといえる。

また，心理療法の理論はセラピストの数だけあるといわれることもある。心理療法の理論は，その理論を構築した個人の経験に基づいている部分があり，その個人の臨床経験やパーソナリティを抜きにしては理解できない側面をもつ。セラピスト個人の臨床経験，個人的経験やパーソナリティなどの総体であるこころの個別性が，臨床実践の差異を生むのである。このような多様性や理論的差異を克服，統合しようとする努力も存在する。**行動療法**や**認知行動療法**は，学習心理学や認知心理学を基盤とした心理療法であり，客観性や実証性を重視し，セラピストの個別性による差異を極力排除しようとする。また，アメリカを中心に，心理療法の理論や技法の統合を試みようとする研究や実践がはじまり，発展している。さらには，心理療法の理論の有効性や普遍性がたえず検討，

吟味されていくなかで理論が生成・消滅していること自体に，この課題を克服していくプロセスが内在されていると考えることもできる。

なお，近年耳にする機会が非常に増えた**カウンセリング**という用語は，心理療法の類似語といえる。現代の日本では同義語として使われる場合が多いが，心理療法とカウンセリングとの異同に関して論議があるのも事実である。いくつかの辞典の記載例をみてみると，野島（1999）は「カウンセリングと心理療法」の項に，「ロジャーズのようにカウンセリングと心理療法を同じとする立場もあるが，次のような点をあげて区別する立場もある。①前者は比較的問題が軽い人や健康な人を対象とするが，後者は重い人や病気の人を対象とする。②前者は後者と比べて，より表面的，言語的，認知的，合理的である。③前者はおもに非医療の領域で行われるが，後者はおもに医療の領域で行われる。④学問背景は，前者がカウンセリング心理学，後者が臨床心理学である」と記している。國分（1990）は「カウンセリング心理学」の項で，カウンセリング心理学の「主軸は性格論，病理論（etiology），治療論」であるとし，カウンセリング心理学の科目は「アメリカの大学院の場合，教育学研究科に属している。一方，臨床心理学関係の科目は心理学研究科に属している。これは教育的要素のつよい人間関係（カウンセリング）と，治療的色彩の濃い人間関係（サイコセラピー）という具合にそれぞれ研究対象が異なることを示唆している」と説明する。このように，心理療法とカウンセリングについてはさまざまな解釈があるため，文脈に応じて意味を読みとる必要があるというのが現状である。

2．心理療法のメカニズム

心理療法にはクライエントとセラピストとの2人の当事者がいる。その2つのこころが交流し，影響を与え合っている。東山（1982）は「心理療法は，セラピストとクライエントの**対他的コミュニケーション**，および，それによって促進されるクライエント内部の**対自的コミュニケーション**を通じて行われる内的世界の再統合過程である」としている。実際の心理療法においては，セラピストの対自的コミュニケーションが対他的コミュニケーションに大きな影響をおよぼすため，セラピストの対自的コミュニケーションを無視することはできない。それを加味すると，心理療法におけるコミュニケーション図式は図7-3

のようになるだろう。

　対自的コミュニケーションは思考や感情の他に，描画，**夢**，**箱庭**などにおける**象徴**，直観などによってなされる。理論によって，無意識を仮定するものと仮定しないものがあるが，ここでは，楕円の線で区切られている上部を意識，下部を無意識と仮定している。対自的コミュニケーションは意識上でのコミュニケーション（ a ）もあれば，無意識を仮定する立場では意識と無意識とのコミュニケーション（ b ）も存在することになるのである。心理療法における対他的コミュニケーションでは，主に言葉によってなされる意識間のコミュニケーション（ c ）がもっとも常識的に理解しやすいし，重要なコミュニケーションの1つである。しかし，それだけにとどまらず，意識と無意識との対他的コミュニケーション（ d ）や無意識間の対他的コミュニケーション（ e ）も存在しうる。河合（1994）はクライエントの夢におけるセラピスト像や，セラピストの夢におけるクライエント像を取り上げ，その心理療法的な意味を考察している。このような夢は対他的コミュニケーションの影響を受けた自己の無意識からの夢（対自的コミュニケーション）により，意識に新たな気づきがもたらされたと考えることもでき，意識間以外の対他的コミュニケーションの一例といえよう。

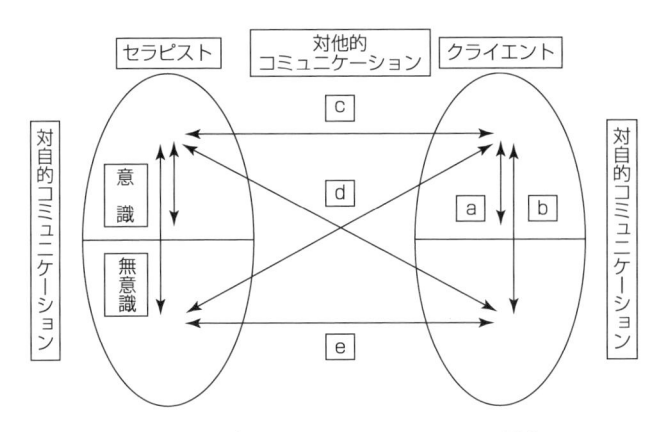

図7-3　**心理療法におけるコミュニケーション図式**
(東山，1982，Jacoby, M., 1984 を改変)

理論の違いを越えて，心理療法における共通のメカニズムを以下にあげておこう。①クライエントとセラピストとの対他的コミュニケーションがなされること。②クライエント，セラピスト両者の，対他的コミュニケーションと対自的コミュニケーションとは相互に影響を与え合うこと。③対自的コミュニケーションにより，クライエントの内的世界の再統合過程を促進しようとすること。これらのことは，心理療法における共通の要素と考えられる。

上述のような共通の基盤をもちながらも，さまざまな理論・技法が生まれるのは，こころの何に着目し，どのようにはたらきかけ，こころがどのような状態になることを目標とするか，などが異なるためである。セラピストの知識，理論，経験，パーソナリティは，セラピストの対自的コミュニケーションに影響を与える。それが対他的コミュニケーションによってクライエントに伝わる。その影響を受けたクライエントの対自的コミュニケーションによって，クライエント自身のこころのある要素や特性が触発され活性化される。このようなプロセスをとおして，クライエントの内的世界の再統合過程が進んでいくのである。なお，各理論の特徴によって上記のプロセス全体に違いが生じてくる。

3．心理療法の目的

東山（1992）は「心理療法の目的は①症状の除去，症状の治療，②症状の背後にある人格を問題にし，究極的には自己実現をはかる，③こころというよりたましいへの接触をはかり，たましいの救済を考える」としている。ここでは，東山の分類にそって，それに一部補足する形で説明していく。

①の心理療法は，症状の除去や問題の解決を目的とし，人格の変容をめざさない。たとえば行動療法はこのタイプの心理療法に属する。ウォルピ（Wolpe, J., 1969）が行動療法を「不適応行動を変容するために，実験的に確認された学習の諸原理を適用し，不適応行動を減弱・除去するとともに，適応行動を触発・強化する方法」と定義しているように，この心理療法は症状，心理的問題，不適応行動の減少や除去，適応行動の強化をめざしている。問題に焦点を当て，その解決をめざす短期療法（問題志向**ブリーフセラピー**）や一部の家族療法もこれに属する。

②の心理療法は，症状を除去することを直接にめざすのではなく，人格の変

容，成長をめざすものである。人格が変容，成長すれば，症状が消失することがある。また，クライエントにとっての症状の意味や質が変わることもある。症状が苦痛の源ではなくなったり，自分にとって必要なメッセージや課題を伝えてくれるものというようにとらえ方が変わるのである。ここに含まれる理論は，大枠では上記のような共通点があるのだが，めざす理想的人間像や成熟した人間像の差異，方法論に差異があり，各理論の特徴が生まれてくる。無意識の仮定の有無やその幅広さ，過去-現在-未来という時間軸のなかでどこに焦点を当てるのか，取りあつかう中心領域（言語中心か，身体のメッセージなどの非言語を積極的に取りあつかうかなど），行動化させるか否か，セラピスト-クライエント関係に対する考え方など，さまざまな側面に差異がみられる。精神分析，クライエント中心療法，**ゲシュタルト療法**などがこれに属する。また，ユング心理学は②と後述の③との両方を視野に入れていると考えられる。

③の心理療法は個を越えた人間存在のあり様に目標を設定する。②では有機体としての全体性を重視するが，③ではその境界を越え，人間を越えた大いなるものの存在やそれとつながったり，同一化した意識状態をも視野に入れる。この心理療法には，独自の技法や体験内容も存在するが，その核心はセラピストのもつ視点や信念というコンテキストであると考えられている。そのため，この心理療法は，①や②の心理療法を拒絶しているのではなく，技法や取りあつかう領域は①や②を含む場合があり，そのうえで，より広く，深い意識レベルから現象をみて，こころを取りあつかおうとするところに特徴がある。ユング心理学や**トランスパーソナル心理学**がこれにあたる。

今までの論には含まれないが，近年注目されつつあるのが，問題に直接的に焦点を当てずに解決の構築に焦点化する短期療法（解決志向**ブリーフセラピー**）である。この立場では，問題やその原因を追究することはクライエントの援助には必要ではないと考え，クライエントの目標，要求，解決に向けてリソースを利用し，解決に焦点を当てている。

4．代表的な心理療法の理論

以下に，数多くある心理療法の理論のなかで代表的なものを概観する。精神分析，ユング心理学，クライエント中心療法，行動療法・認知行動療法を取り

上げる。

1）精神分析　精神分析はフロイトが創始した心理療法であり，現代の心理療法の基礎を作った理論である。フロイトの功績の1つは**無意識**という概念を採用したところにある（図7-4）。フロイトは臨床実践や自己分析をとおして，失錯行為，夢，催眠，神経症の症状など，一見無意味で不可思議な現象に対して，無意識という概念を設定することにより，説明を可能にした。そして，**自由連想法**や**夢分析**などの技法をとおして，無意識の過程を解明し，意識化することにより，神経症を治療する心理療法論を展開したのである。1923年に『自我とエス』（Freud, S., 1923）を発表して以来，こころの構造についての考察を深め，**自我心理学**の基礎を築いた。

初期のフロイト理論は，シャルコー（Charcot, J. M.），ブロイアー（Breuer, J.），ベルネーム（Bernheim, H. M.）らが開発した催眠による心理現象の解明や治療にヒントを得ている。フロイトの友人でもあったブロイアーは催眠浄化法を用いて，ヒステリー患者の治療に当たっていた。そして，催眠中に，忘れていた外傷体験を想起し，それを話すことで，ヒステリー症状が消失することを発見していた。フロイトはエリザベートという女性のヒステリー患者の頭を圧迫しつつ，患者が思いついたことをそのまま報告させる前額法によって，過去の感情体験を報告させた。報告のなかで本質的で決定的なことを口にする直前までは疼痛が高まるにもかかわらず，最後の一言を言い終わると疼痛が消滅するという現象が生じた（**カタルシス**）。さらにフロイトは治療を進め，彼女の無

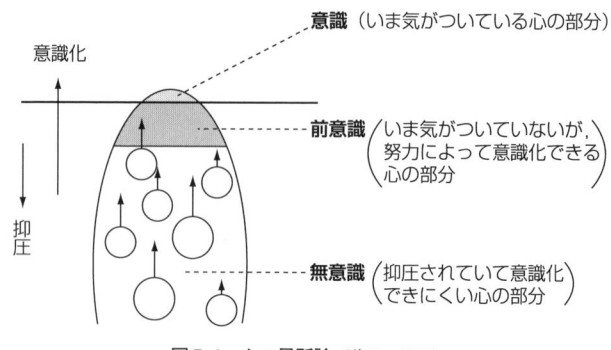

図7-4　心の局所論（前田，1985）

意識的な罪悪感を明らかにしている。エリザベートをはじめとするヒステリー患者との治療経験により，フロイトは精神分析の基礎理論を構築していったのである。

以後，フロイトは，自己分析や他の病状をもつ患者たちとの治療経験（馬恐怖症のハンス少年，強迫症状をもつラットマン，フロイトが強迫神経症と考えたウルフマンなど）やシュレーバーによる自伝を精神分析的に考察する手法をもとに，精神分析の概念や方法を次のように構築していった。

まず，**神経症**症状は，幼児期の葛藤の未処理，心的外傷体験など無意識的な意味をもつとした。意識化すると不快で苦痛な記憶は抑圧されることにより，無意識下におかれると考えた。

また，こころの**構造論**として，エス（イド），自我，超自我を設定し，それぞれの機能を設定した（第5章第2節参照）。**エス**は**リビドー**（本能エネルギー，性的エネルギー）の貯蔵庫であり，現実や時間の影響を受けず，衝動の即時の満足を追求する快感原則に支配されている。**自我**は外界とエスと超自我を調整したり，統合するもので，現実吟味を行い，現実的に判断思考する現実原則に支配されている。さらに不安から自我を防衛し，適応するための**防衛機制**（抑圧，投影，合理化など）も自我の機能である。**超自我**は幼少期の両親のしつけを内在化したものであり，良心に反することに対する禁止や理想の担い手である。自我と超自我の一部は意識されているが，それ以外は無意識的である。

フロイトは，リビドーの発達とともに精神性が発達していくと仮定した。幼児期から，口唇などの身体器官で快を感じる幼児性欲がある。**幼児性欲**は口唇や肛門など身体の部分的器官をとおして得られる快や満足の追求であり，大人の性行為による性欲とは区別される。口唇期では，吸う，しゃぶる，かみつくことをとおして，肛門期では排泄物を溜め込む，排泄することをとおして，快を得る。男根期では性器に興味・関心をもち，快を得る。この時期には，幼児は異性の親に近親相姦的な願望を抱くが，それは禁止されることにより，抑圧される（**エディプス・コンプレックス**）。思春期には未解決であったエディプス・コンプレックスが再燃するが，それを乗り越えることにより，成人にふさわしい精神性を獲得することが可能になる（表7-3）。

標準型の精神分析療法では，ねらいは幼児期防衛や不安の除去，幼児的人格

表 7-3　フロイトの発達論 (前田, 1985を一部改変)

年齢	一般的発達	リビドー	自　我	エリクソンの段階
0 1	依存期 ・不安～無力感 ・皮膚接触 ・授乳 ・離乳	口唇期 吸う のみこむ 吐き出す かみつく	とり入れ 同一視 投射	｛基本的信頼 　不信 得る―希望 ｛一極性 　早熟な自己分化
2 3	自立期 ・トイレット・トレーニング ・筋力の支配 ・判断力 ・言語―思考 ・現実吟味の始まり	肛門期 貯留 排出	反動形成 うち消し 隔離 否認 退行	｛自律性 　恥・疑惑 保持・放出―意志 ｛両極性（相互性） 　自閉
3 4 5 6	役割取得期 ・男・女の区別 ・探索行動 ・自由・独立の欲求 ・環境の支配	男根期 ｛男根的誇り 　去勢不安 ｛男根羨望 　去勢コンプレックス	抑圧 置きかえ 昇華 同一化 とり入れ (超自我形成)	｛自主性 　罪悪感 思い通りにする―目的 真似る ｛遊戯的同一化 　（エディプス的） 　　空想同一性
6 12	適合性 ・知的拡大 ・外的世界の発見 ・ギャングエージ	潜在期	超自我の修正 ↓ 自我確立へ	｛勤勉性 　劣等感 ものを作る―適格 ｛労働同一化 　同一性喪失
12	青年期 ・自己意識の拡大 ・第二次性徴 ・大人への反抗 ・理想の追求 ・心理的離乳	思春期 ↓ 性器期	｛幼児期への 　一時的退行 知性化 合理化	｛アイデンティティ確立 　アイデンティティ拡散 自分自身である―忠誠 ｛自己確信 　同一性意識

の再構成とされている。クライエントの幼児期の連想をセラピストが解釈し，それをクライエントが受け入れることにより，情動をともなった気づきが生まれ，人格の変化や統合が促進されると考える。

　2) **ユング心理学**　　ユングはフロイトと共同思考し，フロイトから「跡継ぎ息子」と期待された時期もあったが，理論的差異により袂をわかった。それ

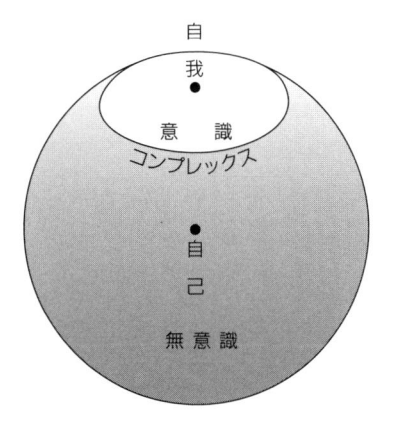

図7-5 　自我と自己 (河合，1977)

を機に激しい心理的危機に直面するが，そのときの深い内的体験と統合失調症の患者を中心とした臨床経験をもとに，独自の臨床心理学を確立していく。

　ユング心理学の特徴は，普遍的（集合的）無意識の設定とこころの全体性の強調にある（図7-5）。フロイトの考えた無意識は，個人的経験が抑圧され無意識となったものであったが，ユングはその領域を**個人的無意識**とよび，**コンプレックス**（感情に色づけされた複合体）はその領域のものとした。ユングは患者の妄想などの症状と，神話，昔話，錬金術，夢などに，時代や文化を越えた共通性を見いだし，普遍的無意識も仮定している。**普遍的無意識**は個人的無意識のさらに深層に広がる人類共通の無意識である。それは人類の原初的な心性に通じるものであり，現代の人間のこころにおいても基盤となるものである。そこから生み出されるイメージは類型的に把握することができる。その源を一種の鋳型ととらえることができ，それをユングは元型とよんだ。**元型**には次のようなものがある。

①**影**　個人が自分自身のなかで拒否しているパーソナリティ傾向などの生きられなかった半面。影は個人的な側面と元型的な側面の両方をもつ。
②**グレートマザー**　個人としての母親を越えた母なるもの。呑みこむ，育てるの両側面をもつ。
③**アニマ**　人間のこころは潜在可能性としては両性具有的であるにもかかわ

らず，発現させていない男性のこころの女性的側面。女性のこころの男性的側面は**アニムス**とよぶ。

④**セルフ**　自我が意識の中心であるのに対して，セルフはこころ全体の中心であり，こころ全体のさまざまな要素を統合するものである。

ユング心理学では，無意識による意識の**補償作用**を重視する。無意識がもつ危険性を認識しつつ，無意識の肯定的，創造的なはたらきを強調する。意識と無意識は相補的であり，意識があまりにも一面的になると，意識の安定を崩してまで，こころ全体としてより高次の統合，均衡に向かうとする動きが起こると考える。ユング心理学における**個性化**とは，自我と自己の戦いや協働のなかで生み出される，こころの全体性が実現されていく過程である。

ユング派の心理療法では，そのような過程を表現するものとして，**夢**，**箱庭**，描画，ヴィジョンなどの**象徴**が重視されている。セラピストはクライエントを治すのではなく，クライエントのこころの補償作用，**自己治癒力**，個性化の過程を，全人格をかけてともに見守り，関与し，生き，歩もうとする。そこにクライエントとセラピスト双方の人格の変容と発展が生まれるとする。このような心理療法の過程は決してたやすいものではない。そのため，ユング心理学では，セラピスト自身が分析を受ける教育分析などの厳しい教育課程が準備されている。

　3）クライエント中心療法　クライエント中心療法は，ロジャーズが創始した心理療法である。初期には非指示的療法と称していたが，それを発展させ，クライエント中心療法とよぶようになった。さらに後期には，適用の範囲が拡大したのを受けて，パーソン・センタード・アプローチとよんでいる。

ロジャーズは，ある母親との面接を1つの契機として，非指示的療法を行うようになった。それ以前には，ロジャーズも，クライエントの生育歴，パーソナリティなどの情報をもとに，問題行動や症状の原因と予後に関する精密な診断を行い，それを利用して，行動変容をうながす助言や説明を行う，客観的な専門家としての面接を実施していた。しかし，その面接結果は必ずしもかんばしくはなかった。

その頃，ある母親と，子どもの問題行動に関する面接を行っていたが，12回ほど実施した頃に，ロジャーズはこの面接が成果をあげていないため，打ち

切った方がよいと提案した。母親は同意した。面接室から出ていこうとした母親はふり返って、ここでは大人のカウンセリングをしないのかと質問した。そして、夫との関係が非常に難しいことや失敗と混乱の気持ちなどを語り始めたのである。その面接は続き、夫婦関係が改善されただけでなく、彼女が「真実で開かれていく」につれて、少年の問題行動が消失していった。この面接では、ロジャーズはそれまでの客観的な専門家としてのかかわりではなく、クライエントの話を聴き、クライエントについていくといった、個人と個人とのかかわりに近いかかわりを行った。ロジャーズは、その体験を自分にとって決定的な学習体験であったと述べている。

その後、ロジャーズは、クライエントの問題探索能力や問題解決能力を信頼し、感情の反射（鏡のようにクライエントの感情を反射すること）や感情の明確化（発言や態度の根底にある漠然とした感情を明確にすること）などの技法を重視した、**非指示的療法**を提唱した。しかし、このようなロジャーズの考えが広まるにつれて、技法のみをまねして、基本的態度がともなわないカウンセラーが現れたことや、彼自身が実存哲学に関心を深めていったことにより、ロジャーズは新しくクライエント中心療法を提唱するにいたった。

クライエント中心療法では、「個人には、自己理解あるいは自己概念、態度、行動を変革していくための無限の資源が内在しており、その資源はある促進的心理的態度が与えられるならば開発されていく」(Rogers, C. R., 1980) というクライエントの実現傾向、自己成長力に対する絶対的な信頼を強調する。そのうえで、①純粋性（真実、一致、透明ともよばれる）、②無条件の積極的関心（受容）、③共感的理解、というセラピストの態度条件をあげている。

純粋性とは、セラピストが専門家としての仮面で接することなく、仮面を外した自分自身であるほど、クライエントは建設的変化を示すというものである。セラピストがその瞬間に自己の内部で動いている感情や態度に開かれていて、かつ、クライエントはセラピストのそれらを見とおすことができる。つまり、セラピストの内部で経験されつつあることとセラピストの認識とクライエントに表現されていることとが一致していることである。

無条件の積極的関心とは、変化の兆しが受容され、大切にされる雰囲気をクライエントが体感するほど、治療的な変化が生じるというものである。クライ

エントが体験しているものが何であっても，セラピストは喜んで受け入れ，条件を押しつけることなく，全存在を評価する所有欲のない愛情である。

共感的理解とは，クライエントが体験しつつある感情や個人的意味合いを，クライエントの内側から正確に理解することである。セラピストがクライエントの内的世界を感受性豊かに動きまわり，表面的な意味だけでなくその下にある意味までを理解することにより，変容が生まれやすくなる。

ロジャーズは，クライエント中心療法で得た知見と方法を，グループ，教育，社会改革などに応用していった。エンカウンター・グループ，生徒中心の授業，ケンタッキー州ルイビル市での教育制度改革，アフリカの人種問題や北アイルランド紛争などの社会問題に対するアプローチなどにおいて，人間中心の思想と信念のもとに，さまざまなアプローチを実践していった。これが**パーソン・センタード・アプローチ**とよばれている。

現在では，クライエント中心療法の考えは，一学派の独自性を越えて共通した，心理療法の基本，基盤となる概念，態度となっている。

4）行動療法，認知行動療法　　行動療法は学習心理学の知見を，認知行動療法はそれに加え，認知心理学の知見を心理療法に応用するものである。そのため，精神分析，ユング心理学，クライエント中心療法が1人の卓越した創始者に始まり発展したのとは違い，行動療法，認知行動療法を実践，研究する多くのセラピストの理論の総体につけられた呼称である。

行動療法では，不適応行動は誤った学習の結果と考える。不適応行動を変化させるために，学習心理学の理論や方法を用い，それらを減少，除去したり，適応的な行動を強化したり再学習させようとする。行動療法で用いられる基礎理論には，古典的条件づけ，道具的条件づけの理論や社会的学習理論（第3章第1節参照）がある。以下に代表的な技法を示す。

系統的脱感作はウォルピが恐怖症の治療のために開発した，古典的条件づけを応用した技法である。クライエントが不安・恐怖反応を示す場面で，それに拮抗する反応（たとえば弛緩反応）を生起させると，不安・恐怖反応は抑制され，それまで不安・恐怖を誘発していた刺激と不安・恐怖反応との結びつきが弱まるという**逆制止**の原理によっている。不安を感じさせる刺激や場面を不安の強弱の順に並べた不安階層表を作成し，刺激の弱いものから順に逆制止して

いく。刺激度を順次強めていき，最終的には不安や恐怖反応が消去されていくというものである。

　オペラント法は道具的条件づけ（オペラント条件づけ）の原理を応用した技法である。①望ましくない行動を減少させる手続き，②望ましい行動を増加させる手続き，③新しい適応行動を形成する手続きの3つがある。望ましくない行動を減少させる手続きには，不適応行動を維持している正の強化子（たとえば，注目，食べ物など）を取り去ることで行動を消失させようとする除外学習や，不適応行動が起こる場面から一定時間離れさせることにより，強化子を取り除き，不適応行動の消失をはかるタイムアウト法などがある。望ましい行動を増加させる手続きには，望ましい行動がみられたときに正の強化を行う（ほめる，身体接触など）積極的強化法や，シールなどの代用通貨（トークン）によって強化するトークンエコノミーなどがある。新しい適応行動を形成する手続きには，目標行動にいたるまで行動をスモールステップで設定し，段階的に強化，学習し，最終目標の行動を形成するシェーピング法などがある。

　バンデューラの社会的学習理論に基礎をもつのが，**モデリング**である。モデルの行動を観察することにより，不適応行動の消失や適応行動の獲得をはかる方法である。

　認知行動療法は，行動療法と認知療法とを統合した理論であり，クライエントの不適応的な行動や生理‐情動反応を，学習心理学，認知心理学の知見を応用して変容させようとするものである。パーソンズ（Persons, J. B., 2001）は，認知行動療法の中心的特徴として以下の8つをあげている（一部説明を補足）。①顕在化した問題を解決し，症状を減少させることが主要な心理治療目標である，②有効性に関する実証的態度，③目標に向けて構造化された積極的問題解決アプローチ，④主として現在に焦点を当てる，⑤問題解決に向けたクライエント‐セラピストの協力的関係，⑥事例定式化（見立て，アセスメント）の役割の重視，⑦認知学習理論への信頼，⑧宿題（ホームワーク）の重視，である。このような認知行動療法の成立には，エリスの論理情動療法やベックの認知療法が先駆的役割をはたした。

　エリスの**論理情動療法**では，感情や行動上の問題は，過去の出来事によって直接生じるのではなく，非合理的な信念によって引き起こされると考える。そ

れをセラピストが論破することにより，クライエントが，事実や正しい論理に基づく，効果的な人生哲学である合理的な信念を獲得することをめざす。イメージによる成功場面の想起，モデリング，ホームワークなどのトレーニングにより，クライエントの合理的信念獲得や症状の消失を援助していく。

　ベックが創始した**認知療法**では，認知が感情や行動に大きな影響を与えるため，歪んだ認知を修正することが感情や行動の障害の治療に必要と考える。生育歴のなかで形成された否定的なスキーマは体系的な推論の誤り（恣意的な推論，選択的な抽象化など）を生み出すものである。不快で苦痛な出来事が起こると，自動的に否定的な思考が浮かんでくることがあるが（否定的自動思考），これは否定的なスキーマや体系的な推論の誤りが原因となっている。そして，この否定的自動思考が感情，行動などの障害を生み出していると考える。認知療法では，さまざまな行動的技法と認知的技法が用いられる。活動スケジュールの作成，**ソーシャルスキル・トレーニング**，**自己主張トレーニング**などの行動的技法や，否定的自動思考を合理的で肯定的な思考に置き換えるための認知的技法が採用されている。治療の最終段階として，再発予防のため，否定的なスキーマの変容や将来の予想される出来事に対して充分に対応できるような具体的なトレーニングが試みられる。

5．その他の心理療法

　本節は心理療法のごく一部を概説したにすぎない。本節では個人療法を中心に取り上げたため，**家族療法**や集団精神療法という**グループ・セラピー**を割愛している。グループ・セラピーは近年ますます重視されている。また，言語を中心とする心理療法以外にも，箱庭療法，芸術療法，イメージ療法などの非言語による心理療法も重要な領域である。心理療法は心理的，対人関係的に問題を抱えた人々へのアプローチであるが，心理的に健康な人々の自己実現や対人関係能力の促進をめざす，個人カウンセリングや**グループ・アプローチ**も存在する。それらは予防的・開発的なカウンセリング，アプローチとよばれる場合がある。

第5節　ストレスとメンタルヘルス

1．ストレス

1）ストレスとは　現代は国際的にも国内的にも，社会情勢がめまぐるしく変容し，それらが個人の生活に大きな影響を与えている時代である。社会のグローバル化やIT化は生活を便利・快適にし，豊かさを生む一方で，価値観や生活形態の変化を生み出している。家庭・学校・企業などにおけるストレスは増大し，それにともなって「癒し」という言葉がブームになるように，メンタルヘルスに対する関心も高まっている。現代はストレスに満ちた社会であり，メンタルヘルスの重要性が高まった時代であるといえるだろう。

日常生活において，ストレスという言葉は，たとえば「ストレスがたまる」や「ストレスを発散する」などと，生活環境からネガティブな影響を受けていることをさしていることが多い。カナダの生理学者セリエは，生体が外部からの刺激により緊張やひずみの状態を起こすと，これに適応しようとして生体の内部に一定の反応が起こるとし，このような反応を引き起こした刺激を**ストレッサー**（ストレス源，ストレス因）とよび，引き起こされるものを**ストレス反応**とよんだ。進学や就職で新しい生活環境に入っていくことは，個人の内部にある緊張をもたらし，個人はそれに適応しようとする。このような緊張状態は，ある人にとっては苦痛を感じ，悩みの対象となる場合があるが，同じ状況でも，他の人にとっては生活のはりあいとなり，活力を与えるものとなりうる。すなわち，ストレッサーやストレスは，必ずしも生体にとってのネガティブな影響を意味しているものではなく，ポジティブな影響をもたらす場合も考えられる。このようなストレスの意味を区別するために，前者のように生体にネガティブな影響をもたらすストレスは，**悪玉ストレス（ディストレス）**とよばれ，ポジティブな影響をもたらすストレスは**善玉ストレス（ユーストレス）**とよばれることがある。

一方，**メンタルヘルス**という言葉は，一般的に「心の健康」あるいは「精神的健康」を意味するものとして用いられているが，「健康」という言葉には個人の人生観や価値観が反映され，その定義は一定していない。WHO（世界保健機関）では，健康を「完全な肉体的，精神的および社会的に良好な状態であ

り，単に疾病または病弱の存在しないことではない」と定義している。内山 (1989) は，メンタルヘルスを「たんに心身ともに病気や事故がないというだけでなく，つねに充実感を持って事にあたることができ，進んで環境にはたらきかけ，かつ貢献し，心明るく，自信をもって自分の力を発揮できる状態」であるとしている。

ここではとくにメンタルヘルスの観点から，メンタルヘルスを阻害する，ネガティブな感情や反応を引き起こす出来事や体験をストレッサー，それによって生体にもたらされる望ましくない症状や行動をストレス反応とよび，ストレスの問題を考えていく。

2）**ストレスの研究**　ストレスの役割を理解し，それを防ぐためには，ストレスを定義し，測定することが必要となる。ここでは，ストレスについての代表的な研究を3つ取り上げ，紹介する。

まずセリエの研究を取り上げる。何らかのストレスが，何らかの障害につながるというモデルをはじめて示したのはセリエである。セリエのモデルは，**ストレスの汎適応モデル**とよばれている。彼は，ストレスが体験されると，生体がそれに適応しようとすることから，警告期，抵抗期，疲弊期という3段階からなる生理現象が生じると説明した。第1段階の警告期では，ストレッサーによって自律神経系の活動が高められ，身体の防衛システムが活性化される。第2段階の抵抗期では，生体が利用可能な対処メカニズムを使って，ストレスに対応する。それでもストレッサーが持続し，生体が効果的に対応できなくなると，第3段階の疲弊期に入る。この段階では，ストレッサーに対する適応力が失われ，生体は死にいたるか，あるいは大きな損傷を受ける。この3段階で構成される生体の反応を，**汎適応症候群**という。心拍数増大，血圧上昇，呼吸数増大，筋緊張，消化活動低下などがそれである。

セリエのモデルは当初，生理的・生物学的ストレスに対する生体反応を説明するものであったが，身体とこころを結びつける1つの根拠となり，その後，心理社会的なストレスの研究にも応用されるようになった。

次にホームズの研究を紹介しよう。人間の健康に対するストレスの影響に関する研究は，人間が経験する生活ストレスの量を測定し，病気との関係性を探ってきた。人間が人生を送るうえで起こりうる，心理的な適応を求められる出

来事を，**ライフイベント**という。ホームズとレイ（Holmes, T. H., & Rahe, R. H., 1967）は，43種類のライフイベントを取り上げ，それぞれの出来事について，そのストレスの強さや，再適応に要する時間を評定することを求める調査を行った。彼らは，この調査結果から，**社会的再適応評定尺度**を作成した。それによれば，「結婚」のストレス量を50としたとき，もっともストレス量が高いライフイベントは，「配偶者の死亡」であり，そのストレス量は100であった。他の項目として，「離婚」は73，「退職・引退」は45，「学校生活の変化」は20，「ちょっとした法律違反」は11，などと示されている。

さらに，どのような出来事や状況が心理的ストレッサーになるかを判定することはできないと主張する研究者もいる。3番目に紹介するラザルス（Lazarus, R. S., 1966）は，ストレスの存在の有無は，人が環境をどのように知覚し，評価するかによるとし，ストレスの認知的側面を強調した。同じ出来事でも，ある人にとってはストレッサーとなるが，他の人にとってはストレッサーとして認知されず，何の影響も生じないことがありうるからである。

認知的評価は，その出来事や状況が，自分にとってどのような意味をもち，自分がどのように対応できるかということについての評価であり，一次的評価と二次的評価からなっている。一次的評価は，出来事や状況と自分との関係性を評価することであり，無関係・無害，肯定的，ストレスフルの3種類に区別することができる。ここでストレスフルな事態と評価された場合，その問題に対して自分が対処可能かどうかという二次的評価が行われ，対処できないという評価がなされた場合，ストレス反応が生じるとされている。

2．ストレスと精神疾患

過度な，あるいは持続するストレスは，心理的・身体的な障害を引き起こしたり，社会生活に支障をきたすような行動の原因となることがある。生活環境から生じるストレスから，生活に支障をきたした状態を適応障害という。ここでは，とくにストレスと関係の深い精神・身体症状や疾患，行動を取り上げる。

1）**ライフサイクルとストレス**　人間は，自分に与えられた環境と生物学的条件に対処しながら，人生をとおして発達・成長していく。エリクソンは，心理社会的な課題を解決することをとおして人間が成長・発達していくことを

表7-4 ライフサイクルと課題（ストレッサー）

(中川・稲光・木原, 1989をベースに作表)

発達段階	発達課題（エリクソン）	ストレッサー
乳児期	基本的信頼感の獲得	生理的欲求・愛情欲求・依存欲求の未充足
幼児期前期	自律性の獲得	離乳，しつけ
幼児期後期	自主性の獲得	母子分離
学童期	勤勉性の獲得	就学，友人関係
青年期	アイデンティティの確立	第二次性徴，自己像，親からの自立
成人初期	親密性の獲得	就職，結婚，社会的役割
成人期	生殖性の獲得	子どもとの分離，社会的責任，役割と葛藤
老年期	統合性の獲得	心身機能の低下，喪失体験，死の不安

示した（第4章第4節参照）。それぞれの発達段階には解決されるべき課題があり，同時に，課題解決の失敗という危機の可能性を含んでいる。このような発達課題は，その時期を生きる個人にとってのストレッサーとなり，その時期特有のストレス反応を生じさせることがある。エリクソンの発達課題と，ストレッサーとなる事柄をまとめたものが表7-4である。

乳・幼児期の子どもは，言葉で自分の感情を表現する力が不十分であり，無意識にはたらく心理的防衛機制も充分に発達していないため，ストレス反応が異常行動となって表れることが多い。心因性の異常行動は，摂食，睡眠，習癖などにみられる。摂食の障害には，拒食，過食，食べものではないものを食べてしまう異食などがある。睡眠の障害には，睡眠中に突然起きだして強い恐怖症状を示す夜驚，夢中歩行，悪夢などがある。習癖の障害（神経性習癖という）には，自分の頭をたたく叩頭や，壁や床に頭を打ち付ける打頭，抜毛，爪かみなどの自傷行為や，指しゃぶり，チックなどがある。この他にも，排尿や排便が自立する年齢になっても，意思とは関係なく尿や便を漏らす遺尿症や遺糞症，夜尿症といった排泄の障害や，緘黙，虚言，盗み，乱暴，かんしゃくといったコミュニケーションや社会行動の問題がみられる。

乳幼児が示すこれらの異常行動には，発達課題がもたらすストレスによるものだけではなく，発達の障害や遺伝的・気質的要因によるものもあり，なかには年齢とともに消失していく症状もある。子どもの行動のみに注目し，叱責や

禁止，矯正を行うと，そのことがさらに子どものストレスを増加させて症状を複雑化させる恐れがある。とくに，問題となっている行動が，親子関係ないし養育環境が原因となったストレス反応である場合には，その改善が必要となる。

児童・青年期は，乳幼児期と同様に，家庭環境から受けるストレスの他に，学業や学校環境への適応，友人関係，あるいは自分の身体の変化もストレッサーとなることがある。乳幼児期と同様，それらのストレスは神経性習癖として表れたり，リストカットや自殺といった深刻な自傷行為に結びつく場合もある。また，この時期を生きる若者たちにとって，学校は生活の主要な場であり，何らかの精神的・身体的なストレス反応が，不登校につながることもある。

笠原（1976，1977）は，児童期後期から青年期にかけて，典型的な**不安神経症（不安障害）**が好発すると指摘している。とくに対人恐怖症と摂食障害（神経性無食欲症・拒食症）は，思春期・青年期に発症しやすい精神疾患であり，この時期の発達課題と関係が深いものである。

恐怖症とは，実際には危険ではないものや状況に対して恐怖を感じ，それを回避しようとする不安障害の1つである。特定の対象や状況に対して恐怖を感じるものを特定の恐怖症というが，とくに他人を恐れて，対人関係を避けようとするものを**対人恐怖症**という。対人恐怖症には，赤面恐怖，視線恐怖，自己臭恐怖，醜貌（しゅうぼう）恐怖などがある。これらはすべて，顔が赤くなるのではないか，自分の視線が人を傷つけるのではないか，自分の体からいやなにおいがして他人に嫌われるのではないか，自分の外見は醜くて他人に不快感を与えるのではないかという，実際には起こっていないことに対して不安を感じるために，対人関係が怖くなるというものである。笠原は，この時期が同年輩者同士の友情形成の時期であり，サリヴァン（Sullivan, H. S., 1953）のいう**「個人的親密への欲求」**が生まれる時期であることを指摘し，このような発達課題が，この時期に対人恐怖症を生じさせる要因になっていることを示唆している。

摂食障害の1つである**神経性無食欲症（拒食症）**は，かつて「思春期やせ症」とよばれていたように，10代前半から20代の，とくに女性に多くみられる障害である。この障害をもっている人は，がりがりに痩せていても，その体型を望ましいものと感じたり，ときにはまだ太りすぎていると感じるなど，自分の体重や体型の認知に障害をもっている。また，自己評価に対する体型や体

重の影響が大きく,太ることを極度に恐れ,過度なダイエットや運動をして体型を維持しようとする。体重低下により,不整脈,貧血,肝臓や腎臓機能の低下,女性の場合は無月経となるなどの身体症状が生じる。強迫的に大量の食べ物を短時間に摂取(むちゃ食い)する**神経性大食症(過食症)**をともなう場合があるが,この場合も,自己誘発性嘔吐や下剤・利尿剤の使用,過激な運動によって体重増加をくいとめようとする。

神経性無食欲症の原因については,痩せていることを好ましいこととする社会風潮やジェンダーの問題,若者文化についての指摘(浅野,1996;野上,1998;山登,2003)などがあるが,斉藤(2003)は,思春期・青年期の自己評価を支えるのは他者の視点であり,それゆえ「相手に値踏みされること」が恐怖になると指摘している。この時期は,身体の変化を受け入れ,親からの自立を果たすなかでアイデンティティを確立することが課題となる時期であり,痩せることが「成熟の拒否」の意味をもつと指摘する研究者も多い(笠原,1977;小倉,1998など)。

さらに成人期になると社会的な責任が増大し,経済的な問題,子どもの養育と分離,親の介護や死別,身体機能の衰えといった出来事をとおして,さまざまなストレスにさらされる。また老年期には,自分自身の老いや死と向かい合わねばならない。警察庁のまとめによると,2005年の自殺者の70％以上が40代以上の中高年であり,成人・老年期のメンタルヘルスは現代社会の重要な課題となっている(警察庁生活安全地域課,2006)。

この時期のストレスと大きくかかわる精神疾患として,うつ病がある。**うつ病**は気分障害の1つであり,ゆううつな気分が持続し,自責の念や焦り,悲観的な考えが浮かび,それを取り除くことができなくなるという症状を示す。そのため,日常生活ができなくなり,無力感や絶望感から自殺につながる場合もある。このような精神的な症状に加えて,睡眠障害,倦怠感,食欲不振,頭痛,肩こり,食欲や性欲の低下などの身体症状がみられる。これらの身体症状が前面に出て,精神症状が目立たない場合があり,これを仮面うつ病という。そのため,身体疾患を疑った内科的な検査をきっかけに,うつ病が発覚することがある。

うつとは正反対に,高揚した気分が起こり,駆り立てられるように多動・多

弁となって自信過剰な行動をとるようになる躁状態も,気分障害の1つである。うつ症状と躁症状が繰り返される場合を,**双極性障害(躁うつ病)**という。

現在,気分障害の治療は薬物療法と休養が中心であるが,ストレスをきっかけにして発症することがあり,精神療法やカウンセリング治療も行われる。また,几帳面でまじめ,責任感の強い人がうつ病にかかりやすいという報告もあり,このことからも,ストレスをためやすい人とうつ病とのかかわりが強いことがうかがえる。

2) 外傷後ストレス症候群　事件や事故,災害の被害者になったり,惨劇を目撃するなどして,心身に強いストレスを感じたとき,数週間から数ヶ月を経てからストレス反応が現れることがある。これを**外傷後ストレス症候群**(PTSD: Post Traumatic Stress Disorder)という。体験した衝撃的な出来事が,突然に生々しく再体験(フラッシュバック)され,それが繰り返し思い出されて苦痛を感じるという症状をもつ。そのため,その出来事を思い出させるような場所や行動を避けようとして,日常生活に支障をきたす。また,刺激に対して過敏になったり,逆に,無感動・無感覚になったりする。

3) 心身症　国際的な診断基準であるICD-10およびDSM-IV-TRには,「心身症」という診断名はない。しかし,心の状態が身体に影響をおよぼすこと(**心身相関**という)は広く知られており,ストレスと身体疾患の関連性も指摘されている。日本心身医学会では,**心身症**を「身体症状を主とするが,その診断や治療に,心的因子についての配慮がとくに重要な意味を持つ病態」と定義している。心身症には,気管支喘息,胃潰瘍,本態性高血圧,狭心症,偏頭痛,過敏性腸症候群などがある。このような症例に対しては,身体面だけでなく,心理面での治療的アプローチが必要となる。

3. ストレスへの対処

我々は,ストレッサーに遭遇しても,それにうまく対処することができればストレスを感じることはない。しかし,対処の方法がわからなかったり,とられた対処法がうまく機能しなければ,ストレスを経験することになる。島津(2006)は,心理学的ストレスモデルを図7-6のようにまとめている。

「認知的評定」の過程で「ストレスフル」と評定された場合に,心理的スト

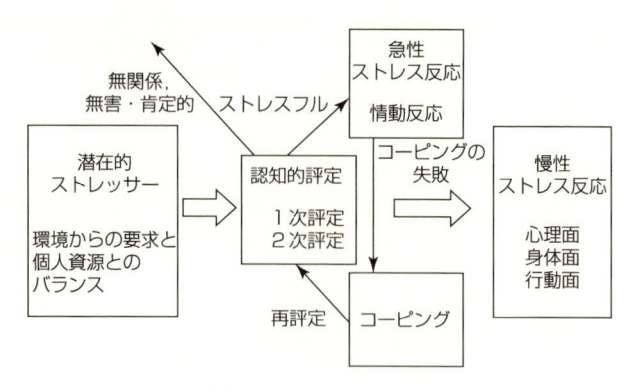

図7-6 心理学的ストレスモデルの概要（島津, 2006）

レスが生じ，不安や怒りなどの「急性ストレス反応」が生じる。このとき人間は，急性ストレス反応や，これを引き起こしたストレッサーを取り除こうと努力するが，この対処の過程を**コーピング**という。コーピングの結果は再評定され，うまく処理されたと評定されれば処理過程は終了するが，うまく処理されなかったと評定されれば，コーピングは持続し，慢性的なストレス反応が生じることになる。たとえば，摂食障害をもつ人は，情報収集対処が少ない，楽観的な対処をしない，考え込みが多いなど，効果的ではないコーピングがとられることが報告されている（富家，2004）。

1）**コーピング**　ストレスフルな状況への対処の仕方には個人差があり，コーピングのあり方によって，ストレスの影響は異なったものとなる。ラザルスとフォルクマン（Lazarus, R. S., & Folkman, S., 1984）は，コーピングを**問題焦点型コーピング**（問題中心の対処）と**情動焦点型コーピング**（情動中心の対処）の2つに分けている。問題焦点型コーピングとは，ストレスフルな状況そのものにはたらきかけ，問題を解決しようとする行動をとることをいう。たとえば，試験のストレスに対処するために，計画を立てて学習したり，試験についての情報を得ようとしたりすることがあげられる。もう一方の情動焦点型コーピングとは，ストレスによって生じた否定的な情動を低減させようとすることをいう。たとえば，試験のストレスを低減させるために，気分転換をしてリラックスすることなどがあげられる。

問題焦点型と情動焦点型の両方の側面にかかわるタイプの方略として，対処すべき問題の存在を否認したり，解決を放棄したりする回避型コーピングも報告されており，一般的に，回避型のコーピングは，結果として心身へのストレスの影響を増大させることが指摘されている（Davison, G. C. et al., 2004）。

また，島津（2006）は，職場のストレスに対するコーピング尺度を作成し，①積極的な問題解決，②問題から離れる，③他者から援助を求める，④諦め，⑤行動・感情の抑制，の5種類のコーピングをあげている。

それぞれのコーピングには特徴があり，どの方略がメンタルヘルスにとってもっともよいかを一義的に決めることはできない。コーピングの効果は，状況との適合性や，コーピングの組み合わせ，長期的効果と短期的効果，自己効力感（必要とされる行動を，どの程度うまく行うことができるかに関する予期）やソーシャルスキルなど，個人がもつ対処資源などによって影響を受けると考えられている。

2）ストレス・マネジメント　　ストレス・マネジメントとは，ストレス反応を阻止するための対応策のことである。家庭，学校，職場，地域社会，医療や保健の現場において，ストレスを未然に防いだり，ストレスに耐えられる力（**ストレス耐性**）を向上させたり，ストレスへのより効果的な対処方法を身につける活動を行うことによって，ストレスの低減を図るだけでなく，心身の健康の維持や適応の促進，個人の成長など，メンタルヘルスを向上させることである。鈴木（2004）は，ストレス・マネジメントの方法を，①環境への介入，②考え方への介入，③コーピングへの介入，④ストレス反応への介入の，4つにまとめている。

①環境への介入とは，環境内にある，物的あるいは人的ストレッサーを軽減・除去することである。たとえば，施設や設備を改善したり，人間関係がストレッサーになっているとき，学級において席替えや班替えを行ったり，職場において配置転換を行うなどである。②考え方への介入とは，出来事や自己に対する否定的な考え方，低い自己効力感，不合理な信念といった，ストレスを増大させている考え方に焦点を当て，それを変える学習やトレーニングを行うことである。③コーピングへの介入は，ストレス場面で必要とされる，さまざまな方法を学ぶことに焦点が置かれる。ソーシャルスキル・トレーニングや，

コーピング効果を自己評価する学習などがあげられる。④ストレス反応への介入とは、リラクセーション方法を身につけるなどして、心身のストレス反応を自分で緩和できるようにすることである。

　3）ソーシャル・サポート　　ソーシャル・サポートとは、社会関係において精神的・身体的健康を高めると考えられる特徴や機能、あるいは社会的ネットワークをとおして得られる心理的・物理的資源のことである。ストレスが生じたときに、助けになる人やものがあるかどうかでその結果は異なり、ソーシャル・サポートの有無は、ストレスの影響を左右する大きな要因となる。

　ソーシャル・サポートには、**構造的ソーシャル・サポート**と機能的ソーシャル・サポートの2つがある。**構造的ソーシャル・サポート**とは、個人が関与している社会的関係の広さ（社会的統合）と、結びつきの強さ（社会的ネットワーク）を意味している。広い社会的統合と強い社会的ネットワークは、情報やサービスを得る機会を増加させ、個人に肯定的な感情をもたらして、心理的な落ち込みを低減させ、身体疾患や精神疾患のリスクを減らすことが指摘されている（種市, 2006）。**機能的ソーシャル・サポート**とは、社会的関係のなかで、個人が他者から受ける支援の中身を意味している。機能的ソーシャル・サポートには、他者からの尊重や愛情、信頼、関心を受ける情緒的サポート、肯定的な評価を得る評価的サポート、助言や提案、支持、情報を受け取る情報的サポート、物資や金銭、労力が提供される道具的サポートがある。一般的に、機能的ソーシャル・サポートが得られるという信念や予期があることによって、個人は当面の状況をストレスフルであると評価しなくなり、また、実際に得られたサポートによって問題が解決されることにより、ストレス反応は低減される。

> コラム

臨床に携わる心理士は，いま臨床の職場で，こんな仕事を

　このコラムでは，臨床に携わる心理士が，どのような職場で，どのような仕事をしているかを紹介したい。ここでいう心理士とは，協会認定の資格試験に合格した「臨床心理士」と，協会認定の資格をもっていない「心理専門職員」の両者を含んでいる。たしかに社会の流れは認定された臨床心理士へと進んでいるが，認定資格をもたない心理専門職員も臨床の職場で大勢活躍していることも事実である。ちなみに，**臨床心理士**の資格は国家資格ではなく，文部科学省が認可する日本臨床心理士資格認定協会による認定資格である。1996年より大学院指定制が導入され，指定大学院を修了することが受験資格となっている。

１．医療・保健領域

　１）「精神科の病院・クリニック」で働く心理士は，主に次の３つの活動を行っている。その１つは「心理療法（カウンセリング）」である。基本的には患者と１対１で，患者が抱える問題について話し合い，患者が問題を解決していくための心理的援助をしていくものである。２つ目は「心理検査」の実施である。知能検査，パーソナリティ検査や認知機能検査などを行っている。３つ目は集団心理療法をめざす「デイケア・病棟活動」で，ソーシャルスキル・トレーニングやコラージュ（貼り絵）などに取り組んでいる。

　２）最近では「精神科以外の医療機関」でも，たとえば心療内科・小児科・不妊治療の産婦人科や，癌・エイズ患者への心理的ケアなど，心理士の活動が広がっている。ただし，こうした医療機関で働く心理士は，資格認定の臨床心理士が多くなってきている。

　３）地域精神保健の第一線機関の役割を担う「保健所」では，心理士が「精神保健相談員」として精神医学ソーシャルワーカー・保健師などとともに，その役割を果たしている。

　４）各都道府県に設置されている「精神保健福祉センター」は，保健所の地域精神保健の技術面で指導・援助する機関である。ここでも心理士が精神科医や精神医学ソーシャルワーカーなどの専門技術職員と連携活動を行っている。

２．教育領域

　１）多くの「学校」で発生している深刻ないじめ・不登校問題対策の一環として，1995年に当時の文部省が臨床心理士を試験的に全国の公立学校に派遣した。それ以後，このスクールカウンセラー事業は拡大・継続され，今日にいたっている。学校現場における「**スクールカウンセラー**」は友だち関係・学習問題・家族内のことなど児童生徒のあらゆる悩みについて対応する役割をもち，関係する教

師や家族にも助言し援助している。

　2）各都道府県（または市町村）の教育委員会は，条例に基づき「教育センター・教育研究所」を設置している。相談担当者の多くは教職経験のあるカウンセラーであるが，地域によっては心理士が配置されている。

　3）不登校の児童生徒の自立心や社会性，学習意欲，学校復帰への意欲を育て，やがて再登校できるよう支援する小集団援助施設として，各地に「適応指導教室」が設立されている。相談指導担当者としては教員やその退職者が多いが，一部で心理士が活躍している。

　4）大学の「学生相談室・保健管理センター」では，心理士や精神科医などが，学生のこころのケアにあたっている。また，心理系の「大学・大学院」で教員として学生の教育指導にあたっている。

3．福祉領域

　1）「児童相談所」で働く心理士は，従来から「心理判定員」と呼称されている。来所した児童・保護者等の相談に応じ，診断面接，心理検査（知能検査・発達検査・パーソナリティ検査など），観察等によって児童・保護者に対して心理診断を行い，必要に応じて心理療法（カウンセリング），助言指導を行っている。

　2）不登校の児童生徒を主な対象にした心理治療施設として「**情緒障害児短期治療施設**」がある。入所治療や通所治療に分かれている。対象とされた児童生徒は施設内の分校（分級）か，地域の小・中学校に通学している。治療スタッフは，心理士を中心に，その他に保育士・指導員，看護師，医師などとなっている。

4．司法・矯正領域

　1）「家庭裁判所」は家事審判部と少年審判部に分かれる。前者は家事審判事件と調停事件をあつかうが，後者は，犯罪少年・触法少年・虞犯少年を取りあつかい，その健全育成を期して保護処分等の保護的処置をとっている。ここでは，**「家庭裁判所調査官」**として心理士や教育学・社会学・法律学などを専攻した専門職員が活躍している。

　2）この他に「犯罪被害者支援センター，警察，少年鑑別所，少年センター，児童自立支援施設」などの心理相談員として心理士が活躍しているところもある。

5．その他の領域

　1）労働・産業領域では，企業内の「相談室・健康管理センター」で心理士や精神科医がカウンセリングに当たっているところがある。

　2）心理士が「心理相談室・カウンセリングオフィス」を個人的に開業するケースも最近は増えている。

　　　　　　　　　　　　　　　　　　　　　　　　　　　（梅垣　弘）

引用文献

American Psychiatric Association 1994 *Diagnostic and statistical manual of mental disorders,* 4 th ed. (DSM-IV). American Psychiatric Association. (高橋三郎他訳 1996 DSM-IV 精神疾患の診断・統計マニュアル 医学書院)

American Psychiatric Association 2000 *Diagnostic and statistical manual of mental disorders,* 4 th ed., text revision (DSM-IV-TR). American Psychiatric Association. (高橋三郎他訳 2002 DSM-IV-TR 精神疾患の診断・統計マニュアル 医学書院)

浅野千恵 1996 女はなぜ痩せようとするのか―摂食障害とジェンダー― 勁草書房

Bion, W. R. 1967 *Second thoughts.* London: William Heinemann Medical Books Ltd.

Davison, G. C., Neale, J. M., & Kring, A. M. 2004 *Abnormal psychology,* 9th ed. Hoboken, NJ: Wiley (及川 恵訳 ストレスと病気 下山晴彦編訳 2007 テキスト臨床心理学3 不安と身体関連障害 第9章 誠信書房 Pp.149-166.)

土居健郎 1977 方法としての面接 医学書院 (土居健郎 2000 土居健郎選集5 人間理解の方法 岩波書店に再録)

土居健郎 1983 診断と分類についての若干の考察 土居健郎・藤縄 昭(編) 精神医学における診断の意味 東京大学出版会 Pp.229-248. (土居健郎 2000 土居健郎選集5 人間理解の方法 岩波書店に再録)

Freud, S. 1923 *Das Ich und das Es*. Leipzig: Internationaler Psychoanalytischer Verlag.

長谷川雅雄 1989 人格の異常と不適応 加藤義明・中里至正(編) 基礎心理学IV 入門人格心理学 八千代出版 Pp.141-164.

長谷川雅雄 1999 "異常視"の心理―精神障害への周囲の目― アカデミア(人文・社会科学編), **70**, 495-514.

東山紘久 1982 遊戯療法の世界―子どもの内的世界を読む― 創元社

東山紘久 1992 心理療法の基礎問題 河合隼雄(監修) 岡田康信・田畑 治・東山紘久(編) 臨床心理学3 心理療法 創元社 Pp.5-6.

Holmes, T. H., & Rahe, R. H. 1967 The social readjustment rating scale. *Journal of Psychosomatic Research*, **11**, 213-218.

池田豊應(編) 1995 臨床投映法入門 ナカニシヤ出版

Jacoby, M. 1984 *The analytic encounter: Transference and human relationship*. Tronto, Canada: Inner City Books. (氏原 寛他訳 1985 分析的人間関係―転移と逆転移― 創元社)

笠原 嘉 1976 今日の青年期精神病理 笠原 嘉・清水将之・伊藤克彦(編) 青年の精神病理 弘文堂 Pp.3-27.

笠原 嘉 1977 青年期 中央公論社

河合隼雄 1977 無意識の構造 中央公論社

河合隼雄 1992 心理療法序説 岩波書店 (河合隼雄 1994 河合隼雄著作集3 心理療法 岩波書店に再録)

河合隼雄 1994 河合隼雄著作集3 心理療法 岩波書店

警察庁生活安全局地域課　2006　平成17年度中における自殺の概要資料　警察庁
木村　敏　1973　異常の構造　講談社（木村　敏　2001　木村敏著作集6　反科学的主体論の歩み　弘文堂に再録）
國分康孝　1990　カウンセリング心理学　国分康孝（編）　カウンセリング辞典　誠信書房　Pp. 78-79.
Lazarus, R. S.　1966　*Psychological stress and the coping process.*　New York: McGraw-Hill.
Lazarus, R. S., & Folkman, S.　1984　*Stress, appraisal, and coping.*　New York: Springer.（本明　寛・春木　豊・織田正美監訳　1991　ストレスの心理学　実務教育出版）
前田重治　1985　図説臨床精神分析学　誠信書房
中川哲也・稲光哲明・木原廣美　1989　心身症　上里一郎・飯田　眞・内山喜久雄・小林重雄・筒井末春（監修）　メンタルヘルス・ハンドブック　同朋舎出版　p. 432.
野島一彦　1999　カウンセリングと心理療法　氏原　寛・小川捷之・近藤邦夫・鑪　幹八郎・東山紘久・村山正治・山中康裕（編）　カウンセリング辞典　ミネルヴァ書房　Pp. 85-86.
野上芳美　1998　摂食障害とは何か　野上芳美（編）　摂食障害　日本評論社　Pp. 1-13.
小川俊樹　2001　第3部第2章　アセスメント技法研究（1）：投影法　下山晴彦・丹野義彦（編）　講座臨床心理学2―臨床心理学研究　東京大学出版会　Pp. 143-162.
小倉　清　1998　思春期女子の精神・性的発達　野上芳美（編）　摂食障害　日本評論社　Pp. 43-54.
Persons, J. B.　2001　Cognitive-bahavior therapy.　In G. R. Vanden, J. Frank-McNeil, J. C. Norcross, & D. F. Freedheim (Eds.), *The anatomy of psychotherapy: Viewer's guide to the APA psychotherapy videotape series.* Washington DC: American Psychological Association.（岩壁　茂訳　2003　心理療法の構造―アメリカ心理学会による12の理論の解説書―　誠信書房　Pp. 339-371.）
Rogers, C. R.　1980　*A way of being.*　Boston: Houghton Mifflin Company.（畠瀬直子訳　2007　人間尊重の心理学〈新版〉　創元社）
Rümke, H. C.　1941　Het kernsymptoom der schizophrenie en het "praecoxgevoel". *Nederlandsch tijdschrift voor geneekunde 81ste jaargang.* Pp. 4516-4521.（中井久夫訳　1984　プレコックス感　飯田　真他編　岩波講座　精神の科学　別巻　諸外国の研究状況と展望　岩波書店　Pp. 169-190.）
斉藤　環　2003　ひきこもりと摂食障害　青木省三・村上伸治（編）　こころの科学112　拒食と過食　日本評論社　Pp. 82-87.
島津明人　2006　コーピングと健康　小杉正太郎（編）　ストレスと健康の心理学　朝倉書店　Pp. 24-34.
Sullivan, H. S.　1953　*The interpersonal theory of psychiatry.*　New York: W. W. Norton.（中井久雄・宮崎隆吉・高木敬三・鑪　幹八郎共訳　1990　精神医学は対人関係論である　みすず書房）
鈴木伸一　2004　ストレス研究の発展と臨床応用の可能性　板野雄二（監修）　嶋田洋

徳・鈴木伸一（編著）　学校，職場，地域におけるストレスマネジメント実践マニュアル　北大路書房　Pp. 3-11.

タウフィーク・アル・ハキーム（著）　堀内　勝（訳）　1974　狂いの川　野間　宏（編）　現代アラブ文学選　創樹社　Pp. 195-212.

種市康太郎　2006　ソーシャルサポートと健康　小杉正太郎（編）　ストレスと健康の心理学　朝倉書店　Pp. 35-51.

富家直明　2004　摂食障害のストレスマネジメント　板野雄二（監修）　嶋田洋徳・鈴木伸一（編著）　学校，職場，地域におけるストレスマネジメント実践マニュアル　北大路書房　Pp. 163-174.

十島雍蔵（編）　2004　福祉心理臨床学　ナカニシヤ出版

内山喜久雄　1989　メンタルヘルス・サイエンス総論　上里一郎・飯田　眞・内山喜久雄・小林重雄・筒井末春（監修）　メンタルヘルス・ハンドブック　同朋舎出版　p. 6.

Wolpe, J.　1969　*The practice of behavior therapy.*　New York: Pergamon.（内山喜久雄監訳　1971　行動療法の実際　黎明書房）

World Health Organization　1992　*The ICD-10 classification of mental and behavioural disorders: Clinical descriptions and diagnostic guidelines.*　World Health Organization.（融　道男他訳　1993　ICD-10　精神および行動の障害―臨床記述と診断ガイドライン―　医学書院）

山本麻子・杉若弘子　1993　心理アセスメント序説　上里一郎（監修）　心理アセスメントハンドブック　西村書店　Pp. 3-8.

山登敬之　2003　若者文化，ダイエットと摂食障害　青木省三・村上伸治（編）　こころの科学112　拒食と過食　日本評論社　Pp. 22-27.

関連書籍の紹介
入門・基礎レベル
河合隼雄　1992　心理療法序説　岩波書店
河合隼雄・山中康裕（編）　1994　臨床心理学入門　日本評論社
野島一彦（編著）　1995　臨床心理学への招待　ミネルヴァ書房
野村　忍，不安・抑うつ臨床研究会（編）　1998　不安とストレス　日本評論社
桜井茂男　1998　子どものストレス　大日本図書
氏原　寛・東山紘久　2000　エッセンシャル臨床心理学　ミネルヴァ書房
氏原　寛・杉原保史（編）　1998　臨床心理学入門―理解と関わりを深める―　培風館

発展レベル
古宮　昇　2001　心理療法入門―理論統合による基礎と実践―　創元社
Lazarus, R. S., & Folkman, S.　1984　*Stress, appraisal, and coping.*　New York: Springer.（本明　寛・織田正美・春木　豊訳　1991　ストレスの心理学―認知的評価と対処の研究―　実務教育出版）
上里一郎（監修）　1993　心理アセスメントハンドブック　西村書店
Vanden, G. R., Frank-McNeil, J., Norcross, J. C., & Freedheim, D. F.　1995　*The

anatomy of psychotherapy: Viewer's guide to the APA psychotherapy videotape series. Washington, DC: American Psychological Association. (岩壁　茂訳　2003　心理療法の構造―アメリカ心理学会による 12 の理論の解説書―　誠信書房)

関連学会誌
心理臨床学研究
行動療法研究
人間性心理学研究
カウンセリング研究
Journal of Counseling Psychology
Journal of Clinical Psychology
Psychotherapy: Theory, Research and Practice
Journal of Psychotherapy Integration

第8章

心理学の歴史

　心理学は19世紀後半，フェヒナーによる『精神物理学原論』(Fechner, G. T., 1860) の出版，ヴントによるライプツィヒ大学での心理学実験室の開設をもって独自の学問領域としてその歩みをはじめることとなった。しかし人間の存在，意識，知覚，行動，情動のあり方を理解しようとする試みはそれ以前からなされており，実際現在の心理学が抱える葛藤，議論の多くはその歴史的由来を19世紀以前にもっている。ここでは近代心理学設立以前の人間理解の試みをも含めて，一学問領域としての心理学がどのような変遷をたどって現在にいたったのか，その流れを追っていく。

第1節　哲学から科学へ

1．古代ギリシャ哲学における人間観

1）科学的アプローチの萌芽　人間や世界を科学的に理解するとはどういうことなのか。紀元前，古代ギリシャ哲学における真理追究へのアプローチの変遷は，科学の萌芽がどのように育ってきたのかを如実に語っている。第1章でも述べられているように，科学的知見を深化させていくには仮説の生成と検証という過程が不可欠であり，こうしたアプローチを推奨したのがタレスであった。タレスは自説を普遍の真実としてではなく，一連の仮説として弟子に伝え，その改善を求めた。また万物を構成する単一で普遍の基本要素を追究することで，宗教的，霊的に世界を理解しようとするアプローチから離脱し，自然主義的アプローチをもって物の構成や機能を説明しようとした。こうした**科学的自然主義**は宗教が培う伝統的世界観を脅かすようになり，19世紀，ダーウィンによる進化論の提唱によって，科学と宗教の衝突は1つのピークを迎えることになる。

人間を科学的に理解しようと試みる際の問題の1つに，身体とこころの関係をどのようにとらえるかという点があげられる。数学者として有名なピタゴラスは身体と魂を明確に区別し，魂は身体なしに存在できるとした。彼はまた，魂は身体という牢獄に閉じ込められているがゆえに堕落すると考えた。こうしたピタゴラス派の思想は，魂を純粋な存在とし，その器である身体感覚は知識の探求において信頼に足るものではないとし，後のプラトンに多大な影響を与えることとなる。一方，解剖学的アプローチをもって知覚の源泉を脳にみたアルクマイオンや，人間の知覚への依存を肯定し，ものの実体は観察によって知ることができるとする**経験主義的アプローチ**をとったエンペドクレスの出現は，心理学における生理学的，経験主義的アプローチに先鞭をつけるものであった（Leahey, T. H., 1980）。

この時代の思想で，経験論的なこころの理解に深く関与するものに**原子論**がある。すべての物質は微小な原子によって構成される，とするデモクリトスの原子論は物理学の基礎をなすが，この考え方は19世紀以後の心理学にも深く浸透している。単純な感覚，観念が組み合わされて，より複雑，複合的な観念

を生み出すとする**連合主義**は，こころの機能を経験論的に理解しようとする心理学の諸理論において優勢であるが，これは心理学的な原子論とみることができる。比喩的に導入された原子論によって，こころは実証的研究の対象となったが，他方で知覚や思考が唯物論的にあつかわれ，人間の意志や行動が機械的に機能する肉体の所産としてしかみられなくなってしまうという危険性をも生み出した。

　2）ソクラテス，プラトンの理性主義とアリストテレスの経験主義　　心理学（psychology）の語源である**プシケ**（psyche）は古代ギリシャにおいて，人の死に際して肉体から解き放たれる「生命の息」として理解されていたが，それを転じて知性や性格の宿るところとしてとらえたのがソクラテスである。ソクラテスはソフィストがその全盛を誇った時代を生き，その主張に対して反駁した。**ソフィスト**は効果的なディベートの方法を教授することを生業とし，知覚については個人の経験は当人が一番よく判断できるとする**相対主義**の立場をとっていた。こうしたソフィストの台頭が明確にしたものの1つに，それまでの「物質存在の本質の探究」から「人間の探究」へと，探究の対象が変化したことをあげることができる。著名なソフィスト，プロタゴラスが掲げた「人間は万物の尺度である」という標語は，研究対象としての「人間」により焦点が当てられるようになったという変化を象徴するものといえよう。

　ソクラテスはソフィストの相対主義的立場に反論し，普遍的な善，正義，美の意味を見いだそうとした。それに対して弟子のプラトンは，相対主義を受け入れ，体験するものの状態によって感覚のありようは変化するという立場をとった。実存自体を知ることはできないと考えたプラトンは，「**イデア**（形相）」という概念を用い，一般名称でよばれるあらゆる対象物にはそれ固有の，不変のイデアがあり，人間が知覚をとおして認識するのはイデアの不完全なコピーであるとした。こころと身体の問題に関して，それらは別々に存在するという**二元論**の立場をとったプラトンは，人間の心的機能には，不死の①理性的な魂と，死すべき②精神力に富み栄光を求める魂，③性欲および食欲をつかさどる魂があり，不死の理性的魂はイデアや知識に，死すべき魂は肉体に結びついているとした。プラトンが理性的魂に課した役割は，肉体に従属する他の2つの魂を統御することであり，知覚を通して認識された対象物のイデアを想起する

ことであった。

　プラトンは，あらゆる知識は人間に生得的に備わっているとする生得主義者であり，知識獲得における理性のはたらきを重視する理性主義者であった。一方，弟子のアリストテレスはプラトンが展開したイデアの世界を退け，感覚からの直接学習を可能と考える経験主義的立場，および他の自然物を理解するのと同じやり方で人間理解を試みる自然主義の立場をとった。アリストテレスは，まず知覚できる目の前にある対象物に注意をはらい，そうした具体的体験の積み重ねを抽象化することでそのものの種としての本質に迫ろうとした。目的論的アプローチをとったアリストテレスは「この器官は何のためにあるのか」とたずね，魂についても同様にその目的を問いかける。彼は魂を，生物が生きていくために備えている能力や生活機能を司るものとみなした。そのうえで彼は，植物は生存，種の存続を司る栄養的魂を，動物は快苦に反応し，欲求に基づく運動を可能とする感覚的魂をもつとし，人間はそれよりも高次の機能を備えた理性的魂をも所有するとした。

　アリストテレスは魂の論理的機能をこころとよび，それは人間に特有なものであるとした。彼の説にしたがうならば，抽象的，普遍的知識の獲得はこころによって初めて可能となる。個々の感覚器官から得られた情報は「共通感覚」によって統合され，まとまりのある一経験として意識される。感覚情報は知覚の対象と結びつけられて記憶され，類似，対比，近接の法則にのっとって適宜想起される。普遍的知識はまず「受動的こころ」によってとらえられ，「能動的こころ」のはたらきかけによって初めてその内容が明らかにされる。魂の論

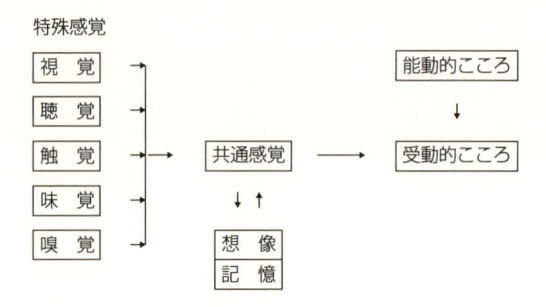

図8-1　アリストテレス著『デ・アニマ（De Anima）』における魂の構造
　　　　（Leahey, T. H., 1980より引用）

理的機能としてのこころは，こうした「受動的こころ」と「能動的こころ」の連携によって，普遍的知識にたどりつくのである。アリストテレスは能動的なこころは純粋な思考そのものであるとし，不変であり，他からの影響を受けることはないとしたうえで，個人の存在を超えたところにその所在をみた。こうしたアリストテレスの考え方は，「人間はいかにして普遍的知識を獲得するのか」という認識論において，その後長く影響力をもつ1つの基本モデルを提示することとなった。

2．人間の真理の追究

1）中世哲学による心的能力についての知見　哲学と芸術の時代とされるギリシャ，ローマ時代に続く中世は，無知と暗黒とに彩られた暗黒の時代とよばれる。こうした時代の変わり目にあってアウグスティヌスは，神の真理は個々の魂のなかに宿っており，それは自分の内面についての**内観**によって知ることができるとした。内省主義は後に主流となる実証主義と対立関係にあり，この対立は「心理学は何を研究対象とすべきか」という学問領域の問題にも深くかかわっている。

中世においてはアリストテレスの流れをひく自然主義的アプローチが，イブン＝シーナー，トマス・アクィナスらによってより強固なものになっていった。イスラム医学を修めたイブン＝シーナーはアリストテレスが提唱した3つの心的機能（共通感覚，想像，記憶）をより綿密に分類し，共通感覚（五感によって得られた感覚の統合），保持的想像（対象物のイメージ），動物的構成的想像（心象の統合），人間的構成的想像（創造的想像），評価（利害に関する直感），記憶，想起と名づけた。イブン＝シーナーの説では，記憶によって対象物の本質についての直感的理解が貯えられ，想起によって単純ではあるが抽象的な観念，一般的な結論が導かれるとされ，アリストテレスの説に比べ肉体に宿る内的感覚のはたらきが重くみられた（Leahey, T. H., 1980）。

トマス・アクィナスの精神の分類はイブン＝シーナーのものに酷似しているが，相違点がいくつかある。そのうちの1つはイブン＝シーナーが人間の知識を「発動者としての神の知性」の光の賜物と考えたのに対し，アクィナスは知識は人間の能動的思考の産物であるとした点である。アクィナスはアリストテ

レスが神の領域に配した「能動的知性」を人間に帰着させることで，人間のこころはそれ自体で完全であるとみなした。また彼は人間が獲得しうる知識は，経験されたことのある直接的な知識のみであるという経験主義の立場をより鮮明にうちだした（Leahey, T. H., 1980）。心身の問題についてはそれまでの伝統的二元論を退け，肉体と魂は分かちがたい完全な統一体であるという見解を示している。

アクィナスは，伝統的，プラトン主義的キリスト教にアリストテレスの自然主義をもちこんだ。神の「恩恵」の賜物として事象をみるのではなく，あるがままの現象を説明しようとする自然主義が反キリスト教的であるととらえられていた当時，自然主義とキリスト教会の和解を試みたアクィナスであったが，教会がアクィナス流の統合を受け入れるようになったのは，近代に入ってからであった（Leahey, T. H., 1980）。

2）近世，機械論的世界観の形成　14世紀から16世紀におよぶイタリア・ルネッサンスがもたらしたのは価値観の変容であった。ヒューマニズム（人文主義）とよばれるムーヴメントによって，神中心の世界観は人間中心の世界観へと変わり，人間個人の能力と可能性に対する強い関心が生まれた。これにより人間のこころの問題は「神」から切り離されて論じられるようになる。こうした時代背景を受けて17世期前半を生きたデカルトは，心身二元論，および機械論的世界観を定着させ，近代科学の礎を築いた。デカルトは知覚によって認識されるものの実存を疑う懐疑主義者であったが，意識，思考する自分自身の存在は疑うことができないとして「我思う，故に我あり」という有名な言葉を残している。

デカルトは物質的存在である肉体と非物質的存在であるこころは，相互に影響し合うものの，まったく異なるものであるとした。彼の二元論においては，身体を含む物質的世界は科学的，客観的に知ることができるとされたのに対し，意識という主観的世界の探究は内観に頼らねばならないとされた。デカルトは物質に還元しきれないこころの特性は内省によって論理的にあつかうことができるとし，こころの存在自体を否定することはなかったが，科学的に説明ができないこころの領域，機能を限りなく縮小した。現にアリストテレス，イブン＝シーナー，トマス・アクィナスが心的能力とみなした記憶，想起，共通感

覚といったものは身体的活動として説明ができるとデカルトは考えていた。デカルト的思考を基本に置くならば，心理学は心的活動を身体レベルの活動に還元することで，物質のみが実在であるとする**唯物論**，および物事を説明する機構を求める**機械論**に基づいてこころを解明しようとする学問，ということになる。デカルトによって築かれた「こころ」と「身体」の間の壁は近代心理学にも多大な影響を与えている。

　3）経験論と連合主義　　意識というものの内容についてデカルトは，その大部分は経験によるものだとしながらも，「神」，「無限」といった概念は生得的に備わっているとした。一方，デカルトの母国であるフランスから海を隔てたイギリスでは，16世紀から19世紀にかけて，意識の内容は経験によってのみ形成されるとする**経験主義**が台頭した。この時期イギリスではホッブス，ロック，バークリー，ヒュームらによる，経験論に基づいた連合主義が展開する。**連合主義**では原子論的視点から人間の意識への理解が試みられ，物体と同様，意識の内容も単純なもの（化学的に表現するならば，意識を構成する原子のようなもの）が組み合わされてより複雑なものになると考えられた。

　ホッブスは意識の要素としての観念が，どのような法則のもとにつながっているのかに着目し，観念連合の形成要因として「接近」と「頻度」をあげた。ホッブスは社会現象を還元論的，機械論的視点から論じたが，個人の行動についても意図や自由意志に訴えない決定論的な立場から説明を試みている。ロックは著書『人間悟性論』(Locke, J., 1690) において人間のこころを何も刻まれていない石版にたとえ，経験以前の意識には何も存在せず，知識と理解はすべて経験からもたらされると説いた。ロックは感覚や内省によって生じる，それ以上分割されようのない単純観念が，結びついたり，抽象化されたり，混合したりすることによってより複雑な観念が成立するとしたが，ホッブスと異なりこころの能動的なはたらきを積極的に認めていた。ロックはこころをたんなる観念の貯蔵庫としてではなく，知覚，想起，比較によって経験に基づいた知識を作り上げ，それをもとに判断，意思決定を行う総合的システムとしてとらえていた。現にロックの経験主義は，権威者の知見に頼らず自分自身の経験から知識を獲得していくことを推奨している (Leahey, T. H., 1980)。

　バークリーは距離知覚について経験論的説明を試みた。しだいに遠ざかって

いく物体は網膜上ではその像が「小さく」なっていくだけであるが，我々はそれを物体が「遠ざかる」と三次元的に解釈する。こうした奥行知覚を学習の賜物とみなしたバークリーの説は，以後長く受け入れられた。またバークリーは我々が知りうるものは知覚だけであるとし，知覚できないものは科学の対象にはならないという実証主義の立場をとった。ヒュームは知覚される対象はその全体性をもって知覚され，それについての観念もそれに対応した形で形成されるとし，単純観念，複雑観念といった原子論的見解を拒否した。ヒュームが注意をはらったのはむしろ観念同士の連鎖がどのように起こるのかといった点で，観念連鎖の原則には類似，時間的・空間的接近，因果の3種があるとした。ヒュームは理性の限界を受け入れ，我々が「因果」としてとらえているものは，実は経験から学習され，認識される「相関」に他ならないとし，人間には習慣形成という性質があることを示した。

　因果をめぐるヒュームの懐疑的な見解はドイツの哲学者カントに大きな影響を与えた。カントは認知の主体として人間をとらえ，人間の認知を可能にする時空間の枠組みは経験に先んじて存在するとした。カントは物事が認知されるにはそれを可能にする生得的な枠組みが必要であるとし，ヒュームらが唱えた経験主義に異議を唱えた。こうしたカントの考え方は後に現れる認知心理学の源流ともいえる。

　連合主義心理学はハートリー，ミル親子（J. ミルとJ. S. ミル），ベインらによって受け継がれていったが，19世紀後半，ヴントらによる実験心理学にとって代わられることになる。しかし連合主義心理学の基盤である経験主義は，学習心理学，行動主義心理学へと受け継がれていくこととなった。

第2節　近代心理学の誕生とその展開

1．19世紀，意識の心理学

1）フェヒナーの心理物理学（精神物理学）　　観察データを収集，分析することで数学的法則を導き出し，それをもとに予測，操作を行うことは，近代科学がその基本とするところである。近代科学のこうした姿勢は，ニュートンの『自然哲学の数学的諸原理』（Newton, I., 1687）以降，より強固なものとなっ

た機械論的世界観に支えられてきた。観察データを収集し，集められた事実を関連づける実証主義的アプローチが自然科学における手法の主流となったわけだが，こうした近代科学の手法がこころの領域に応用されるようになったのは19世紀後半であった。

　1860年，フェヒナーはその著『精神物理学原論』(Fechner, G. T., 1860) をもって，それまで不可能とされていたこころの領域における数量的研究の可能性を，物質界と意識界の対応を数式化することで示した。具体的には実験参加者に体系的に刺激を与え，それによって生じる感覚の大きさの変化を測定し，その変化を数式化した。フェヒナーの意識研究へのアプローチは，同じライプツィヒ大学で重さの弁別実験を行っていたウェーバーによる手法，業績によるところが大きい（第2章第2節参照）。しかし，研究の焦点を物質（刺激）と意識（感覚）の関係に置いたフェヒナーは，刺激間の相関を明示するにとどまったウェーバーの法則を越えて，感覚の大きさと刺激の大きさの関係を公式化するという，独自の貢献を成した（梅本・大山，1994）。

　フェヒナーの法則は，感覚が外界からの刺激をそのまま正確に反映するものではないことを示しているが，フェヒナーはそうした意識域での経験と実際の身体レベルでの経験とのズレに，こころのはたらきをみていた。そして，そうしたこころのはたらきをより詳細に検討するために閾値の分析，測定法の考案をした。たとえば，閾値の測定法については①丁度可知差異法（体系的に提示される2つの刺激の差異が感知できる最小単位を求める），②当否法（標準対象とランダムに提示される刺激を比べ，その大小を実験参加者に判断させる），③平均誤差法（実験参加者が比較対象のなかから同じ強度であると思われる刺激を選ぶ）といった3つの方法を提示している。現在ではそれぞれ①極限法，②恒常法，③調整法とよばれ，精神物理学的測定法として用いられている（サトウ・高砂，2003）。

　フェヒナーは外界からの刺激が何らかの生理過程を引き起こし，それによって感覚が生じると考えていた。そのうえで生理過程と感覚との関係をとらえるのが**内的精神物理学**，刺激と感覚との関係をとらえるのが**外的精神物理学**であるとし，内的精神物理学によって身体と意識の関係を解明することをめざした。しかし，生理過程を測定することは当時の技術では不可能であり，フェヒナー

が実際に行った実験は外的精神物理学の領域に関するものであった。システマティックな測定法を開発し，心理学における数量的研究を促進したフェヒナーであったが，物質界と意識界の対応をみるという彼の本来の研究目的が達成できたかどうかは疑問の残るところである。

2）ヴントの実験心理学　フェヒナーは測定不可能であった内的精神物理学をあきらめ，研究対象を実験可能なものに限定することで，意識のはたらきを数学的方式によって提示しようとした。一方，ヴントは近代心理学の始まりにあたり，実験心理学，および民族心理学という複合的視点をもって心理学における研究領域の奥行きを示した。

ヴントがライプツィヒ大学に心理学実験室を開設した1879年は近代心理学発祥の年とみなされ，ヴント自身も実験心理学という名称とともに知られている。ヴントは刺激によって表出する反応と，刺激が与えられたときの個人の内部で起きている経験の両方を研究対象とし，前者の生理学的アプローチと後者の心理学的アプローチを合わせた独自の視点をその著『生理学的心理学綱要』(Wundt, W., 1874) に著した。具体的には実験参加者に刺激を与えてから反応があるまでの時間を測定するとともに，その間の意識内部でのプロセスを参加者自身の内観によるデータをもとに知るといった方法をとった。内観を取り入れたことでヴントの手法は科学的ではないという批判を被ることになるが，ヴントは実験参加者を訓練することで，刺激を受けた後に意識内に起こる経験の客観的記述を得ようとした。

反応実験の先駆者であるドンダーズは，刺激の感知に要する時間と刺激の違いを認知するのに要する時間の差を，弁別に費やされる時間とみたが，ヴントは弁別時間には反応を選択する過程も含まれるとした。ヴントは実験によって弁別に要する時間と選択に要する時間を区別しようと試みる一方，刺激の知覚，弁別，および刺激への反応といった一連の心的過程が可能となる理由を，「統覚」という概念を導入することで説明しようとした。統覚は要素を積極的に統合し，より高次の全体を形成しようとするはたらきをもつもので，ヴントは「注意」という意識の焦点化によって部分の統合がうながされると考えた。当初，意識は要素の複合体であるという原子論的還元主義の視点をもって実験心理学に取り組んだヴントであったが，後には統覚という概念をとおしてこころ

の主意的性質，自発的活動を認める見解を表明している。ヴントにとって「こころ」は意欲や衝動といった内的動機によって起動する意思過程であり，「自己」は統覚によってもたらされる意欲の統一と，それによってもたらされた精神活動についての感情を拠りどころとするものであった（Leahey, T. H., 1980）。

　ヴントは実験心理学ではあつかいきれないこころの領域があることを十分に自覚していた。実際，複雑な思考過程や言語習得の過程などは必ずしも意識の表層に上らないので，実験的な内観を用いてもその様相を記述することはできない。言語の研究に余念のなかったヴントは，言語同様，集団活動の産物である神話，宗教，芸術，慣習などについても心理学的な研究がなされるべきだと考え，文化を歴史的に考察することでそれらにアプローチしようとした。後年**民族心理学**という，現在の文化心理学，および社会心理学に相当する心理学領域をヴントは提唱したが，このような彼の研究史を省みると，要素に還元しきれないこころのはたらきを解明，説明しようとさまざまなアプローチを試みたその軌跡がうかがえる。ヴント自身が試みた心理学の体系は実験心理学のみならず，文化心理学，心理言語学，認知心理学の萌芽を内包するものであった。そういった点において，近代心理学の開拓者としてのヴントの軌跡は，その後の心理学がみせる領域としての広がりを暗示しているかのようである。

　3）ティチェナーの構成心理学　　ヴントによる実験心理学はその後ティチェナーによってその一部が引き継がれるが，そこではヴントが尊重したこころのはたらきの複雑さ，多層性は完全に失われてしまっている。

　実証主義の信奉者であったティチェナーは，ヴントが提唱した「統覚」を観察不可能であるという理由から否定し，ヴントの体系において重要な意味をもっていた「注意」という過程を感覚に還元した。ティチェナーの心理学においてこころは，感覚，および感覚の心象のみによって構成されるものであった。実験と内観をもってティチェナーはこころを構成している基本的感覚要素を特定し，その目録の作成を試みたがその仕事は未完に終わっている。基本的感覚要素が結合してより複雑な知覚や観念が形成されるとするティチェナーの考え方には，母国であるイギリスで盛んであった連合主義の影響がみられる。しかし彼が研究したのは，連合主義心理学者が対象としてあつかわなかった，単純

でそれだけでは意味をもたない感覚とその結合であった (Leahey, T. H., 1980)。感覚要素がどのように結合するのかは生理学的に説明されるべきである，と考えたティチェナーは，ヴントの実験心理学の手法を用いて意識心理学を原子論，還元主義，機械論の方向へと推し進めようとした。

後にアメリカに移住し，みずから**構成心理学**と命名した心理学を展開したティチェナーであったが，「環境への適応」を重視するアメリカの心理学において彼の構成論はその場を確立することなく，彼の代で構成心理学は終わりを迎えることとなった。

2．「脱還元」の試み

1）ゲシュタルト心理学誕生の素地 アリストテレスが共通感覚とよび，ヴントが統覚と名づけた情報の統合を可能にするこころのはたらきは，現れた反応を感覚要素に還元してもその実体を見つけることはできない。要素還元的アプローチでは説明のつかないこうしたこころのはたらきを，それまでとはまったく異なるパラダイムにおいて解明しようとしたのがゲシュタルト心理学である。**ゲシュタルト心理学**は，「我々の知覚経験は個々の感覚要素の総和からなる」というそれまでの考え方を覆し，「我々の知覚はまとまりのある全体を意識し，その内にある特性をとらえようとする」傾向があることを示した。

20世紀初頭に誕生したゲシュタルト心理学は，ウェルトハイマー，コフカ，ケーラーによって世に知られることとなったが，その素地は彼らの研究以前からあった。オーストリアのエーレンフェルスは，メロディーが構成要素である各音の総和以上の質をもつことに着目し，**ゲシュタルト質**という概念を提唱した。エーレンフェルスによると，メロディーというまとまりのある全体の認知はゲシュタルト質が生じるために起こるということになる。エーレンフェルスは，全体は個々の要素の総和以上の質をもつという知見を得たものの，要素還元主義の視点から脱却しきれなかったため，感覚要素にゲシュタルト質という心理的要素を付加することでそうした現象を説明するしかなかった。一方，デンマークのルビンは，刺激がどのように現象として経験されるのかに焦点を当てる実験現象学の視点から，図と地の分化という現象を研究した。ルビンは図と地という現象の特性として，図は形をもつが地はもたない，輪郭は図に帰属

する，図は物的性質を地は素材的性質をもつ，などといった点をあげている（梅本・大山，1994）。第2章の図2-6は「ルビンの盃」ともよばれている。

2）**ウェルトハイマーの可視現象実験**　静止画像が短い間隔で次々と映し出されると，像が動いているように見える。ウェルトハイマーはこうしたアニメーションの原理を用いて運動視に関する実験研究を行い，1912年，仮現運動に関する論文を発表した。ウェルトハイマーは，この実験に参加者として加わっていたケーラー，コフカとともにゲシュタルト心理学を創始，確立していった。ウェルトハイマーの実験は時間間隔，空間間隔，提示時間，色，形，配置といった条件を組織的に変えて2つの画像刺激を与え，どのような条件下で運動視が起こるのかを検証しようとするものであった。ウェルトハイマーは数々の実験をとおして，実際には動いていない対象が動いているように知覚される仮現現象を検証し，2つの画像刺激が動画のように滑らかに動いているように見える「最適時相」の条件をわりだした。

ウェルトハイマーはまた，ルビンがあつかった図と地の分化という考え方をさらに発展させ，図の群化という現象を分析した。彼は複数の図が生じたときにそれらがどのようにまとまりとして知覚されるかを整理し，**近接の要因，類同の要因，閉合の要因，よい連続の要因**（第2章第3節参照）とともに，**共通運命**（ともに動くもの，あるいは止まるものがまとまる），**客観的構え**（時系列という全体の文脈によってまとまりが決まる），**過去経験**（過去に経験的にまとまりとして知覚されてきたものがまとまる）といった要因をあげている。これらの群化の要因は実際には競合したり，強化しあったりするわけだが，ウェルトハイマーは，視野の形成はそうした個々の要因によってではなく，全体としてもっとも簡潔で秩序あるまとまりを見いだそうとする，**プレグナンツの法則**によってなされるとした。

3）**場の概念とその応用**　部分は全体との相対的関係のなかで理解されるべきである，というゲシュタルト心理学の基本的考えは，「場」の概念を介して経験の説明にも反映された。ゲシュタルト心理学者は相互に作用しあう部分によって形成される「**場**」という概念を提唱し，たとえば運動視といった経験も，相互に作用しあう複数の画像が作り出す場において起こると説明した。こうした考え方はゲシュタルト心理学がその真髄とした視知覚についてのみなら

ず，行動についても拡張，応用された。実際に活動が起こる「行動の場」についていうならば，その場をなす構成要素全般に気づいていなければ，行動をうながす要因となる課題の発見も，その解決も起こらないということになる。ゲシュタルト心理学者は脳を複雑な電気場と考え，それが行動の場と力動的に対応するという心理物理同型説を唱えることで，仮現運動などの現象を説明できると考えた。

　心理物理同型説によってなされる「場」の生理学的説明は説得力に欠けるものであったが，場の概念自体は発展的な応用をみた。レヴィンは，体験によって構造化される心理的場を「生活空間」と名づけ，場の概念を用いて人間行動の理解を試みた。ウェルトハイマーらと研究をともにしたレヴィンであったが，彼自身が研究対象としたのは実践的な行動の場であって，脳内の場といった裏づけのない思弁について論ずることはなかった (Leahey, T. H., 1980)。レヴィンはまた，集団という場がその構成員である個人の行動にどのような影響を与えるのかを研究し，アメリカに渡った後，グループダイナミックス（集団力学）学派を設立した。こうしたレヴィンの功績は社会心理学のみならず，臨床分野にも大きな影響を与えている。

　ゲシュタルト心理学の場の理論は，要素還元主義的アプローチでは把握しきれない現象を説明する，新しい枠組みを提供するものであった。その一方，レヴィンを除けばゲシュタルト心理学のアプローチは一様に唯物的で，ヴントの統覚の概念に代表されるようなこころの主意的性質を認めておらず，意識のありようを生理学的，機械論的に説明しようとするものであった。

第3節　20世紀，精神分析学と行動主義心理学

1．無意識の探求

1）臨床心理学のはじまり　　臨床心理学の成立は19世紀末，学習遅滞についての研究を行った，アメリカのウィトマーによる提言にその起源をもつ。ウィトマーは哲学的思索や実験結果に基づく原理を応用実践に用いる方法を批判し，実際のケースを個別にあつかい，そこで得られた知見を一般化して応用する臨床的方法の重要性を説いた。ウィトマーが提唱した臨床心理学は現在の

心理治療を目的とするそれとは目的，対象が異なるが，ペンシルベニア州立大学に心理学クリニックを設立して大学教育と連動した臨床訓練の場を設け，臨床に根ざした心理学を創始した功績は大きい（サトウ・高砂，2003）。

一方19世紀末ヨーロッパでは，フランスのシャルコーが精神医学の分野で催眠を用いたヒステリー研究を行い，関心を集めていた。オーストリアに住んでいたフロイトもシャルコーに師事するため一時フランスに出向き，その後催眠を導入した心理療法の研究を友人であるブロイアーとともに行っている。

2）**フロイトの精神分析**　20世紀初頭，フロイトによって提唱された精神分析は，心理治療を目的とする臨床心理学の黎明期に誕生した。フロイトはそれまで直接の研究対象とはならなかった，個人の内的世界のダイナミックスに焦点を当てる心理学を展開したが，その彼がとくに注意をはらったのが「無意識」であった。無意識という概念は19世紀後半にはすでに一般に受け入れられていたが，フロイトはそれを「抑圧」という概念を用いて力動的に解釈した。彼は心的構造論をもって心理力動を説明し，心理治療に際しては自由連想法という手法を用いた（第5章第2節，第7章第4節参照）。フロイトは夢を「無意識への王道」とみなし，その著『夢判断』（Freud, S., 1900）をもって自身による無意識の心理学の概要を示した。

フロイトは人が身体的エネルギーとしてもつリビドーを，あらゆる活動の原動力としてみており，物理学におけるエネルギー保存の法則同様，リビドーも抑圧されることがあってもそれによって消失することはないと考えていた。フロイトの精神性的発達説によれば，健全なパーソナリティ形成では口唇期，肛門期，男根期といったそれぞれの段階において，リビドーが適度に過不足なく充足され，それによって最終発達期である性器期において本能的性欲求が社会的に認められた形で開放される，ということになる。フロイトは，リビドーの流れが極端に妨げられることによってヒステリー，強迫神経症，うつ病などが引き起こされると考えた。こうした人間の性衝動，およびその抑圧に焦点を当てたフロイトの思想は，彼が生きたビクトリア時代の特徴を考慮して解釈されるべきであろう。ビクトリア時代においては「文明的」であることが重視され，動物的本能，とくに性的欲求に翻弄されることは非文明的なことであると考えられていた。個人の性衝動は文化的活動をとおして昇華，発散されるが，そこ

からは完全な充足は得られない。フロイトはそうした自説を『文明とその不満』（Freud, S., 1930）において展開し，精神分析の視点から文明社会のありようを論じている。

　フロイトは終始，無意識の欲求がもたらす心理，行動面への影響を論じたが，その欲求が何であるのかについては，その説を3度変えた。当初，性と生存への欲求であったものが，愛と攻撃性の欲求へと変わり，最終的には**生の本能（エロス）と死の本能（タナトス）**となった。フロイト以降，この欲求説はアドラーの権力への欲求，ランクの意志への欲求，ホーナイの安全への欲求など，さまざまな形でその展開をみることとなった。

　3）ユングの普遍的無意識　　ユングは普遍的（集合的）無意識という概念を提唱して，心理学における無意識の探究を深化させた。フロイトがこころの構成を超自我，自我，エスとしたのに対し，ユングは自我，個人的無意識，普遍的無意識からなるとした。ユングは自我を意識的視点，記憶，思考，感情からなるものとし，自我が自己一貫性やアイデンティティの感覚を生み出すと考えた。**個人的無意識**は，一度は意識されていたが忘れられたり，抑圧されたり，無視されたりした経験からなる。**コンプレックス**という心理学用語はユングによって考案されたものであるが，このコンプレックスは個人的無意識において感情，思考，視点，記憶がつながりあい，組織化されたもので，それが他の経験を引き寄せる。マザー・コンプレックスを例にあげると，母親という概念が核となってその人の思考，感情が組織化され，それが行動に影響を与える，ということになる。**普遍的無意識**は，個人という時間軸を超えて祖先や種としての過去とつながる無意識であり，ユングは民族として，あるいは生命体として共有される普遍的無意識があると考えた。

　フロイトは無意識の合理的解釈を求めたが，ユングの無意識へのアプローチは合理的には理解できない部分をもあつかおうとする，より包括的なものである。実際ユングは夢，幻視，神経症の症状のみならず，神話，宗教，古代の象徴，儀式などを研究することで普遍的無意識の理解と解明に努めた。ユングは普遍的無意識がおよぼす自己への影響を重視したが，こうしたユングのアプローチは，フロイトが宗教を，神にすがることで人間がその無力感を克服しようとする補償行為とみなし，宗教のもつ独断性は人間の知性を鈍らせるとしたの

と好対照をなす。またフロイトが性エネルギーを心理的活動の動力源とみたのに対し，ユングは心的エネルギーによって感情，思考，感覚，直感というこころの4つの特徴的機能がはたらくと考えた。ユングはこの4つの機能が十分にはたらくことが人格形成において必要であると考えていたが，なかでもとくに感情，感覚，直感の重要性を説いた。ユングはこうした心的機能についての知見をもとにパーソナリティを類型化し，感情型，思考型，感覚型，直感型それぞれに内向型，外向型があるとする，8つのパーソナリティ・タイプを提唱した（第5章第1節参照）。

　ユングにとってこころは，意識と無意識からなる統合体であった。ユングは意識と無意識の間には補償作用があり，無意識は意識の不足を補おうとすると考え，こころは全体としてまとまった状態であろうとする統合・調和への欲求をもつとした。イメージやシンボルをあつかうユングの分析心理学は，その神秘性ゆえに正当な心理学とみなされないこともあるが，魂のレベルをもあつかおうとしたそのアプローチと，そこから得られた知見は心理臨床において活用されている。

　4）アドラーの個人心理学　ウィーンに拠点を置くフロイトのもとにはすぐれた人材が集まったが，性エネルギーにすべての起因をみるフロイトから離反していく者も多くいた。ユングもそうであったし，アドラーもそうした1人であった。本能説を展開したフロイトに対して，アドラーは人間の行動は社会的欲求によって動機づけられると主張し，独自の学派を設立した。アドラーが着目したのは劣等感とその補償であった。アドラーの基本的考えは，人はその能力，外見，社会的地位などについて劣等感を抱く，というものである。それは客観的な劣性というよりは，本人の要求水準の高さや幼児期に与えられた否定的評価からくる思い込みによるところが大きいのであるが，アドラーはそうした劣等感を克服しようとする欲求，向上への努力が個人の心的動力となると考えた。アドラーによれば，さまざまな神経症は将来の目標を実現しようとする欲求と現実との折り合いがつかなくなるために起こる，ということになる。アドラーの心理学は心的外傷を見いだすことで過去を克服しようとしたフロイトのそれとは異なる，未来を志向する心理学といえる。

　アドラーは**創造的自己**という概念を提唱し，自己は意味ある経験を求める主

観的組織であり、フロイトが唱えるような本能のコントロールや現実適応に追われる消極的、機械的な存在ではないとした。個人心理学として知られるアドラーの心理学は、人はそれぞれ独自でユニークな自己をもち、それによってその人の人生のありようが決まる、という考えを中心にしている。このような行動要因の核に「自己」をみる視点はそれまでにない新しいものであり、それゆえにアドラーを、後に台頭してくる人間性心理学の先駆者としてとらえる向きもある（北川、1996）。

5）**フロイト以降の精神分析**　現在、精神分析がフロイトの理論をそのまま踏襲して行われることはほとんどなく、精神分析も幅広い裾野をもつものとなっている。フロイト以降、フロイトの生物学主義を批判し、人格形成における社会的、対人的側面を重視した一派は**新フロイト派**とよばれ、そのなかにはホーナイや、フロム、サリヴァンらが含まれる。ホーナイは幼児期の親子関係に焦点を当て、何らかの理由で子どもの安心感が脅かされると、それが基本的不安としてその後の対人関係の基本的ありようを決定づけると主張した。人間の社会性に着目したフロムは、人は生物的欲求のみならず人間固有の欲求をもつとし、人間の欲求は社会環境を考慮したうえで理解されるべきであると説いている。サリヴァンは、パーソナリティというのはあくまでも仮説概念であるとしたうえで、対人関係といったものを抜きにしてパーソナリティを個別に観察し、研究することはできないと述べており、臨床においても、分析者というよりは対人関係という場に参加し、それを観察する者として治療者をとらえている（Hall, C. S., & Lindzey, G., 1978）。

一方、フロイトの理論を継承、発展させたのが**自我心理学派**で、その代表としてはアンナ・フロイト、ハートマン、エリクソンらの名があげられる。自我心理学派は自我の防衛機能は必ずしも病的、否定的ものではないとし、自我機能の健康な側面に焦点を当てた。ハートマンは「自律的自我」という概念を掲げ、超自我とエスの葛藤に巻き込まれず、自律的に現実適応していく自我のはたらきに着目した。エリクソンは、乳児期から老年期にいたる8つの段階からなる個体発達分化の図式をもって自我発達論を提唱するとともに、アイデンティティ理論を確立した（第4章第4節参照）。

2. 行動主義の台頭

1）進化論とアメリカ機能主義　20世紀に入るとそれまでドイツ心理学一辺倒であった心理学の世界に，大きな変化が起こる。アメリカにおいて観察可能な行動を対象とし，社会への積極的応用をめざす心理学が起こり，それが行動主義心理学という形をとって20世紀の心理学を動かしていった。動物実験による実証的研究を行った行動主義心理学は，内観を用いて意識を研究してきたヴント以降のドイツ心理学とは一線を画するものであった。

行動主義心理学台頭の背景には，ティチェナーの構成主義対ジェームズ，デューイらによる機能主義という構図があった。**構成主義**はヴントの意識心理学の流れを汲むものであったが，**機能主義**はアメリカ独自の哲学である**プラグマティズム**（実用主義）に基づくものである。実用主義者は，「不変」「永遠」といった概念を念頭に置き，抽象的な普遍的知識を探求する理性論者とは異なり，生成，変化しながら，将来における完成へと向かう実在を前提とし，具体的体験や感情を重んじた。生成，変化を重視するプラグマティズムの出現は，それ以前に提唱されたラマルクやダーウィンによる進化論の思想なしには考えにくい。ラマルクは自身の進化論において，有機体のもつ自己を完成しようとする生得的な欲求について言及しており，またダーウィンは『人及び動物の表情について』（Darwin, C. R., 1872）において人と動物の連続性に着目している。こうした進化論の基本的思想を得て，アメリカではプラグマティズムをベースとした適応行動の心理学が形づくられていった。

プラグマティズムは心理学と結びつき，機能主義心理学へと発展していくが，その結びつきには「習慣」という概念が大きな役割を果たしている。リーヒーは，プラグマティズムの根源にヒュームとダーウィンの思想をみているが（Leahey, T. H., 1980），確かに適応のための行動が習慣化することを説いたダーウィンの説が，人間の信念は確立された習慣にすぎないと主張するヒュームの思想と結びついて，人間の行動をあつかうアメリカ心理学の思想的基盤となったとみることができる。『心理学原論』（James, W., 1890）を著し，アメリカ心理学の父といわれるジェームズは，「習慣」を刺激とそれに対する反応が連なったものとしてみており，そこにワトソンの刺激‐反応理論の原型をみる向きもある。

機能主義において重要なのは意識の内容ではなく、そのはたらきであるが、この点についてジェームズは、意識は目的をめざした選択を常に行っているとし、そうした選択の機能を意識の第一機能としてとらえていた。ジェームズは、意識をまとまりをもった一連の「流れ」としてとらえ、分割してそのつながりをみるという手法は誤りであると唱えるなど、ヴント同様「意識」をその研究テーマとした。一方、デューイは研究対象を行動の領域に限定し、目的達成のための適応という視点から人間の活動や行動を考え、その知見の教育、学習の領域における応用をめざした。

2) **ワトソンの行動主義心理学**　ジェームズ、デューイらによって示されたアメリカ心理学の方向性は、1913年、ワトソンによって発表された論文「行動主義者からみた心理学」（Watson, J. B., 1913）によって新たな転換を迎えることになる。ワトソンは観察可能な行動を研究対象とし、客観的観察に基づくデータから行動の予測とコントロールをめざす**行動主義心理学**を展開した。

ワトソンの理論は、ロシアの生理学者パブロフによる条件反射説によるところが大きい（第3章第1節参照）。人間および動物の複雑な行動を刺激-反射というモデルに還元して理解しようとする反射説は、パブロフ以前にすでに存在していたが、彼の条件反射説はその可能性をより明確な形で提示した。ワトソンの行動主義心理学はこうした反射説の伝統に則った S（刺激：Stimulus）-R（反応：Response）の法則を基本とする心理学であった。生理学、とくに神経系の研究に由来する反射説をベースにしたワトソンの理論は末梢主義的であり、実際彼の **S-R 理論** は刺激と筋運動の関連を示すものであった。ワトソンは行動の要因を人間の内部にではなく外部に求め、人間の行動を環境に対する適応の産物とみなした。そうした前提のもと、彼は個人が生得的にもつ特性の差異にかかわらず、環境における刺激を操作することでその人物の行動、将来のあり方まで操作することができると考えた。

ワトソンの機械論的な行動主義に対して、彼以降の**新行動主義**は有機体の能動性を考慮する S-O（有機体：Organism）-R というモデルを提示することで、生理学的であった行動主義をより心理学的なものにしようとした。トールマンによる迷路を使ったネズミの洞察学習の実験は有名であるが、彼はネズミは餌を探して迷路を探索するうちに迷路全体の認知地図を学習し、その知識を

用いて餌に到達するという,認知的行動主義の立場をとった。一方,ハルは,ネズミは右折したり,左折したり,行き止まりに出会ったりという刺激-反応(選択)の連鎖を経験し,それが餌という報酬によって強化されて学習となると考えた。ハルのS-R強化理論は現在ほとんど踏襲されていないが,トールマンの認知的アプローチは再評価を得て,認知的行動主義として今日に受け継がれている(梅本・大山,1994)。

3)スキナーによる徹底的行動主義 ワトソンの行動主義をもっともラディカルな形に昇華したのは,スキナーであった。スキナーの理論も新行動主義の範疇にもれず,有機体全体の反応を考慮したが,彼が着目したのは,オペラントとよばれる自発行動であった。自発行動によって引き出された結果に報酬という刺激を与えることでその行動を強化する,そのような条件づけをスキナーは道具的条件づけ(オペラント条件づけ)とよんでパブロフの古典的条件づけと区別した。具体的にはスキナー箱という極度に簡素化された環境にネズミを置き,レバーを押して餌を得るという自発行動を,強化の基準を段階的に上げていくことで操作的に起こさせる実験を行った。これは第1段階ではネズミがレバーの方を見るだけで餌を与え,次の段階ではレバーに接近するときに餌を与え,最終的にはレバーを押したときにのみ餌を与える,という手順を踏んでネズミの行動を餌という強化子によって形成していくものである。

スキナーは,有機体は「環境-行動-行動の結果」というサイクルから決して抜け出すことはできないと考えた。彼の論によれば,人間にできることは環境のコントロールをとおして行動を制御することのみであり,したがって自由意志という概念は幻想にすぎないということになる。こうした主張を『自由と尊厳を超えて』(Skinner, B. F., 1971)にスキナーは著しており,彼は自身が提唱する行動工学によって理想的社会の実現が可能となると考えた。

スキナーは動物実験から導き出された結論は人間にも応用できるとし,言語および言語活動さえも人間特有のものであるとは考えなかった。徹底した環境主義に基づくこうしたスキナーの主張は物議を醸したが,なかでも言語学者チョムスキーによる批判論文(Chomsky, N., 1959)は有名である。すべての言語活動は外的刺激によってコントロールされていると主張するスキナーに対し,チョムスキーは人間の言語活動は創造性,柔軟性に富んだものであり,その複

雑さは動物行動の研究から引き出された行動原理では理解しえないと反論した。こうした批判がある一方，スキナーの強化の原理は問題行動の修正を試みる行動療法（第7章第4節参照）や，組織的に難易度の低いものから教材を配し，それぞれの段階で正解に対して報酬を与えることでより高次の学習へと向かわせるプログラム学習に取り入れられていった。

第4節　行動主義を超えて

1. 認知心理学

1）認知科学の誕生　20世紀前半，科学的心理学として勢力をふるった行動主義も，20世紀半ばにはその限界を呈するようになる。1950年代には行動主義がその礎とした論理実証主義への批判が高まり，実証データをいくら積み上げても結局何もわかってこないのではないか，という懐疑的な見方がなされるようになっていた。また客観主義の実践についても吟味がなされ，実際に観察をするためには何らかの仮説，理論に基づく視点，枠組みが必要であり，そういった「構え」がもちこまれる観察の現実を考慮すると，絶対的客観性に基づく観察というものはありえないという批判がなされた。

　行動主義は，観察不可能な精神内部の活動をあつかうことは非科学的であるとし，観察可能な行動のみをあつかったわけだが，こうした行動主義の基本姿勢は心理学をあまりにも平板なものにしてしまった。行動主義心理学が用いる研究手法，およびあつかう領域の限界が無視できないレベルに達した20世紀半ば，認知心理学は誕生した。それにはサイバネティックスや情報処理という新しい概念の登場，およびコンピュータの開発が大きく関与している。制御系の分析を行う**サイバネティックス**という領域の確立には，第2次世界大戦中の精密兵器開発がかかわっている。大戦中の兵器開発においては，いかに迅速に動く標的を察知し，その位置とスピードを判断するか，ということが大きな課題であった。サイバネティックスの命名者であるアメリカの数学者ウィーナーはこうした兵器開発にヒントを得て，読みとった環境状況に合わせて自己調節を図る生き物のように，フィードバック・システムによって目的達成へ向けての自己統制を図る知的機器が作成できると考えた。コンピュータはまさにそう

したウィーナーの発想に応えるような機器であった。

　コンピュータは与えられた課題の解決へ向けて作動するようにプログラムが組まれているわけだが，それを可能にするソフトウェアの開発が1950年代後半，サイモン，ニューエルらによってなされた。コンピュータや通信機器の開発は，それまで行動主義者によって実体のないものとしてあつかわれていた「情報」を客観的，数量的にあつかうことができることを示し，心理学における知覚や記憶といったものを科学的に研究することを可能にした。なかでも応用数学者シャノンが提唱した**情報理論**は，情報量の測定をビットという単位を設定することで可能にし，段階的，階層的過程を経て必要な情報のみを取り出す「情報処理」の概念を示すことで，知覚，記憶，想起，判断の科学的理解に努める認知心理学の誕生に大きな影響を与えた（梅本・大山，1994）。

　サイバネティックス，情報処理，コンピュータ工学に起源をもつ「認知」という概念は，心理学のみならず，神経科学，言語学，哲学など多くの分野に影響を与えた。20世紀後半にはそうした動きを受けて，多彩な分野からなる**認知科学**という領域が成立し，1979年にはアメリカで学会が設立された。

　2）**認知心理学の創始**　　情報理論を積極的に心理学にとりいれ，認知心理学の誕生を可能にしたのはG. A. ミラーであった。G. A. ミラーは直接記憶の限界と情報量を関連づけた「不思議な数 7 ± 2」（Miller, G. A., 1956）という有名な論文を著している。G. A. ミラーは数々の事例をあげて，人は刺激材料の違いにかかわらず，大体7個，もしくは7種類の刺激しか知覚，記憶することができないことを示した（第2章第4節参照）。虹の7色はその典型的な例といえる。実際の虹は微妙なグラデーションの色を有しているが，我々の感覚がとらえるのは7色までである。G. A. ミラーは数字の記憶範囲もやはり7個，もしくはそれより少し多い個数であることを発見している。

　G. A. ミラーはフォード行動科学高等研究所のギャランター，プリブラムとともに『プランと行動の構造』（Miller, G. A., Galanter, E., & Pribram, K. H., 1960）を著し，フィードバック回路をもつ階層化したシステムを提唱することで，行動を制御する認知過程を説明した。ミラーらが提唱した**TOTEモデル**は，テスト（Test）- 操作（Operation）- テスト（Test）- 出口（Exit）からなるもので，生活体が自己制御機能をもって環境にかかわる，そのありよ

うを図式化している。生活体をフィードバック回路の一部とみなすTOTEモデルは，刺激に対する直接反応のみを仮定した行動主義のS-Rモデルに比べると格段に洗練されたものである（Bolles, R. C., 1993）。このTOTEモデルは，自己制御を可能にする認知過程に着目する心理学への道筋を作るものであったといえよう。

1960年，G. A. ミラーはブルーナーとともにハーヴァード大学に認知研究センターを設立したが，こうした認知科学的心理学の動きは1967年，ナイサーの『認知心理学』（Neisser, U., 1967）の出版をみることでより発展的なものとなった。

3）**認知心理学の展開**　『新行動主義心理学―動物と人間における目的的行動』（Tolman, E. C., 1932）を著したトールマンは，迷路実験において，ネズミが餌を求めてランダムに動き回るうち餌の場所を学習し，回を重ねるごとに迷うことなく餌に到達することを発見している。行動を刺激‐反応という単位で理解しようとする行動主義のやり方では，こうしたネズミの目的的行動を説明することはできないが，トールマンが主張したようにネズミは学習した**認知地図**をもとに行動した，と考えるとすっきりと説明がつく。認知心理学は人が生得的にもつ認知の枠組みの存在を認めるが，それは行動主義が生得的なものを廃し，すべての知識は経験によって得られるとする経験主義をベースに置くのと対照をなす。こうした生得か，経験かという心理学における基本的問題をめぐる認知心理学と行動主義心理学の違いは，生得主義の立場にたつチョムスキーがスキナーの『言語行動』（Skinner, B. F., 1957）を批判したことで決定的なものとなった（第3章第2節参照）。

チョムスキーは人間の言語は階層的な文法構造をもつとし，我々のコミュニケーションが成立するのは文章の表層を形成する語句の一語一語を理解するからではなく，その深層構造を理解するためだと主張する。チョムスキーの説にしたがえば，子どもが言語を習得できるのはそうした言語の深層構造を理解する能力を生得的にもっているため，ということになる。こうしたチョムスキーの説は，心理学においてそれまで優勢であった，単純な概念が連なることでより複雑な概念が形成される，という連合主義の伝統を覆すものであり，意識，思考，記憶の階層と構造を考慮する新しいアプローチ法を示唆するものだった。

第4節 行動主義を超えて

　認知心理学の命名者であるナイサーによって，それまで心理学において区分され，別々にあつかわれてきた知覚，記憶，理解，推理，判断といった機能が「認知」という概念でまとめられたわけだが，そうした認知に発達段階があることを論じたのが，スイスの発達心理学者ピアジェだった（第4章第4節参照）。ピアジェは認知心理学が一領域として確立する以前の1920年代に，すでに生得主義的色合いをもつ認知発達論を提唱している。ピアジェは子どもの知識発達を観察，研究して得られた知見を『知能の誕生』（Piaget, J., 1936）にまとめているが，彼の主張は知識は単に量的増加を遂げるのではなく，成長にともなって世界を認識する方法が変わることで質的変容を遂げる，というものであった。知識を獲得していくための枠組み，および思考の仕方が成長とともに変化していくというピアジェの発生的認識論は，行動主義全盛の20世紀前半のアメリカではまったく受け入れられなかったが，1950年にその著作が英訳されたのを機に注目を集め，ブルーナーら認知心理学者に多大な影響を与えた（梅本・大山，1994）。

　ブルーナーの研究は当初，動機づけや期待によって知覚がどのような影響を受けるかに焦点を当てたものだった。たとえば，空腹の人は満腹の人よりも，曖昧な刺激を食品と知覚する傾向が強いことをブルーナーは報告している。後に思考や概念形成など，より認知的な問題に研究の焦点を移したブルーナーは，一度に多くの刺激を組織的マトリックスのうえに提示する実験を行い，実験参加者が積極的に方策を立てて概念形成をしている様を観察し，概念形成は能動的認知プロセスによってなされると主張した。ピアジェに直接師事した後は認知発達に研究の焦点を移し，『教育の過程』（Bruner, J. S., 1960）などの著作をとおして学習や教育といったテーマについて多くの示唆に富んだ提言をしている。G. A. ミラーとともに認知研究センターの設立にかかわったブルーナーであるが，情報理論に啓発を受けてTOTEモデルを提唱したミラーに対し，彼は情報処理理論や認知科学では説明のできない，人間に特有な思考のあり方や行為をあつかった。

　ナイサーは人を機械的な情報処理システムとみるコンピュータ・メタファーを批判し，人間の認知活動の主体性，能動性を重視したが，そうした基盤をもった認知心理学は，人間に独自な記憶や社会認知のありようを解明している。

ブランスフォードは実験をもとに，人間の記憶はある核を中心に図式 (schema) 的に体制化されると主張し，記憶を構造化された概念形式ととらえる連合主義的，情報処理的見方に対抗する知見を示した。また認知的不協和理論を唱えたフェスティンガーは，人は新しく得られた知識，情報と自分の行動の間に不協和を感じると，それが動機となって態度が変わるか，もしくは知識，情報を否定するかのどちらかの対応をとるとし，「認知」によって人間の行動，態度変容が動機づけされることを示唆した（第6章第3節参照）。

コンピュータ開発によって，それまで実体のないものとされていた情報が科学的にあつかわれるようになり，情報処理の概念がG. A. ミラーによって人間の認知システムを理解するために導入された。認知心理学はこうした情報技術発展の恩恵を受けつつ，人間の認知の実態をより明確に示す独自の道を開発したといえよう。

2．人間性心理学

1）実存主義と現象学　1950年代，マズロー，ロジャーズらによって創始された人間性心理学は，行動主義，精神分析に対抗する第3の心理学としてみずからを位置づけ，台頭してきた。人間性心理学は，個人のもつ独自性，主観的体験の妥当性，自由意志を尊重し，個人の成長への欲求に焦点を当てるが，そうした姿勢は行動主義による「条件づけ」の理論や，フロイトの「無意識の動機づけ」にみられる人間理解が決定論的であるのとは対照的である。マズローは「フロイトの精神分析は心理学の病んだ半分を提供してくれたが，今や我々はその健全な半分を補わなければならない」と宣言している。こうした人間性心理学誕生の基盤にはアメリカ心理学の大家ジェームズの思想，サルトルらによる実存主義哲学の基本理念，およびフッサールらの現象学がもたらした接近法がある (Viney, W., & King, D. B., 2003)。

プラグマティストとして知られるジェームズは，心理学による知見が教育，仕事，個人の苦悩の軽減などといった日常に応用されることを強く望んでいた。彼が提唱する心理学は，広範な領域を深い洞察をもってあつかう豊かなものだった。そのなかでもとくに彼は「経験そのもの」を重視した。人間の経験には身体的，生理学的側面からだけでは理解できない「質」があり，心理学はそれ

をあつかうべきであると考えたのである。ジェームズが提唱する経験の重視は，まさに人間性心理学がその真髄とするところであるが，経験をどのように研究するのか，という方法論に関する問いに応えたのが**現象学**であった。フッサールの現象学的手法は，できるだけ前提や仮定に阻まれないように意識現象にアプローチすることを理想とし，現象の観察，描写，分類をとおしてその意味に迫ろうとする。主観的経験を研究する現象学をとおして，人間性心理学はヴントやティチェナーが行った内観とは異なる，「意識」へのアプローチ法を得た。

　第2次世界大戦後，近代哲学の新しい動きとして起こった**実存主義**は，哲学は形而上の問題ではなく，人間が生きていくうえで抱える実際の問題をあつかうべきであると主張し，個人と個人がもつ自由意志を行使する能力に焦点を当てた。サルトルが実存主義の第1原理を，「人間はみずから創るところのもの以外の何物でもない」としているように，実存主義は絶えず自分を創り上げていく人間の自由を重視するとともに，自由にともなう全面的な責任を強調した。実存主義の先駆者であるキルケゴールは人間の不安と孤独と絶望を「実存」とよび，実存主義哲学はそうした実存の危機にあっても人間は常に可能性から本来的自己を理解し，それになろうとして自己を世界へ投げかけると主張する。こうした実存主義の人間観は，マズローの欲求階層説によってその心理学的展開をみたといえよう。

　2）マズローの欲求階層説と自己実現的人間　　ゴールドシュタインが唱えた自己実現は，人間性心理学における中心概念の1つであるが，マズローの欲求階層説は自己実現への過程を示すものである（第3章第3節，および第5章第2節参照）。マズローは成長と発展は苦悩と葛藤なしにはありえないとし，すべての人が「なるべきものにならねばならない」という自己実現欲求を達成できるとは考えていなかった。成長欲求を体現している人をマズローは自己実現的人間とよび，そうした人々の特徴を見いだすため，創造的と思われる人々や健康な大学生を対象として広範な研究を行った。マズローが自己実現的人間の特徴としてあげたものには，現実をあるがままに受けとめる能力，防衛や見せかけのない受容的態度，行動や思考の自発性，達成すべき課題や任務への使命感，平凡な物事を新鮮に認識することのできる感受性などがある。

　マズローは人間の健康な側面に焦点を当てる自身の心理学を**ポジティブ心理**

学とよび，遊戯，愛，価値，ユーモア，自由の意味，美への欲求なども心理学の研究対象となるべきであると考えていた。マズローが**至高体験**とよぶ一種の超越体験は，スポーツ選手が味わう高揚感や宗教的な修行における神秘体験といったものを含むが，彼はこうした至高体験が自己実現過程において重要な意味をもつことを認めていた。

3）**ロジャーズによるクライエント中心療法**　人間性心理学は理論だけでなく実践を重視したが，その実践を臨床の場で展開したのがロジャーズであった。ロジャーズは行動主義心理学における，人間を客体としてしかあつかわない客観主義を批判し，心理学に主観的経験を取り入れる必要性を説いた。臨床においては個人の内的体験やその体験過程を尊重するクライエント中心療法を展開した（第7章第4節参照）。ロジャーズはカウンセリングに訪れる相談者を「患者」ではなく，「クライエント（来談者）」とよんだが，そこには病をとおして個人を客体化することを避け，あくまでも経験する主体として個人をあつかおうとする彼の姿勢がある。クライエントの感情，内的経験をその人自身の目をとおして理解しようとするロジャーズのクライエント中心療法は，現象学的アプローチをもっとも忠実に反映した心理療法といえる。

　クライエント中心療法におけるセラピストの役割は，クライエントが自身の主観的体験を十分に理解できるよう，経験をありのままに見られるような「鏡」を提供することである。セラピストから共感的な理解を得ることで，クライエントはそれまで自己概念と一致しないがゆえに受け入れられなかった経験を十分に自覚できるようになる，とロジャーズは考えた。クライエントは自分の意味するところを理解されると，自分の内なる声に耳を傾けるようになる。そしてセラピストとの信頼に基づいた関係のなかで，今この瞬間に起きている体験に気づき，しだいにそれを表現することができるようになっていく。それと同時に体験から切り離されているような感じはなくなり，感性を豊かに使って実感をもって物事を感じられるようになる。また物事を暫定的にとらえるようになり，はっきりとしない曖昧なものも受け入れられるようになる。こうした過程を経てクライエントは，自分自身，および自分をとりまく世界をそれまでとは異なった視点からとらえるようになる，とロジャーズは主張した。ロジャーズは行動の起因を個人の信念や価値観，意図にみており，治療によっても

たらされる変化によって，クライエントは評価の基準を自分の内側に置き，それを信じて行動するようになると考えた。

4）ヒューマン・ポテンシャル・ムーヴメント　ロジャーズはクライエント中心療法を確立する一方，自己成長とコミュニケーションの改善に焦点をおく**エンカウンター・グループ**という，グループ・セラピーを発展させた。この時期にはエンカウンター・グループの他に，Tグループ（感受性訓練），サイコ・ドラマといったさまざまなタイプのグループ・セラピーや，ボディワークがすでに行われており，こうした動きはロジャーズを中心としたヒューマン・ポテンシャル・ムーヴメントへと収束されていった。人間の潜在力，創造性に焦点を当てたヒューマン・ポテンシャル・ムーヴメントは，1960年代後半，アメリカ西海岸でその隆盛をみたが，**エサレン研究所**はその拠点であった。エサレン研究所にはゲシュタルト・セラピーのパールズ，ロルフィングの開発者ロルフ，ホロトロピック・ブレスワークのグロフらが訪れ，それぞれに前衛的なセラピーを展開した。

長びくベトナム戦争の影響を受け，アメリカ社会が迷走した60年代は，西洋が東洋思想への傾倒を深めた時代でもあった。そうした新しい価値観の模索がなされる時代にあって，マズローが提唱した自己成長欲求の概念やロジャーズのクライエント中心療法の実践は，ヒューマン・ポテンシャル・ムーヴメントをとおしてその広がりをみることとなった。とくにロジャーズのクライエント中心療法は，臨床心理学に多大な影響を与えた。こうした動きによってジェームズが望んだ心理学の日常，一般への応用は大いになされたが，人間性心理学は理論，研究法を十分に確立しているとはいえず，マズロー，ロジャーズを除いては有力な理論はないままである。

第5節　心理学における課題

19世紀に発祥し，20世紀に大きな躍進を遂げた近代心理学であるが，21世紀，一学問領域として心理学が抱える課題はいまだ多くある。

ヨーロッパで発祥した近代心理学は，第2次世界大戦を1つの契機として，アメリカでその発展をみることとなったが，それにともないギリシャ哲学にそ

の起源をみる「真理」,「普遍性」の追究というヨーロッパの伝統を離れ,「実用」と「個人差」を考慮,尊重するものへと変化していった。心理学が人間をあつかう学問である限り,心理学は「普遍性」と「多様性」の双方に目を向けるべきであり,そうした点においてはこの変化は望ましいものといえよう。しかしその一方,長く近代心理学において「人間」という概念が意味したのは,西洋文化圏の成人男性であった。そうした前提のもとに打ち立てられた理論が,女性,および西洋圏外の文化圏の人々に対して応用され,彼らのパーソナリティ形成が健全でない,あるいは知能的に劣っているという分析,解釈がなされることが少なからずあった。20世紀後半,女性に特有な自己形成,行動のあり方を研究する**フェミニスト心理学**や,個人を文化というコンテクストとともに理解しようとする**文化心理学**が誕生したことは,西洋文化圏の成人男性を人間の典型とした心理学の偏狭な視野を是正する動きの1つといえる。

　研究の対象の問題とともに,心理学において検討されるべき課題として,方法論の問題がある。近代心理学の歴史は,こころのはたらきを探るための方法の模索の歴史としてみることができる。実際,近代心理学においては,直接観察ができない精神内部のはたらきを研究対象とせず,反応時間,行動を観察することでこころのはたらきを理解しようとする心理学が登場した一方,訓練された内省,現象学的アプローチによって意識の内容や体験の意味を探ろうとする心理学も現れ,一見すると実に多様な方法が見いだされたような印象を受け

表 8-1　近代心理学の流れ (1860-1980)

19世紀後半	1860年	フェヒナー『精神物理学原論』
	1879年	ヴント　心理学実験室開設
	1890年	ジェームズ『心理学原論』
20世紀初頭	1900年	フロイト『夢判断』
	1912年	ウェルトハイマー　仮現運動に関する論文発表
	1913年	ワトソン「行動主義者からみた心理学」発表
1914-1918年　第一次世界大戦	1932年	トールマン『新行動主義心理学』
	1936年	ピアジェ『知能の誕生』
1939-1945年　第二次世界大戦	1957年	スキナー『言語行動』
20世紀半ば	1959年	チョムスキーによるスキナー批判
1960-1975年　ベトナム戦争	1962年	エサレン研究所創設
	1967年	ナイサー『認知心理学』
	1971年	ミラーら『プランと行動の構造』
	1979年	アメリカにて認知科学会設立

る。しかし近代心理学はその全般において，主に自然科学の方法を用いてデータを収集し，原子論，進化論，情報理論などをメタファーとして導入して，知覚，行動，認知などに関するモデルを作ってきた。そうしたなかにあって他の社会科学領域と同様，比較的近年までデータ収集の「方法」とその背後にある「方法論」（研究全般の進め方についての分析や理論），および「認識論」がどのように関連し合っているかが，心理学においてクリティカルに検証されることはなかった。

徹底的な要素還元主義を推し進めることで意識の内容を明らかにしようとしたティチェナーの構成心理学や，動物実験をもとにS-R理論を展開し，あまりに機械論的な行動工学を推し進めたワトソン，スキナーらの行動主義心理学が，人間特有の認知，学習，行動といったものを理解するうえでいかに不毛なものであったかは，近代心理学の歴史が如実に物語っている。動物的本能をもち，進化の流れの一部である人間は，それと同時に他の種にはない独自の精神構造，機能，行動様式をもち，かつナイサーが指摘したようにコンピュータのような知的機器とも異なる認知システムをもつ存在である。自然科学における新しい知見，テクノロジーの発展の恩恵をいかしつつも，方法論の慎重な検討を重ねることで，いかに方法の限界を押し広げてこころを科学していくかが，21世紀の心理学の課題といえよう。

引用文献

Bolles, R. C. 1993 *The story of psychology: A thematic history*. Pacific Grove, CA: Brooks/Cole. (富田達彦訳 2004 心理学物語—テーマの歴史 北大路書房)
Bruner, J. S. 1960 *The process of education*. Cambridge: Harvard University Press. (鈴木祥蔵・佐藤三郎訳 1985 教育の過程 岩波書店)
Chomsky, N. 1959 Review of B. F. Skinner's verbal behavior. *Language*, **35**, 26-58.
Darwin, C. R. 1872 *The expression of the emotions in man and animals*. London: John Murray. (浜中浜太郎訳 1931 人及び動物の表情について 岩波書店)
Fechner, G. T. 1860 *Elemente der Psychophysik*. Leipzig: Breitkopf & Härtel.
Freud, S. 1900/1972 Die Traumdeutung. *Studienausgabe*, Bd. II. Frankfurt: Fischer. (高橋義孝訳 1968 夢判断 フロイト著作集2 人文書院)
Freud, S. 1930 *Das Unbehagen in der Kultur*. Internationaler Psychoanalytischer Verlag. (Eng. Transl: Civilization and its discontents, 1961)
Hall, C. S., & Lindzey, G. 1978 *Theories of personality*, 3rd ed. New York: Wiley.
James, W. 1890 *Principles of psychology*, vol. 2. New York: Henry Holt.
北川聖美 1996 意識 C+Fコミュニケーションズ（編） パラダイム・ブック（新版） 日本実業出版社 Pp. 216-339.
Leahey, T. H. 1980 *A history of psychology: Main currents in psychological thought*. Englewood Cliffs, NJ: Prentice-Hall. (宇津木 保訳 1986 心理学史―心理学的思想の主要な潮流 誠信書房)
Locke, J. 1690 *An essay concerning human understanding*. (加藤卯一郎訳 1993 人間悟性論 上・下 岩波書店)
Miller, G. A. 1956 The magical number seven, plus minus two: Some limits on our capacity for processing information. *Psychological Review*, **63**, 81-97.
Miller, G. A., Galanter, E., & Pribram, K. H. 1960 *Plans and the structure of behavior*. New York: Holt.
Neisser, U. 1967 *Cognitive psychology*. New York: Appleton-Century-Croft. (大羽 蓁訳 1981 認知心理学 誠信書房)
Newton, I. 1687 *Philosophiae naturalis principia mathematica*. (Eng. Transl: Mathematical principles of natural philosophy, 1729)
Piaget, J. 1936 *La naissance de l'intelligence chez l'enfant*. Paris: Delachaux et Niéstle. (谷村 覚・浜田寿美男訳 1978 知能の誕生 ミネルヴァ書房)
サトウタツヤ・高砂美樹 2003 流れを読む心理学史―世界と日本の心理学 有斐閣
Skinner, B. F. 1957 *Verbal behavior*. New York: Appleton-Century-Croft.
Skinner, B. F. 1971 *Beyond freedom and dignity*. New York: Knopf.
Tolman, E. C. 1932 *Purposive behavior in animals and men*. New York: Century. (富田達彦訳 1977 新行動主義心理学―動物と人間における目的的行動 清水弘文堂)
梅本堯夫・大山 正（編著） 1994 心理学史への招待―現代心理学の背景 サイエンス社

Viney, W., & King, D. B. 2003 *History of psychology: Ideas and context*, 3rd ed. Boston: Allyn & Bacon.

Watson, J. B. 1913 Psychology as the behaviorist views it. *Psychological Review*, **20**, 158-177.

Wundt, W. 1874 *Grundzüge der physiologischen Psychologie*. Leipzig: Wilhelm Engelmann.

関連書籍の紹介
入門・基礎レベル
サトウタツヤ・高砂美樹 2003 流れを読む心理学史―世界と日本の心理学 有斐閣
梅本堯夫・大山　正（編著） 1994 心理学史への招待―現代心理学の背景 サイエンス社

発展レベル
Bolles, R. C. 1993 *The story of psychology: A thematic history*. Pacific Grove, CA: Brooks/Cole Publishing Company.（富田達彦訳　2004　心理学物語―テーマの歴史　北大路書房）

Hilgard, R. (Ed.) 1978 *American psychology in historical perspective: Addresses of the presidents of the American Psychological Association, 1892-1977*. Washington: American Psychological Association.（成瀬悟策監訳　1983　アメリカ心理学史　誠信書房）

Leahey, T. H. 1980 *A history of psychology: Main currents in psychological thought*. Englewood Cliffs, NJ: Prentice-Hall International.（宇津木　保訳　1986　心理学史―心理学的思想の主要な潮流　誠信書房）

佐藤達哉・溝口　元（編著） 1997 通史日本の心理学　北大路書房

Schultz, D. P. 1981 *A history of modern psychology*, 3rd ed. New York: Academic Press.（村田孝次訳　1986　現代心理学の歴史　培風館）

Hock, R. R. 2002 *Forty studies that changed psychology: Explorations into the history of psychological research*, 4th ed. New Jersey: Prentice Hall.（梶川達也・花村珠美訳　2007　心理学を変えた40の研究：心理学の"常識"はこうして生まれた　ピアソン・エデュケーション）

第9章

心理学の研究法

　本章では，心理学の研究方法について解説していく。もしかすると，心理学初学者だからということで，研究方法というような専門的なことは知らなくてもかまわないと考える人がいるかもしれない。しかし，この本のなかにも実験，観察，調査，面接などといった用語が多数出てきた。これらが研究法とよばれるものなのであるが，それらはそれぞれに特徴をもち，長所，短所を合わせもったものなのである。心理学の方法について知ることは，心理学の知識をより正確なものにしてくれるだろう。また，巷にあふれる心理学もどきの情報に対して取捨選択ができる眼を養うことにも役立つであろう。

第1節 研究法を学ぶ意義

1. 心理学を学ぶとは

ここまで読み進めてこられた読者のなかには，最初にもっていた心理学のイメージと，本書のなかで紹介されている心理学との間に大きなギャップを感じられた方もいるだろう。心理学を少し学んだとき，「心理学とはもっと全体的に，人をまるごととらえるものだと思っていた」とか，「こんな性格の人は，将来こうなりますよ，などという予測をするものだと思っていた」などといった感想をもつ人もいる。もちろん，これらのイメージは心理学的ではない間違ったものというわけではない。ただそれは，心理学のごく一部についての偏ったイメージなのである。

このようなイメージの転換を越えて，徐々に心理学の本質的な部分に学びが深化していく。改めて指摘するまでもないが，心理学はこれまでに積み上げられてきた知識の総体である。本書は心理学の入門書として，このような知識を内容的な偏りが少なくなるように掲載している。では，もしこの本のすべてを暗記できたとしたら，それは心理学を学んだことになるのだろうか。

もちろん知識を身につけることは学ぶ意義の1つであるが，それだけではないだろう。ある研究では，調査対象となった大学の教養教育における心理学担当教員の約80％が，「心理学的なものの見方や考え方」を授業をとおして教えたいと考えていることが示されている。そして2番目に高い割合で選択されたものが「心理学の基礎知識」であり，約50％という結果であった（道田・冨永，1997）。この本を暗記することは，どちらかといえば心理学の基礎知識を身につけたことになる。

では「心理学的なものの見方や考え方」というものはどのようにすれば身につくのだろうか。心理学は科学という考え方を採用しているので，科学という考え方を知るということが重要なベースとなることはいうまでもないが，さらに「心理学的な」見方や考え方に近づく1つの方法は，研究法を知ることであろう。第1章でも指摘したが，心理学の知識は，特定の方法で作られたものである。ここでいう，特定の意識された方法が，一般的に研究法とよばれるものであり，研究法を用いて確かな知識に到達する過程を研究とよんでいる。すな

わち，研究法を知ることは知識に到達する方法を知ることなのである。そこには「心理学的なものの見方や考え方」が色濃く現れている。

しかし「心理学的なものの見方や考え方」は，心理学の基礎知識がないとわかりづらいものでもある。基礎知識を身につけることと並行して，研究法にも目を向けてほしい。それによって心理学の知識がどのようにして作られたのか，その知識の特徴はどのようなところにあるのか，知識の適用範囲はどの程度までなのかなど，さまざまなことが理解できるようになるだろう。

2．代表的な研究法

多くの心理学研究は仮説の生成，仮説の検証を基本形として，それらが繰り返されるなかで発展している。**仮説生成型**の研究は，さまざまなデータをもとにして，そこから帰納的に思考し，背景にある要素や関連性についての仮説を生成するような研究である。他方の**仮説検証型**の研究は，ある仮説を特定の場面に適用し，そこでの心理的メカニズムを説明できるのかどうかを検討するといった演繹的な思考をともなう研究である（第1章，図1-3参照）。

このような研究においてはさまざまな方法が用いられている。それらは研究方法論という用語で総括的に表現されるが，内容は多岐にわたるものである。またその分類も多様な観点から可能であるが，どのように課題にアプローチするのかという観点から研究スタイルの分類を行うと，**文献研究**，**実験研究**，**調査研究**（非実験的研究），**実践研究**に分類することができよう。またそれぞれの研究は，研究を進めていくうえでの材料，すなわちデータを必要とするが，データの収集方法としては，**観察法**，**面接法**，**質問紙法**，**検査法**といった方法が代表的である。文献研究におけるデータは，先行研究という文献しか該当しないが，他の研究スタイルでは，その研究目的，研究対象に適したデータ収集方法が選択され，利用されている。たとえば観察法を用いた実験研究もあれば，質問紙法を用いた実験研究もある。

さらに，得られたデータをどのように分析するかという分析法も心理学の研究法に含めてもよいだろう。データには文章，音声，画像，数値などさまざまなものがあり，それらを加工・分析することから結論を導いていく。

イメージがわきにくいだろうから，1つの単純な架空の例をあげ，研究の流

れを説明しておく。仮説検証型の，質問紙法を用いた調査研究である。

①出発点となる理論　原形となる仮説はバンデューラによる自己効力理論を用いる。バンデューラは，本人によって認知された,「ある行動が自分にうまくできそうかどうか」という予期を自己効力感とよび，行動を開始するか否か，どれくらい努力を継続するか，困難に直面した際に，どれくらい耐えうるかを決定する要因と指摘している。

②理論から導かれた仮説　この自己効力理論を試験前の勉強という行動の説明に応用する。試験に向けての勉強をうまくやれそうだという自己効力感が高ければ，より努力し，困難にも耐えて勉強を続けると考えられるため，自己効力感が高いと勉強時間も多いと仮定できる。これが仮説である。

③データを収集する　たとえば，多くの者が試験勉強をはじめるのは試験の1週間前であることがわかっているとすると，その勉強する期間の前に，試験勉強に対する自己効力感を質問紙で測定する。そして試験終了後には，試験に向けての総勉強時間について質問紙で回答を求める。

④データを整理する　測定された試験勉強に対する自己効力感を得点化し，勉強時間との関連を図示する。自己効力感が高いと勉強時間も多いという仮説が正しければ，図9-1のような分布になるはずである。

⑤統計的検定を行い，結論を下す　図から関連があるか否かを判断しようとすると，分析者の主観に結論が左右される可能性が高くなる。そこで，2変数間の直線的関連を検討する相関係数という統計指標を利用する。この相関係数については，2変数の間に関連があると結論してよいか否かを検定する方法がある。この方法により関連性があると認められれば,「試験勉強に対する自己効力感が高いと勉強時間も多くなる」という仮説は正しいであろうことが主張できるのである。

本章第2節にはさまざまな研究スタイルとデータ収集方法を，第3節には数値データの分析方法の概略を記しておく。研究法を知る一歩として利用してほしい。

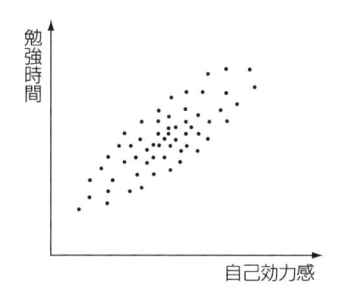

図9-1　予測される分布

3．さまざまな人間理解の方法論

　ここ100年ほどは，科学的な方法論がその中心となっているが，心理学が採用している方法論は1つではない。人間理解の方法論にはさまざまな考え方や立場があり，その違いが初学者を混乱させているという点は否定できないであろう。ここでは，方法論とかかわりがあり，よく感じるであろう疑問に答える形でその特徴を紹介する。

　1）理論は理解できるが，人のこころはそのような一定のパターンに当てはめられるものなのだろうか。

　理論は，個々の事象や認識を説明できる，ある程度の普遍性をもった体系的な知識のことをさす。そのため理論を構築しようとする研究においては，個別性の強い部分は排除されていき，普遍性をもった部分が追究されるのである。そのため，理論は骨格のようなものとなり，現実の様相と細部までぴったりと一致することはないといっても過言ではないだろう。
　研究の方向性には大きく2つのものがある。その1つは普遍性をもった理論の形成をめざす研究である。これは**法則定立的研究**とよばれるものであり，一般的傾向を知るために多くのデータから結論を導こうとする研究である。もう1つは，個人の独自性を認め，少数もしくは1人の経歴や歴史を丹念に検討する**個性記述的研究**とよばれるものである。
　個人のなかに，他の多くの人と共通する普遍的な部分と，それぞれの人に固

有な独自的な部分が存在することは明らかである。普遍的なものを求める研究と，独自的なものを求める研究は方法論的に対立関係にあるが，心理学研究のなかにともに位置しており，研究目的に応じて使い分けられている。

2）たとえば，認知心理学と臨床心理学では人間のとらえ方がまったく違っているように感じるが，どうなのだろうか。

何度も繰り返しているが，心理学は自然科学的な方法論を積極的に採用してきた。そこでは人間をさまざまな側面に細分化したり，客観的な方法によって理解し，説明しようとする。現在では，このような方法論による研究が多い。

しかしこのような自然科学的心理学の流れに対して，ディルタイなどは心理や精神を把握する**了解的方法（解釈学的方法）**を提唱している。これは行為自体や記述された行為から，行為者がとらえているよりも深く，その行為の意味を全体としてとらえるという方法である。自然は説明され，精神は了解されるという考え方が基本にある。この考え方は，臨床心理学や青年心理学に影響を与えている。

このような人間のとらえ方の違いが，質問のような印象の違いを生んでいると考えられる。自然科学的方法論が心理学研究のなかで多くを占めるとはいえ，とらえ方はそれだけではない。またどちらがすぐれた方法であるかと優劣を決めるようなものでもない。いずれも人間をとらえる方法として提唱され，相互に補い合う性格のものである。

3）こころを数字に置きかえることは本当に可能なのだろうか。

こころを数字に置きかえることは**心理測定**とよばれる。少し難しい言い方になるが，一定の操作のもとで対象に対して一意的に数を割り当てることが測定である。しかしこの質問者のように，こころを数字に置きかえることに対して違和感をもつ人も多いだろう。

たとえば2人の友人をあげて，どちらがよりやさしいか，もしくは同じ程度かを判断することはできるだろう。このような判断ができるということは，何

らかの「やさしさ」を示す指標を使って2人をそれぞれ把握していること，そして程度の比較ができているので，それは量として把握されていることを表している。つまり，日常的に行っているこのような判断は，数字は使っていないものの，まさにこころの測定を行っているということにほかならない。

心理測定は，より厳密で信頼性，妥当性を高めたこころの把握方法の1つである。測定しているものはこころの一部でしかないなどという限界はあるものの，心理学で広く利用されている有用な方法なのである。

4．心理学研究における倫理

研究という意義ある行為だから，知る権利があるからなどという理由から，何をどのように研究してもよいわけではない。これまでにさまざまな研究が行われ，そのなかには対象となった人間や動物にとって厳しいものもあった。それらの研究は有益な知見をもたらしたが，同時に研究における倫理的配慮の必要性を明らかにしてきたという側面ももっている。

現在では，多くの研究機関や学会がそれぞれの倫理規定，倫理綱領を定めている。研究法を学ぶと同時に，研究とはどうあるべきものなのか，研究者として，また研究の知見を利用する者としてどのように振る舞う必要があるのかを考える必要がある。表9-1に，社団法人日本心理学会の制定した倫理綱領を示しておくので参考にしてほしい。

第2節　研　究　法

1．代表的な研究スタイル

1）**文献研究**　文献研究は，これまでに発表された研究から帰納的思考により新たな仮説を生成しようとする研究スタイルである。国内はもとより，全世界において1年間に発表される研究報告は数知れない。心理学研究を中心に関連分野の研究がデータベース化されているPsycINFOを用い，psychologyをキーワードとして検索したところ，2006年発表分では約12万5千件が該当した。PsycINFOに収録されていないものも多いため，実際にはこれ以上の研究が発表されているだろう。これらの研究成果を資料として利用する研究が

表 9-1　社団法人日本心理学会会員倫理綱領および行動規範

〈前文〉
　社団法人日本心理学会会員は，すべての人間の基本的人権を認め，これを侵さず，人間の自由と幸福追求の営みを尊重し，また，人間以外の動物についても，その福祉と保護に留意し，心理学の専門的職業人としての自らの行為に対する責任を持たなければならない。もし，心理学の専門職としての行為やその結果が倫理的判断を必要とする場合は，本倫理綱領および行動規範の定めるところに従うこととし，以上の主旨に基づき以下の条項を定める。

1．責任の自覚と自己研鑽
　本学会の会員は，専門的職業人として，自ら心理学の研究・教育・実践活動が個人や社会に対して影響を及ぼしうることを自覚しなければならない。また，その活動は人間の幸福と福祉の向上をめざすものでなければならない。そのような社会貢献を行うため，本学会会員は常に品位の醸成と自己研鑽につとめ，資質と知識および技能の向上を図らねばならない。そのためには，最新の専門的知識と技能の獲得，さまざまな関連情報の入手，倫理思想や国内外の関係法令の学習，さらに積極的に後進への教育，一般社会への啓発などに努力すべきものとする。

2．法令の遵守と権利・福祉の尊重
　本学会の会員は，一市民として各種法令を遵守するにとどまらず，専門的職業人として所属する機関・団体等の諸規定に従い，研究および実践活動の協力者注1の属する集団の規範や習慣・文化・価値観も尊重すべきである。また，個人の尊厳や動物の福祉を軽視してはならない。共同で研究・教育・実践活動を行う同僚や学生，活動に関係する他者に対して不当に権利や利益を侵害しないように配慮しなければならない。また，同僚・学生・関係者の人権や福祉に配慮すべきである。とくに，動物を用いた研究・教育・実践活動に関しては，関係する各種法令に従い，適切な飼養・保管につとめ，虐待防止と動物福祉の向上を心がけるべきである。また，野生動物を対象とするときは，自然保護に留意し，地域住民や生態系への影響を考慮しなければならない。

3．説明と同意
　本学会の会員は，心理学にかかわる活動を行うとき，協力者に対してその活動について十分な説明を行い，原則として文書注2で同意を得なければならない。協力者から研究内容について十分な理解と了解（インフォームド・コンセント）を得ることが困難な場合には，協力者の代理人（近親者等）の判断と同意を得なければならない。また，協力者は，活動の途中であっても，協力（参加）の中断あるいは放棄が自由に可能であることを事前に説明しなければならない。

4．守秘義務
　本学会の会員は，同意なく個人のプライバシーを侵す研究・教育・実践活動は行ってはならない。また，協力者等に心理的・身体的危害を加えてはならない。協力者等に対して権威的立場にある場合，それを私的利益のために用いてはならない。
　また，研究・教育・実践活動から得られた情報については，他者に漏らさないよう厳重に保管・管理しなければならないと同時に，原則として目的以外に使用してはならない。

5．公表に伴う責任
　本学会会員は，研究・教育・実践活動で得られた情報の公表に際して，あらかじめ協力者等の同意を得なければならないと同時に，了解なしに協力者が特定されることがないよう配慮しなければならない。また共同研究の場合には，公表に際して，共同研究者の同意を得るとともに，その権利と責任に十分配慮しなければならない。

　　注1：participant（参加者，関係者あるいは協力者）のことで，従来はsubject（被験者）と称していたが，前文の主旨に従って，ここでは「協力者」とよぶことにする。
　　注2：質問紙法による集団調査法，郵送法などによる研究，事前に研究内容を具体的に説明することで研究自体が成立しない研究などの場合も想定して，原則として文書による同意を得るよう工夫・努力することを求めて，ここではこのようにする。なお，事前に説明できない場合は，事後の説明を行い，了承を得るものとする。

文献研究である。

　このような文献研究は帰納法的な手法を用いる。さまざまな研究結果の共通点や相違点を明らかにすることによって，単独の研究だけからではみえてこないような結論の妥当性や，検証が不十分な点，研究間の矛盾点などを指摘することで新たな仮説を生み出していく。たとえば，同様な理論を用い，ある研究者は中学生を対象に研究を進め，別の研究者は高校生を対象として研究を進めていたとする。それぞれの研究者がみずからの研究から帰結できることは，「中学生では」または「高校生においては」という制限つきの知識である。両者の研究を統合することによってはじめて，「中学生や高校生においては」という知識が生まれてくるのである。さらに小学生や大学生，社会人の研究結果，文化や教育制度が異なる地域での研究結果を統合することによって，より豊かで正確な知識体系ができあがってくるのである。なお，再分析を行う研究者自身の主観を排除するために，**メタ分析**という統計的手法も開発されている（たとえば Mullen, B., 1989）。

　2）実験研究　　実験研究は，行動に影響する要因を想定し，その要因を操作することによって行動が変化するかどうか，またどのように変化するかを検討するスタイルをとる。心理学の研究手法のなかでも，もっとも明確，かつ強力に因果関係を把握することができる。

　典型的な実験研究の形態では，まず仮説を設定する。通常は，**独立変数**が**従属変数**に影響を与えるという因果関係として仮説が設定される。たとえば，メディアにおける援助行動の視聴が子どもの援助行動を触発するという仮説を設定したとすると，援助行動シーンが独立変数となり，子どもの援助行動が従属変数ということになる。

　このような仮説を確認するために，実験研究では次のような手順を踏む。まず少なくとも援助行動シーンを見る子どもたち（**実験群**）と，そのようなシーンを見ない子どもたち（**統制群**）を比較するために2つの実験参加者群が必要である。また，援助行動シーンを見たことが援助行動を誘発しているかどうかを確認するためには，援助行動シーンを見る前（**プレ・テスト**）と，見た後（**ポスト・テスト**）での行動を比較する必要がある。さらに，2つの群に振り分けられた子どもたちの特徴は等しいことを確認しておかなければならない。

たとえば，実験群に他者の気持ちを推し量る力の高い子どもたちが集まり，統制群にはそのような力の低い子どもたちが集まっていれば，援助行動シーンを見る／見ない以外の要因が援助行動に影響を与えた可能性を否定できなくなり，どのような結果が得られても仮説の適否を確定できないことになってしまうのである。

実験研究は，仮説の因果関係を極めて明確に証明できる方法である。しかし，方法的に厳密な統制を行うため，場面設定が人工的にならざるをえないという特徴ももっている。

3）調査研究 調査研究は，実験研究のような操作を行わない状況下での，人の意識や行動にアプローチする研究の総称である。非実験的研究，探索的研究などともよばれることがある。調査研究にはいろいろな利用の仕方があり，仮説の生成にも，仮説の検証にも利用できる。調査研究をさらに分類しようとすると，次節でも紹介する量的変数のデータをあつかう量的調査，質的変数をあつかう質的調査に分類することも可能である。

仮説の生成を目的とする調査研究は，仮説を構築していくための資料を得るために調査を行い，データを収集する。そしてそれを分析していくことによって仮説を洗練させていく。すなわち文献研究と同じ枠組みなのであるが，先行研究がないような分野に新たに切り込むような場合には，目的に応じたデータを集めることからスタートするこの方法が有用といえる。

仮説を検証するための調査研究では，検証したい仮説にしたがったデータを収集することになる。仮説検証における有力なアプローチは，前述の実験研究であるが，実験研究は変数の操作が可能である場合にしか利用できない。たとえば，親の養育態度が子どもの暴力行為を誘発するという仮説を検証したくても，実験研究では養育態度を操作することはできないのである。このような，実験研究では不可能な仮説を検討するようなときに調査研究は有効なアプローチとなる。

4）実践研究 実践研究とは，たとえば教育場面や介護場面など現実場面における実践を対象とした研究である。実践を意識した文献研究といったように，他の研究スタイルにおいても実践への接近は可能であるが，実践研究は実践現場での研究という特徴をもっている。このアプローチも調査研究と同様に，

表9-2 実践研究へのかかわり方 (秋田・市川, 2001)

型・名称	研究者と実践の場との関連	研究対象としての実践の位置づけ	実例
1 観察調査 フィールドワーク（非関与観察）	一時的ストレンジャー 透明人間	実践についての研究	
2 参与観察 フィールドワーク	継続的ストレンジャー 異文化者	実践についての研究	
3 アクションリサーチ（コンサルテーション）	実践づくりの間接的支援者	実践をとおしての研究	校（園）内研究, ケースカンファレンス, 巡回指導, 発達相談
4 アクションリサーチ（カウンセリング, 介入訓練）	特定の問題場面での実践者 カウンセラー, 訓練指導者	実践をとおしての研究	認知カウンセリング, 療育指導
5 アクションリサーチ（実践者による研究）	日常的・継続的な全面的実践者	実践をとおしての研究	教師や親自身による実践と研究

仮説の生成，仮説の検証のいずれにも利用できる。

実践研究の形態は，研究者の現場へのかかわり方によっていくつかのパターンがある。ここでは，表9-2に示した秋田・市川（2001）の類型を紹介する。

1および2の型では，研究者は観察者として存在している。1では「透明人間」とされているように，その場に影響を与えない存在であるが，2では「異文化者」とされるように，異質な存在として場に参加する形態である。仮説生成をめざした実践研究の形態といってよいだろう。3から5は，アクションリサーチと記されているように，実践へ関与しながらの研究である。その関与の程度（間接的支援者，特定場面での支援者，日常的支援者）によって分類されている。これらは何らかの形で積極的に関与しているので，仮説の検証をめざした研究方法といえる。

2．データ収集方法

1）観察法（自然観察法） 観察法は，人間の行動を注意深く観察し，それを記録することをとおしてデータを得る方法である。もちろん人は日々の生活でも他者を観察しているが，このような通常の観察を，研究に利用できる程度まで洗練させたものが，研究法としての観察法とよばれる。観察法では，観察

者の記憶に頼るような記録の仕方ではなく，音声や動画等で記録を残し，それを複数の者が判定することによって観察者の独断的な判断を避け，より客観的なデータを得ようとしている。

なお観察法は，人為的に統制された状態における人々の行動を観察する**実験的観察法**と，人為的な統制を加えず，自然な状態のもとで人々の行動を観察する**自然観察法**に分けることができる。実験研究において観察が用いられる場合が実験的観察法であり，実験研究以外のアプローチにおいて用いられる場合が自然観察法と言いかえてもよいであろう。ここでは自然観察法を中心に述べていく。また観察者が観察される者とのかかわりをもたない**非参加観察法**と，観察される者とのかかわりがある**参加観察法（参与観察法）**に分類することもできる。

自然観察法の長所としては，時間的な流れにそったデータを収集することが可能である点や，自然で日常的な具体的場面で起こる現象を全体的に把握することが可能な点を指摘することができる。また，乳幼児などを対象にする場合や，電車のなかで着座する位置など，言葉でこころの動きをうまく説明できないような対象，現象を研究する場合に有効である。

他方，いくつかの問題点も抱えている。その1つは，観察したい事態がいつ起こるのかわからないことや，自然な観察をするために，観察者やビデオカメラの存在に対象が慣れるまでに時間が必要なことである。またプライベートな行動など，観察が困難な行動もある。さらに，観察された行動が何によって引き起こされたのかを特定することが難しく，その原因については，妥当な推論によって推測するしかないという限界をもっている。

2）**面接法**　　心理学における面接法の利用は，大きく2つのタイプに分けることができる。その1つは，治療場面で用いられる**臨床的面接**であり，そして他の1つが調査研究や実践研究の枠組みのなかで行われる**調査的面接**である。ここでは，後者の面接法について解説する。

面接法は，普段我々が行っている他者とのコミュニケーションとは，その目的において大きく異なる。調査的面接は研究のデータを得ることを目的としているので，研究者が知りたいことを聞きだす工夫がなされている。たとえば，質問の内容や順序といった面接の構造があらかじめはっきりと決められている

ような面接がある。これは**構造化面接**とよばれる。この構造化の程度がもう少し緩やかなものを**半構造化面接**，さらに自由度の高いものを**非構造化面接（自由面接）**とよぶ。ただし非構造化面接といえども研究のためのものであるため，まったくのフリートークというものではない。

面接法においては，研究者の知りたいことが，対象者の語る言葉として，またしぐさや表情などの非言語的な側面から得られる。観察法と対比させると，面接法は対象者の感情や価値観など内面を把握しているといえる。加えて，直接のコミュニケーションであるため，状況に応じて聞き返したり，質問を追加したりすることができ，より詳細な情報を得ることも可能である。このような特徴を利用して，人間を自身の主観的な世界に住んでいる存在として把握しようとする現象学的なアプローチや，過去の出来事を時系列的に配置し物語として再構成する**ナラティブ研究**などで頻繁に用いられている。

このような長所をもつ面接法ではあるが，問題点も指摘されている。たとえば面接者自身の先入観や偏見，結果に対する期待などが，面接結果に影響を与えることが明らかにされている。すなわち，科学的方法としてのデータの客観性の問題であり，これへの対処は，次に記す質問紙法や検査法の発展をうながすこととなった。

3）**質問紙法**　質問紙法は，あらかじめ質問項目を記載した用紙を準備し，それに回答を求めることによってデータを収集する方法である。実験研究，調査研究，実践研究のいずれにも利用でき，とくに調査研究ではもっとも頻繁に利用されている方法の1つである。一般にアンケート調査とよばれる形式が，この質問紙法である。

質問紙法における質問の形式はさまざまであり，「青色からイメージするものを自由に書き出してください」といった非常に自由な回答を求める形式（**自由記述**）や，「『私は青色を』に続く文章を自由に作成してください」といった形式（**文章完成法**）など言葉で答える形式もあれば，「以下のなかから，あなたの意見に当てはまるものをすべて選び，記号で答えてください」（**多肢選択法**）や「以下の意見について，あなたの考えに当てはまる程度を，当てはまる，どちらかといえば当てはまる，どちらかといえば当てはまらない，当てはまらない，のいずれかから選び○をつけてください」（**評定尺度法**）などといった，

記号や印で答えを求める形式もある。すなわち，量的調査にも質的調査にも利用が可能な方法なのである。

　質問紙法は，観察法では把握が難しい行動の背景要因についてとらえることができる。また面接法に比べ研究者の主観が入りにくい方法である。加えて，多くの質問を一度に実施することができること，多人数に同時に，また短時間で実施できることなどを長所としてあげることができる。

　逆に短所としては，観察法や面接法に比べ，調査対象者の質問紙に対する先入観や態度によって回答が左右されやすく，偽った回答や意図的にゆがめられた回答などが行われる可能性が高い。また人の内面を深く把握することが難しい，文字を使った質問であるため調査対象が文字の読み書きができる人に制限される，といった短所がある。

　4）検査法　ここでは，標準化の手続きを経た心理検査用具や心理テストを用いた方法を検査法とよぶ（心理検査法，心理テスト法などともよばれる）。心理検査用具や心理テストは，知能，学力，適性，運動機能など，人間のさまざまな特性を測定するものが開発されている。

　検査用具は，大きく2つに大別できる。その1つは質問紙法と同様に，あらかじめ質問項目を記載した用紙があり，それに回答を求めることによってデータを収集する方法である。もう1つはさまざまな器具を利用するものである。たとえば，図9-2（WISC-R知能検査）にあるような積み木やカードを使うものや，コンピュータを用いた検査などがある。

　検査法の利用において特徴的な点は，その結果が診断に利用されるということである。診断に使う場合，結果から一部の集団のなかでの相対的な位置（たとえばある小学校の1年生のなかでの位置）がわかるだけでは不十分な場合が多く，その結果から，より大きな集団（たとえば全国の小学1年生全体）のなかでの位置や標準からのズレがわかる必要がある。そのため，その用具やテストは標準化とよばれるプロセスを経て慎重に作成されている。

　標準化は，まず測定目標を明確にし，その分野の複数の専門家の意見などを参考に質問項目を作成する。そして数百人程度のサンプルに予備テストを実施し，項目の難度や弁別力を検討する。これによって選出された項目を用いて，測定の対象となる集団から統計学的な標本抽出理論に基づいて抽出された多数

図9-2　WISC-R に含まれる用具の一部

の標本集団に本テストを施行する。ここにおいて，実施時間や教示，採点方法などが決定される。そして本テストの結果から，妥当性や信頼性が検討され，評価基準が設定されるというものである。

　このような特徴をもつ検査法は，調査研究で利用されたり，実験研究や実践研究において，操作や介入に先んじて対象者の特徴を把握しておくために利用されたりしている。

第3節　数値データと分析

1．データと判断

　自分をどれだけ受けいれているかを意味する自己受容という構成概念がある。この自己受容の程度は，男女で異なっていそうだと経験から感じていたとしよう。このような推論は，「自己受容の程度は，男女で異なる」という仮説を導

く。そしてこの仮説を確認するために，男女100名ずつに自己受容の程度を測定する尺度を実施し，その平均値を算出してみると，男性の平均得点は25.4点であり，女性では24.4点であったとしよう。

さて，平均点をみると，たしかに女性の平均点が男性よりも1点低い。つまり今回の研究対象となった男女100名ずつの間には，1点の平均点の違いがあるという事実が浮かびあがったのである。では，この結果から「自己受容の程度は男女で異なる」という仮説は正しいと，一般化した判断を下してもよいのであろうか。

もう1つ例をあげよう。積極的に他者とかかわる人，またそうでない人の観察から，自己受容的な人ほど，積極的に他者とかかわるのではないかというアイデアが浮かんだとしよう。それは「他者への積極性は，自己受容と関連がある」という仮説となる。そこで，男女100名ずつに他者への積極性と自己受容の程度を測定する尺度を実施し，その得点の分布状況を図にしてみると図9-3のようになった。ではこの図から，「他者への積極性は，自己受容と関連がある」と判断してよいであろうか。

科学としての心理学は客観性を重視している。そのため結論を下す際に，ある研究者は1点の差があるから「差はある」と主張し，別の研究者は1点しか

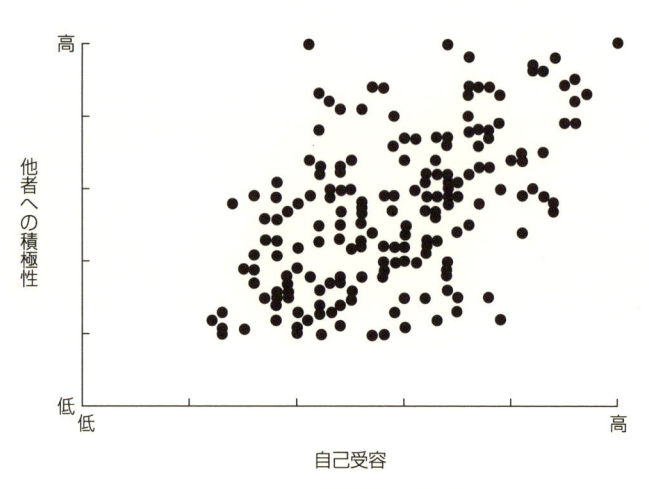

図9-3　他者への積極性と自己受容

違わないから「差はない」と主張するように，主観的判断によって結論が左右されてはならない。ここでデータに対する客観的な判断方法や基準の必要性が生まれる。この問題に対して心理学は統計学の知見を利用して対処している。

　心理学で利用されている統計学の知見はさまざまであるが，本節ではその一端を紹介してみたい。本書のいたるところに出てくる研究結果は，このような判断方法・基準のもとに報告されたものなのである。

2．データの種類

　一口に「データ」といっても，本章第2節に記したようにさまざまな収集方法があり，種類も多様である。

　データの種類を区別する視点の1つに，「量的データ／質的データ」という分類がある。**量的データ**は，刺激に対する反応時間や評定尺度に対する回答など，何らかの量や程度を表すデータのことである。対して**質的データ**は，性別や，質問紙における自由記述の回答，面接における回答など，量的な基準で評定されていないデータと考えてよい。

　また，「テキストデータ／数値データ」という分類もある。面接における回答など文字列（テキスト）として表されているものを**テキストデータ**，数字で表されているものを**数値データ**とよぶ。このように表現すると，質的データ＝テキストデータ，量的データ＝数値データと理解されてしまうかもしれないが，そうとは限らないことに注意しておきたい。

　たとえば研究に協力してくれる人の性別をデータとして得たとしよう。Aさんは「男」，Bさんは「女」と表現すれば，これはテキストデータに分類される。しかし，男の場合は1，女の場合は2という数値に変換して表現するという操作（**数値化**）を行い，Aさんを「1」，Bさんを「2」と表現すれば，これは数値データとなるのである。テキストデータ，数値データという分類は表現形式の違いを意味する分類である。

　さらに，数値データに関しては**尺度水準**という分類の仕方がある。これは，その数値がどのような意味（情報）をもっているのかということを基準に，比率尺度，間隔尺度，順序尺度，名義尺度の4つに分類したものである。この順でその数値のもつ情報量は少なくなる。以下では，各尺度水準の定義について

表 9-3 フリースローに対する自信度と10回のフリースローの結果

名前	所属部	自信度	成功回数	順位
A	1	4	8	1
B	1	2	7	2
C	2	3	6	3
D	1	4	6	3
E	2	2	3	4
F	2	1	1	5

注：所属部　1：バスケット部，2：テニス部
成功回数は10回中の成功回数

表9-3に示す例を参照しながら簡単にふれておく。

表9-3は，バスケットボール部，テニス部に所属するそれぞれ3人ずつが，バスケットのフリースローを10回行った結果である。なお実際に投げる前に，どの程度フリースローに自信があるかを「1．まったく自信がない」「2．どちらかといえば自信がない」「3．どちらかといえば自信がある」「4．とても自信がある」の4段階で回答してもらった結果も記載している。

さて，数値データとして一般的にイメージされやすいものは，マラソンのタイムなどの時間，体重などの重さ，人数などだろう。これらは比率尺度に分類されるデータである。**比率尺度**水準にある数値は，①数値間が等間隔であり，かつ②原点（0）をもつことが特徴である。表9-3では，「成功回数」が比率尺度に相当する。この水準の数値に対しては四則演算が可能である。AとBの差は1回，BとCの差も1回であり，AとBの差とBとCの差は，同じといってよい。そしてバスケットボール部の平均成功回数は7.0回（(8+7+6)/3＝7.0），テニス部は3.3回（(6+3+1)/3＝3.3）という計算も可能である。これは①の特徴，すなわち各数値の間の間隔が等しいからできるのである。また，CやDはEの2倍多く成功している（6/3＝2.0）ということもいえる。これは①だけでなく，②の特徴をもった数値だからいえることである。数字で表現されていることから，このような計算ができることは当たり前のことのように思えるかもしれない。しかし，数値データであっても必ずしもすべての場合でこのような計算が可能なわけではないことを，次の説明から理解してほしい。

間隔尺度水準にある数値とは，比率尺度の特徴から②の性質が除かれ，数値間の等間隔性のみが保証される。この水準の代表的なものとしては温度（摂氏）があるが（脚注参照），表9-3の自信度もこれにあたる。各選択肢間の心理的距離は等しいことを仮定しているので，①の等間隔性は保証されていると考えられる。したがって，バスケットボール部の自信度の平均は3.3（(4＋2＋4)/3＝3.3)，テニス部の平均は2.0((3＋2＋1)/3＝2.0）ということはできる。ところが，「Aの自信度は4であり，2という自信度をもつEの2倍の自信をもっている（4/2＝2)」といわれると違和感をもつのではないだろうか。「4．とても自信がある」が「2．どちらかといえば自信がない」の2倍の自信度を表しているとはいい難いのである。この理由は，間隔尺度水準の数値は②の原点をもつという特徴がないため，足し算や引き算は意味をもつが，割り算やかけ算については，計算自体はできたとしてもその結果の数字には意味がないからである。

順序尺度水準の数値では，間隔尺度水準の数値が備えていた数値間の等間隔性が保証されない。この水準にある数値は大小関係を示しているのみである。表9-3では「順位」に相当し，1(A)＜2(B)や4(E)＜5(F)といった数値の大小のみを情報としてもっている。そのため，かけ算や割り算はもちろん，足し算，引き算も意味をもたない。たとえば各部の順位の和を計算し，バスケットボール部では1(A)＋2(B)＋3(D)＝6，テニス部では3(C)＋4(E)＋5(F)＝12であるという結果を出しても，その6や12といった数値が何を意味しているか理解できないだろう。

最後に，**名義尺度**水準の数値は単なるラベルであり，カテゴリを示すものである。たとえば，表9-3の「所属部」（1：バスケットボール部，2：テニス部）の1や2という数値は所属している部の違いを表しているだけで，順序尺度のように何らかの大小関係を示しているわけではない。そのため，テニス部が1，バスケットボール部が5でもかまわないし，テニス部が3，バスケット

注　温度は，①の等間隔性は満たすが，②の原点をもつという特徴はもたない数値である。①を満たすことにより，3月の平均気温10℃と8月の平均気温30℃の気温の差は20℃であることはいえる。しかし，温度においては，0℃という状態が「温度がない」という原点を示すものではない。そのため，8月は3月の3倍暑い（30/10＝3）とはいえない。

ボール部が2であっても問題はない。

以上のように比率尺度→名義尺度の順で，数値がもつ情報量（意味）が減っている。比率尺度では四則演算が，間隔尺度では足し算と引き算が可能であり，順序尺度・名義尺度では四則演算をすることができない。このような特徴は，データの分析方法と密接な関連をもっている。

なお，数値で表現されたデータであっても，名義尺度や順序尺度は質的データ，間隔尺度や比率尺度は量的データとして分類される。

3．記述統計と推測統計

先ほど示した「男女各100名の得点の平均値間に1点の差があった場合に，これは男女で異なっていると判断してもよいか」という例を思い出してほしい。この問題についてもう少し考えてみたい。

実際に得られたデータから平均を計算すると，男性は25.4点であり，女性では24.4点であったから，ここには明らかに1点の差がある。これは事実であるから，「自己受容の程度は男女で異なる」という仮説は正しいといえそうなのであるが，ここに問題が潜んでいる。それは「今回の調査では」という限定をつけなければならない点である。つまり「今回の調査では」という限定のなかでは上記の仮説は正しいが，違う場所で，違う対象に調査を行った場合には，今回とは異なった結果になる可能性を否定できない。そのため，「自己受容の程度は男女で異なる」という仮説を，正しいものとして一般化することは控えなければならない。

調べたい対象全員からデータを得ることができれば，このような問題は生じないが，全員からデータを得ることは難しい場合が多い。たとえば，全国の大学生を対象として検討したいという場合，そのすべての学生からデータを得ることは不可能ともいえる。そのため，たとえば愛知県内のいくつかの大学で，心理学の授業を受講している学生からデータを得る，といった方法が現実的なものになる。しかしこのデータから導かれる結果や結論は，愛知県内の特定の大学，しかも心理学の講義を受講している大学生という限定された集団についてのものでしかない。このような限定された集団のデータを使って，より大きな集団（全国の大学生など）についての知見を得ることはできないだろうか。

先にも述べたように，このような問題を解決するために心理学は統計学の知識を活用している。統計学的な用語を用いると，検討したい対象として想定する集団全体は**母集団**（ここでは全国の大学生），抽出した人は**サンプル**（**標本**）（今回の調査対象者），サンプルから得られる平均値などは**標本統計量**とよばれる。具体的なイメージは図 9-5（p. 318）を参照してほしい。実際に研究者が手にすることができるのはサンプルを対象とした標本統計量であるため，サンプルにおける差から母集団における差について言及することは難しいのである。

心理学で用いる統計には 2 つの種類がある。標本から得られたデータをそのまま要約する手法は**記述統計**という。他方，標本統計量から，母集団における結果（状況）を推測する手法が**推測統計**とよばれる。上述の問題を解決する方法の 1 つはこの推測統計である。推測統計にもさまざまな種類があるが，ここでは検定について説明する。

4．統計的検定の考え方

検定にもさまざまな種類があるが，基本はすべて同じ考え方に依拠している。まずは **2 項検定**とよばれる検定をとおして，検定の考え方にふれてみる。

「50％の確率で当たる」とされているくじ引きを考えてみよう。イカサマがなければ，アタリが出る確率もハズレが出る確率も 50％になるはずである。

さて，このくじを 10 人に 1 回ずつ引いてもらった場合，アタリを引く人数は 10 人中何人くらいだろうか。ただし，一度引いたくじは箱のなかに戻し，当たる確率は常に一定になるようにする。この場合，「50％の確率で当たる」とされているので，当たる人数を 5 人と予測する人が多いだろう。しかし，実際に実験してみるとアタリが 4 人，ハズレが 6 人だったとする。この結果に対しては，アタリを引いた人数が 1 人くらい少なくても，たまたまそうなったと判断するのではないだろうか。ではアタリが 1 人，ハズレが 9 人だったらどうだろう。おそらく多くの人が，「本当に 50％の確率で当たるくじなのだろうか」と疑うであろう。これは，たまたまだと主観的に判断できる偏りを越えていると感じるからである。

では，理論的にはどうだろう。一般に，n 回の試行中で，確率 p で起こる事象が x 回起こる確率 $P(x)$ は，$P(x) = {}_nC_x \cdot p^x \cdot (1-p)^{n-x}$ で表すことができる。

たとえば，このくじを 10 回引いた場合にアタリが 4 回出る確率は $P(4) = {}_{10}C_4 \cdot p^4 \cdot (1-p)^{10-4}$ となる。この式にアタリが出る確率の 50％すなわち，$p = 0.5$ を代入すると，$P(4) = {}_{10}C_4 \cdot 0.5^4 \cdot 0.5^6 = 0.205$ となる。したがって，理論的には約 20％の確率で 10 回中 4 回のアタリを引くことになる。このように 10 回中 x 回アタリを引く確率の理論値を求めグラフ化すると図 9-4 に示すようになる。ここからもわかるように，アタリが 5 回出る確率が 24.6％でもっとも高く，アタリが 1 度も出ない確率は 0.1％であり，ほとんど起こらないことがわかる。

　このような理論的な確率を知らずとも，たまたま生じたこととは考えられないような結果が起きたときには，多くの人は前提を疑うだろう。すなわち，「きっとハズレが多く入っているのだ（アタリとハズレは同数でない）」と感じ，「50％の確率で当たる」という前提は間違っていると判断するのではないだろうか。この考え方が検定の 1 つの基本である。

　もう 1 つ，ここで確認しておいてほしいことがある。それは，この判断が 10 回のくじ引きの結果から，くじ全体について結論を下そうとしている点である。くじの箱を開けて，なかを全部見て結論を下しているのではない。10 回のくじ引きをサンプル，くじ全体を母集団と考えてみてほしい。サンプルから母集団を推測しようとしていることがわかるだろう。

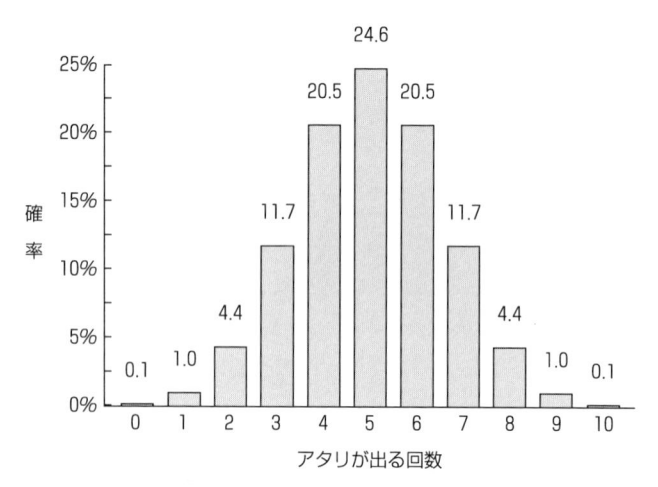

図 9-4　当たる確率が 50％のくじを 10 回引いた際に，x 回アタリがでる確率分布

さて検定は，基本的にはこのような考え方にしたがうものである。先の例で，このくじ引きが「50％の確率で当たる」と判断してよいのかどうかを検定してみる。くじは「50％の確率で当たる」とされているので，当たる確率は，図9-5の理論値にしたがうと考えられる。

　実際10人にくじを引いてもらい，その結果，アタリを引いた人が1人しかいなかったとしよう。図9-4でみてみると，くじを10回引いて1回当たる確率は1％である。アタリが出る回数が多くても1回となる（言いかえれば少なくとも9回はハズレが出る）確率は，アタリが1回の1％と0回の0.1％という確率を足した1.1％となる。すなわち，「50％の確率で当たる」という前提のもとでは，今回のような結果になる確率は最大でも1.1％しかない。つまり「50％の確率で当たる」という前提のもとではめったに起こらないケースだったと考えられるのである。

　このように，実際の結果が，その前提の下ではめったに起こらないと考えられる場合には，前提，つまり「50％の確率で当たる」ということ自体が間違っていると判断する。アタリが4回出た場合は，同様な計算を行うと38％程度となる。これはめったに起こらないこととは考えにくく，そのため「50％の確率で当たる」という前提を疑う根拠にはならないのである。

　さて，ここで重要なことがある。先に「めったに起こらない」という表現をしたが，どの程度の確率であれば，「めったに起こらない」として，前提が誤っていると判断してよいのだろうか。統計学では，前提が誤っているかどうかの判断基準となる確率のことを**有意水準（危険率）**とよぶ。心理学では有意水準が5％（もしくは1％）を基準にすることが多い。すなわち，理論的に5％未満（もしくは1％未満）でしか起こらないようなことが実際に起きた場合に，その前提を疑うのである。

　以上のことを少し専門的に表現してみよう。研究においては，通常，「差がある」とか「関連がある」ということを検討したい仮説として表現する。先に述べたように，検定の基本的な考え方は前提を否定できるかどうかであるため，証明したい仮説とは逆の仮説を設定する。たとえば「差がある」ことを証明したい場合には，「差がない」を前提とするのである。こうすることによって，「差がない」という前提を否定することで，「差がある」という仮説の正しさを

明らかにしようとする（これはまわりくどい方法のように思われるかもしれないが，検定において「差がある」などの仮説が真であることを，直接に証明することはできないのである）。

証明したい仮説は**対立仮説（作業仮説）**（H_1 と表記される）とよばれる。証明したい仮説とは逆の仮説は**帰無仮説**（H_0 と表記される）とよばれる。そして，実際の結果が，前提である帰無仮説の下で偶然起こりうることであるのか，それとも偶然には起こりにくいことであるのかを統計的な指標を用いて検討する。帰無仮説の下でそのような結果が起こる確率が有意水準より低い，すなわちめったに起きないことが示された場合，前提とした帰無仮説を棄却し，対立仮説を採択する。逆に，有意水準に達するほど確率が低くない場合は，帰無仮説を棄却できないため対立仮説を採択しない。この流れを踏まえれば，帰無仮説の帰無が，「無に帰す」すなわち却下するという意味で用いられることも理解できるだろう。

先の例では，最初の仮説，つまり「50％の確率で当たる」が帰無仮説，「50％の確率では当たらない」が対立仮説に相当する。そして，1回しかアタリが出ないという結果が，この帰無仮説の下で偶然起こりうることであるのか，それとも偶然には起こりにくいことであるのかを統計的な指標を用いて検討する。そして理論的には，帰無仮説の下で1.1％の確率でしか起きないことであり，5％という有意水準の基準より低いため，「50％の確率で当たる」という帰無仮説を棄却し，「50％の確率では当たらない」という対立仮説を採択するのである。

5．質的データの分析

調査対象における特徴を，データから把握するために行う操作を**要約**とよぶ。たとえば平均値などの統計量を算出することが一般的であるが，先に述べたように，平均値を算出して意味があるのは間隔尺度や比率尺度の場合である。では，名義尺度などの質的データの場合にはどのようにデータを要約できるだろうか。その例を示しておこう。

たとえば，メールと通話のどちらをよく利用するかという携帯電話の利用法に関する調査を行い，利用法と性別という2つの質的データに関して要約する。

表9-4 クロス集計表（人数）

	男性	女性	合計
メール	10	40	50
通話	30	20	50
合計	40	60	100

表9-5 期待度数

	男性	女性
メール	20	30
通話	20	30

この場合，表9-4のような**クロス集計表**を作ることで調査対象となった大学生の男女別の携帯電話の利用状況を知ることができる。

さて，表9-4からは，女性はメール，男性は通話を利用している人が多いので，「性別と携帯電話の利用法の間には関連がある」という仮説を考えることができるが，この仮説の正しさを客観的に示すことは難しい。そこで，検定の力を借りる。このような場合に用いられるのが独立性の検定とよばれる χ^2 **検定**である。

χ^2 検定はさまざまな検定場面に利用できるものであるが，1つの利用の仕方として，2つの質的変数（ここでは「性別」と「携帯の利用法」）が独立しているかどうか，逆に表現すれば関連があるかどうかを検討することができる。この場合の基本的な考え方も2項検定と同様である。2項検定の場合は，ある仮定の下で起こる確率が図9-4に示されたが，この場合は χ^2 分布とよばれるものにしたがう。

関連があるかどうかを判断するために，独立性の検定を行う場合の χ^2 検定の考え方は次のようなものである。この場合の仮説は以下のようになる。

　　　H_0：携帯の利用法と性別の間に関係がない
　　　H_1：携帯の利用法と性別の間に関係がある

「携帯の利用法と性別の間に関係がない」と仮定した場合，クロス集計表の各セルは理論的に表9-5のようになる。これを**期待度数**とよぶ。χ^2 検定は実際の結果（表9-4）と，この「関係がない」という仮説の下での理論的な結果（表9-5）のズレが，どの程度の確率で生じるのかを検討するのである。つまり，実際のデータが，期待度数から偶然には起こりえないほどのズレであれば，「関係がない」という帰無仮説を棄却し，携帯の利用法と性別の間に「関係がある」という結論を導くのである。

6. 量的データにおける「差がある」とは

質的データを要約する際にはクロス集計を用いたが，量的データの場合には平均値などを算出することが可能である。

自己受容を測定したデータがあるとして話を進める。図 9-5 の一番上を見てほしい。全国の大学生全員に調査をしていないので，実際の状態を知ることはできないためこの部分は未知である。しかし，大学生の一部に調査を実施することで，男女の共感性得点がそれぞれ図 9-5 のようであることが明らかになった。これは調査によって明らかにされた「事実」である。

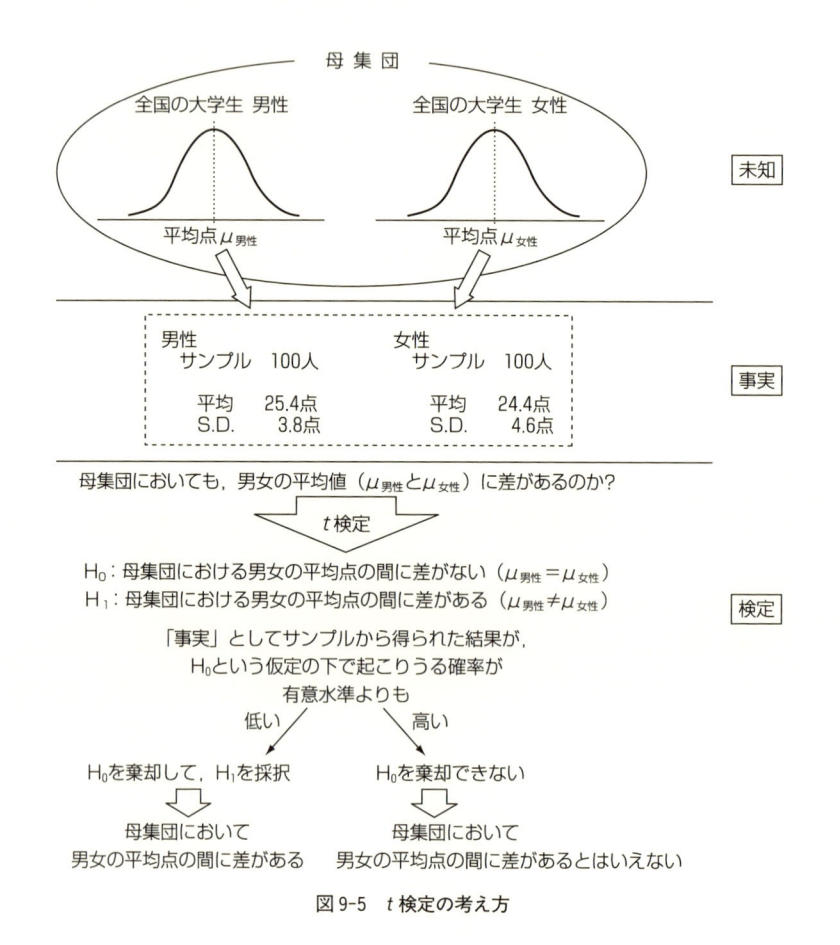

母集団

全国の大学生 男性　　平均点 $\mu_{男性}$
全国の大学生 女性　　平均点 $\mu_{女性}$

未知

男性　サンプル　100人　平均 25.4点　S.D. 3.8点
女性　サンプル　100人　平均 24.4点　S.D. 4.6点

事実

母集団においても，男女の平均値（$\mu_{男性}$ と $\mu_{女性}$）に差があるのか？

↓ t 検定

H_0：母集団における男女の平均点の間に差がない（$\mu_{男性} = \mu_{女性}$）
H_1：母集団における男女の平均点の間に差がある（$\mu_{男性} \neq \mu_{女性}$）

「事実」としてサンプルから得られた結果が，
H_0 という仮定の下で起こりうる確率が
有意水準よりも

低い　　　　　　　　高い
↓　　　　　　　　　↓
H_0 を棄却して，H_1 を採択　　H_0 を棄却できない
↓　　　　　　　　　↓
母集団において　　　母集団において
男女の平均点の間に差がある　　男女の平均点の間に差があるとはいえない

検定

図 9-5　t 検定の考え方

もちろんサンプルの男女差を知りたいのであれば，単に男女別の平均値を求めるだけでよい。すると，男性25.4点と女性24.4点で，1点の差があることがわかる。しかし，これは全国の大学生の一部のデータであるため，いくら平均値を比較したとしても，母集団において男女に差があるという結論を導くことはできない。

このような複数群の平均値の間に差があるかどうかを検討する際には，**t 検定**や**分散分析**とよばれる検定が用いられる。これらも基本的には，2項検定やχ^2検定と考え方は同じである。

ここでは2つの群の平均値の差を検定する t 検定を例にとる。設定される仮説は，以下のとおりとなる。

　　　　H_0：母集団における男女の平均値の間に差はない
　　　　H_1：母集団における男女の平均値の間に差がある

これまでの検定と同様，帰無仮説の下で，実際のデータから求められた平均値の差が生じる確率が有意水準より低いということが示された場合，帰無仮説を棄却し，「差がある」という対立仮説を採択する。

逆に，帰無仮説を棄却できない場合は帰無仮説が正しいということになる。ところが統計的検定は完璧なものではなく，誤りをおかす可能性もある。この誤りという観点からすると，帰無仮説を棄却できない場合には，帰無仮説が正しいという結論を下さない方が安全であり，「男女の平均値の間に差があるとはいえない」という控えめな表現が適当である。

7．量的データにおける「関連がある」とは

図9-6は，20人の「身長と体重」，および「身長と睡眠時間」を散布図に描いたものである。「身長と体重」と「身長と睡眠時間」では，どちらが関連性が強いといえるだろうか。図9-6をみると，直感的に身長と体重に関係があり，身長と睡眠時間の間にはほとんど関係がないと感じるのではないだろうか。しかし，このような判断は主観的であり，やはり客観的な検討が求められる。

2つの変数間の直線的な関係を示す客観的な指標としては，**相関係数（ピアソンの積率相関係数）**がある。相関係数は，以下の式で求められる値であり，-1.0から$+1.0$までの値をとる。

$$r_{XY} = \frac{\frac{1}{n}\sum_{i=1}^{n}(X_i - \bar{X})(Y_i - \bar{Y})}{S_X S_Y}$$

変数 X と変数 Y の相関係数を r_{XY}, X_i と Y_i は i 番目の人の測定値, $\bar{X}$ と $\bar{Y}$ はそれぞれの平均値, n はデータ数, S_X および S_Y は各測定値の標準偏差である。

r_{XY} の値がプラスの場合は, 右上がりの直線的な関係, マイナスの場合は右下がりの直線的な関係を示す。そして, この値の絶対値が1.0に近いほどその2変数は直線的な関係が強く, 0に近いほど関係が弱いことを示す。

ここで, 先の式を用いて身長と体重の相関係数を求めると $r=.79$ で1.0に近いため, 右上がりの直線的な関係が強いといえる。一方, 身長と睡眠時間の相関は $r=.05$ となり関係が弱い。このように相関係数を用いることによって, 2つの変数間の直線的な関係について客観的に示すことができるのである。

なお相関係数については, **無相関検定**とよばれる検定を利用することができる。この場合の仮説は次のとおりとなる。

H_0：2変数間の相関係数は0である

H_1：2変数間の相関係数は0ではない

すなわち, 無相関検定を行うと, 相関係数が0かそうではないかという判断が可能になる。検定の結果, 帰無仮説が棄却されれば, 実際に得られた相関係数は0ではない, つまり関連があるといえるのである。しかし相関係数の解釈についてはさまざまな注意点があるので, 詳細は他の統計関係の書籍を参照し

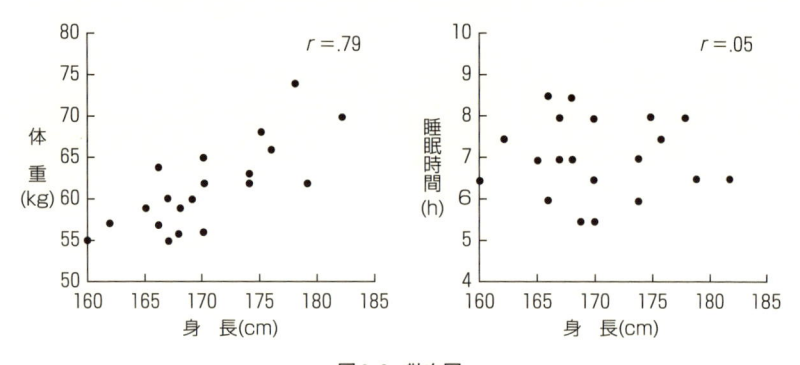

図9-6 散布図

てほしい。

8．因子分析

心理学の研究では，これまで紹介した統計手法の他にも因子分析という分析方法がよく利用される。たとえば，英語の点数が高い人は国語の点数も高い，数学の点数が高い人は理科の点数も高いという現象があるとしよう。データを集めて相関係数を求めたところ，表9-6のような結果が得られたとする。この相関係数の表（相関行列）から，たしかに「英語と国語，数学と理科の点数の間の関係がとくに強い」ことがわかる。なぜこれらの科目間の点数に強い関連が認められるのかということについて，因子分析では「英語や国語の点数に影響を与えている何か」と「数学や理科の点数に影響を与えている何か」が存在しているためと考えるのである。

因子分析は，相関行列を分析することで，それらの相関係数を生み出している「目に見えない背景要因」を探ろうとするものである。ここで仮定される要因のことを**因子**とよぶ。図9-7は因子分析の結果をイメージで表したものである。矢印の太さは影響力の強さを表している。先の例を因子分析した結果，4科目の背後には英語と国語に強く影響を与えている因子A，数学と理科に強く影響を与えている因子Bの2つの因子を見つけられたとしよう。そこで研究者

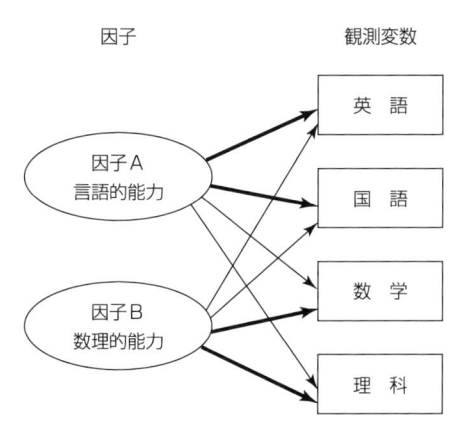

表9-6　相関行列

	英語	国語	数学	理科
英語	1.00			
国語	.80	1.00		
数学	.40	.20	1.00	
理科	.20	.00	.80	1.00

図9-7　因子分析のイメージ

は，英語と国語に強く影響する因子Aは「言語的能力」，数学と理科に強く影響する因子Bは「数理的能力」とよべるようなものではないかと解釈するのである。このように因子分析は，複数の観測された変数から，その背後にある目に見えない要因をみつけだし，解釈するものである。因子分析は，見えないこころの構造を探ろうとする心理学らしい考え方の分析方法だといえる。

なお第5章で紹介したキャッテルの研究やビッグ・ファイブは，パーソナリティを測定しようとする多数の項目の背後にいくつの因子が想定されるかを，因子分析をとおして検討した結果をもとにしている。そこでは数十項目間の関係の背後にある要因をみつけださなければならない。このような場合に因子分析は強力な1つの分析方法となる。

引用文献

秋田喜代美・市川伸一　2001　教育・発達における実践研究　南風原朝和・市川伸一・下山晴彦（編）　心理学研究法入門　調査・実験から実践まで　東京大学出版会　Pp. 153-190.

Mullen, B.　1989　*Advanced BASIC meta-analysis.*　NJ: Lawrence Erlbaum Associates.（小野寺孝義訳　2000　基礎から学ぶメタ分析　ナカニシヤ出版）

道田泰司・富永大介　1997　教養教育における心理学─教官はどのような意識を持って，何を，どのように教えているのか─　琉球大学教育学部紀要，**50**，307-314.

関連書籍の紹介

入門・基礎レベル

南風原朝和　2002　心理統計学の基礎─統合的理解のために　有斐閣

南風原朝和・市川伸一・下山晴彦（編）　2001　心理学研究法入門─調査・実験から実践まで─　東京大学出版会

原岡一馬　2002　心理学研究の基礎　ナカニシヤ出版

尾見康博・伊藤哲司（編）　2001　心理学におけるフィールド研究の現場　北大路書房

鈴木淳子　2002　調査的面接の技法　ナカニシヤ出版

山内光哉　1998　心理・教育のための統計法　サイエンス社

心理学マニュアルシリーズ（観察法，面接法，質問紙法，要因計画法，研究法レッスン）　北大路書房

発展レベル

森　敏昭・吉田寿夫（編）　1990　心理学のためのデータ解析テクニカルブック　北大路書房

Ray, W. J.　2003　*Methods toward a science of behavior and experience,* 7 th ed. Belmont, CA: Wadsworth Publishing.（岡田圭二訳　2003　エンサイクロペディア心理学研究方法論　北大路書房）

芝　祐順・南風原朝和　1990　行動科学における統計解析法　東京大学出版会

事項索引

あ

ICD-10　　220, 249
愛情・所属の欲求　　84
愛着　　128
アイデンティティ　　117, 276
悪玉ストレス　　243
アセスメント　→　査定
アタッチメント　　128
アニマ　　237
アニムス　　238
アフォーダンス　　30
アメリカ精神医学会　　220
アルゴリズム　　74
暗順応　　24
安全・安定の欲求　　84
安定性　　86
暗黙のパーソナリティ理論　　170
鋳型照合モデル　　18
意識　　39, 234
異常　　210, 211
維持リハーサル　　40
一次的動機　　80
一次的（臓器発生的）要求　　147
一面的メッセージ　　184
逸脱　　189
一般因子　　150
イデア　　261
遺伝　　107
意味記憶　　43
意味ネットワークモデル　　43
因子　　321
　　——分析　　321
印象形成　　169
ウェーバーの法則　　26
ウェクスラー式児童用知能検査
　　　（WISC）　　150, 306
ウェクスラー式成人用知能検査
　　　（WAIS）　　150
ウェクスラー式幼児用知能検査
　　　（WPPSI）　　150
内田クレペリン検査　　227
うつ病　　248
運動学習　　62
エイジング　　99
HTP　　225
エクソシステム　　110
エサレン研究所　　287
エス（イド）　　142, 235
S-R 説　　61
S-R 理論　　278
S-S 説　　61
SL 理論　　193
SCT　　225
X 理論　　196
エディプス・コンプレックス　　235
エピソード記憶　　43
エロス　→　生の本能
演繹的思考　　6
演繹的推理　　75
エンカウンター・グループ　　287
横断的方法　　100
応用研究　　3
奥行き知覚　　33
オペラント条件づけ　　57, 279
オペラント法　　241

か

絵画統覚検査（TAT）　　147, 225
外言　　70
外向型　　138, 275
外向性　　140
χ^2 検定　　317
外傷後ストレス症候群　　249
外的精神物理学　　267

概念　72
　　――駆動型処理　20
外胚葉型　137
外発的動機づけ　85
回避-回避型　89
カウンセリング　230
科学　6
　　――的管理法　194
　　――的自然主義　260
学際的研究　4
拡散的思考　153
学習　37, 53, 107
　　――経験　54
　　――性無力感　88
　　――の転移　59
カクテルパーティー現象　14
獲得と喪失の過程　98
影　237
仮現運動　36
過去経験　271
過食症　→　神経性大食症
仮説検証型　295
仮説生成型　295
家族　118
　　――の個人化　120
　　――ライフサイクル　119
　　――療法　242
課題達成機能　191
カタルシス　234
葛藤　→　コンフリクト
家庭裁判所調査官　254
仮定された類似性　172
可能自己　159
感覚　22
感覚運動的段階　111, 112
感覚記憶　38
間隔尺度　311
感覚遮断　24
環境　107, 109
環境閾値説　108

観察学習　61
観察法　295, 303
観衆効果　187
干渉説　45
感情の認知　168
桿体　24
記憶　37
記憶痕跡　45
機械論　196, 265
幾何学的錯視　31
危険視　215
危険率　→　有意水準
気質　135
器質性精神病　219
記述統計　313
基礎研究　3
期待　144
期待度数　317
機能局在　22
機能主義　277
帰納的思考　6
帰納的推理　76
機能的ソーシャル・サポート　252
規範的影響　189
基本的欲求　84
帰無仮説　316
義務自己　159
記銘　37
客我　154
逆制止　240
客体としての自己　154
客観的構え　271
逆向抑制　45
鏡映自己　155
強化　58
　　――価　144
　　――子　58
　　――理論　176
共感覚　23
共感的態度　222

共感的理解　240
共行為効果　187
共通運命　271
恐怖アピール　185
恐怖症　247
共変モデル（ANOVAモデル）　174
拒食症　→　神経性無食欲症
均衡化　111
近接性　177
近接の要因　29, 271
具体的操作の段階　114
クライエント　229
　——中心療法　159, 239, 286
グループ・アプローチ　242
グループ・セラピー　242
グレートマザー　237
クロス集計表　317
群化　29, 271
経験主義　265
　——的アプローチ　260
経験説　107
経験的自己　155
経験への開放性　140
経済型　137
形式的操作の段階　115
系統的脱感作　240
系列位置曲線　41
ゲシュタルト質　270
ゲシュタルト心理学　60, 270
ゲシュタルト・モデル　170
ゲシュタルト療法　233
原因帰属　86
元型　237
言語性検査　150
言語相対性仮説　71
言語的コミュニケーション　175
顕在記憶　38
検索　37
　——失敗説　46
検査法　295, 306

現実自己　159
現象学　146, 285
原子論　260
減衰説　45
減衰モデル　17
健忘症　42
権力型　137
コーピング　250
コーホート　100
好意の獲得-喪失効果（ゲイン-ロス効果）　180
好意の返報性　179
効果の法則　57
公共性　7
向社会的行動　61
恒常性　33
構成概念　3
構成主義　277
構成心理学　270
構造化面接　305
構造的ソーシャル・サポート　252
構造論　235
行動
　——維持機能　83
　——喚起機能　83
　——強化機能　83
　——主義心理学　278
　——調整機能　83
　——の学／行動の科学　3
　——のポテンシャル　144
　——療法　229, 240, 280
光背効果　→　ハロー効果
心の理論　66
個人的親密への欲求　247
個人的無意識　237, 274
誤信念課題　66
個性化　104, 238
個性記述的研究　297
古典的条件づけ　55
コラージュ法　225

根源特性　139
コンフリクト　89
コンプレックス　237, 274

さ
再生　37
再認　37
サイバネティックス　280
サイン・ゲシュタルト説　60
作業記憶　40
作業検査法　227
錯視　31
査定　222
作動記憶　40
サピア・ウォーフ仮説　71
参加観察法（参与観察法）　304
サンプル　313
地　28
シェーピング（行動形成）　58, 241
シェマ（シェム）　111
ジェンダー　121
視覚的断崖　35
自我　142, 235
　──心理学　234
　──派　276
刺激　60, 278
　──閾（絶対閾）　26
　──頂　26
自己　145, 154, 269, 276
　──概念　145, 156
　　　──の階層モデル　157
　──実現的人間　145, 285
　──実現の欲求　85
　──主張トレーニング　242
　──中心性　70, 114
　──治癒力　238
　──評価　160
　──不一致理論　159
試行錯誤　58, 59
至高体験　286

システム 4　198
自然観察法　304
自尊感情　160
　　──尺度　161
自尊心　122
実験群　301
実験研究　295, 301
実験心理学　268
実験的観察法　304
実践研究　295, 302
実存主義　285
質的データ　309
質的な変化　98
質問紙法　224, 295, 305
自伝的記憶　47
自動運動　36
児童心理学　96
自動的処理　16
死の本能　274
シミュレーション　78
社会化　104
社会型　138
社会的
　──学習　61
　　　──理論　143, 241
　──カテゴリ化　183
　──交換理論　176
　──再適応評定尺度　245
　──自己　154
　──促進　187
　──手抜き　188
　──動機　80, 81
　──比較理論　177
尺度水準　309
習慣　143
自由記述　305
宗教　125
宗教型　138
収束的思考　153
従属変数　301

集団　188
　——規範　189
　——凝集性　189
　——形成維持機能　191
　——年齢　199
縦断的方法　100
集中学習　63
周辺的特性　170
自由面接　→　非構造化面接
自由連想法　234
主我　154
主観的輪郭　30
主体としての自己　154
循環反応　112
順向抑制　45
順序尺度　311
純粋性　239
順応　24
生涯発達心理学　97
消去　58
状況　144
状況主義的アプローチ　136
条件
　——刺激　56
　——即応モデル　192
　——づけ　55
　——反応　56
症候性精神病　219
象徴　231, 238
　——遊び　113
　——的思考の段階　113
情緒障害児短期治療施設　254
情動　82
　——焦点型コーピング　250
承認・自尊の欲求　84
情報的影響　189
情報統合理論　171, 172
情報理論　281
初期学習　54
初期経験　54

初頭効果　41, 170
処理容量（処理資源）　14
心学　2
人格　134
真偽判断課題　43
新近効果　170
新近性効果　41
神経症　235
　——傾向　140
神経性大食症（過食症）　248
神経性無食欲症（拒食症）　247
信号検出理論　27
人工知能　78
新行動主義　278
心誌　138
心身症　249
心身相関　249
診断　219
審美型　137
新フロイト派　276
心理検査（心理テスト）　222, 306
心理社会的発達段階　115
心理測定　298
心理的リアクタンス理論　185
心理物理学　25, 266
心理療法　229
親和動機　81
図　28
推測統計　313
錐体　24
推論　75
数値化　309
数値データ　309
スーパービジョン　228
スキーマ　68
スキナー箱　57, 279
スクールカウンセラー　253
スクリプト　68
図地反転図形　29
スティーブンスの法則　27

ストループ効果　16
ストレス　243
　　——・マネジメント　251
　　——耐性　251
　　——の汎適応モデル　244
　　——反応　243
ストレッサー　243
スピリチュアリティ　125
刷り込み　54
斉一性への圧力　189
性格　134
生活年齢　149
制御的処理　16
誠実性　140
成熟　99, 107
正常　210
精神医学　210
精神的自己　155
精神年齢　149
精神物理学　25, 266
精神分析　234, 273
　　——学　142
生成＝再認説　37
生態学的妥当性　46
精緻化　41
　　——リハーサル　41
生得説　107
青年心理学　97
正の転移　59
生の本能　274
性別役割分業　122
性役割　122, 179
生理的動機　80
生理的欲求　84
世界保健機関　220, 243
接近-回避型　89
接近-接近型　89
セックス　121
摂食障害　123, 247
絶対閾　→　刺激閾

説得的コミュニケーション　184
セラピスト　229
セルフ　238
前意識　234
前概念的思考の段階　113
宣言的記憶　42
潜在記憶　38
全習法　63
前操作的段階　113
選択的注意　14
選択的反応説　17
善玉ストレス　243
躁うつ気質　137
相関係数（ピアソンの積率相関係数）
　　319
想起　37
双極性障害（躁うつ病）　249
相互作用説　108
相互作用的アプローチ　136
操作的段階　114
創造性　153
　　——検査　153
創造的自己　275
相対主義　261
相補性　179
ソーシャル・サポート　252
ソーシャルスキル・トレーニング
　　202, 242
ソフィスト　261
素朴理論　8

た
対応推論理論　173
体系性　7
対自的コミュニケーション　230
対人恐怖症　247
対人コミュニケーション　175
対人認知　168
　　——構造　170
対人魅力　176

対他的コミュニケーション　230
態度　180
態度の3成分　181
態度変容　184
大脳半球の非対称性　22
対立仮説（作業仮説）　316
多因子説　151
多次元自己概念モデル　158
多肢選択法　305
多重知能理論　152
達成動機　81
脱中心化　70, 114
タナトス　→　死の本能
単一要因説　107
短期記憶　39
単語完成課題　38
単純接触効果　177
知能　147
　　——検査　148, 222
　　——指数（IQ）　148, 211
　　——の構造　150
チャンク　40
注意　14
中心化　114
中心的特性　170
中胚葉型　137
長期記憶　40
調査研究　295, 302
調査の面接　304
超自我　142, 235
調節　34, 111
丁度可知差異　26
調和性　140
直接記憶範囲　39
貯蔵　37
直観的思考の段階　113
対　116
通様相性現象　23
月の錯視　31
TAT　→　絵画統覚検査

DSM-IV　162, 220
DSM-IV-TR　220, 249
TOTEモデル　281
t検定　319
ディストレス　→　悪玉ストレス
鼎立理論　152
データ駆動型処理　20
適刺激　23
テキストデータ　309
適性検査　222
テスト・バッテリー　223
哲学　6
手続き的記憶　42
典型性　73
展望的記憶　46
ドア・イン・ザ・フェイス・テクニック　186
同一性　115
動因　79
　　——理論　187
投影法　225
同化　111
動機　79
　　——づけ　79, 82
道具的条件づけ　55, 279
統合失調症　212
動作性検査　150
洞察（洞察学習）　59, 278
同時期出生集団　→　コーホート
統制群　301
統制の位置　86
同調　189
動物心理学　10
特殊因子　150
特性プロフィール　141
特性論　138
特徴分析モデル　18
独立変数　301
トップダウン処理　20
トランスパーソナル心理学　233

トリックスター　211
ドリル　62

な
内観　263
内言　70
内向型　138
内的精神物理学　267
内胚葉型　137
内発的動機づけ　85
ナラティブ研究　305
喃語　68
2項検定　313
二元論　261
二次的（心理発生的）要求　147
二次的動機　80
ニューロン　21
人間関係論　196
人間性心理学　276, 284
認知　14
　　——科学　152, 281
　　——行動療法　229, 241
　　——心理学　14, 281-283
　　——説　60
　　——地図　60, 282
　　——的斉合性理論　177, 181
　　——的不協和理論　181, 284
　　——発達　111, 283
　　——療法　242
粘着気質　137
脳画像法　21

は
場　271
　　——の理論　146, 272
パーソナリティ　134, 276
　　——検査（性格検査）　222
パーソン・センタード・アプローチ　240
バウムテスト　225

箱庭　231, 238
パターン認知　17
罰　58
発達　96
　　——課題　104
　　——観　102
　　——曲線　100
　　——検査　222
　　——障害　106
　　——心理学　96
　　——段階　101
パトグラフィー　211
パラダイム　128
バランス理論　172
ハロー効果　170
般化　56
半構造化面接　305
汎適応症候群　244
反応　60, 278
反復性　7
P-Fスタディ　225
PTSD　→　外傷後ストレス症候群
比較心理学　10
非言語的コミュニケーション　175
非構造化面接（自由面接）　305
非参加観察法　304
非指示的療法　239
非随伴性　88
ビッグ・ファイブ　139, 322
ヒューリスティックス　75
標準化　306
表象　113
　　——的思考段階　111
病跡学　→　パトグラフィー
評定尺度法　305
標本　→　サンプル
標本統計量　313
表面特性　139
比率尺度　310
敏感期　55

不安神経症　247
フィルター説　16
フェヒナーの法則　26
フェミニスト心理学　288
孵化効果　154
輻輳　34
輻輳説　108
符号化　37
不思議な数（マジカルナンバー）7±2
　　40, 281
プシケ　261
物質的自己　154
フット・イン・ザ・ドア・テクニック
　　186
不適刺激　23
負の転移　59
部分強化　58
普遍的無意識　237, 274
プライミング　38
プラグマティズム　277
フラストレーション　89
　　――耐性　89
フラッシュバルブ記憶　45
ブリーフセラピー　232, 233
プレ・テスト　301
フレーム　68
プレグナンツの法則　271
プロダクション・システム　45
プロトタイプ　72
プロプリウム　155
分化・統合の過程　98
文化心理学　288
文献研究　295, 299
分散学習　63
分散分析　319
分習法　63
文章完成法　305
文脈効果　20
分類　220
分裂気質　137

閉合の要因　29, 271
ペルソナ　134
偏見　183
偏差知能指数　150
弁別閾　26
防衛機制　216, 235
忘却　45
法則定立的研究　297
ホーソン実験　195
保持　37
ポジティブ心理学　285
母集団　313
補償作用　238
ポスト・テスト　301
保存　113
ボトムアップ処理　20
ホメオスタシス（生体恒常性）　80

ま

マイクロシステム　110
マグニチュード推定法　27
マクロシステム　110
見立て　221
民族心理学　269
無意識　234, 274
無条件刺激　56
無条件の積極的関心　239
無条件反応　55
無相関検定　320
名義尺度　311
明順応　24
メゾシステム　110
メタ分析　301
面接法　295, 304
メンタル・ローテーション　73
mental philosophy　2
メンタルヘルス　243
モデリング　61, 241
ものの永続性　68
モラール　191

モラトリアム　117
問題焦点型コーピング　250
問題箱　56

や

ヤーキーズ・ドットソンの法則　88
唯物論　265
有意水準　315
誘因　79
ユーストレス　→　善玉ストレス
誘導運動　36
夢　231, 238
　──分析　234
よい連続の要因　30, 271
要求（欲求）- 圧力理論　147
幼児性欲　235
要約　316
抑圧説　46
欲求　79
　──阻止状況　89
　──の階層説　84, 145
4枚カード問題　77

ら

ライフイベント　245
ライフコース　99
ライフサイクル　99, 115
ライフスパン　99
ラボラトリー方式の体験学習　202
リーダーシップ　190
　──・スタイル　191
理想自己　159

リビドー　235, 273
了解困難性　216
了解的方法（解釈学的方法）　298
両眼視差　34
量的データ　309
量的な変化　98
両耳分離聴　16
両面的メッセージ　184
理論型　137
臨界期　55
臨床心理学　272
臨床心理士　253
臨床的面接　304
倫理　299
　──規定　10, 299
類型論　136
類似性　178
類同の要因　29, 271
ルビンの盃　271
レスポンデント条件づけ　57
連合主義　261, 265
連合説　60, 69
連続強化　58
労働力の女性化　119
ロー・ボール・テクニック　186
ロールシャッハ・テスト　226
論理情動療法　241

わ

Y-G性格検査　141, 224
Y理論　196

人名索引

あ

アイゼン（Ajzen, I.） *182*
アウグスティヌス（Augustinus, A.） *263*
秋田喜代美 *303*
アクィナス（Apuinas, T） *263, 264*
浅野千恵 *248*
アッシュ（Asch, S. E.） *169, 170, 192*
渥美公秀 *203*
アトキンソン（Atkinson, R. C.） *39*
アドラー（Adler, A.） *275, 276*
アリエス（Ariès, P.） *96*
アリストテレス（Aristoteles） *261-264, 270*
アルクマイオン（Alkmaion） *260*
アロンソン（Aronson, E.） *179, 180*
アンダーソン（Anderson, N. H.） *171, 172*
アンドレアッシ（Andreassi, J. L.） *21*
池田豊應 *225*
市川伸一 *303*
伊藤康児 *72, 73*
伊藤雅之 *125*
イブン＝シーナー（Ibn Sīnā） *263, 264*
今田 寛 *154*
インガム（Ingham, A. G.） *188*
ウィーゼル（Wiesel, T. N.） *19*
ウィーナー（Wiener, N.） *280*
ウイーバー（Weaver, W.） *175*
ヴィゴツキー（Vygotsky, L. S.） *70*
ヴィネー（Viney, W.） *284*
ウィトマー（Witmer, L.） *272*
ウィンチ（Winch, R. F.） *179*
ウェイソン（Wason, P. C.） *77*
ウェーバー（Weber, E. H） *267*
ウェクスラー（Wechsler, D.） *147, 148, 150, 151*
ウェルトハイマー（Wertheimer, M.） *29, 270-272, 288*
ウェルナー（Werner, H.） *103*
ウォーク（Walk, R. D.） *35*
ウォーフ（Whorf, B. L.） *71*
ウォルピ（Wolpe, J.） *232, 240*
内田伸子 *112*
内山喜久雄 *244*
ウッドラフ（Woodruff, G.） *66*
ウッドワース（Woodworth, R. S.） *168*
海上智昭 *203*
梅垣 弘 *254*
梅本堯夫 *7, 267, 271, 279, 281, 283*
ヴント（Wundt, W.） *259, 268, 269, 277, 288*
エーレンフェルス（Ehrenfels, C.） *270*
エクマン（Ekman, P.） *169*
榎本博明 *157*
エビングハウス（Ebbinghaus, H.） *31, 32*
エリクソン（Erikson, E. H.） *101, 103, 115, 116, 118, 245, 246, 276*
エリス（Ellis, A.） *241*
エルター（Oerter, R.） *103, 106*
エンペドクレス（Empedokles） *260*
太田信夫 *60*
大橋正夫 *189*
大村賢悟 *46*
大山 正 *267, 271, 279, 281, 283*
小川俊樹 *226*
小倉 清 *248*

人名索引

小塩真司　162, 163
オドバート（Odbert, H. S.）　138, 139
オルポート（Allport, F. H.）　187
オルポート（Allport, G. W.）　134, 138, 139, 155, 156

か

カーター（Carter, E. A.）　119
ガードナー（Gerdner, H.）　152
カーネマン（Kahneman, D.）　76
カーリック（Kulik, J.）　45
笠原　嘉　247, 248
樫尾直樹　125
梶田正巳　91
柏木惠子　119, 123
カッツ（Katz, D.）　191
カニツ（Cunits, A. R.）　41
カニツァ（Kanizsa, G.）　30
神谷俊次　49
ガレノス（Galen）　136
河合隼雄　221, 237
カント（Kant, I）　266
北川聖美　276
ギブソン（Gibson, E. J.）　35
ギブソン（Gibson, J. J.）　31
木村　敏　215
キャッテル（Cattel, R. B）　139
ギャランター（Galanter, E.）　281
キリアン（Quillian, M. R.）　44
キルケゴール（Kierkegaard, S. A）　285
キルパトリック（Kilpatrick, W. H.）　90
ギルフォード（Guilford, J. P.）　151 - 153, 224
キング（King, D. B.）　284
クーリー（Cooley, C. H.）　155
クラーエ（Krahé, B.）　135
グランツァー（Glanzer, M.）　41

栗林克匡　202
グルセク（Grusec, J. E.）　61
クレッチマー（Kretschmer, E.）　136, 137, 141
黒田洋一郎　22
グロフ（Grof, S.）　287
ケーラー（Köhler, W.）　59, 60, 270, 271
ケリー（Kelley, H. H.）　173, 174
ゴールドシュタイン（Goldstein, K.）　285
ゴールドバーグ（Goldberg, L.）　139
國分康孝　230
小嶋秀夫　102
古城和子　5
小谷善行　79
コットレル（Cottrell, N. B.）　187
後藤倬男　32
コフカ（Koffka, K.）　270, 271
小谷津孝明　46
コリンズ（Collins, A. M.）　44
コールマン（Colman, A. M.）　152, 153

さ

サーストン（Thurstone, L. L.）　151
ザイアンス（Zajonc, R. B.）　177, 187
斎賀久敬　97
斉藤　環　248
サイモン（Simon, H. A.）　281
坂元　昂　60
桜井邦明　7
佐々木正人　31
佐藤浩一　48
サトウタツヤ　2, 267, 273
サリヴァン（Sullivan, H. S.）　247, 276
サルトル（Sartre, J.-P.）　284, 285
シェイベルソン（Shavelson, R. J.）

157, 158
ジェームズ（James, W.）　154, 155, 157, 160, 277, 278, 284, 285, 288
シェパード（Shepard, R. N.）　73, 74
ジェラード（Gerard, H. B.）　189
シェルドン（Sheldon, W. H.）　137
ジェンセン（Jensen, A. R.）　108
シフリン（Shiffrin, R. M.）　39
島津明人　249-251
シャクター（Schachter, S.）　190
ジャストロー（Jastrow, J.）　31, 32
ジャニス（Janis, I. L.）　185
シャノン（Shannon, C. E.）　175, 281
シャラン（Sharan, S.）　91
シャラン（Sharan, Y.）　91
シャルコー（Charcot, J. M.）　234, 273
シュテルン（Stern, W.）　108, 148, 149
シュプランガー（Spranger, E.）　137
シュロスバーグ（Schlosberg, H.）　169
ジョーンズ（Jones, E. E.）　173
ジョンソン（Johnson, M. K.）　67
ジョンソン-レアード（Johnson-Laird, P. N.）　77
杉浦淳吉　203
スキナー（Skinner, B. F.）　57, 60, 279, 280, 282, 288, 289
杉若弘子　230
スクワイア（Squire, L. R.）　43
鈴木伸一　253
鈴木栄幸　46
スターンバーグ（Sternberg, R.）　152
スティーブンス（Stevens, S. S.）　27
ストッグディル（Stogdill, R. M.）　190
スピアマン（Spearman, C. E.）　150, 151
住田幸次郎　148, 153
セイフィード（Seyfied, B. A.）　179
生和秀敏　143
セリエ（Selye, H.）　243, 244
セリグマン（Seligman, M. E. P.）　87, 88
ソーンダイク（Thorndike, E. L.）　56, 57, 60
ソクラテス（Sokrates）　261

た
ダーウィン（Darwin, C. R.）　260, 277
ターマン（Terman, L. M.）　148, 149
高砂美樹　267, 273
高橋惠子　123
詫摩武俊　142, 143
田中平八　32
種市康太郎　252
ダラード（Dollard, J.）　61
タレス（Thales）　260
チョムスキー（Chomsky, N.）　69, 279, 282, 288
ツェルナー（Zöllner, F.）　31, 32
津村俊充　175, 202
ディアボーン（Dearbone, W. F.）　148
デイヴィス（Davis, K. E.）　173
ティチェナー（Titchener, E. B.）　269, 270, 277, 285
テイラー（Taylor, F. W.）　194
ディルタイ（Dilthey, W.）　298
デカルト（Descartes, R.）　264, 265
デビソン（Davison, G. C.）　251
デモクリトス（Democritos）　260
デューイ（Dewey, J.）　277, 278

土居健郎　71, 220-222
ドイチュ（Deutsch, D.）　17
ドイチュ（Deutsch, J. A.）　17
ドイッチ（Deutsch, M.）　189
トールマン（Tolman, E. C.）　60, 278, 279, 282, 288
十島雍蔵　226
ドットソン（Dodson, J. D.）　88
トバースキー（Tversky, A.）　76
富家直明　250
トリアンディス（Triandis, H. C.）　172
トリーズマン（Treisman, A. M.）　17
ドンダーズ（Donders, F. C.）　268

な
ナイサー（Neisser, U.）　19, 282, 283, 289
仲　真紀子　152
二木宏明　42
西　周　2
西野泰広　100
西脇　良　124, 126
ニューエル（Newell, A.）　281
ニューカム（Newcomb, T. M.）　178
ニュートン（Newton, I.）　266
ニューリアス（Nurius, P.）　159
ネルソン（Nelson, D.）　178
ネルソン-ジョーンズ（Nelson-Jones, R.）　176
ノーマン（Norman, W. T.）　139
野上芳美　248
野島一彦　230

は
バークリー（Berkeley, G.）　265, 266
ハーシー（Harsey, P.）　193
パーソンズ（Persons, J. B.）　241
ハートマン（Hartmann, H.）　276
ハートリー（Hartley, D.）　266
パールズ（Perls, F. S.）　287
バーン（Byrne, D.）　178
ハイダー（Heider, F.）　172, 173, 177, 181
ハヴィガースト（Havighurst, R. J.）　103-106
長谷川雅雄　212
パブロフ（Pavlov, I. P.）　55, 60, 278
林　文俊　168, 170-172
速水敏彦　83
原岡一馬　184
ハル（Hull, C. L.）　279
バルテス（Baltes, P. B.）　103, 108, 109
バンデューラ（Bandura, A.）　61, 241, 296
ピアジェ（Piaget, J.）　70, 101, 103, 110-112, 114, 115, 283, 288
ビオン（Bion, W. R.）　212
東山紘久　230-232
ヒギンス（Higgins, E. T.）　159
ピタゴラス（Pythagoras）　260
ビネー（Binet, A.）　148, 149
ヒポクラテス（Hippokratēs）　136
ヒューベル（Hubel, D. H.）　19
ヒューム（Hume, D.）　265, 266, 277
広瀬幸雄　203
ピントナー　148
フィードラー（Fiedler, F. E.）　172, 192
フィッシュバイン（Fishbein, M.）　182
フェスティンガー（Festinger, L.）　177, 181, 284
フェヒナー（Fechner, G. T.）　259, 266-268, 288

フォルクマン（Folkman, S.） 250
藤永 保 152
フッサール（Husserl, E.） 284, 285
ブラウン（Brown, R.） 45
ブラッケン（Bracken, B. A.） 158
プラトン（Platon） 260-262
ブランスフォード（Bransford, J. D.） 67, 284
ブランチャード（Blanchard, K. H.） 193
プリブラム（Pribram, K. H.） 281
ブルーナー（Bruner, J. S.） 282, 283
古川久敬 199-201
ブレーム（Brehm, J. W.） 185
プレマック（Premack, D.） 66
ブロイアー（Breuer, J.） 234, 273
フロイト（Freud, S.） vi, 103, 115, 142, 143, 162, 234-237, 273-276, 284, 288
フロイト（Freud, A.） 276
ブロードベント（Broadbent, D. E.） 17
プロタゴラス（Protagoras） 261
フロム（Fromm, E.） 276
ブロンフェンブレンナー（Bronfenbrenner, U.） 109, 110
ベイン（Bain, A.） 266
ヘス（Hess, E. H.） 55
ベック（Beck, A. T.） 242
ヘリング（Hering, K. E. K.） 31, 32
ベルネーム（Bernheim, H. M.） 234
ヘロン（Heron, W.） 24, 25
ヘンドリック（Hendrick, C.） 179
ペンフィールド（Penfield, W.） 21, 46
ボウルビィ（Bowlby, J.） 103, 128
ホーナイ（Horney, K.） 274, 276
ホームズ（Holmes, T. H.） 244, 245
ボーリング（Boring, E. G.） 148
ホール（Hall, C. S.） 162, 276
星野 命 160
ホッブズ（Hobbes, T.） 265
堀 洋道 5
ポルトマン（Portmann, A.） 100, 128
ボールズ（Bolles, R. C.） 282
ポンゾ（Ponzo, M.） 31, 32

ま

マーカス（Markus, H.） 159
マイヤー（Maier, S. F.） 87
前田重治 234, 236
マクガイア（McGuire, W. J.） 185
マクゴルドリック（McGoldrick, M.） 119
マクレガー（McGregor, D.） 196, 197, 199
マズロー（Maslow, A. H.） 84, 145, 197, 284-287
マレー（Murray, H. A.） 81, 146, 147
ミード（Mead, G. H.） 155
三隅二不二 191
溝上慎一 157, 158
ミッシェル（Mischel, W.） 135
ミューレン（Mullen, B.） 301
ミュラー・リヤー（Müller-Lyer, F. C.） 31, 32
ミラー（Miller, G. A.） 40, 281-284, 288
ミラー（Miller, N. E.） 61
ミル（Mill, J.） 266
ミル（Mill, J. S.） 266
三輪和久 45
麦島文夫 8
村上千恵子 139
村上宣寛 139

メイヨー (Mayo, E.)　*195*
メツラー (Metzler, J.)　*73*, *74*
メラビアン (Mehrabian, A.)　*176*
モーグリス (Morgulis, S.)　*56*
望月葉子　*106*
元吉忠寛　*203*
森岡清美　*119*
モレー (Moray, N.)　*16*

や

ヤーキーズ (Yerkes, R. M.)　*56*, *88*, *148*
八木 晃　*9*
ヤコービ (Jacoby, M.)　*231*
矢田部達郎　*224*
山口真人　*175*
やまだようこ　*102*, *103*
山登敬之　*248*
山本麻子　*228*
弓山達也　*125*
ユング (Jung, C. G.)　viii, *103*, *138*, *236-238*, *274*, *275*
吉田俊和　*202*

ら

ライス (Rice, M. E.)　*61*
ラザルス (Lazarus, R. S.)　*245*, *250*
ラスキン (Raskin, R.)　*162*
ラタネ (Latané, B.)　*188*
ラマルク (Lamarck, J. B.)　*277*
ランク (Rank, O.)　*274*
リーヒー (Leahey, T. H.)　*260*, *262*-*265*, *269*, *272*, *277*
リッカート (Likert, R.)　*197-199*
リュムケ (Rümke, H. C.)　*212*
リンゼイ (Lindzey, G.)　*276*
リンダー (Linder, D.)　*179*
ルソー (Russeau, J. J.)　*96*
ルビン (Rubin, E.)　*29*, *271*, *272*
レイ (Rahe, R. H.)　*245*
レヴィン (Lewin, K.)　*89*, *146*, *191*, *202*, *272*
レヴィンソン (Levinson, D. J.)　*103*
レスリスバーガー (Roethlisberger, F. J.)　*196*
ローゼンバーグ (Rosenberg, M.)　*160*, *161*
ローレンツ (Lorenz, K.)　*54*
ロジャーズ (Rogers, C. R.)　*144*, *145*, *159*, *230*, *238-240*, *284*, *286*, *287*
ロック (Locke, J.)　*265*
ロッシュ (Rosch, E.)　*73*
ロッター (Rotter, J. B.)　*143*
ロフタス (Loftus, E. F.)　*47*
ロルフ (Rolf, I. P.)　*287*

わ

ワイナー (Weiner, B.)　*86*, *174*
渡邊惠子　*122*
和田陽平　*32*
ワトソン (Watson, J. B.)　*277*-*279*, *288*, *289*
ワロン (Wallon, H. P. H.)　*103*

執筆者紹介（五十音順，＊は編著者）

石田裕久（いしだ・ひろひさ）　　南山大学名誉教授
担当：第3章第2節，第4節およびコラム
専攻：教育心理学
主要著作：『オーストラリアの小学校―総合学習・学校生活・地域社会』（共著）揺籃社　1999年
　　　　　『「協同」による総合学習の設計―グループプロジェクト入門―』（共訳）北大路書房　2001年
　　　　　『個に応じた学習集団の編成』（共訳）ナカニシヤ出版　2006年

宇田　光（うだ・ひかる）　　南山大学教職センター教授
担当：第3章第1節および第3節
専攻：教育心理学
主要著作：『動機づけの発達心理学』（共著）有斐閣ブックス　1995年
　　　　　『地域に生きる大学』（共著）和泉書院　2001年
　　　　　『学ぶ心理学，生かす心理学』（共著）ナカニシヤ出版　2001年
　　　　　『学校心理学入門シリーズ1：ブリーフ学校カウンセリング』（共編著）ナカニシヤ出版　2004年
　　　　　『大学講義の改革―BRD（当日レポート方式）の提案』北大路書房　2005年

浦上昌則（うらかみ・まさのり）＊　　南山大学人文学部教授
担当：第1章，第4章第1節から第4節，第9章第1節および第2節
専攻：発達心理学，キャリア研究
主要著作：「就職活動を通しての自己成長―女子短大生の場合―」教育心理学研究，**44**．1996年
　　　　　『就職活動をはじめる前に読む本』（共著）北大路書房　2004年
　　　　　『"学生"になる！』北大路書房　2006年

梅垣　弘（うめがき・ひろし）　　2007年5月逝去
　　　　　　　　　　　　　　　　　（愛知県総合保健センター精神衛生センター部副部長，愛知教育大学教育学部教授，南山大学人文学部教授等を歴任）

担当：第7章コラム
専攻：精神保健学，精神医学
主要著作：『登校拒否の相談指導』篠原出版　1996年
　　　　　『医師のための登校拒否119番』（共編著）ヒューマンティワイ　1990年
　　　　　『登校拒否の子どもたち』学事出版　1984年
　　　　　『ファシリテーター・トレーニング―自己実現を促す教育ファシリテーションへのアプローチ―』（共著）ナカニシヤ出版　2003年

大塚弥生（おおつか・やよい）　　南山大学教職センター准教授
担当：第7章第5節
専攻：教育心理学，臨床心理学，人間関係トレーニング
主要著作：『人間関係トレーニング　第2版』（共著）ナカニシヤ出版　2005年

小川一美（おがわ・かずみ）　　愛知淑徳大学心理学部教授
担当：第6章コラム
専攻：社会心理学
主要著作：『学校教育で育む「豊かな人間関係と社会性」―心理学を活用した新しい授業
　　　　　　例 Part 2 ―』（共著）明治図書　2005年
　　　　　『教室で学ぶ「社会の中の人間行動」―心理学を活用した新しい授業例―』
　　　　　　（共著）明治図書　2002年
　　　　　『ことばのコミュニケーション―対人関係のレトリック―』（共著）ナカニシ
　　　　　　ヤ出版　2007年

小塩真司（おしお・あつし）　　早稲田大学文化構想学部教授
担当：第5章およびコラム
専攻：青年心理学，パーソナリティ心理学
主要著作：『研究事例で学ぶ SPSS と Amos による心理・調査データ解析』東京図書
　　　　　　2005年
　　　　　『自己愛の青年心理学』ナカニシヤ出版　2004年
　　　　　『SPSS と Amos による心理・調査データ解析』東京図書　2004年
　　　　　『あなたとわたしはどう違う？―パーソナリティ心理学入門講義』（共著）ナ
　　　　　　カニシヤ出版　2007年

神谷俊次（かみや・しゅんじ）＊　　名城大学人間学部教授
担当：第2章およびコラム
専攻：認知心理学，感情心理学
主要著作：『感情と心理学』（共著）北大路書房　2002年
　　　　　『認知心理学：理論とデータ』（共著）誠信書房　1991年
　　　　　『エピソード記憶論』（共著）誠信書房　1988年

川浦佐知子（かわうら・さちこ）　　南山大学人文学部教授
担当：第8章
専攻：社会学的社会心理学，アイデンティティ研究
主要著作：Pilgrimage to memories: An exploration of the historically situated ecolog-
　　　　　　ical self through women's narrative（2003）ナカニシヤ出版
　　　　　『ナラティヴと心理療法』（共著）金剛出版　2008年

楠本和彦（くすもと・かずひこ）　　南山大学人文学部教授
担当：第7章第4節
専攻：臨床心理学
主要著作：『体験から学ぶ心理療法の本質』（共著）創元社　2001年
　　　　　『ファシリテーター・トレーニング―自己実現を促す教育ファシリテーション
　　　　　　へのアプローチ―』（共著）ナカニシヤ出版　2003年
　　　　　『子どものこころ百科』（共著）創元社　2002年
　　　　　『心理臨床大事典（改訂版）』（共著）培風館　2004年

津村俊充（つむら・としみつ）　　南山大学名誉教授
担当：第6章第1節，第2節および第4節
専攻：社会心理学，人間関係トレーニング
主要著作：『人間関係トレーニング　第2版』（共編著）ナカニシヤ出版　2005年
　　　　　『ファシリテーター・トレーニング―自己実現を促す教育ファシリテーション
　　　　　　へのアプローチ―』（共編著）ナカニシヤ出版　2003年
　　　　　『子どもの対人間関係能力を育てる』（編著）教育開発研究所　2002年
　　　　　『社会的スキルと対人関係』（共編著）誠信書房　1996年
　　　　　『対人関係の社会心理学』（共著）福村出版　1996年

中尾陽子（なかお・ようこ）　　南山大学経営学部准教授
担当：第6章第5節
専攻：人間関係トレーニング，社会心理学
主要著作：『人間関係トレーニング　第2版』（共著）ナカニシヤ出版　2005年
　　　　　体験学習法を用いた人間関係トレーニングにおけるハンドベル演奏活動の試
　　　　　みについて　人間性心理学研究，21（2），155-164．2003年

中村和彦（なかむら・かずひこ）＊　　南山大学人文学部教授
担当：第6章第3節および第7章第3節
専攻：人間関係トレーニング，社会心理学，組織開発
主要著作：『ファシリテーター・トレーニング―自己実現を促す教育ファシリテーション
　　　　　　へのアプローチ―』（共著）ナカニシヤ出版　2003年
　　　　　『女性が学ぶ社会心理学』（共著）福村出版　1996年

西脇　良（にしわき・りょう）　　南山大学人文学部教授
担当：第4章第5節
専攻：発達心理学
主要著作：『日本人の宗教的自然観』ミネルヴァ書房　2004年

長谷川雅雄（はせがわ・まさお）　　南山大学名誉教授
担当：第7章第1節および第2節
専攻：精神医学，臨床心理学
主要著作：『躁うつ病の精神病理』（共著）弘文堂　1976年
　　　　　『青年期精神衛生事例集』（共著）星和書店　1985年
　　　　　『入門人格心理学』（共著）八千代出版　1989年
　　　　　『心理臨床大事典』（共著）培風館　1992年

脇田貴文（わきた・たかふみ）　　関西大学社会学部教授
担当：第9章第3節
専攻：心理計量学，心理測定
主要著作：評定尺度法におけるカテゴリ間の間隔について―項目反応モデルを用いた評
　　　　　価方法―　心理学研究, **75**, 331-338. 2004年

心理学 [第2版]
Introduction to Psychology

2008年3月31日　第2版第1刷発行
2025年3月30日　第2版第13刷発行

定価はカヴァーに表示してあります

編著者　浦上　昌則
　　　　神谷　俊次
　　　　中村　和彦
発行者　中西　良
発行所　株式会社ナカニシヤ出版
〒606-8161　京都市左京区一乗寺木ノ本町15番地
Telephone 075-723-0111
Facsimile 075-723-0095
Website http://www.nakanishiya.co.jp/
Email iihon-ippai@nakanishiya.co.jp
郵便振替　01030-0-13128

装幀＝白沢　正／印刷・製本＝創栄図書印刷
Printed in Japan
Copyright © 2008 by M. Urakami, S. Kamiya, & K. Nakamura
ISBN 978-4-7795-0251-4

本書のコピー、スキャン、デジタル化等の無断複製は著作権法上での例外を除き禁じられています。本書を代行業者等の第三者に依頼してスキャンやデジタル化することはたとえ個人や家庭内での利用であっても著作権法上認められておりません。